HUMANITIES AND SOCIETY

废墟上的未来：

联合国教科文组织、世界遗产与和平之梦

Lynn Meskell

[澳大利亚] 林恩·梅斯克尔 著 王丹阳 胡 牧 译

译林出版社

图书在版编目（CIP）数据

废墟上的未来：联合国教科文组织、世界遗产与和平之梦 /（澳）林恩·梅斯克尔（Lynn Meskell）著；王丹阳，胡牧译．— 南京：译林出版社，2021.11
（人文与社会译丛 / 刘东主编）
书名原文：A Future in Ruins: UNESCO, World Heritage, and the Dream of Peace
ISBN 978-7-5447-8651-5

I.①废… II.①林… ②王… ③胡… III.①联合国教科文组织-文化遗产-保护-研究 IV.①D813.7 ②G113

中国版本图书馆 CIP 数据核字（2021）第194748号

著作权合同登记号　图字：10-2019-256 号

废墟上的未来：联合国教科文组织、世界遗产与和平之梦
[澳大利亚] 林恩·梅斯克尔 / 著　王丹阳　胡　牧 / 译

责任编辑　刘　静
装帧设计　胡　苨
校　　对　孙玉兰
责任印制　单　莉

出版发行　译林出版社
地　　址　南京市湖南路 1 号 A 楼
邮　　箱　yilin@yilin.com
网　　址　www.yilin.com
市场热线　025-86633278
排　　版　南京展望文化发展有限公司
印　　刷　江苏凤凰通达印刷有限公司
开　　本　880 毫米 ×1230 毫米　1/32
印　　张　14.5
插　　页　2
版　　次　2021 年 11 月第 1 版
印　　次　2021 年 11 月第 1 次印刷
书　　号　ISBN 978-7-5447-8651-5
定　　价　88.00 元

主编的话

刘 东

总算不负几年来的苦心——该为这套书写篇短序了。

此项翻译工程的缘起，先要追溯到自己内心的某些变化。虽说越来越惯于乡间的生活，每天只打一两通电话，但这种离群索居并不意味着我已修炼到了出家遁世的地步。毋宁说，坚守沉默少语的状态，倒是为了咬定问题不放，而且在当下的世道中，若还有哪路学说能引我出神，就不能只是玄妙得叫人着魔，还要有助于思入所属的社群。如此嘈嘈切切鼓荡难平的心气，或不免受了世事的恶刺激，不过也恰是这道底线，帮我部分摆脱了中西"精神分裂症"——至少我可以倚仗着中国文化的本根，去参验外缘的社会学说了，既然儒学作为一种本真的心向，正是要从对现世生活的终极肯定出发，把人间问题当成全部灵感的源头。

不宁惟是，这种从人文思入社会的诉求，还同国际学界的发展不期相合。擅长把捉非确定性问题的哲学，看来有点走出自我囿闭的低潮，而这又跟它把焦点对准了社会不无关系。现行通则的加速崩解和相互证伪，使得就算今后仍有普适的基准可言，也要有待于更加透辟的思力，正是在文明的此一根基处，批判的事业又有了用武之地。由此就决定了，尽管同在关注世俗的事务与规则，但跟既定框架内的策论不同，真正体现出人文关怀的社会学说，决不会是医头医脚式的小修小补，而必须以激进亢奋的姿态，去怀疑、颠覆和重估全部的价值预设。有意思的是，也许再没有哪个时代，会有这么多书生想要焕发制度智慧，这既凸显了文明的深层危机，又表达了超越的不竭潜力。

于是自然就想到翻译——把这些制度智慧引进汉语世界来。需要说明的是，尽管此类翻译向称严肃的学业，无论编者、译者还是读者，都会因其理论色彩和语言风格而备尝艰涩，但该工程却绝非寻常意义上的“纯学术”。此中辩谈的话题和学理，将会贴近我们的伦常日用，渗入我们的表象世界，改铸我们的公民文化，根本不容任何学院人垄断。同样，尽管这些选题大多分量厚重，且多为国外学府指定的必读书，也不必将其标榜为“新经典”。此类方生方成的思想实验，仍要应付尖刻的批判围攻，保持着知识创化时的紧张度，尚没有资格被当成享受保护的“老残遗产”。所以说白了：除非来此对话者早已功力尽失，这里就只有激活思想的马刺。

主持此类工程之烦难，足以让任何聪明人望而却步，大约也惟有愚钝如我者，才会在十年苦熬之余再作冯妇。然则晨钟暮鼓黄卷青灯中，毕竟尚有历代的高僧暗中相伴，他们和我声应气求，不甘心被宿命贬低为人类的亚种，遂把移译工作当成了日常功课，要以艰难的咀嚼咬穿文化的篱笆。师法着这些先烈，当初酝酿这套丛书时，我曾在哈佛费正清中心放胆讲道：“在作者、编者和读者间初步形成的这种‘良性循环’景象，作为整个社会多元分化进程的缩影，偏巧正跟我们的国运连在一起，如果我们至少眼下尚无理由否认，今后中国历史的主要变因之一，仍然在于大陆知识阶层的一念之中，那么我们就总还有权想象，在孔老夫子的故乡，中华民族其实就靠这么写着读着，而默默修持着自己的心念，而默默挑战着自身的极限！”惟愿认同此道者日众，则华夏一族虽历经劫难，终不致因我辈而沦为文化小国。

一九九九年六月于京郊溪翁庄

仅以此书献给杰西卡和路易丝

致　谢

要写一本关于世界遗产的书，必然需要周游世界。在过去的十年中，我很幸运地做到了。为这本书所做的调查研究工作牵涉到很多国家，其内容非常丰富，包括参观遗址、进行探究和访问、做讲座，以及向我的同行了解联合国教科文组织的相关经历。在澳大利亚的悉尼和墨尔本，我很幸运地与很多人进行了畅快的交谈，其中包括Jennifer Barrett、Brett Bennet、Kristal Buckley、Denis Byrne、Elizabeth Gray、Duncan Ivison、William Logan、Glenda Sluga、Ana Vrdoljak、Andrea Whitcomb以及Tim Winter。2014年夏天，迪肯大学友善地为我提供了驻校学者奖学金；在巴西，我受到了Pedro Funari和Tobias Vilhena的热情接待；我要感谢秘鲁的Luis Jaime Castillo Butters、Francesca Fernandini、Grace Ocaña以及来自利马和库斯科的政府代表。威尼斯的佛斯卡里宫大学为我提供了帮助，我很感谢Antonio Marcomini、Diego Calaon和Krish Seetah帮我安排访问和讲座。在中国，Xingan Chen帮我安排了在北京和西安以及周边地区的讲座和访问。我在泰国度过了许多个夏天，包括Rasmi Shoocongdej、Paritta Koanantakool、Lia Genovese、Hahn Bich、Thanik Lertchanrit在内的同事们不厌其烦地为我解说泰国古城及遗迹。在亚洲的这些现场工作得到了澳大利亚研究委员会的“发现计划”这个项目(《全球形势变化中的国际遗产保护危机》,DP140102991)的支持。

在过去的几年中,我在印度待了好多个月,潜心研究世界遗产的问题。在印度的所见所闻给我留下极为强烈的印象,这实在是一次独特的经历。如果有一个地方能够让我们被世界遗产所深深震撼,那就是印度。在印度考古和文化方面,是Himanshu Prabha Ray带我入门,并且给予我长久的支持,为此,我将永远感激她。在新德里的日子,以及
xi 在探寻拉贾斯坦邦、古吉拉特邦和卡纳塔克邦的古迹的过程中,很多人不惜花费时间与我分享他们知道的信息,对此我非常感激。他们是:Pooja Agrawal、Andrew Bauer、Moe Chiba、Divay Gupta、Rima Hooja、Shikha Jain、Karni Jasol、Renu Khosla、Nyanjot Lahiri、Swapna Liddle、AGK Menon、Kathleen Morrison、Ratish Nanda、Vinay Sheel Oberoi、Rohini Pande、Shubham Prajapati、Krupa Rajangam、Indira Rajaraman、Nalini Thakur和Mudit Trivedi。2016年夏天,我作为全球学术网络计划(GIAN)研究员,受到印度政府的资助,在新德里的尼赫鲁大学做研究。

本书是我于2016—2017年的休假期间,在各方资助和关心下写就的。我很感谢来自巴黎的Alain Schnapp和巴黎第一大学,以及来自巴黎人类科学基金会下面的叙热之家的Jean-Luc Lory和Nadia Chenour。当我在罗马的美国学院做研究时,Mary Beard、Enrico Bertacchini、Kimberly Bowes、Richard Hodges、Nicholas Stanley-Price和Gamini Wijesuriya为我提供了指导并激发了我的思考。2017年,我在牛津大学新学院做访问学者,我将永远感激院长和研究员们,不过我最感激的人是Caroline Thomas,她从20世纪90年代后期开始(当时我是初级研究员),帮助了我二十多年。牛津大学基布尔学院在2015年资助我成为高级访问学者,这在很大程度上要感谢我热情的朋友和同事Chris Gosden。我非常高兴能够与许多人进行活泼有趣的交流,包括Paul Betts、Michael Burden、Jane Kaye、Ben Noble、Richard Parkinson和

Andrew Wilson,这些交流使得我在牛津大学的日子变得更加令人愉悦和富有成效。我很感谢来自伦敦大学学院的Katie Meheux,我在使用伦敦的英国国家档案馆的Sir Mortimer Wheeler档案资料时得到了她的帮助。

在巴黎的联合国教科文组织世界遗产中心,很多人对我的研究工作提供了各种形式的长久的帮助,但我最想感谢的是Nada Al Hassan、Alessandro Balsamo、Tim Curtis、Lazare Eloundou、Feng Jing、Edmond Moukala、Kishore Rao和Mechtild Rössler。在联合国教科文组织档案馆度过的日子令我收获极大,因为Jens Boel、Alexandre Coutelle、Adele Torrance、Phan Sang和Petra Van Den Born都极其耐心地给我提供帮助。我感谢来自国际古迹遗址理事会和国际自然保护联盟的温和热情的Tim Badman、Gwenaelle Bourdin和Regina Durighello。此外,访问联合国教科文组织的大使们和各国代表团的成员们与我分享了他们专业角度的经验和观点。他们当中的有些人甚至在本书出版前阅读了文章,对某些表达提出建议,并且不顾可能招致的批评,邀请我去他们的国家 xii
机构做讲座。

许多朋友和伙伴阅读了部分文稿,并且提出了他们深刻的见解。他们是Paul Betts、Brett Bennett、Annalisa Bolin、Denis Byrne、Chiara De Cesari、David Edwards、Ian Hodder、Richard Hodges、Helen Human、Ben Isakhan、Eugene Jo、Sophia Labadi、Claudia Liuzza、Carrie Nakamura、Sabrina Papazian、Tamson Pietsch、Himanshu Ray、Simone Ricca、Trinidad Rico、Alain Schnapp以及Gamini Wijesuriya。特别是William Logan,他非常仔细地阅读了全部书稿,并且分享了他很多年来在世界遗产研究方面的经验。Christina Luke和Ana Vrdoljak也帮了我很多。还有很多同伴从本计划开始就给我提出了研究方向和思路方面的建议,他们是David Berliner、Nicholas Brown、Christoph Brumann、Brian Daniels、Chris Cleere、Henry Cleere、Brigitta Hauser-Schäublin、Michael Herzfeld、Morag

Kersel、Richard Leventhal、Ian Lilley、David Lowenthal、Webber Ndoro、Gertjan Plets、Uzma Rivzi和Helen Stacy。

我还想感谢斯坦福大学社会科学研究院。我很幸运能够与我们系里的人类学家们一起工作，他们对与遗产相关的政治学和物质性有着自己的理解，尤其是Paulla Ebron、James Ferguson、Miyako Inoue、Sharika Thiranagama以及Sylvia Yanigisako。我曾经和现在的研究生们始终给我建议，并引我思考，他们是真正的未来希望所系。我要对Claudia Liuzza表示我最深切的感激，不论是从巴黎到金边的环球之旅，还是在斯坦福大学所做的对联合国教科文组织的研究工作，我们始终在一起。

如果没有纽约牛津大学出版社的Stefan Vranka的慧眼和指导，也就没有本书的出版。是他最初建议我写一本关于联合国教科文组织的书，他的见解和鼓励使得本书的写作始终都出乎意料地令人愉悦。最后，仅以此书献给我最钦佩和我最爱的Jessica Pearson和Louise Martin。

2017年

xiii 于巴黎

前　言

过去的一切对我们的影响是毋庸置疑的。这些梦想——

——H.G.威尔斯，1905年

1945年11月16日，四十四个国家的代表在伦敦聚集，他们在联合国的支持下成立国际团体，进行教育和文化合作。这项努力不亚于在废墟上进行知识和道德的重建。在筹备成立联合国的旧金山会议上，哈里·S.杜鲁门总统强调了国际团体对文化和教育合作做出新贡献的重要性。这在很大程度上是因为他受到了前任总统富兰克林·D.罗斯福的启发，罗斯福总统坚信："文明不是一个国家的事，而是国家间的事情。"[1]

英国首相克莱蒙特·艾德礼的著名言论"战争源于人们的头脑"说出了20世纪30年代许多人的心声。在联合国教科文组织的成立大会上，他指出："世界上的各个民族就像一座座孤岛，隔着误解的海洋向彼此喊话。"艾德礼首相意识到，未来"我们将生活在一个民主的世界中，所有人的思想都非常重要"。[2]然而，把和平、民主和教育联系到一起的是一位来自新西兰的代表，他叫阿诺德·坎贝尔。[3]这个新组织从此有了一个首要的目标，那就是为世界和平与安全做出贡献，具体来说，就是“促进不同国家之间教育、科学、文化及交流的合作，推动人们对《联合国宪章》中规定的正义、法治、人权和基本自由的普遍尊重”。[4]大会主席埃伦·威尔金森认为：“我们需要一个积极的组织——积极地创造和平以及不同的和平方式。”[5]但是要实现和平梦想有很多具体的困难，其中包括：什么样的哲学思想能够有助于激发人们
xv 的行动，如何才能让全世界的人们团结起来，等等。[6]

如果用当下的语言来表述，当时成立联合国教科文组织的初衷便是进步、发展和提高，然而，在许多评论家看来，这正是这个组织致命的缺陷。联合国教科文组织的创立者们在第二次世界大战的胜者和殖民大国的引领下，于帝国的暮色中艰难前行，意欲在促进文明建设的努力中扩大自身影响。当初设立联合国教科文组织，是为了重建被战争毁掉的欧洲，但是很快他们就把目光转向了发展中国家，想制定和推广教育、科学和文化活动的国际标准。[7]然而这只是西方对其他国家的一厢情愿，后来被证明很成问题。该组织原本的哲学诉求是文化理解与提升，当然还有和平文化，但是数年之内，这一诉求很快被短期的技术支持这样一个功能主义的目标所取代。[8]不过，如果我们忽略该组织在国际上所取得的成就，那是粗暴无礼的。这些成就包括保护难民、维护言论自由、反抗压迫、反对种族歧视和种族隔离，以及对教育、权利和基本自由的坚决支持。[9]如果我们认为一个组织可以有效地解决世界上所有的问题，那也是一个误解。备受尊敬的联合国秘书长达格·哈马舍尔德，从1953年上任开始到1961年他过早地离世这段时间里，对这个问题做了最好的阐述。他说，成立这样的组织并不是为了带我们去天堂，而是为了使我们免于下地狱。

要想深入了解联合国教科文组织那些项目的诞生，就必须了解该组织自身的历史，它的反乌托邦的开始以及对乌托邦的承诺。1942年秋天，第二次世界大战时期的同盟国在伦敦举办了相关教育部长会议，会议聚集了来自当时八个流亡政府的教育官员们。[10]他们此番聚集是

为了在解放了的欧洲重建教育体系。他们需要图书馆和书籍，还有意识形态方面的计划，以此来对抗法西斯所宣扬的理念，而这一理念毒害了整个欧洲大陆。[11]纳粹组织大量掠夺和毁坏欧洲的艺术珍品和遗产，引起国际震怒，在这种情况下，文化重建也被列入计划当中。[12]到1943年，为教育和文化重建而设立永久性组织的想法开始形成。如果要用一句话来总结联合国教科文组织的愿景和任务，一位历史学家说得好："20世纪发生了这么多的灾难，我们有必要在科学的框架内进行人类的重建，最重要的是做好人类的教育。拥有不同交流途径的人们是平等的，但同时也是相异的。我们只有做好重建和教育的工作才能够保护和保卫和平以及文化的多样性，直至最终护卫生命本身。"[13]这个观点，即便是在今天，依然很是贴切。 xvi

废墟也被列为重建内容之一，但这不仅仅是说，那些伟大的建筑、博物馆和艺术品受到了战争的影响，需要复原；它还指对过去本身的管理，以及如何才能够恢复过去，而这是一种新的世界秩序的一部分。如何在世界范围内对古迹进行发掘，并且对相应的发现进行宣传，也需要重构。最终，西方国家对考古的战利品进行分配，这也呼应了早先国际联盟以及国际知识合作委员会所提出的建议。对过去的管理正是为了将来。针对人类遗产的世界课题早已经存在，联合国教科文组织对此进行了充分利用。于是，我们无可避免地需要从两次世界大战造成的破坏后的大量保护和恢复工作，转向更持久的善后和复原工作。

早就有许多人写过关于联合国教科文组织的评论性文字和分析文字，同时也有一些有身份地位的内部人员写过官方记录以及陈述。[14]这些文字记录了一个不完美的组织的发展过程。该组织建立之初，充满了世纪中期的乐观主义，但是很快，它就不再是政治家的团体，而变成一个由几个国家主宰的团体。联合国教科文组织原本着眼于全球，是为了世界和平和各民族之间的互相理解而设立的，可是现在它成了政府之间的代理机构，该组织的初衷徒留幻影。那些强权政府的过度作为已经渗透到该组织的方方面面，这一点表现在其工作和计划当中。联合国教科文组织有许多备受瞩目的工作计划，包括世界遗产这个项目。这一项目是为了在全世界范围内鉴定、保护和保存那些杰出的文化遗产和自然遗产。正如本书所表明的，这里有很大的问题。但这些问题不应该掩盖联合国教科文组织取得的成就，它营造出了在全球范围内对遗产保护的关注，而且尽管困难重重，它仍能够给成员国施加压力，要求它们履行已签署的协议。

在工业化和相关破坏逐步升级的今天，请求全世界保护其文化遗产和自然遗产，当然是，也只能是该组织采取的具有积极意义的一个步骤。然而各国如何响应这个号召并且由谁来买单，是一个更加复杂的进退两难的问题。例如，保护柬埔寨的吴哥遗址就被认为是联合国教科文组织的最伟大的成就之一。然而，在保护这些庙宇的过程中，该组
xvii 织使野蛮的红色高棉合法化，并且在接下来的几十年当中，该国政府对当地社区采取了严苛的限制措施。这些都是遗产保护当中的复杂情况，这些背后的情况，联合国教科文组织不能做官方的打算，因为各个民族国家才是世界遗产的命运决策者。国际社会的需求与各个国家的意愿之间的拉锯战，形成了本书的主线。这样一种统计学意义上的私利的算计在联合国教科文组织设立之初就已经存在，而这种政治和经济之间的互相影响，在过去的几十年当中呈现多元化的特征。考虑到联合国教科文组织的设立初衷以及目标，人们对它的期待是成功地保护世界遗产，而不是对历史做凌乱的记录。

联合国教科文组织的主要成就，也许是它在制定国际法律条例方面的前瞻性，比如1972年《世界遗产公约》。说得再具体一些，该组织取得的成就就是在文化遗产保护方面对国际法的普遍原则和常规标准做了进一步阐发。[15]各成员国出于对彼此或者各自公民的善意和谦恭，共同成立立法机构，于是该组织形成了自己的架构，只是它也有自己的局限性。当今世界，非政府行为者是该组织最具破坏性的对手，而联合

国代理机构也已经尽力对此做好足够的准备。联合国教科文组织在调停方面的不得力，依然是一个难题。如果要举两个例子，那便是对马里的宗教遗址的毁坏以及对叙利亚持续的袭击。指责一个个体对文化财产犯下战争罪行，这似乎从一开始就没有能够看到这些袭击背后的更大的推动力量。联合国教科文组织没有能够谴责对克里米亚的非法占领和对也门的轰炸，这显示了其更加致命的缺陷。而在这两件事中，其成员国都违反了各种国际条例。

自从1972年《世界遗产公约》诞生以来，很多有价值的研究就已经出现，其范围涵盖不同的学科和视角。[16]然而，学术圈、活动家、当地团体和本国人也已经表达了对联合国教科文组织的理念、程序、规约、影响和排他关系的不满意。他们并不仅仅是对民族主义和主权问题难以释怀，而且是对今天的世界遗产管理体制的无能为力感到愤怒。这个体制不能实现遗产诸多方面的融合，而这些遗产的内容、途径、用处和利益等权利都需要得到实现。这个说法更好地论证了下面这个观点：该组织不能一味地提供强大的技术支持，它应该回头看看当初要创造一个更好的世界的承诺。有时，这个承诺并不是指把古迹遗址列入遗产名单，而是指允许不同的人自己决定如何管理遗产。如果联合国教科文组 xviii
织的成员国试图强制人们迁移、拒绝与他们合作，或者是把他们排除在世界遗产管理程序之外，又或者是没能考虑到他们对遗址的使用与管理的需求，那么该组织也许就是太过强行干涉了。要保护遗产并实现世纪中期的承诺，就必须努力团结那些最重要的人，因为遗产是他们的，同时考虑那些因为世界遗产的命运而可能得到最多或者失去最多的人。最后，我们必须以更好的态度对待历史，对待帝国行为，以及那些依然掌握着遗迹和所属地区的未来的国家，尤其应该以更好的态度对待那些持续发生和出现的冲突。若我们遗忘了那些遗产，则后果堪忧。

《废墟上的未来》这本书是在牛津大学新学院构思和完成的。2010

年，我休假时，跟我的工作伙伴、考古学家克里斯·戈斯登坦陈了想法。我觉得联合国教科文组织将会是一个令人着迷的研究课题，尤其是它的世界遗产项目。他回应了我，阐述了一种极具吸引力的矛盾。的确，联合国教科文组织在古迹方面享有国际声誉，但与作为一门专门学问的考古学相比，该组织几乎是乏善可陈。世界遗产项目也许是唯一一个真正能够向全球公众展示世界上最著名的考古遗址的国际平台，但是戈斯登认为这对考古学的历史来说几乎没有什么影响。他是对的。我想知道这是为什么。

他说服我做这个项目。我很快就发现，像其他的学者一样，考古学家们也并不倾慕该组织。总体上来说，他们更倾向于忽略、曲解或者是批评联合国教科文组织及其《世界遗产名录》，而不是承认该组织所取得的成就。因此，在我看来，第一步便是让我们自己了解联合国教科文组织。这项计划最初就是这样一种实践，其目的是理解世界遗产这个项目的工作情况，结果确实有所发现。考古学这门学问原本是联合国教科文组织早期知识体系建设的一部分，甚至可以追溯到该组织的前身——国际联盟。阿斯旺大坝建成以后，联合国教科文组织开展了著名的努比亚文物保护运动，其目的就是保护和研究埃及和苏丹的遗址和庙宇，防止它们被水淹没。这部分是出于考古学的考虑，但这个时间并不长。1970年，当泰巴盖坝威胁到位于叙利亚境内的幼发拉底河上游的考古遗迹时，联合国教科文组织并没有号召全世界行动起来，而是发出国际呼吁，建议那些对考古发掘有兴趣的国家与叙利亚建立属于它们自己的双边关系。

联合国教科文组织希望将来的世界是一个乌托邦式的、全球一体
xix 的世界，这其中也包括其关于考古学的计划，而这一计划到了20世纪60年代以后差一点就停滞不前了。几年以前，联合国教科文组织的一位高级官员邀请我去给一处考古遗迹做官方的鉴定，因为该组织从未对其做过足够清晰的描述。但是偏离作为一门专门学问的考古学，这

对联合国教科文组织及其后来的遗产项目的发展来说是一个损失。那个项目被认为仅仅是保护静态的遗址和遗迹，缺少积极的研究计划，并且经常性地忽略活着的人们和他们的做法。反过来我们也可以这样说：考古学的历史性发展越来越融入和依赖当地住户的看法与参与，包括当地社区、本土居民和其他的利益相关者，是他们让过去活在现在。

考古学作为一门现代学问，很好地把人类学和科学融合到了一起，它也因此彰显了联合国教科文组织部门结构中的管理困境。然而，正像联合国教科文组织第一任总干事朱利安·赫胥黎很快意识到的那样，考古学能够连接起不同的学科，并且有助于积极、长久地建立起国家间的合作与伙伴关系。这些关系是横向的，而不是纵向的，也不仅仅是在一瞬间获得的，比如，它不是因为遗址被收入《世界遗产名录》才建立的关系，也不是与单一国家之间的关系，而是与很多的机构和团体之间建立的长久关系。来自非洲、亚洲和中东的国家都有着长久的殖民历史，因此，在建立新的关系和面对具有负面意义的遗产时，考古遗产研究计划就显得尤为重要。今天，考古学不仅仅是一项不寻常的实践，同时它也帮助我们从不同的遗产视角去看问题。换句话说，考古学不仅仅盯着遗址本身，它还包括周边社区、培训计划、学术和机构连接、学者交流等。在我看来，联合国教科文组织的世界遗产研究计划并没有能够很好地关注到这些方面。怎么会是这样？为什么会是这样？要回答这些问题，我们需要了解联合国教科文组织在面对其核心问题时所承受的压力：究竟应该推动世界和平，还是提供技术支持？

本书主要关注考古学和文化遗产问题，从早期的救助运动开始，一直到1972年的《保护世界文化和自然遗产公约》，一般称作《世界遗产公约》或者是《1972年公约》。[17]其他与本书主题相关的联合国教科文组织的公约不在本书写作范围之内，包括非物质文化遗产、文化产权和文化多样性等方面的公约。这些公约有其自己的内容结构、工作人员、法定会议、签约国和法律规划，而这一切并不一定能映射到世界遗产方

xx 面。联合国教科文组织的官员们通常认为所有条约都关乎完全不一样的领域和理念：有一名高级官员在描述不同公约的发展变化时说，这就像是从固体到液体到气体的变化。人类学家、立法学者和遗产专家们对联合国教科文组织的非物质文化遗产和多样性项目进行了广泛的研究，这在很大程度上是因为它们对于什么是文化具有重要的意义，还因为它们与原住民、权利以及法律属性具有相关性。另一方面，只是近一段时间，我们才刚刚开始分析世界遗产这个项目的全球战略问题，尤其是关系到管理、外交、官僚体制以及文化与权利的政治经济学等方面的问题。[18]

鉴于我自己的考古学背景知识和所受到的训练，书中呈现的案例研究主要是关于文化遗产方面的，一般都是考古遗址和发掘问题，而不是自然遗产的问题。后者在《世界遗产名录》中较少受到关注，而且人们普遍认为自然遗产收入名录没有那么多的争议——其保护问题就不同了。[19]文化遗址在《世界遗产名录》中总是占据重要地位，这些遗址与主权、民族主义、领土权以及特定身份之间的关系，得到了人们的默认，并且都有着很好的记录。然而，我想说，世界遗产的审核过程、政治、逻辑和后果等方面对于文化遗产和自然遗产是同样适用的。在这里，我关心的是关于过去的种种可能性，以及人们是否有可能将关注的重点做一个转移。人们早期关注的焦点是野外考古，现在是否能更加关注在全球范围内对文化遗产有更好的理解？这就需要我们注意从考古学到历史遗迹现象和管理主义的转变，我们需要弄清楚，当历史遗迹取代了文化堆积层而成为重点的时候，将会有什么重要的影响产生。考古学家们也需要在更加宽泛的、历史和社会政治的语境下来看待他们的那些对象。

本书所采用的研究方法是档案分析和长期的人类学探索。在过去的七年时间里，我有幸成为官方观察员，参与联合国教科文组织世界遗产委员会的会议及活动。同时，我对无数的人进行了采访。他们包括：

国家代表团的大使和成员、联合国教科文组织秘书、顾问团，以及从巴西到曼谷的联合国教科文组织的实地办公人员等。[20]来自不同国家、拥有不同背景的成百上千的人和我详细分享了他们的观点和经历。同时，我也从与大家的讨论中获益匪浅，他们是与世界遗产各个方面相关的考古学家、管理人员、遗址评估员、顾问以及学者。多年的实地考古工作让我的足迹遍布很多国家，包括埃及、土耳其和南非。在研究世界遗产的过程中，为了完成联合国教科文组织的任务，我到过印度、泰国、 xxi
法国、意大利、中国、缅甸、秘鲁和巴西，想弄清楚各个国家如何试图使遗址列入《世界遗产名录》，后来又为什么要对其加以利用。许多人都在为保护世界遗产而行动着，这个人数一直在增加。他们都拥有各自的专门知识、细腻的感知、政治理念以及具体的事务安排。

除了深入的采访和长久的参与，我还研究了联合国教科文组织存在巴黎的档案和该组织丰富的网上资料。其中也包括一些个人档案，比如英国考古学家莫蒂默·惠勒爵士的资料（现在收藏于伦敦的国家档案馆）。在与其他来自文化经济领域的工作伙伴合作的过程中，我们运用数据分析和网络分析来观察今天世界遗产的相关工作情况，比如国际政治契约、经济利益以及选举集团等。[21]考古学是我的专业，我会通过校正那些文献资料、历史叙述、数据记录，对许多人进行采访，以及观察和参与，来识别那些变化的持续性模式和迹象。不管是档案，还是我的采访，又或是国际会议，一切的指向都是政治，尤其是《1972年公约》成员国的参与动机。

2011年，我在巴黎参加世界遗产委员会的会议。我记得，贫穷的国家和小国家的代表们举起名牌，针对他们认为重要的问题起立发言，我深受感动。我天真地以为，在遗产问题上，要达到一种平等是可能的。随着时间的流逝，我的乐观一扫而空，因为我清楚地感觉到强国的干涉、其施加的压力以及猛烈的游说。要想理解世界遗产，我们必须要了解：一些来自机构和国际社会的人似乎是在“制造”遗产。[22]要研究那些来自像联合国教科文组织这样的机构的外交官和精英官员，可不是容易的事情。关于这一点，人类学家们已经做了广泛的论述。如果有人要接触他们，必须出具官方证明，而且此人的所有行动将受制于复杂的安全措施。[23]如果想获得大使、国家代表团的成员以及联合国教科文组织秘书处的官员们的约见，那么需要事先写信、发邮件以及电话联络。许多人从来不回复，而有些人很高兴与你讨论一些问题，甚至是本书中提到的一些敏感问题，但是他们并不想透露自己的身份。从伦理道德上说，我尊重他们的意愿。然而，越来越多的人要求联合国教科文组织保持信息透明，而且很多的文件使得大多数人的身份越来越清晰。这些文件包括世界遗产委员会会议的网络视频以及相关文字
xxii 记录。

作为研究世界遗产政治学的考古学家，我能理解某个古迹的意义及其相关话题，同时我也理解联合国教科文组织的整个体制。但我也对与制度相关的政治保持距离，人们可能时常与之打交道，并且觉得这是一个沉重的话题，不管是从他们政府的角度来看，还是从联合国教科文组织自身的角度来看。作为研究人员，对这些问题我既熟悉又有距离感，因此，从某种程度上说，我是怀着既虔诚又谨慎的态度在做这项工作。然而，联合国教科文组织秘书处的一些成员希望我对他们忠贞不贰。表达各种不同的观点将很难做到，有时还会导致反感，甚至是威胁。研究遗产所要付出的代价真的很大。从头到尾，我就想弄明白：过去如何演变成今天的样子，并且为什么会这样；谁该对那些政治议程负责，最终又是谁赢谁输。在进行像世界遗产研究这样与文化生产相关联的工作时，我们应该了解一些政治学；我们还要明白，我们永远都不可能逃离过去——事实上，人们太过经常地重复过去。弄懂这些道理很重要。正像那位伟大的乌托邦主义者H.G.威尔斯所写的那样，过去
xxiii “对我们的影响是毋庸置疑的”。

目　录

第一章　乌托邦 …………………………………… 001

第二章　国际主义 ………………………………… 033

第三章　技术统治 ………………………………… 068

第四章　遗迹保护 ………………………………… 102

第五章　进入《世界遗产名录》…………………… 131

第六章　冲　突 …………………………………… 159

第七章　危　险 …………………………………… 189

第八章　反乌托邦 ………………………………… 223

注　释 ……………………………………………… 253

参考文献 …………………………………………… 359

索　引 ……………………………………………… 391

译后记………………………………………………… 431

第一章
乌托邦

我祈愿，而不是希望，我们的政府部门能够效仿乌托邦共和国的很多东西。

——托马斯·莫尔，1516年

1948年11月，英国生物学家、哲学家朱利安·赫胥黎抵达贝鲁特，参加联合国教科文组织的全球大会。联合国教科文组织成立于1945年，是一个政府间组织，其目标是帮助世界在经历第二次世界大战的破坏之后促进和平建设、实施人性关怀以及进行文化交流。赫胥黎被委任为该组织的第一任总干事。当时的人们，尤其是整个欧洲的人们，正从第二次世界大战的破坏和暴行中醒来。于是，联合国教科文组织肩负着这样一个使命：推进世界和平、改变“人们的想法”。其途径主要是实施基础教育、弘扬文化多样性，并且让全世界不同的人进行对话。在联合国教科文组织的创建者们看来，他们的使命如此重要，以至于他们其实掌控着文明自身的命运和方向。赫胥黎无疑是领导该组织的一个合格的人选，他终其一生都是国际主义者、乌托邦思想家。他的心中对联合国教科文组织有着独特的愿景，也正因此，他才会以很多种方式坚持下来。

贝鲁特会议之前以及之后，赫胥黎穿越中东，进行了广泛的游历，堪称经历了一次考古的艰难历程，这一段经历后来收入他的畅销书《来自一片古老的土地》之中。在这本书中，他把自己在联合国教科文组织里所参与的国家间合作称作“高速的生意”，其中包括“无数的会议、工作委员会和背后游说”。而在巴黎，总是有充满着官僚主义作风的工作在不断累积。[1]在他关于中东的记事本上，满是古代大事年表、参观遗址的记录、史前陶器的素描、关于神话英雄吉尔伽美什的注释，以及他极具个性的鸟类学符号。[2]他认为“有时大量的新发现使人眼花缭
1 乱”。[3]他游历了九个国家，参观了中东的一些不寻常的考古遗迹，其中包括比布鲁斯古城、佩特拉古城、杰拉什古城、帕尔米拉古城、孟斐斯古城以及吉萨金字塔群。更加值得关注的是，虽然他的专业背景是动物学，但是他对有关铭文和遗址发掘的报告以及关于这些古代遗址的公开发表的文字有着浓厚的兴趣。他读了很多考古学家颇受欢迎的书，比如弗林德斯·皮特里、詹姆斯·亨利·布雷斯特德、玛格丽特·默里、格特鲁德·贝尔、奥斯丁·亨利·莱亚德、亨利·罗林森、亨利·富兰克弗特、C.W. 塞拉姆、V.戈登·蔡尔德等。正是在这个基础上，他才写成了那本《来自一片古老的土地》。在书中，他倾尽心力，解读古代手迹、黏土碑牌的新发现和一些地方不间断的遗址发掘，比如耶利哥、乌尔、塔尔·哈拉以及拉斯·沙姆拉等地。

赫胥黎是一个博学的人，从他的家传来看，这一点并不奇怪。他的祖父是托马斯·亨利·赫胥黎，人们称他为“达尔文的斗牛犬”；他的父亲伦纳德和他有名的哥哥——小说家奥尔德斯·赫胥黎一样，也是一个作家；他同父异母的哥哥安德鲁是一位生物学家，并且是诺贝尔奖获得者。他本人也认识很多20世纪英国伟大的考古学家，他将他们列入计划，请他们为联合国教科文组织的未来做出自己的贡献。他们是：伦纳德·伍莱、塞顿·劳埃德、莫蒂默·惠勒、珈克达·霍克斯、凯瑟琳·凯尼恩、约翰·加斯唐、V.戈登·蔡尔德。尤其在失去考古学家亚

瑟·埃文斯和社会人类学家阿尔弗雷德·哈登以及查尔斯·塞利格曼之后，赫胥黎亲自给英国著名的遗传学家J.B.S.霍尔丹写信，称蔡尔德是个“不错的人”，并推荐他成为皇家学会会员。[4]这一点并不很令人惊讶，因为赫胥黎、霍尔丹和蔡尔德都属于理性主义者协会。该协会的成员们认为，对社会来说，宗教是一个很大的威胁。另外，H.G.威尔斯、奥尔德斯·赫胥黎以及伯特兰·罗素都是这个协会的成员。

1948年，当赫胥黎到达中东的时候，他的管理生涯接近尾声。他的任期从六年缩短为两年，其中部分原因很可能是他激进的哲学思想。然而，最终取决于联合国教科文组织美国代表团的安排。简单地说，美国人没有能够把他们的弗朗西斯·比德尔推到最高职位。作为一名高级观察员，英国外交家格拉德温·杰布这样说道：他们“想过把美国人放到所有重要的位置上”。而由于赫胥黎的任命，美国唐突地把对联合国教科文组织的资助减少了一百万美元。[5]美国代表詹姆斯·马歇尔认为，艺术和文化对和平与安全毫无益处。[6]这对赫胥黎本人来说是痛苦的，但是美国的这个决定并没有能够阻碍赫胥黎对联合国教科文组织贡献自己的智慧，亦未能阻碍他执行自己详尽的旅行计划，他也依然 2
在文学方面实现了巨大的产出。在他的书中，从头至尾，赫胥黎都强调“科学发掘”的重要性，其中包括“对地层进行仔细的发掘和保护、记录每一件文物、进行专门的重建，还要对结果做相关分析，从而确定具体的年份跨度”。[7]他还强烈建议保护遗址、建设遗址博物馆、发展文化旅游，这些都成了联合国教科文组织在接下来的几十年当中关于文化遗产研究全球计划的标志性成就。

赫胥黎说：“写中东就是写历史。”[8]赫胥黎认为考古学具有物质性，他称之为“固体历史”。像许多同时代的人一样，赫胥黎也认为中东是文明的发源地，但他是从进化人类学的角度下此结论的。对赫胥黎来说，历史不仅不可逆，而且是有方向性的。他断言，“人类必将获得更多的知识”，我们应该对此种走势加以利用。[9]赫胥黎认为，考古学是一门科学，与其相关的知识形成了他对全球未来的全部知识愿景。这一点就当时来说非常重要。有人认为，中东的考古遗址和人工制品“全部属于该地区”，可是赫胥黎在1948年的报告中写道：中东巨大的考古财富不仅可以让个别国家获益，也可以让全世界获益。[10]他身边有很多伟大的同时代的英国考古学家，他也能够接触到世界上一些最令人激动的考古遗址和发掘现场，因此毫无疑问他了解这个新的国际组织在这方面所扮演的角色。可以说这句话是他的座右铭：谁掌握过去，谁就掌握未来。

赫胥黎一直是一个令人着迷的人物，他通过很多种方式向人们展示了逝去的时代是什么模样。那时的人们信仰建设空想社会主义，信仰发展与进步，信仰文化国际主义以及充满了求知欲的知性主义，而这些信仰都随着帝国的结束而结束。他的设想经常被称为“全球乌托邦”，那是一个理想的政治组织的全球愿景，它需要人们通过建设一个世界文化的联合体来实现。[11]赫胥黎认为，过去的一切对人类物种来说就是“传统的集合”。[12]如果我们能从更广泛的视角来看待《来自一片古老的土地》这本书的贡献，以及赫胥黎对英国考古学的贡献，那么我们就会发现，在联合国教科文组织建立之初，就已经有考古学这门学科的位置。要想对将来的世界文化做出规划，就有必要从今天以及将来的角度看一看过去的考古学是什么情况。为了实现这个目标，赫胥黎
3 总结了帝国的知识体系，并且为受过教育的公众制作出版物以及广播节目。然而，到20世纪40年代末期，他为联合国教科文组织所做的这一切努力已经在走下坡路，取而代之的是来自美国的、服务于文化与发展的专家驱动模式、技术模式以及管理模式。对于考古学这门科学及其在社会进步的新路径中所扮演的角色来说，赫胥黎那明显的英式知识构想，除却其殖民以及教化的特点，乃是无法长久的。

考古学作为一门野外科学和离散学科，其在国际规划以及世界制造中所扮演的角色可以回溯到国际联盟和国际知识合作委员会时期。

在国际管理和合作的背景下，考古学如何在接下来的几十年中成为遗产研究的辅助手段？关于这个问题，如果我们能在早期历史中做一个探究，那将是非常有趣的。为了理解人类过去的所有一切，考古学借用各种学科的研究手段，从自然科学和社会科学中分裂出来。考古学的学术研究人员主要来自大学，他们都从事于长期的野外计划以及国际合作。另一方面，从物质意义的角度来看，联合国教科文组织对文化遗产的理解来自古文物研究、艺术史研究以及建筑研究，其目的是保护历史遗迹、建筑群和遗址的构造。[13]联合国教科文组织的考古研究，既是一种学科门类，也是一项野外实践，但是在20世纪60年代之后，这种研究就基本上被人们对古迹以及古迹文化的关注所取代。[14]考古学家们也参与到发现和发掘古代遗迹的工作中，但管理人员、建筑师和工程师们更关注现存的遗迹结构和建筑物，关注这些结构和建筑物的恢复和保护情况。庞贝古城和帕尔米拉古城就是很好的例子。在这方面发展和促进古迹保护比较容易做到，考古研究就不一样了。古迹是已存在的标志物，更易被主权国家的人们接受和利用，但是古迹发掘和调查研究工作是一片未知的领域。考古学关注的焦点原先是古迹挖掘和环境研究，而现在是古迹文化，这是因为人们更关注技术支持，而不是野外研究。这一切加深了技术统治和联合国教科文组织早期设定的关于和平建设的努力目标之间的矛盾。

在很大程度上，考古学和考古学家们在联合国教科文组织成立初期所扮演的角色并不为人所知。在努比亚大规模的国际救助行动中，他们都做了些什么？在接下来的几十年当中，他们又是如何失去了对他们有利的工作环境？他们去摩亨佐达罗和婆罗浮屠这两处古迹，主要是为了保护历史遗迹，而不是进行发掘和研究工作。这偏离了考古 4
学的研究方向，产生了重要的后果，这个后果不仅仅是针对全球遗产的研究发展工作而言的。理论和实践都表明，在整个联合国教科文组织里面，尤其是在后来成为世界遗产研究项目的体系中，从考古学的偏离导致不同的利益相关者逐渐疏远，而这些利益相关者与古代遗址、现存的古迹和地形地貌有着深厚的联系。关于国际主义、交流和知识的共同产出，研究和合作原本可以提供更多的可能性，然而掌管该组织的官员和专家按照自己的想法一意孤行。因此，有必要更全面地考察联合国教科文组织考古学的早期形态，包括各种国际救助和咨询任务，以及一流的世界遗产项目，这个项目在《1972年公约》中达到了高潮。通过考察该机构从初创时期到今天所取得的成就以及面临的挑战，我们可以进一步理解联合国教科文组织的知识政治学和废墟上的未来所面临的危险。这与考古学自身所揭示的道理非常相似。要想弄懂考古学更长久的历史以及与其相关的一切，我们需要进一步往回追溯，看看历史上关于和平、冲突、人类共同遗产以及对专门知识的宣传的问题给一个需要战后重建的国际社会带来了什么。

世界共享的考古学

要说清楚这个问题，我们必须先考察考古学和国际主义在下列事件中所起到的作用：联合国的形成、两次世界大战以后的政治动荡，以及人们对一个更好世界的急切盼望——这种急切盼望深深吸引住了“人们的头脑”。在联合国教科文组织成立之前，已经有一个政府间合作机构存在了，那就是成立于第一次世界大战以后的国际联盟（1920—1946），其目的是促进和平。该联盟在考古学和世界文化遗址研究，尤其是扶植古代文明的研究、保护目标遗址，以及建立博物馆常设展方面有着很大的抱负。在1919年的《塞夫勒条约》中，特别是第421条及其附件中，该联盟做出如下保证：对于所有成员国的国民来说，考古研究工作以及发掘工作将获得同等对待。但此条款并未签署通过。[15]在考
5 古学方面，该联盟虽然经常展示的是世界各地学者的形象，但事实上，更多的还是来自欧洲或者是北美的学者。如果说对来自非洲、拉丁美

洲、亚洲以及太平洋地区的学者和他们的过去也有所提及的话，那也是相当不足的。

在两次世界大战间隔期间漫长的岁月里，许多国家间的倡议都得到了国际联盟的支持。包括来自牛津的古典学学者吉尔伯特·莫里和物理学家阿尔伯特·爱因斯坦在内的一些欧洲和北美的研究人员在许多委员会和组织机构的成立当中起到了作用，而这些委员会和组织机构见证了文化和遗产成为国家间合作的媒介。其中的第一个委员会就是国际知识合作委员会（1922—1939）。该委员会于1931年举办了第一届国际古迹建筑师和工程师大会。随后产生了《雅典古迹保护宣言》。这份宣言尤其关注古迹的保护问题，并且关注文化遗产的同一个世界的理念，它恳求所有的国家在保护人类的艺术财产和考古财产的事业中能够尽到更大的责任。[16]在两次世界大战之间，人们感受到一种新的国际主义精神以及全球理念。这不仅仅表现在国际机构的设立，还表现在非政府组织的增多上，这种非政府组织使得国际组织、理事会、委员会和国家间的联络越来越多。[17]在保护古迹的历史和开创考古发掘的未来方面，西方知识分子确实发挥了作用，他们或者是出于本国的目的，或者是出于自身的抱负，但其实这些原本就是获得国际关注的大事。

关于国际学者合作的另一个更好的例子来自罗马考古及艺术史学院的国际研究室，只是现在它已经被许多人遗忘。该研究室由国际知识合作学院（1926—1946）于1933年设立，所有的考古和艺术史学院及系部在这里集会并交换信息，同时也可以了解到世界各地的考古发掘与展览情况，以及所有相关的活动和出版物。在今天看来，要完成这样一个雄心勃勃的使命是无法想象的事情，但在那个时候，它的可操作范围是很小的。大部分的著名学者和研究项目都来自欧洲和美国，只有很少一部分来自英属印度和日本。来自雅典英国学院的汉弗莱·佩恩对此付出了极大的热情，为该组织开设了一份发表信息的学报。值得一提的是，国际知识合作学院的国际研究室在目标和抱负上与更早之前成立的罗马考古通讯研究所是一致的。该研究所也位于罗马，成立6 于1828年，是一个考古合作的中心，它依托的是古典世界的广泛交流：关于新遗址发掘和古迹图案的信息将被整理、存档，并且发表在其内部期刊上。这也是一个聚集了来自不同国家的学者和外交官的国际组织，成员包括克莱门斯·冯·梅特涅和亚历山大·冯·洪堡。其人员来自四个欧洲国家：意大利、法国、德国和英国。[18]

1937年8月国际联盟和国际知识合作委员会在日内瓦召开会议，一是讨论其他的问题，二是讨论建立一个所有国家普遍认可的关于古代遗物以及发掘研究的新体系。同年3月，主要由欧洲和美国专家组成的专家组在开罗召开了国际会议，会议的主要议题是考古发掘工作。本次会议由国际博物馆研究所组织召开，并获得埃及政府的大力支持。与过去的《塞夫勒条约》相似，这一次的开罗会议的目的也是建立“一个国际合作的体制，在该体制内，世界各国将在对古代遗物及古迹发掘的研究工作中进行合作，旨在发展考古研究，并且致力于让人们对古代文明有更多了解”。[19]他们希望在国际知识合作委员会的艺术与考古部里设立一个机构，以便对与考古研究相关联的古迹发掘和各种国际合作给出建议。这包括对国际范围内的考古探险人员和其他专家进行登记，并且按照他们的专长、资格和先前的活动对这些人员进行分类。

一些杰出的专家学者也出席了1937年的开罗会议，他们是：保护学家哈罗德·普伦德莱斯，古典考古学家让·夏博内和艾伦·韦斯，以及埃及学家让·卡帕特、埃蒂安·德里奥东和乔治·赖斯纳。英国许多著名考古学家没有出席，这颇为引人关注。这一部分是因为英埃两国在1936年签订了条约之后关系十分紧张，当时的英国承诺过要从埃及撤军。然而，英国的意见仍通过大量的通信传达了过来。比如，亚瑟·伊万斯先生受邀对考古遗址的恢复和保护提出建议，当我们事后再看这要求，恐怕有些令人担心，考虑到他在克里特的克诺索斯宫的工作成果——在一封潦草的手写信中，伊万斯说道：在克诺索斯进行重建工作是很有必要的，这和重建庞贝古城是一个道理，否则那些古迹将是“一堆莫名其妙的废墟”。[20]另一方面，弗林德斯·皮特里先生却认为，重新填埋古迹遗址才是正确的选择，因为他坚持认为“对遗址的保护比让它们暴露在当下人们的目光中更加重要”。[21]在这里，考古和保护被
认为是背道而驰的。国际知识合作委员会并不满足于仅仅成为一个国 7
际范围内的考古发掘研究工作的信息集中地，它还希望在全球范围内创造标准的语言表达方式，出版相关手册，并且协调所有的研究工作。其雄心壮志绝不亚于创建一种“世界共享的”考古学。

要实现这个伟大的计划，首先要对与考古学相关的专门问题做一个说明，比如法律问题——尤其是牵涉到国际事务时——以及更好地厘清国际文件的表述标准。这些说明性文章先是于1939年用法文发表，然后于1940年用英文发表。《考古发掘专门手册》很快出版，并备受瞩目。这一方面是因为该手册牵涉到某些具体人员，另一方面是因为它在记录、保护、出版、培训、基金等方面所表现出来的远见卓识。[22]该手册具有全球视野和远大目标，与以前的都不一样。当然它也有一些不尽如人意的地方，比如关于如何分配文物的条款：是分给所在国家、国际考古发掘队，还是博物馆？这也被说成是“一项大规模交流与合作的计划”。[23]《考古发掘专门手册》还专门对赢得“本土居民的信任”做了说明，这反映出当时人们的成见和偏见，同时也体现出当时的国际主义显然是有局限性的。[24]从考古学历史来说，《考古发掘专门手册》已经有些被人遗忘了，虽然法律研究人员还会不时地援引其中的一些内容，比如关于违法交易问题、主权问题以及古代遗物归属问题的部分。[25]但其中提到的考古学是一门科学这一理念以及许多其他的建议，在今天看来仍然具有借鉴意义。该手册的作者们非常清楚，我们需要的是一个“国际考古发掘委员会”，虽然国际联盟于1946年被联合国取代，但是考古发掘的国际意义仍然需要人们持续关注。

1943年，世界处于动荡之中，一篇名为《战后考古学》的文章引起了大家的关注。[26]文章认为，国际联盟不仅应该拓展考古研究计划，而且应该让它成为国际行动。三位撰稿人均来自耶路撒冷：纳尔逊·格卢克、罗兰·德·沃克斯、埃利埃泽·苏克尼克。他们设想，如果中东考古研究由英国和美国的研究机构联合进行，那么世界将出现和平局面。这篇文章还认为，不论在现代哪个国家境内发现了古代遗物，都将同时引起本国人的关注以及国际关注，因此这些古代遗物必须要受制于一些国际规约。考古发掘的成果将分别属于所在国和发掘方，以此增进国际合作，当然同时也为国际考古增添新的内
8 容。二十年后，联合国教科文组织在努比亚进行的第一次救助行动践行了以上所有理念。这篇文章基本上是围绕中东的考古工作进行阐述的，因此它没有表明这些国际认同的理念是否会在其他国家的发掘工作中同样运用，比如说欧洲国家。《战后考古学》这篇文章原本是想通过提升国际化来保护“西方文明的起源”，但因为其拥有极高的水准，因此同样适用于世界其他的地方。虽然这篇文章的写作是基于宣传国际合作以及一些技术支持手段的理念，但是读者依然可以从中感受到作者那单向的、具有殖民倾向的意图，毕竟那是一个殖民和统治的时代。英国政治家大卫·劳埃德·乔治在解释那是一个什么样的时代时，热情地宣称：“我支持国际联盟……大英帝国就是一个国际联盟。”[27]

1943年6月，大约四十位来自美国东方研究所的专家们在耶路撒冷召开会议，进一步讨论以上这些观点，并且确定工作日程。在耶路撒冷会议上，来自耶鲁大学的弗兰克·布朗表明了他的观点：“总体来说，国际社会有权要求各个国家”维护和保存其古代遗物，鼓励国家间合作，并且防止肆意破坏和开发。但是在那样一个新的世界秩序中，人们对战后民族主义的实质并不知晓，因此，弗兰克·布朗并不能说清楚如何才能有效地实施来自国际社会的约束。一边在进行着对保护遗产的

讨论，另一边欧洲却发生着极端暴行，并且正进行着对文化和遗产有计划的毁坏。来自耶路撒冷希伯来大学的苏克尼克对此做出回应，他认为将来国际社会也许真的是一个“乌托邦式的社会”，但是目前，要让各个国家接受其本国的古代遗物属于全人类的理念，是完全做不到的。现在回头看，在耶路撒冷举行会议来决定国际考古学的命运，这本身就非常令人震惊。

鉴于当时国际社会的殖民环境，尤其是中东被瓜分的状态，外国学者们主张进行国际立法和监管也就不难理解了，因为他们本国的古代遗物和遗产并不在讨论之列。然而，来自黎巴嫩的埃米尔·莫里斯·切巴布持反对意见，他认为黎巴嫩对自己的古代遗物拥有所有权，不管是从金融、科学，还是从法律的角度来看，都是如此。理查德·巴奈特供职于英国皇家空军，同时也是大英博物馆的助理管理员，他回忆道，在当时的一些殖民地，并没有博物馆，因此考古发现必须被重新安置，以便使这些考古成果能够走向“世界”。他这里所说的世界，是指
西方世界。在20世纪60年代开始的联合国教科文组织努比亚救助行 9
动中，来自埃及的工程师扎基·哈桑扮演着重要的角色，他指出上面提到的所有观点和理念没有一个是真正具有约束力的，他所言非虚。因此，召开这样一个讨论会议究竟是出于什么目的？英国外交官A.S.柯克布赖德这样说道：“有一些是必须进行的会谈”，但是“当这些会谈内容与各国政府相关的时候，就并不具有实效性，除非走向战争”。其他人认为，如果他们的建议能够写进国际考古条约，那么这些建议很可能会起到更大的作用。同时，如果他们不能迫使各个国家保存和维护文化遗产，那么他们将致力于从事更多的管理工作。希尔达·皮特里女士建议他们成立规模不同的工作委员会，以便把他们的建议形成文字。

如前所述，国际知识合作委员会曾在开罗举行会议，商讨建立标准的考古学语汇。于是在1943年，一群人走到一起，要求确定考古学专门术语的表达方式，确保所有的发掘成果能够被知晓，成立近东考古理

事会，并且制定五到十年的考古总规划。虽然身处战争期间，但是他们依然对未来世界秩序寄予希望，不过他们的希望被一些与会者所忽略，被认为只是“空想”而已，其中就有塞浦路斯杰出的考古学家波菲里奥司·迪开奥斯。[28]现在来看，他们当初的那些建议，就是联合国教科文组织最终承袭的使命之前身。但是从该委员会的组成情况来看，他们无可避免地受到了殖民主义和欧洲中心主义的影响，即要在帝国的晚期保持控制地位——考古学和全球遗产问题正是这其中最引人注目的问题。

国际联盟和国际知识合作委员会给联合国教科文组织提供了样本，它们雄心勃勃的研究计划对后来成立的机构组织产生了巨大的影响。国际联盟的终止、多边主义的失败、全球冲突的爆发，这一切都导致本来有可能实现的乌托邦最终演变成现实中第二次世界大战的反乌托邦。能否阻止法西斯和纳粹残暴的意识形态出现在未来的世界中，这成为检验联合国教科文组织的试金石，也许比当初检验国际联盟有过之而无不及。联合国教科文组织把文化建设放在第一位，并且视其为自己的中心任务。西班牙内战期间，联合国教科文组织总干事费德里克·梅厄还是一个孩子，他回想起纳粹的口号时依然充满恐惧：“每当听到文化这个词……我就会随时准备开枪。”[29]当下的一些领导人物会再一次尝试“在人们的头脑中构筑和平的樊篱”。联合国教科文组织必须用新的方式把教育、文化和遗产结合到一起，以便建立一个新的世界秩序。贯穿整个战争期间直至战争刚刚结束的时候，国际社会对
10 拯救和恢复欧洲的文化瑰宝、艺术作品和标志性建筑，以及重建历史遗址，表现出急躁冒进的作风。如果全世界能够一起努力，稳步取得文化建设方面的成就，那将是一件再好不过的事情。要想实现和平梦想，国际社会必须在人类遗产的问题上进一步制定条约、发布公告、共同探险，并采取救助行动。

一个世界主义

托马斯·莫尔的《乌托邦》发表至今已经有五百年的历史，但是很多20世纪和21世纪的思想家还是想通过世界政府来获得永久的和平。他们认为英国费边主义者伦纳德·沃尔夫说得非常正确："实现法律、科学、习俗、思想、工业、商业和社会的国际化。"[30]莫尔的《乌托邦》享有声望，是因为其中论述了下列观点：福利国家制度、社群主义、对离婚和安乐死的宽容态度、六天工作制，还有对律师职业的异常需求。那个孤岛社会必须遵循如下准则：财产共享、管理得法、社会平等（奴隶除外），甚至还需要礼貌。读者在该书中可以读到如下的表述："所有的事物都管理得当"，"每天早晨都有公共讲座"，人们拥有"足够多的时间来提升自己的意识状态"。从中我们可以一窥未来联合国教科文组织的形态。[31]乌托邦主义者和联合国教科文组织的成员就道德哲学的重要议题进行了辩论，比如究竟什么是美德，什么是幸福，又是什么构成了优秀的品质。的确，乌托邦主义者认为，在所有的愉悦之中，"最具价值的是精神上的愉悦"。他们最憎恨的是战争和暴力，在乌托邦社会，每个人对每一样东西都拥有所有权。

一个世界主义不仅仅满足于梦想实现全球的统一管理和组织，还希望全世界拥有统一的规则、国际范围内的合作和彼此联络，甚至在学术领域实现全球的互联互通。像联合国一样，联合国教科文组织把国际联盟的帝国国际主义有效地推广到了全世界。[32]虽然他们的能力有限，H.G.威尔斯还是希望科学家们能够永久地履行这样一个使命：提供建议、书写报告，并且在某种程度上掌控全球公民的命运。[33]与其说这是来自国家的希冀，不如说这是伟大的政治家们心中的愿景。朱利安·赫胥黎的哲学思想就是在这样一个背景下发展起来的。虽然赫胥黎与他的兄弟奥尔德斯——也就是《美丽新世界》的作者——在人口和优生学的问题上存在着明显的差异，但是他们都意识到人类进步的重要性以及掌握生物学知识的重要性，关于这一点，他们的祖父托马斯·赫胥黎早就有过论述。他们兄弟俩从生命科学的角度阐述了关于
11 人类社会和伦理道德的观点。从政治的角度看，他们分别致力于经济集体主义和社会集体主义的研究工作。[34]

朱利安·赫胥黎有着特别的家世背景，而他在科学方面为英国所做出的贡献为他赢得了人们的尊重。他认为，应用科学一定会给现代研究与发展带来巨大的潜力，这种巨大的潜力已经超出了人们对政治操控的盲目信任，也就是说，理性发展和个体自由最终将获得胜利。赫胥黎站在科学人文主义的一边，他认为这样一种宣传科学、民主和同情，超越宗教信仰和超自然信仰的哲学将是不朽的。基于这些原则，他和威尔斯都希望在世界范围内实现国际团结。赫胥黎所倡导的“科学人文主义”属于乌托邦哲学，是一个关乎进化的理念。这个理念的内容涉及人类所有的努力以及与科学和文化相关的所有内容，它将在七十年后继续给联合国教科文组织提供哲学支持。[35]该理念所带来的直接产物之一，就是人们都愿意在全球范围内进行文明建设。联合国教科文组织早期就追求一个世界主义和世界管理，甚至该组织还进行了全球公民的项目研究。从这一切当中，我们都看到了乌托邦思想与和平梦想的存在。的确，赫胥黎也会拥护那种浸透1972年《世界遗产公约》所有方面的“共享世界遗产”的观点，因为它能为一个完整的、文化的、科学的乌托邦提供物质支持和保护计划。

约瑟夫·尼达姆是赫胥黎在剑桥的一个工作伙伴，他们俩一起提议重新编撰从史前到当下的人类历史，以此来巩固赫胥黎的哲学思想。然而，在联合国教科文组织内部，他的反对者们对他的观点提出了强烈的抗议。1947年，他委托时任伦敦考古研究所所长的V.戈登·蔡尔德起草一份报告，呈献给联合国教科文组织的各个成员国。[36]虽然赫胥黎是一位自然科学家，但是他后来倡议在联合国教科文组织创办一个关

于古代世界的电台节目，这个节目名叫《人类历史》，由像珈克达·霍克斯和伦纳德·伍莱爵士这样著名的考古学家们担纲。[37]他宣称这是第一次为全球听众设计和撰写节目，这个电台系列节目面向普通大众，由四部分组成，从解释人类起源开始，追寻人类发展的脚步，直到新石器时代革命以及在伊拉克和埃及发生的人类“文明”的起源。在英国，赫胥黎出现在由考古学家格林·丹尼尔主持的电视节目《动物、蔬菜还是矿物质？》里面，这个节目的主要内容是专家对来自博物馆的不明文物进行鉴定。赫胥黎还和亨利·富兰克弗特、霍克斯以及伍莱一起，
为人类科学文化发展史委员会工作，历史学家波尔·迪埃达尔甚至认 12
为赫胥黎的《人类历史》以及它独特的模式对联合国教科文组织制定1972年《世界遗产公约》产生了影响。[38]

因为伍莱的过早离世，赫胥黎让珈克达·霍克斯担任该系列第一辑《史前和文明的起源》的主编。[39]霍克斯特别称赞伍莱是“能够以优美的语言和具有想象力的形式对这一主题进行最好的呈现的英国人”。[40]她还邀请同时代杰出的考古学家们为该系列撰稿，包括哈勒姆·莫维斯、B.B.拉尔、多萝西·加罗德、罗伯特·布雷德伍德、路易斯·利基、格特鲁德·卡顿·汤普森、约翰·戈德温。该系列的制作花费的时间很长，一部分原因是每一辑都将被呈递给联合国教科文组织的国家委员会进行审阅，因此，每一辑都要有来自世界各地的三十多位学者进行阅读和审查，而这些学者毫无疑问拥有各自不同的历史、理论和政治观点。对这些稿件的评判文字至今保存在联合国教科文组织的档案馆中，阅读这些心血之作使我们依稀看到写作世界史前历史的艰辛，但即便如此，它也只能令世界上的很少一部分人感到满意。反对意见主要是由俄罗斯人提出的，他们从自己的马克思主义观点出发，赫胥黎如此说道。[41]但是也有中国人提出异议；当然还有巴基斯坦人，他们要求把“印度”两个字删掉。赫胥黎和编辑们经常遭受到密集的批评，这些批评主要是出于宗教或政治原因，比如“来自天主教、西方文化、资

本，还有共产主义、俄罗斯人以及其他方面的原因”。[42]

对于赫胥黎来说，要展示历史，就是要展示进化的过程，展示人们在文化、经济、社会、技术以及政治领域的不断提升的独立性，而这一切都是一份共同遗产的组成部分。赫胥黎力图把人类物种当作一个整体来对待，不过这主要是从科学和文化的角度来说。而对于联合国教科文组织来说，书写历史就是书写伟大文明的兴衰史以及相关的事实，但是该组织也强调要有宽容的心态，并且要重视“人们在缓慢的进程中为了解世界而付出的”努力。[43]联合国教科文组织的历史研究计划倡导不同国家的历史具有同等的价值，这些计划还传达出这样一个观点，即“同一个世界”的历史也是全球关联和交流的历史，而这些关联和交流对文明的独特构成来说是非常重要的。[44]

对赫胥黎的一个世界主义来说，如何平衡过去的政治学是一个中
13 心议题。这一点在他的另一项研究计划中也得到了体现，这个计划就是受到人类科学文化发展史国际委员会赞助的《世界历史杂志》，也经常被称为《世界历史报告》。这是一次很有意义的探索，但是时间不长，从1953年开始，到1972年结束。来自英国的一些著名考古学家也参与其中，包括加罗德和蔡尔德。《人类的视觉历史》主要是针对九到十二岁的儿童，蔡尔德负责其中的考古学部分，赫胥黎也在其中发表了自己的看法。从联合国教科文组织那些记录私人交流和关系的通信档案中，我们也许开始明白个体生活是如何通过通信与历史和考古这样大的专题联系起来的，这些议题可能牵涉到人类的起源、进步以及国际社会是如何乐观地看待过去的。[45]

赫胥黎与考古学之间的关联几乎可以算得上是绝无仅有的英国式关联。他请来了英国最著名的考古学家，他们的工作遍布帝国之内，从英伦三岛到巴勒斯坦，从伊拉克到印度，都留下了他们的足迹。联合国相关机构的设立，也并不仅仅是因为英国及帝国关系网，这些机构被视为加强并扩展帝国权力的一条途径。联合国教科文组织的创立者们的

个性和国籍进一步显示了他们的殖民倾向，也就是说，要掌控领土、人民以及帝国的资源。[46]赫胥黎之前在非洲曾经担任殖民专家，包括自从1930年开始在殖民地教育顾问委员会的任职，以及1943年在非洲调查研究委员会的任职。赫胥黎作为英国政治经济规划智囊团的原始成员，拥有管理帝国的经验，这使得他和其他的英国精英们成为适合领导像联合国教科文组织这样影响战后秩序的新国际组织的理想人选。[47]他聘用英国殖民专家，并且把联合国教科文组织的资金投入英国在殖民地的发展计划中，而当时正处于一个非常关键的时期，因为那些区域正受制于比联合国教科文组织影响更大的联合国的监管之下。[48]

历史学家约瑟夫·霍奇提醒我们，从20世纪30年代开始，殖民地的科学知识和科学权威就处在不断机构化和全球化的进程中，而所有殖民专家都在其中扮演了非常重要的角色。许多像赫胥黎这样的帝国专家一直在联合国的特殊机构中扮演顾问和专家的角色，包括世界粮农组织、世卫组织和联合国教科文组织，他们把自己独特的关于进步和提升的观念也带入工作当中。[49]像赫胥黎这样的殖民地管理专家和技术专家认为，欧洲是优越的。正是这种优越性，迫使殖民区域和那里的人们得到了“提升”——从中我们可以看出专家们对待社会管理和发 14
展的主张。赫胥黎主张“提升落后地区的教育、科学和文化设施”，以便“让光照亮世界上黑暗的地方”。[50]在乌托邦思想看来，科学和技术不仅能给贸易和工业带来新的机遇，还能给世界上所有殖民地的人民带来更好的物质生活。

因此，赫胥黎所说的保护代表了大部分英国殖民工作方向和后殖民工作方向，他在世界野生动物基金会和国际自然保护联盟的成立上也起了非常大的作用。的确，赫胥黎在联合国教科文组织的领导作用，证明了——用霍奇的话来说——“近期英国殖民帝国主义是一种科学和知识的帝国主义，在这里，那些学者和科研人员被拔高到一种与他们本身并不相称的权威地位”。[51]霍奇认为，这种受到纵容的乐观是进步的和无私的：这是为了将来而做的事情，即保护世界上伟大的自然遗产和文化遗产，它将在几十年后达到巅峰状态，其主要表现是1972年《世界遗产公约》的制定以及《世界遗产名录》的创建。然而，在这种战后局势下，显然存在着冲突和异议。赫胥黎在联合国教科文组织任期缩短，并且该机构拒绝发表他在1947年所写的宣言著作《联合国教科文组织：目标和哲学》，这些都证明了冲突和异议的存在。[52]在这本书中他认为，联合国教科文组织的使命不能仅仅建立在一种宗教，或者是一种政治经济学说，抑或是某一种哲学的基础之上。该组织的战略目标是实现平等和民主，具体任务是致力于发展教育、科学、文化以及满足世界人民互相理解的需要。他认为，如果联合国教科文组织想实现和平目标和保护人类利益的目标，那么就必须要继续向前，必须建立统一的世界政治体制和世界管理制度。他还再次表明自己的观点：联合国教科文组织总的哲学思想必须是科学的世界人类主义——以全球范围内的进化论思想作为其思想基础。这项任务事实上就是在力图实现世界共享文化。

巨大的潜力

虽然国际联盟意识到考古学的重要性，也进行了发掘和展览工作，但是其范围有限。联合国教科文组织是第一个真正意义上在全球范围内推进考古和文化遗产研究工作的组织。该组织的工作范围和工作计
15 划现在已经不局限于地中海和中东地区，但是原先它关于发掘、合作和国际主义的工作意图差不多完全脱胎于国际知识合作委员会的早期文件。这种重复和缺乏创新显示出联合国教科文组织近二十年的工作上的静止状态，那些文件起草者极度依赖1937年开罗会议制定出的文件、重要议题以及要实现的目标，他们只是顶着联合国教科文组织的名义重新制定一下而已。考古学家们通常会认为，联合国教科文组织的建

立是一个新的起点，但是国际历史越来越证明，这只不过是在延续两次世界大战之间管理这个物质世界的方法和途径。

在联合国教科文组织于1946年底召开的巴黎国际大会第一次会议上，预备委员会认为："我们必须要考虑到纯科学的全部领域，包括自然科学和社会科学，并且包括物理学领域和史前考古学领域……那些同属于全人类的杰出考古遗产已经被毁坏。"[53]的确，在一个持久的和平环境中，过去必须受到抢救性保护，这不仅是为了将来，也是给我们人类上了一课。我们有理由相信，从联合国教科文组织诞生之日起，科学研究和考古学的物质遗产研究就被认为处于同等重要的地位，当时学术研究对该组织的学术愿景来说仍然是至关重要的。赫胥黎也说到了保护世界科学遗产和文化遗产并且让它们能够接近公众的双重作用。面对世界上的所有国家，赫胥黎问道："你们在保护文化遗产和让它们被世界所了解方面都做了些什么？你们是否采取措施来保护你们具有历史意义的来自远古的遗迹，或者是更好地发掘你们过去的历史遗迹，抑或是展示它们的珍宝，并且让全世界都了解它们……？"[54]

但是真正开始认真做这项工作，是在下一年的墨西哥。与1937年开罗会议相似的会议内容在与会国中引起了激烈的讨论，即"确保全世界所有国家通向考古遗址的每一条可能的途径都没有问题"。[55]埃及和希腊这两个拥有丰富考古资源的国家谈到了主权问题以及它们自己的法律，海地与它们站在了一边。我们不能忘记的是1922年，埃及发现了图坦卡蒙法老墓穴，其领导者面对外国强权，奋起保护国家主权，因为他们受够了殖民占领以及他们的古代文物在国外的流失。考古研究已经变成了埃及独立运动的象征。

开罗会议的召开时间具有重要意义，更不用说当时的具体情景了。埃及的阿拉伯民族主义者们为了实现独立群情激愤。20世纪30年代，
民族主义运动风起云涌，到第二次全球冲突爆发时达到顶点，最终以国 16
际联盟和国际知识合作委员会的失败和终止作为结束。国际联盟自身

对民族主义机制的作用是至关重要的，但是它没有能够对“20世纪30年代后期的政治问题做出足够的回应，这些问题包括经济大萧条、法西斯主义的出现，以及成员国们在出现问题时采取暴力措施，而不是请求仲裁”。[56]彼时，乌托邦关于“国际管理”和“国际公民”的理念已经被关注机构问题和法律问题的国际行动主义所取代。开罗会议上关于主权问题和国际权利的紧张局势反映了民族主义者们在政治领域中的追求，但是从文化运动的角度来说，国家间的知识交流正在集聚能量。然而，在第二次世界大战结束以后，国际主义拥有了一些不同的色彩。当时的情形是，人们感受到胜利带来的激动，面临战后重建的挑战；新建国家试图在世界棋盘上拥有一席之地，世界必须承诺实现全面和平。在这种情况下，考古学重新回到了议事日程中。

1947年在墨西哥，法国代表团提议，国际博物馆协会准备一份关于在所有国家实行考古遗址免费入场的书面报告，这份报告将被提交到联合国教科文组织贝鲁特大会第三次会议上。[57]第二年，国际博物馆协会的人员回应说，他们征求了相关专家的意见，这些专家了解“一些欧洲国家的情况，还有中东、远东的情况以及美洲的情况”。专家们建议他们看一看以前国际合作的先例，结果他们就又引用了《考古发掘技术手册》中的内容，尽管他们知道，虽然这份手册很出色，但是并没有获得广泛的支持和权威的认可。1937年的开罗会议尝试“创建一个普遍适用的原则，以便为不同国家的文明立法提供基础”，这一点受到了赞誉。但是国际挑战依然存在，具体来说就是那些与最为重要的国家立法相关联的挑战。[58]在联合国教科文组织的博物馆部门，这方面的尝试很多年都未见进展。在1948年的贝鲁特会议上，大会主办方得到了一个建议，就是要建立一个国际专家委员会，专门负责处理具有历史意义的古迹和古迹遗址的保护问题。大会主办方接到的第二个动议是由巴西和埃及提交的，它们希望建立一个国际基金会来资助历史遗迹的保护和恢复工作。[59]虽然这只是埃及于1948年提出的一个想法，但经济援助对成员国来说毫无疑问是具有吸引力的，而埃及后来也确实成为最大的受益者。

1949年10月，由来自仅仅十四个国家的专家组成的委员会在位于巴黎的联合国教科文组织的办公地点召开会议，研究关于保护具有历 17
史意义的古迹和考古遗迹的提案。他们建议创建永久性的国际委员会，设立保护基金，支持文物恢复和遗产保护，以防发生武装冲突。[60]国际联盟下属的国际博物馆办公室前秘书长欧力彼得·丰杜基迪斯认为："考虑到进行考古发掘的国家并不愿意被国际规约掌控发掘工作，因此，下面这个方法可以算作一个权宜之计。即在博物馆方面鼓励进行国际合作，并且尊重各个国家的遗产，而不是试图准备一份官方协议。"[61]确保全世界的考古学家都能够进入历史古迹，以及确保成立国际保护基金的想法能够实现，这两项工作是议事日程上的两个项目，均列在"考古遗址和历史性遗迹"的标题之下。这个标题本身作为一个工作类别，是有有效期限的。正如联合国教科文组织其他的很多倡议一样，这项工作也停止了几年，考古遗址委员会的工作也并未取得多少进展。该组织在早年对待成员国提出的非常多的工作建议时也是这么做的，因此这一点并不令人感到惊讶。

到1948年，杰米·托里斯·博德特取代朱利安·赫胥黎成为总干事，在该组织内部，已经出现严重的哲学分歧。1949年，美国代表团成员、神学家莱茵霍尔德·尼布尔建议联合国教科文组织缩小其工作范围，把工作重心放到最低限度的需共同执行的公平原则上，而这些原则的建立是以实用主义、包容和合作为基础的。他认为，建立一个自由的世界社区的梦想只能在西方世界实现，具体来说，是在美国的领导之下实现。尼布尔并没有朝着联合国教科文组织当初所设想的方向走，相反，他提议要关注对那些处在美国影响范围之中的国家提供经济和技术支持。[62]关于这个方向性转换的一个实例，是在库斯科古城发生的大面积地震。那是1950年5月21日发生的地震，有三万到四万人因此无家可归。地震发生后的第二年，总干事给建筑师和艺术史学家们布置了一个技术方面的任务，要求他们给秘鲁提出建议。这项任务在很大程度上是建议性质的，并且相对来说花费很小。[63]事实上，1951年给文化遗产提供技术帮助的全部预算只有一万美元。[64]正如很多这一类的早期工作项目一样，这项工作的结果也显而易见：库斯科古城在几十年之后出现在了《世界遗产名录》上。同年，叙利亚提出了两项要求，其中一项是于1952年展开早就达成共识的考古遗址保护。第二年，阿富汗要求对其博物馆和管理者的培训工作提供帮助。1952年，伊拉克也
18 要求该组织帮助保护哈提拉考古遗址。对联合国教科文组织来说，所有这些都是要求提供技术帮助，并且这些遗址都成了具有象征意义的遗迹。[65]

1952年，美国提出建议，这些技术支持项目应该纳入联合国教科文组织的日常预算中，因此需要削减其长期以来在社会、文化以及教育工作当中的投入。托里斯·博德特反对美国试图把技术统治作为联合国教科文组织塑造形象的主要手段，认为那是一种国际技术支持的专家驱动管理主义。但因为美国是提供广泛援助的主要赞助者，托里斯·博德特没有能够取得胜利，最终他于同年辞职。[66]接替他担任总干事的是两个美国人，先是约翰·泰勒，一年以后是路德·伊万斯。技术统治对该组织来说将发挥更大的作用。的确，到20世纪50年代早期，欧洲国家更加感兴趣的事情是建立相关的专业技术中心，比如文化遗产保护和恢复研究中心。比利时和罗马都希望中标，后者赢了。法国也提议，在开罗设立古埃及艺术文化史文献与研究中心。[67]

因为有上述各种国际需求的存在，所以国家间的合作就变得非常重要，这些需求同时也成为联合国教科文组织可以在其出版物，例如《信使》上展示的工作内容。1952年，联合国教科文组织派遣工作人员去黎巴嫩察看的黎波里和巴勒贝克的历史遗迹。1953年，又派遣工作人员去叙利亚考察古迹和考古遗址的情况，包括阿勒颇、帕尔米拉、巴

士拉和十字军古城堡。[68]到1955年，已经有十四个国家接受了帮助，另外有十一个国家因为缺乏资金被推迟帮助。这些工作被说成是“进行信息交流和专家之间的交流”，但其实它们原本是为了提供技术方面的建议。然而，这些工作实质上并不是不同观点之间的交流，比如对遗产究竟包含哪些内容，以及如何对它们进行最佳保护这样的问题进行探讨。相反，这些工作促进了信息流的单向出口，即纯粹是从欧洲专家流向贫穷国家的同行们。人们希望通过技术统治和国际援助，让成员国——以及联合国教科文组织——意识到正在形成的和平之巨大潜力。因为战争结束不久，所以人们更关注的是保护工作，而不是进行考古探险。这也给各个国家提供了方法和途径来保护奇缺资源、建设基础设施、开发文化资源，并且最终支持文化旅游工作的展开。

联合国教科文组织及其成员国多年的商讨终于在1955年出版的 19
《考古发掘之国际条约》中得到阐述。来自哈佛大学的美国考古学家J.O.布鲁牵头成立了一个由其他美国人和欧洲人掌控的委员会。大家发现联合国教科文组织继续着国际联盟的做法，又一次对1937年《开罗法案》的原始文件进行了大量的借鉴。然而，同样的问题依旧存在，比如：“有些国家科学资源和财政资源都不足，但是它们的考古资源很丰富。即便如此，它们也不愿意接受外国针对两者之间的落差提供援助。不同的国家有它们本国的立法机制，而当下的环境也带来了特殊的困难，这两者之间的差异也是一个问题。”[69]从联合国教科文组织所承担的国际责任来看，有些问题非常棘手，比如对于那些非自主领地或者托管领地应该做些什么。比利时和波兰注意到，1937年，没有人关注过下面这些地方的考古问题，包括北美、南美、非洲、远东、印度、印度尼西亚及太平洋岛屿。埃及方面就此事再一次进行了干预，要确保国际规约在针对主权国家时有足够的弹性空间。法国希望能够确保进行更加广泛的文物方面的国际交流。黎巴嫩重申了其对本国考古遗址不可让与的所有权。自从20世纪30年代以来的很多相同的争议还是在发生，人们似乎感受到那些殖民国家和其他大国为了私利而进行着熟悉的争斗。但是文件上也出现了一些值得注意的新条款。这份报告特别说明，与机构合作比与政府合作要来得容易。该文件也提到了这样一个充满争议的问题，即禁止在被占领土上进行考古发掘。所有这些在某种程度上解释了为什么《考古发掘之国际条约》只能算是一个建议，而不能上升成为一份公约。

联合国教科文组织把这份报告发给成员国的相关人员，征求他们的意见；而各成员国多半是向博物馆的专家而不是向考古学家寻求建议，这本身就很说明问题。来自成员国的回应也证明了这一点。法国人似乎重新思考了一下对于他们来说进行国际合作意味着什么，于是只愿意在他们认为合适的时候联系外国方面。他们还发现，在谈到考古发掘的问题时，对任何一个“占领国”实行限制都是有困难的。澳大利亚人希望能够确保“公平地享有”那些在考古发掘中发现的文物，并且让属于他们的那一份能够充实其博物馆的内容。锡兰不想放弃所有与佛教或者是印度教相关联的文物。英国人发现，想让博物馆归还文物有时候很困难，而且他们认为在本国进行考古发掘经常是受助于志愿机构而不是受助于国家，这就使得考古发掘变得更加复杂。最
20 后，美国人指出，人们纯粹是自发地提出这些建议，这就意味着，在做出决定之前需要更多的时间进行思考。尽管成员国之间存在着严重分歧，1956年在新德里仍通过了《关于适用于考古发掘的国际原则的建议》。[70]然而，这份建议并不代表联合国教科文组织关于考古研究和考古实践的工作迈上一个新的台阶，它只是在继续规范和确保人们能够走近世界范围内所有的古代伟大遗产，它集中体现了各个国家因为受到20世纪30年代思想的激发而做出的全部努力。从考古研究转向遗址研究——或者更准确地说，是转向古迹研究——已经开始。

虽然在1956年的这份建议中，许多总原则仍然占据突出地位，但是在考古研究中，它们并没有起到多大的作用，今天这其中的大部分内容

已经被考古界和学术圈所遗忘。虽然这份建议属于规范性质，但是它并没有像一份规约那样得到各方承认，因此也并没有被付诸实施。在联合国教科文组织关于1956年工作的自述中，考古学已经有些淹没在其他的文化领域中。它所从属的标题是“人类文化历史的保护”，排在它前面的有博物馆和收藏品、图书馆、档案、纪念碑，还有历史遗迹。此时研究工作正从古迹方面转向遗产保护方面。一些国家很快意识到这种“巨大的”潜力，它们要求提供技术支持。这些国家包括印度尼西亚、约旦、利比亚、巴基斯坦、秘鲁和厄瓜多尔，它们都要求给出建议，以及/或者对管理人员进行历史保护和恢复工作的相关培训。[71]在对委员会的讲话中，总干事杰米·托里斯·博德特已经为那些刚刚获得政治独立的国家指明了这种潜力——那些国家缺少合格的工作人员，因此很难从国际技术人员交流中获益。[72]这一点在很大程度上与美国人对联合国教科文组织的定位相契合，他们觉得该组织是一个技术统治、专家驱动、进行标准制定的机构，同时向那些不够发达的国家传播什么是“最好的做法”，而不是期望这些国家参与建设世界和平这样更加困难并且目标模糊的任务。这点也正好符合那些处于主导地位的西欧成员国的意愿，这些成员国非常热衷于向外输出技术以及技术人员，因为它们希望在那些国家中扩大自己的影响，而且并不情愿在自己的国家受到这种国际干扰。

联合国教科文组织的工作记录显示，其有一个渐进式的组织工作上的转向，那就是它更加优先考虑对历史遗迹进行保护和提供技术支持，而不是助力原始研究或者是考古发掘。于是，考古学慢慢地被列入博物馆研究或者是古迹研究的名目下，而遗产保护则更多地被认为是建筑研究而不是考古研究。这些分类上的转变反映了国际社会正在形 21
成新的关注点，那就是战后艺术和建筑的恢复、博物馆的重建，以及对历史遗迹的保护和保存。这一点在关于遗产问题的第一个国际条约中得到了反复申明，该条约于1954年5月14日在海牙签订，名为《关于武装冲突情况下保护文化财产的公约》，两年后生效。虽然因为战争的爆发，这份条约并没有能够立刻得到国际社会的承认，但是它传承了国际联盟和国际博物馆办公室的相关理念。[73]《海牙公约》很大程度上完全针对第二次世界大战中的文化破坏问题，其范围“涵盖所有可移动和不可移动的文化遗产，包括纪念碑、艺术品、考古遗址、科学收藏品、文稿、书籍，以及其他与艺术、历史或建筑方面相关的文物”，该条约旨在保护文化遗产，进而保护全世界处于武装冲突中的文化财产，这些文化财产可能分属于国家、团体或者是特殊的社会成员们。[74]

从20世纪30年代后期开始，国际联盟就将考古发掘和考古研究列入了工作日程中，一直到后来的联合国教科文组织，都是如此。该组织从1946年开始的一段时间内，也将此项工作作为自己的努力方向。但是很快，该组织就把工作重心转向了提供技术支持和提供工作建议，而不是发起新的研究项目，而这样的转向经常是成员国要求的结果。1946年6月，莫蒂默·惠勒写信给考古学家西里尔·福克斯，请他帮忙看看能不能在联合国教科文组织里谋得一个位置，因为他有一个“强烈的愿望，想要在一个很大的领域里做一些值得做的事情，这个欲望几乎真的是在内心里变成了熊熊燃烧的火焰”。[75]他认为，做历史研究必须意识到“人类的高贵属性”，这样才能“把考古学从技术人员那里抢救出来”。[76]这份对考古学和联合国教科文组织的学术期待被放到了次要位置，人们日常做得更多的是处理那些更加值得关注的事情。[77]像赫胥黎一样，惠勒也是英国伦理教化方面的推进人员，他们对社会提升和社会进步持有一些令人怀疑的观点，而在中东或者是亚洲其他地方的伟大文明中，可以看到他们对于文化的痴迷。[78]正如马克·马佐尔所说的那样，联合国的设立与其说是美国努力的结果，不如说是英国努力的结果。虽然从外表看起来，英国正处于其帝国末期，但是其殖民主义以及对领土的控制仍在继续。[79]从赫胥黎那时起，英国包括考古学家在内的学界人员就逐渐被技术人员和以发展为目标的技术统治所取代。联合国教科文组织派出的专家团队在西欧和美国得到培养，并且源源不断地从西欧和美国被派遣到世界各地。由于一个新的帝国在世界事务中起到领导作用，所以英国对考古学和文化提升的学术期待很快被人们 22
略过，而实用性和技术应用则受到了更多的关注。

在接下来的几十年中，联合国教科文组织几乎不会让著名的考古学家参与到重大的学术研究中，这种参与不是常规做法。因此，该机构也就不会对这门学问产生决定性影响。考古学家自己在很大程度上都弄不明白，人类的过去如何成为赫胥黎时代的人类主义的核心内容，并且，它又如何在国际工作和研究中扮演各种各样的角色。赫胥黎对于“构建人类思想发展史，尤其是包括考古学家和一流学者在内的最高文化成就”有着完整的构想。[80]他在参观约旦壮观的佩特拉古城纳巴泰遗址的时候这样写道：这个应该是“世界文明博物馆里最受关注的展品之一”。但是要做到这一点，这个遗址就必须“得到恰当的保护、透彻的研究，并且让人们能够走进其中”。赫胥黎意识到，“科学的考古发掘其实还没有开始”。[81]赫胥黎对下面这些新技术非常着迷：“有组织的探险、仔细的地层发掘、对每一种文物的保护和记录、熟练的重建，以及通过联系所有的研究结果来形成一套确定古迹年份的综合体系。”[82]然而，如果没有赫胥黎在各学科间的协调工作，所有像调查、发掘和物质分析这样的技术工作都将很难在联合国教科文组织的文化与科学研究项目中占有一席之地。但是在各国政府和保护主义者们看来，野外考古学家们都是技术专家和顾问，他们会因此受到聘用。考古学已经成为遗产保护的好帮手。

人类通过历史遗迹来了解过去，而考古学为此提供理论支撑和方法论支撑，但是考古学并没有能够在联合国教科文组织里达到与人类学、历史学或者是哲学同等的地位——自从该组织把总部永久性地设在巴黎之后，法国对其的影响显而易见，而那些学科的研究也取得了重大的进展。[83]法国著名人类学家克洛德·列维–斯特劳斯以及罗歇·凯卢瓦、皮埃尔·贝萨涅和吕西安·贝尔诺对联合国教科文组织及其早期学术研究产生了极为重要的影响。[84]因为采纳了列维-斯特劳斯关于文化相对论和文化关联的观念——这些观点在《我们创造性的多样性》中得到阐述——联合国教科文组织在人类学研究方面所采取的立场引起了相当大的争议。[85]与此形成对比的是，法国主流考古学思想依然以实证主义研究为主，因此并没有对该组织产生很重要的影响——除了安德烈·勒儒瓦-高汉。[86]然而，联合国教科文组织新的理念和做法为
23 法国文化机制和国家外交的扩展带来了机遇。法国也因此而成为向联合国教科文组织输送专家的主要国家之一。[87]一个早期的例证是，法国的埃及学家、艺术史学家和博物馆专家保证了由该组织资助的、设在开罗的“古埃及文献与研究中心”的正常运行。[88]1956年，他们致力于复制努比亚阿布辛拜勒神庙岩石切割的建筑细节。如果想了解世界遗产研究的初始和未来，他们将会给出最完美的答案——看看阿斯旺大坝建设的种种设想便可知晓。[89]

结　语

由朱利安·赫胥黎领导的联合国教科文组织秉持世界一体的国际主义理念，也许这种主张并未持续多久，但是该组织对乌托邦精神的追求从未停止，虽然这种追求在那么多年里随着各届总干事的政治观点而起起落落。这与其说是因为官僚政治不能得到满足，还不如说是因为赫胥黎对该组织的学术构想和实现世界一体化的可能性招来了像美国这样的强权成员国最多的抵制。该组织的成员国担心一些政治做法会引起世界性的革命行为，它们要求该组织对其所设立的更具全球影响力的目标以及关于文明建设的目标进行审视，并且转而要求该组织在纯技术事务上多多投入精力。[90]仅仅在几年之内，英国对联合国教科文组织的特别的帝国构想就输给了由美国发起的包括教育发展、社会

进步以及国际文明建设在内的技术援助项目。如同之前的国际联盟一样，由古典主义者和科学家所倡导的世界管理和文明提升的想法——主要都是欧洲国家的理想——将被第二次世界大战后制订发展计划的技术专家、经济学家和工程师们的理念所取代。彼时，大行其道的是寻求最佳做法的观念，而不是实现世界和平的愿望。

那时候人们眼中的未来与当时的政治风云密不可分。赫胥黎的一
个世界主义与考古学的文化层面和科学层面相互关联，但是同时也离
不开人类曾经的奇迹、冒险和潜在可能性。要实现向古迹的转向，可以
分两步走：先实现国际化，然后教育人们建设未来的世界和平。这一理
念尤其具有西方特色。遥远的过去被人们从遥远的地方拿来，用于建
设一个共同的人类世界，而不是一个有分歧的世界。随着联合国教科
文组织政府间合作的加强——而不是当初的全球合作——考古研究最
终将缩小其研究范围，更多的内容将涉及对历史遗迹的保护、救助和加 24
固等技术层面的事情。[91]然而，这种从考古“发现”到古迹“复原”的逐
渐转变，与其说是某种未来的终结，还不如说是殖民战略上的改变。也
就是说，曾经，国际联盟通过国际发掘工作的相互联系来确保考古途径
的通畅，到如今，联合国教科文组织在输出专家和掌控文物保护工作上
处于垄断地位。虽然结果并不尽如人意，但是我们不能忽略在联合国
教科文组织早期历史中考古学所起到的学术研究的作用。考古学跌宕
起伏的命运显示了存在于该组织内部的初始梦想、挑战和紧张局势：联
合国教科文组织究竟应该追求学术成就和世界和平，还是做促进国际
关系发展的全球标准制定者，还是把大部分事务委托给某种咨询机构
和技术代理机构？这些状况将来都有可能发生，而考古学作为一门学
问，有其自身的历史观和政治见解，其特异性也将会格外引人注目。

在赫胥黎“一个世界”的工作内容中，考古学可以把全人类团结到一起，同时又不失去其多样性。但是，由他制作的《人类历史》已经预示，要在充满争议的来自世界不同地方的观点中保持统一的说法是多

么困难。除此而外，考古学的发展与领土争端、帝国统治和殖民统治紧密相连。这其中，许多殖民大国依然处于这个新组织的核心地位，就像当初它们在国际联盟中一样。几百年来，物质文化和历史遗产与国际政治和冲突纠缠在一起：拿破仑在埃及和叙利亚发动的运动就是很好的例子。历史表明，那些声称要带来知识和文明的人，常常最终成为人类历史的破坏者、抢劫者和受益者。第二次世界大战期间，纳粹和法西斯所进行的相似的破坏更是我们手边现成的例子。赫胥黎和联合国教科文组织在倡导全球计划时，都没有能够完全意识到，或者是努力把各种冲突的深层根源当作一个问题去处理好。相反，考古学的践行人员和研究人员一直在努力寻求战略手段，来对抗他们的殖民基础：那是一段受到训诫的历史。掌握知识政治学和进行批判性自省并不是联合国教科文组织经常的做法，事实上，保护过去被纳入了历史遗产的奇迹和潜力。

联合国教科文组织内部对人类遗产国际主义有着严格的要求，很典型的一点就是那些来自欧洲和北美的“特殊绅士”，而赫胥黎对珈克
25 达·霍克斯的青睐只是一时冲动而已。但是直到今天，依然令该组织感到困惑的还是最初的一个问题：当相关知识从西方国家传向世界其他的地方时，到底什么是专门知识？谁了解它？谁又应该是接受者？除了站在欧洲立场看待遗产问题，全世界各地向来都有其他的方法与人类遗产共存，并且有其他的方法来评估和保护人类遗产。而这些也一直都是联合国教科文组织所面临的基本的挑战。当我们绕开作为多学科研究的考古学来支持具有历史意义的人类遗产研究问题——从地点和目标的角度回看过去——那些国际研究、合作以及对遗址的独特文化体验等方面，不仅削弱了对于它们的管理，而且也影响它们最终的未来。对这些问题进行一次梳理，我们就会发现，要管理好世界历史，或是单从全球利益出发去管理那些伟大的人类遗产，在实际操作以及意识形态上都是很难做到的。它同时也表明了在过去的二百年中，在

不同的国际组织和委员会中已经明确形成的观念和建议正处在不断的循环使用中，这就完全彻底地向人们证明，最终没有什么新的理念产生。在这些代理机构中，由于缺乏制度方面的记录，大家不思进取，我们最终将会再一次地重复自己。如果在过去的二百年中，管理世界这个做法本身已经被证明是不可能完成的任务，那么想要从物质的角度管理好这个世界也是如此。[92]

从研究工作到援助工作的转向也预示着废墟上的未来会是什么模样。在联合国教科文组织成立的早期几十年中，人们倡导全世界联合起来，保护那些濒临危险的、伟大的人类遗产，并且视之为人类共同的遗产，有人称之为离心式保护法。但是后来该组织将这些工作移交给各个国家去做，让它们列出自己领土上的遗址并对其进行保护，有人称之为向心式保护法。对于世界合作，该组织在管理上给予优先考虑。这就要求具备复杂的官僚政治体系，而这个体系支持理性化的、科学的技术手段，因为这些手段是确保人类进步和保护人类所付出的有效努力的主要方法。[93]马克思认为，官僚政治是一种官方融入民间社会的状态，这种说法是正确的。[94]在像联合国教科文组织这样的多边机构中，民族国家的中心地位和决策权越来越得到强化，正如我们在后面几章中将要看到的那样，这种中心地位和决策权将决定全球人类遗产的未来。像其他多边代理机构一样，在联合国教科文组织中民族国家得到保证，由此带来了政治决策和政治家的支配地位。于是联合国教科文组织从一个由伟大的政治家组成的组织变成一个由国家组成的组织。

在联合国教科文组织的成立大会上，英国首相克莱蒙特·艾德礼提出，“战争源于人们的头脑”，他认为，在劳动、健康、食物和农业以及 26
金融等不同领域的超国界的合作体系如果缺少了学术合作，那将是不完整的。该组织的创建者们认为，公共机构的出现就是为了通过实际效应来处理事物的内在逻辑。[95]他们依赖工具主义和功能主义，并且认为:“现在的问题不是如何保证各国各自和平,而是如何把它们积极地团结到一起。”[96]联合国教科文组织断言,仅仅建立在国家掌控的政治和经济基础之上的和平,并不能确保获得全世界人民的一致的、持久的和真诚的支持,和平必须建立在人类拥有团结一致的知识体系和道德体系的基础之上。[97]从尼罗河上升的河水中抢救出古代遗迹,是联合国教科文组织最具形象意义和国际文化意义的倡议,从中我们可以看到乌托邦精神及其对未来人类的承诺,同时也可以看到关于救助和提升的理想主义精神。因此,当我们发现朱利安·赫胥黎被请回联合国教科文组织并供职于“保护努比亚古迹委员会”的时候,我们一点都不惊讶。[98]对联合国教科文组织来说,这等于是在努比亚取得了一场
27 胜利。

第二章

国际主义

我们下定决心，再次投身于人类未来的建设。我们坚信：因为我们团结一致、忠于信仰，所以我们能够把山移走，没有什么能够阻挡我们。

——联合国教科文组织，1962年

1956年末，虽然大英帝国处于衰退期，但是仅仅一个多星期的时间，英国和法国先后跟随以色列入侵埃及。三个国家合谋把苏伊士运河从埃及的掌控中抢夺过来，并且把贾迈勒·阿卜杜勒·纳赛尔从总统的位置上赶了下去。1882年，英国占领埃及以后，夺取了运河的控制权。英国人和法国人一起为苏伊士运河提供经费，这是帝国权力的一种象征。在第二次世界大战期间，这条运河具有重要的战略地位，它被称为英国的生命线，因为它承担着护卫帝国安全和运输石油的双重任务。1956年7月，纳赛尔把运河收归国有，这对英国在该地区的军事和经济利益产生了威胁。英国和法国政治家们在埃及的纳赛尔政权和由希特勒、墨索里尼领导的欧洲法西斯主义的崛起之间做出类比。[1]

苏联人对埃及纳赛尔政府的支持是西方国家面临的问题之一。纳赛尔对共产主义推断性的同情令政策制定者们感到担忧，因为他们想把苏联人的影响纳入战略计划中地理政治学的管理之中。这像极了多米诺骨牌效应：一个国家倒了，周围的其他国家必定受到影响。美国和世界银行曾经许诺为阿斯旺大坝的建设提供资金帮助，可是为了挫败纳赛尔的领导，它们食言了，而苏联人对此提供了经济援助。就在美国做出不再提供资金援助的重大决定后的几天，纳赛尔开始关注苏伊士运河以及它可能带来的税收增益，而这正是他们所急需的。对
28 纳赛尔来说，阿斯旺大坝及其对供电和农业发展的贡献是把他的人民从贫穷中拯救出来的重要保证，然后他们才能在现代社会中占据一席之地。[2]战争刚刚结束，世界处在发展之中，许多新近独立的国家都有着类似关于发展的观念。这种想法也把下面这些方面有效地结合到了一起：扩大国家权力、对资源和专门技能进行集中控制，以及制订复杂的基础设施发展计划。[3]随着现代埃及的转型，大坝工程必将给古埃及及其丰富的考古遗址带来深刻的影响。阿斯旺大坝的建设和影响必将作用于基础设施、发展问题、殖民主义、国际政治学以及考古学。

在多国入侵引起的冲突中，苏联威胁将在西欧进行核报复，并且如果英国、法国和以色列不撤军的话，那么苏联将派遣自己的军队进驻苏伊士运河。当美国威胁要对这三个国家进行经济制裁时，英国的政治名流们吃了一惊。[4]在美国做出决定之后，联合国也参与进来，要求停火，并且所有的军事力量全部撤离，重新开放苏伊士运河。最终，英国从埃及撤军，在联合国秘书长达格·哈马舍尔德的努力之下，联合国派出了第一批紧急维和部队。[5]强权国家处在战争的边缘，而国际上的情形则是冷战、阿拉伯民族主义以及阿拉伯与以色列之间的紧张局势，于是联合国教科文组织尝试进行了最具历史意义的全球合作。对努比亚历史遗迹和考古遗址的救助工作（1959—1980），从根本上完全实现了联合国教科文组织关于世界公民的中心理念。它将古埃及自由帝国主

义的历史及其文化特殊主义所崇尚的理想，与联合国教科文组织的西方成员国对未来的承诺相结合，那是一个崭新的、科学的、掌握专门技术的、后国家主义的未来。[6]考古学重新回到了议事日程中。

许多年以来，人们对联合国教科文组织的努比亚古迹保护运动做了很多的论述。其中有代理机构本身对英雄主义和人类主义的大量宣传，有国家救助者所进行的相互矛盾的论述（他们可能是法国人，也可能是美国人），还有关于努比亚作为冷战战区的论述，以及那些技术人员、官僚和考古学家们的个人叙述。所以，看起来好像没有什么新的内容要说。然而，如果我们重新聚焦联合国教科文组织创立之初所许下的关于乌托邦的承诺，还有关于专门技术的想法，以及关于国际救助的想法，再加上关于世界共享的考古学的挑战——此处世界共享的考古学所关注的是古代世界最伟大的人类文明——那么我们也许会对废墟
上的未来产生新的看法。 29

20世纪中叶，联合国教科文组织在埃及所设立的具体目标是努力从物质上消除已经出现的差异，而彼时，这种差异已经出现在战后人们关于全球和平的梦想中。人们认为，救助努比亚行动是一次广泛的国际合作，是无与伦比的伟大传奇，它很可能缓解苏伊士运河危机，并且给中东带来急需的和谐氛围，同时向世人证明文化对于建设永久和平所具有的积极作用。此外，救助努比亚行动还可以帮西方社会重新利用其梦寐以求的古代文明遗产。全人类都可以宣称对埃及的文化遗产拥有继承权，这也彰显了联合国教科文组织关于世界公民的崇高理念。一种过去的人类共同体的观念也意味着人们对将来承担共同的责任。

正像乌托邦思想家长久以来意识到的那样，要准备建设未来，就必须要对过去有一定程度的了解。虽然原本并没有这样的计划，但是这就意味着联合国教科文组织必须要关注大规模的跨国考古学，并且把考古研究与技术保护的议事日程一同纳入重要的工作计划。虽然只是匆匆一试，并没有获得完全的成功，但是这一次对野外考古的涉足标志

着联合国教科文组织的考古研究到达顶峰，从此它再无更大建树。从某些方面来说，这也是一次更广泛的知识领域的尝试。考古学很快将成为遗产研究的助手，会对更具计算指标性质的物理保护和恢复有所帮助，也对全球兴起的遗产保护伦理有所裨益；它也会令古代文物的历史意义更具吸引力，更具魅力。人也将会因为这些伟大的设想而退到次要地位：成千上万的努比亚人会因为上升的水位受到再次安置。[7]基础设施的发展、具有历史意义的保护、人与他们现存的历史遗迹同处于次要地位，这一切都是现代保护产业的另一个特点。

莫蒂默·惠勒先生认为，对阿布辛拜勒神庙的救助工作是“无与伦比的，而且几乎是一项令人震惊的工程壮举”。[8]同时，它也在官僚政治、外交、募捐、国际合作和考古救助方面取得了令人瞩目的成就。联合国教科文组织在这之前以及之后，从来没有任何一个创意能够像努比亚古迹保护运动这样，获得如此多的媒体和学者的关注。最近有许多关于此次救助的方方面面的出色论述，包括国际主义和水政治带来的好处以及建筑理论带来的益处。[9]虽然有这么多论述得以发表，相关档案也得到彻底研究，但是，那日益兴起的建筑工程研究几乎完全遮盖了下面这些成就：野外考古人员做出的贡献、考古挖掘队巨大的努力，
30 以及那些让我们在今天重新看待埃及甚至是非洲的发现。阿布辛拜勒神庙保护工作中的技术成就不仅仅体现在规模和壮观的程度上，而且体现在保护文物的英雄主义追求上，完全胜过了其中的考古研究。这些工程建设方面的成就不仅一目了然，而且可以计算，比如将阿布辛拜勒神庙进行拆分以及搬运，或者用轨道把整个阿玛达神庙移送到新的地址。这些成就都可以测算，而且很显然要协调其中的国际合作是有一定困难的。对各种不同的技术可能性，人们提出建议、进行测试并且最终执行，有一些获得了巨大的成功。每一次庙宇得以重新安置——有二十多次——是因为每次都有金钱、数据和劳动力的几重支撑。联合国教科文组织也很高兴能够在某个工作计划里，把科学、文化和教育

结合到一起，而这些是它在联合国体制下能够胜任的几个特别领域。各家国际工程建设公司在一个不太苛刻的体制内给出价格，它们的工作专业而且及时，人们对此心生敬意。就像我们将看到的那样，野外考古既艰难又无法预见，而且没有边界，什么都可能发生。虽然并不总是很和谐，但许多国家还是团结到一起，它们的考古队也取得了突出的成就。然而野外考古的那些未知因素还是给联合国教科文组织提出了新的挑战，比如，考古现场和考古发现的相关数据和大致范围，在现场记录方面的新方法的实施，进行长期大规模的研究工作所需要的资金支持和资料支撑。

工程建设国际主义

在竞争联合国教科文组织第一任总干事时，朱利安·赫胥黎战胜了来自牛津的古典主义者阿尔弗雷德·齐默恩，获此职位。后者是另一位乌托邦思想家，也是国际联盟的创建者之一。齐默恩关于乌托邦的思想建立在希腊-基督教的精神理念之上，他的想法也成为E.H.卡尔的重要书籍《二十年危机：1919—1939》的批评对象。人们认为齐默恩不能把艺术和科学这两种文化联系到一起。[10]他给联合国教科文组织带来的是流传久远的遗产，那就是该组织的官方象征和文明的图标：以白色为背景的蓝色希腊庙宇的意象。另一位古典主义者和国际主义者、牛津人吉尔伯特·莫里认为，重建战后欧洲就等于重建文明自身："欧洲国家为实现统一与和谐而进行的伟大运动，绝对是出于文明的需要……当然，并不仅仅是欧洲，还有其他各洲。"[11]此时莫里所想的是，
国际联盟是如何变成联合国的。国际联盟的国际合作委员会由像莫里 31
和齐默恩这样的古典主义者掌控，而联合国教科文组织尝试把科学和技术放到重要的位置，委任朱利安·赫胥黎作为第一任总干事就是证明。当时的英国代表团坚持要在该组织的名称里用S指代"科学"这一

词语。[12]

联合国教科文组织想借此重建和平，并且在科学、文化和教育领域进行文明建设。这种观念的转变和我们所看到的关于世界遗产研究的发展具有相同的效果。这种发展也经历了转变：从最初对艺术和博物馆的关注，逐步调整到关注专门技术知识、对文化遗迹的保存，以及如何科学地保护文化遗产。除此而外，在20世纪50年代末期和20世纪60年代末期之间，又发生了一些重要的转变，此时的联合国大会上大多数新成员国都来自非洲和亚洲。另外，20世纪60年代被认为是联合国教科文组织发展的十年。综合来看，这使得保护努比亚古迹的行动变得更具意义，而且对去殖民化和发展也会产生相关影响。这其中对技术和文化的追求都将继续提升欧洲国家的专门技术能力及其在国内外的声望。

由于深受理想主义影响，也因为联合国教科文组织崇尚一个世界主义、世界公民观念以及世界社区理念这些构成性的乌托邦元素，努比亚古迹保护运动发生了变化。但是苏伊士运河危机和冷战已经动摇了早期的乐观主义精神。[13]苏伊士运河危机之后，经过短暂的停顿，埃及和当时的苏丹要求联合国教科文组织对正在淹没的文化遗产提供技术帮助。[14]面对由阿斯旺大坝引起的大范围洪涝灾害，抢救那些庙宇，像许多人所赞同的那样升高它们的位置，这应该是一个完美的解决办法。而阿斯旺大坝本身就是一个具有重要意义的工程，只不过它是由埃及人、苏联人和西德人共同参与完成的。1959年末，联合国教科文组织的执行委员会达成协议，对全世界发出倡议，并授权筹备下面这两项工作：对埃及的阿布辛拜勒两座神庙进行保护、研究，同时在苏丹境内开展作为紧急任务的考古研究。[15]中东的环境并不容易对付，这一点至关重要。联合国教科文组织总干事维托里奥·维罗内塞忍不住夸耀说："几个世纪以来，这片土地经历了这么多由于人们的贪婪而造成的争端，现在居然出现了令人信服的、可以实现国际团结的证据。"[16]联合国教科文组织所有的目标都可以戏剧性地付诸实施。有些考古任务，以及苏丹和埃及相互抵触的要求，都令人们感到：那些想法原本应该是高尚的，但现实又是那么令人焦虑。最后，埃及强调，在努比亚取 32
得的胜利是属于埃及人的。在阿布辛拜勒，他们仅在一块揭幕仪式牌匾上象征性地刻下了这一要点："通过与联合国教科文组织的合作。"这句话只是他们事后的想法，并且是考虑到了当时所承受的巨大的压力。

和平的多边合作获得了成功，这给联合国教科文组织早期的乌托邦精神提供了暂时的新的工作动力。人类要想在学术研究和道德建设上获得团结一致，文化是不可或缺的因素，这一点已经被世界所有国家所认知。总干事勒内·马厄指出："在联合国教科文组织成员国立志崇尚的精神理念影响下，文化成了为促进和平而进行的合作中一个重要的因素。这种重要性本身将创造历史。"[17]创造历史需要前所未有的世界范围内的惊人的经济承诺。联合国教科文组织估算全部努比亚救助行动的费用大约在八千七百万美元，其中不包括考古发掘的费用。这个费用被用于拆分和迁移二十三座庙宇、墓葬、早期基督教的教堂、埃及和苏丹那些由岩石凿成的小教堂（预估费用为一千万美元），还有菲莱岛庙宇的保护工作（六百万美元）以及阿布辛拜勒神庙的保护工作（七千万美元）。埃及保证为阿布辛拜勒神庙的保护工作提供两千万美元的资金支持。原本美国承诺为救助菲莱岛提供六百万至一千万美元的资金支持，为拆移庙宇提供二百五十万美元，为努比亚研究工作和考古探险提供一百五十万美元的资金支持。[18]

救助阿布辛拜勒神庙可能取得的工程建设成就堪比由苏联人资助的阿斯旺大坝工程建设。露西亚·阿莱指出，阿斯旺大坝产生能量，而阿布辛拜勒神庙的巨型雕像则吸纳数量巨大的劳动力和各种资源。[19]四个欧洲国家并不理会国际主义的理念，它们制订建筑工程计划，升

高文物的位置，或者有时把文物浸入水中。法国的科恩和贝利尔公司
建议将那些庙宇留在原地，围在布满岩石的大坝之中。而意大利建筑
学家皮埃罗·加左拉打算把庙宇切割并装入混凝土做的盒子，这种现
代主义设计曾经登上过1961年10月的联合国教科文组织《信使》封
面。[20]英国建筑学家则建议把阿布辛拜勒神庙留在水下，建设隧道，增
加气泡舱以及透明步道，让参观者进行水下参观。法国工程学家的另
一个建议是运用造船业技术，让庙宇漂浮到一个新的位置。[21]最后，因
为造价便宜——这很重要——一个瑞典方案于1963年得到了采纳：先
对拉美西斯神庙统计数字，然后将它们切分成7 047块，每一块都将用
机械方法抬起并运输到一个储存区域，然后集中起来，放到比当初位
33 置更高的地面上。根据当时的决定，切分是面对淹水的唯一一个解决
办法，而且彼时美国人秘密保证了资金支持。[22]瑞典咨询公司VBB和
其他来自瑞典（森塔布和斯堪斯卡）、意大利（因普雷里奥）、西德（豪赫
蒂夫）、法国（GTM）和埃及（阿特拉斯）的公司协同合作，它们称之为
阿布辛拜勒合资企业。然而有些评论家认为对阿布辛拜勒神庙的切分
34 是屠夫行为。拉美西斯二世的脸被锯开，并且离开他的身体，然后用起
重机吊到卡车上，运到更高的地面。在“锯开、加固和运输”的过程中，
“出现了很多小的、非常令人遗憾的损坏”。咨询人员担心，这可能会带
来“错误的印象”。[23]联合国教科文组织把它比喻成一次“外科手术”，
当对庙宇的切分和迁移结束之后，应该还有“更进一步的外科整形
手术”。[24]

古代庙宇被认为是民用工程和真正砖石结构的重要例证。就新王国在工程建设上的成就而言，现代文明必须运用同样令人惊叹的科学技术和各种资源来援救其建筑作品。虽然并没有做过多的报道，但是埃及政府之前已经迁移了三座庙宇：珂尔塔斯神庙、德波神庙、塔法神庙。德意志联邦共和国承诺迁移伟大的卡拉巴夏神殿，而法国则承诺迁移阿玛达神庙。阿布辛拜勒神庙将被从山体切分，脱离三千年前它

们被建成时的模样。联合国教科文组织作为“过去的将来”之“受托方”承担了这一责任。另一方面，弄清楚如何“在水位上升之前探究这些易毁文物……解密它们的历史，对考古学家和全世界的人们来说都是一个挑战”。[25]令人惊讶的是，科学和工程研究得到助推，因为政府对此做出过承诺，而考古研究却被稀里糊涂地“扔”给了考古学家，因为世人普遍认为这是他们的责任。

联合国教科文组织对它的一百个成员国发出呼吁，请它们作为志愿者做出自己的贡献。但是就像该组织经常声称的那样，这一呼吁也影响了不同的组织、公司和个人，它真的改变了“人们的头脑”（包括女性的头脑）。该组织存在巴黎的档案显示，它收到了来自全世界各地的信件，寄信人有小学生、女童军、摄影师、建筑师、工程师以及教师，他们都很真诚，愿意为文物保护工作尽自己的一份力。很多手写的便条来自遥远的国度，比如澳大利亚和新西兰，或者来自像塔图拉、海雷基诺这样的小镇上的普通居民。他们随信寄上一个美元，或是一个英镑，这一切让人十分感动。来自英国温坎顿小镇和葡萄牙卡尔卡维罗什的学生还为此进行了募款活动。1966年，人们用从烘焙售卖和抽彩售物中获得的利润成立基金，虽然金额不大，但是他们还是通过《读者文摘》设立的信托基金把钱寄送给了联合国教科文组织。因为水位不断上涨，所以还有人给该组织写信，提出从工程的角度用不同的方法升高庙宇的位置。在这些信件中，有许多都是主动要求贡献自己的力量，非常 35
令人感动。对于绝大多数的来信人，联合国教科文组织的工作人员会给他们写感谢信，并且引导他们联系各国的国家委员会，全世界有二十多个这样的国家委员会。

为了做好文物保护工作，人们动用了所有媒体的力量，并且尝试各种交流途径。其中最有影响力的是为电视台制作的无数短片以及发表在《信使》上的新闻报道。这份期刊被翻译成许多种文字出版，在公众当中很有影响力，就好像《读者文摘》和《国家地理》一样，而这两份杂志也报道了努比亚运动。该组织为了支持普遍主义，发表照片、播放录影，因为它刚开始的、极为困难的、对古代遗物的保护工作确实堪称是一个完美的工作议题。这些影像资料记录了时光的烙印，记录了上升的水位对像菲莱神庙这样的杰出遗迹可能带来的威胁，也记录了那彰显英雄主义精神的艰难尝试和国际工程建设的专业技能。[26]印着“阿布辛拜勒合资企业”的卡车，不断地向持续泛滥的尼罗河运送沙子。人们对这样令人感动的宣传材料有着很大的需求。来自遥远国度和地区的人们也发来请求，希望得到拷贝，这其中包括危地马拉、海地、南非和中国台湾。

联合国教科文组织自己制作了影像资料，记录阿布辛拜勒神庙升高位置时的状况：那是少数几个欧洲专家手里拿着工作计划，指挥一千七百个埃及工人在艰苦的沙漠环境中工作的情景。我们看到的是贫穷的埃及工人，包括男人和男孩，都在艰难地运送沙子、石头和金属。这令人感觉非常怪异，好像是一群新法老置身于古代暴君之中，而前者非常自豪，因为他们用技术手段拯救了后者。更具讽刺意义的是，他们用劳动密集型方法来解决把石头切分成石块的问题，这使得美国人可以在提供经济援助的时候支付埃及镑而不是美元。而其他的实验方案则无法如此。美国人向埃及提供的资金援助是他们运输粮食的费用的一部分：这样硬通货的问题就解决了。[27]露西亚·阿莱这样写道：“这么多埃及劳工直接在努比亚历史遗迹上操作，给人感觉好像切割是一种土著建筑方法。”但其实真正的原因是美国的经济援助。总体来说，从一种不同的国际价值形式来看，上面所采用的技术手段应该是“为两国在外交关系处于紧张阶段时所搭建起的一座技术桥梁”。[28]浩大
36 的重建工程不仅仅意味着对雕塑和庙宇的切割和升高，同时还要建造一个硕大无比的金属圆屋顶，以便模仿原先的砂岩绝壁和阳光照耀的情景，然后重塑当初的风景。联合国教科文组织简直是在做“移山”的事情。

正在淹没的考古学

1960年，埃及学家约翰·A.威尔森对美国参议院说："我们正面临着这个时代最大的危机。这将是我们此生最重要的事情。"[29] 然而，联合国教科文组织对努比亚的干预行为原本并不包括考古发掘：这只是它转念一想的结果，并且招来了严重的批评。[30]然而，埃及和苏丹考虑到了它们古代遗迹的命运，以及在这些遗迹被淹没之前能采取什么样的救助措施。关于这个问题，在1955年阿斯旺大坝工程建设开始的时候，有过一次紧急召集，号召人们进行合作，但是后来因为苏伊士运河危机而耽搁了。那时只有意大利和西德回应了。[31]纳赛尔自己原本对这个救助工程并不很积极，但是很快他就做出了回复："我们希望保护努比亚的人类遗产，以期确保这些历史遗迹得到永生。我们是它们的卫士，它们对我们具有极其重要的意义。而且，对全世界来说，它们也是极为珍贵的，因为所有人都认为，人类的古代文明和现代文明应该和谐地交融在一起，成为一体。"[32]

也许这次考古运动部分地实现了世界共享考古学的目标，而不仅仅是欧洲公司联合经营在建筑工程上取得了巨大成就。这使人回想起各国之间可以自由往来的战前开罗会议精神。来自二十多个国家、成百上千的考古学家在整个努比亚境内发起了三十多个调查发掘人类古迹的工作计划。[33]这些工作计划几乎全部来自欧洲和北美国家，但是也有来自埃及、俄罗斯、阿根廷和加纳的团队，以及来自印度和巴基斯坦考古学家所组成的小分队。加纳要对另一个非洲国家，印度要对另一个不结盟国家承担责任，因此各国之间的团结得到了加强。[34]印度考古勘探队的领导人、考古学家B.B.拉尔进一步用他的考古发现把古代努比亚人和南亚说达罗毗荼语的人联结到一起。[35] 民族主义者对文物救助工作的部署总体来说可以对国内政治局势起到积极作用。例如，在西班牙，弗朗哥政权把该国参与的活动当作一种政治宣传，来应对孤立主义者对其的指控，而同时，弗朗哥政权会审查所有有关的新闻报道。[36]这种国家间的合作是联合国教科文组织早就梦想的乌托邦景象，
37 即联合所有国家共同行动，虽然这些国家拥有不同的意识形态、宗教和传统，甚至有些国家还彼此之间抱有敌意。[37]回想起来，这是一次“由大量人员和机构在不同时间、不同地点、不同的情形之下，并且有时是出于不同的动机而聚集在一起所进行的野外活动”。[38]

对那个时代来说，保护努比亚古迹运动是跨学科研究，因此非常引人注目。在许多考古团队的人员构成中，都有埃及学家、艺术史学家、碑铭研究家、建筑学家、地质学家和生物考古学家。这其中还牵涉到空中勘测、摄影测绘学和地质考古学。来自莱里基基金会的意大利人还利用新的地球物理学方法进行实验。[39]其他新研发的技术包括放射性碳测定年代、中子激活以及孢粉学，这些都进一步提升了方法论和技术层面的标准。它们如此卓有成效，以至于瑞典人认为他们在尼罗河流域实现了考古学的彻底革新。1959年，美国考古学家威廉・Y.亚当斯被联合国教科文组织第一次聘用，他的工作地点在苏丹。他声称这是第一次由很多不同国家共同参与合作的运动，当然也是第一次由国际组织扮演主要决策者的角色。[40]但是同时他也有怨言，认为这项工作“几乎完全被看作是保护行动而不是研究项目”。[41]联合国教科文组织运用了“运动”一词，意在昭告人们，其拥有“协调好的规划以及总体合作方案……而这些绝非事实”。[42]亚当斯在苏丹救助行动中是一个关键人物，联合国教科文组织的官员在有些殖民意味的发言中称他为“我们派遣到努比亚的人”。亚当斯并不是埃及考古学行家，但是他从美国文物救助考古学中得到了很多经验，是对西南地区文化保护颇有研究的一位专家。亚当斯同意久负盛名的埃及研究专家托尔格尼・萨福-索德伯格和约翰・A.威尔森的观点，即这项运动从表面上看包括两项互不关联的工作内容：一个是濒危庙宇的迁移和重建，另一个是考古遗址

的发掘工作。前者从很大程度上来说是一个工程建设问题，而后者则是科学问题。[43]

技术操作和野外勘探是两项割裂的工作内容，因此联合国教科文组织并不知晓在一场重要的考古运动中，应该先做什么，其范围又有多大。相反，该组织认为考古研究只是文物保护工作的一个延伸而已。这两项工作内容“是在完全不同的情况下，由不同的组织，在迥异的经济援助状况下完成的”。[44] 此外，文物保护工作所牵涉到的两个国家并没有统一的研究策略，甚至没有定期咨询。因此，埃及和苏丹的考古工 38
作似乎是在毫不相关的情况下进行的。有些人对“官僚作风”的影响很不满意，而民族主义又进一步阻碍了合作。斯堪的纳维亚人认为，如果等待联合国教科文组织为苏丹做出决策或者提出建议，那么工作成效将是微乎其微。[45]在努比亚救助运动持续的整整八年里，唯一一次讨论科学研究问题的会议是在1964年举行的。那次会议由美国考古学会主办，在意大利的贝拉吉奥举行。

联合国教科文组织长久以来因为官僚主义受到诟病，然而要管理一项巨大的充满变数的工程项目，需要一个强大的官僚集团来领导。各种委员会层出不穷：有国际行动委员会、执行委员会、各种国家委员会、海外工程及考古委员会。当然，还有赞助人荣誉委员会。在巴黎、开罗、喀土穆、海牙等地方举行了各种会议，一些参与人员开玩笑说，救助运动在历史遗迹被尼罗河水淹没之前就已经被各种文件淹没了。[46]对于考古学这部分的工作，最先是联合国教科文组织设在巴黎的总部精心组织了官僚集团，然后是来自埃及和苏丹的少数考古学家组成了团队，其中一两个人负责野外工作，而其他的人都负责行政管理工作。 39
这点与阿布辛拜勒神庙保护工作中成千上万的劳工聚集在现场形成了鲜明的对比。

另一个国际合作机构是由克里斯蒂亚娜·德霍许–诺勃库在开罗设立的法国古埃及研究及文献中心。此外，还有苏丹考古理事会，埃及文物服务部、文化教育部，还有备受瞩目的位于埃及和苏丹的政府代表处。联合国教科文组织的管理部门和埃及政府的管理部门之间不可避免地出现了紧张局势。德国史前史学家格奥尔格·内齐描述了他从他所谓的埃及“低级官员”那里了解到的“某种‘对联合国教科文组织的轻视态度’”。[47]联合国教科文组织在原先的基础上又成立了国际咨询专家委员会，其目的是跟踪考古工作的进展情况，因此又一次把注意力从升高阿布辛拜勒神庙的位置这一重要任务上偏离开去。即便都是文物，依然有更详细的分类，比如“次要庙宇”的迁移、建筑勘测以及考古工作。拆分神庙是像哈罗德·普莱德莱思这样的文物保护专家负责的工作，他们供职于设在罗马的文化遗产保护及修复研究中心，该组织后来更名为国际文化遗产保护及修复研究中心。亚当斯和他的斯堪的纳维亚同事汉斯-阿克·诺德斯特罗姆监督史前遗址勘测和发掘工作。联合国教科文组织的相关记录表明了这次考古任务的具体范围，同时也让人们看到了那些因为管理方式而受到诟病的官僚主义者令人费解的本性。亚当斯在叙述中表明，联合国教科文组织是如何认同“这个理念的，即真正细致的摄影测量法实际上能够取代实地勘察”。[48]在1963年的一份报告中，执行委员会写道：“全世界协同进行的文物保护运动的所有目标基本上已经实现。阿斯旺大坝和苏丹边境之间六百公里的尼罗河的两岸地区内，剩下等待发掘的只有在萨亚拉和塞布阿河之间长约五十公里的区域。”[49]从考古学的角度看，要覆盖这么庞大的区域，即便在今天看来依然是无法想象的。

回望过去，这次文物保护工作对初期的世界遗产保护起到了积极的作用，如同它在保护各种埃及法老神庙方面所取得的成就。但是，除了《信使》上的几篇文章之外，考古研究本身并没有成为人们最为关注的重要内容。成千上万新的历史遗迹被记录下来，其中许多得到发掘和记载，为努比亚浩瀚的人类历史提供了全新叙述的基础，其时间跨度
40 何其巨大：从人类起源到现代社会。对考古学家来说，温道夫所著的

《努比亚的史前历史》一书证明了该地区拥有丰富的史前历史，它在撒哈拉以北和以南地区的发展中都起到了作用。[50]而在时间跨度研究的另一端，考古学家彼得·欣尼带领一支加纳团队，对努比亚在宗教方面基督教化的过程进行了阐述。[51]大部分神庙的发掘和拆分工作都是在埃及境内进行的，而大部分的勘测和遗址发掘则出现在苏丹境内。这里介绍一下一个团队的工作方法：一项任务持续五个月，勘测长达53.8公里的区域，调研101个古迹遗址，由一个联合国教科文组织的雇员A.J.米尔斯、他的妻子（苏丹文物服务部的技术助理）、三十五个当地劳工，还有四名监督人员执行。[52]虽然有局限性，但是截至1962年，联合国教科文组织从各种考古探险中获得了很多重大的发现，其中包括：埃及古王国时期的布亨镇遗址，阿沙卡古墓，梅里萨附近的中王国时期城镇遗址，文化期C时期的墓地，旧石器时代的人类遗骨化石，德贝拉·韦斯特一处基督教时代大型城镇遗址，古都法拉斯的基督教时代壁画，科罗斯科装饰独特的岩石住所，以及数量众多的石碑和刻在岩石上的铭文。[53]这些发现都有其特点，但是在明信片、书籍、杂志、幻灯片、电台节目、电影以及很多媒体发布的消息中，人们认为它们都远没有著名的神庙那般具有特色。最终，对定居地、墓地、城堡和遗留下来的史前印记的勘测和发掘也在某种程度上受到了忽略，而个中原因就是阿布辛拜勒神庙实在是太令人瞩目了。

其实，联合国教科文组织在全身心投入考古学研究这方面的勉强态度，我们也是可以理解的。它的主要任务是保护历史遗迹，特别是阿布辛拜勒两座神庙，如果进行考古探险，那可能会分散其注意力。联合国教科文组织也许担心，如果开了这个先例，那么其他成员国可能会请求它在文物救助这一类考古研究方面提供经济、技术和专家支持，而忽略基础设施的建设和发展。[54]但是，即便联合国教科文组织作为一个机构没有能够投入考古学的研究，考古学家们也还是会与该组织的执行部门进行合作，他们与自己的政府部门、投资人和所属机构有着非常紧密的联系。从常规来说，国家利益总是比国际上的付出要来得更为重要。有档案显示，美国考古学家在这方面是最受人诟病的，一个原因是他们的专业行为不能令人满意，另一个原因是他们对特许权的争抢。有人对弗雷德·温道夫和他与耶鲁-多伦多合作项目之间的冲突产生怨言，这个项目关涉的是考古特许权的问题，由查尔斯·瑞德负责。[55]很显然，温道夫将在二十五年后继续重复同样的紧张局势。[56]有些研究
41 项目也是重复的，有些相关的领域也是重复的。有些团队希望直接从联合国教科文组织获得野外工作许可，这样就不需要经过埃及文物服务部这一道程序——这有可能是因为缺乏国外工作经验，而不是出于政治动机。联合国教科文组织驻开罗的代表、来自法国的埃及学家路易斯·克里斯托弗称这种情况为“激烈的竞争”，并且质疑这些团队是否在为同一个目标而努力。[57]

美国人为瑞士的任命感到惋惜，他们希望由他们来领导国际行动委员会，同时他们对政治局势感到不满意，并且责怪联合国教科文组织总是需要保持中立。[58]委员会都属于政治团体，关于技术问题的讨论常常被归入国家事务。[59]有时，一些考古学家没有能够把他们的研究成果公开发表，没有能够实现他们对联合国教科文组织许下的承诺，于是就会有一些其他的问题出现。还有人什么研究成果都没有发表，但还是希望能够续签合约，并且总是不断地申请更多的资金。[60]二十五年以后，托尔格尼·萨福-索德伯格向他的同事提出了紧急的要求，因为他们“没有能够完全按照规定办事，没有履行发表他们的努比亚研究成果的特别合约”。[61]这一点更进一步地强调了考古学家与技术人员、学术研究与咨询工作之间的学科差异。其他常见问题包括：苏联在后期加入了探险，波兰在法拉斯的保护任务难以令人放心，对共同合作的斯堪的纳维亚人团队缺乏正确的认识，西班牙对德波神庙的保护工作产生问题，以及各种经济操作上不规范。[62]档案还显示，在努比亚工作的工程师存在某些问题和比较复杂的事情。与考古研究相关的史料和通信

中记录的一些事件，其范围和数字并不相符。

考古学、埃及学以及文献学，究竟应该通过哪种方法研究努比亚？这其中会出现更多的问题，这是可以预见的。来自英国的埃及学家和建筑学家瓦尔特·埃默里感到一些新近加入的野外考古学家非常有资质，然而事实上他们对努比亚一无所知。[63]与之相对应的是，美国人尤其看重联合国教科文组织工作任务中的"科学"内容。因为《考古发掘之国际条约》的缘故，J.O.布鲁教授早就对该组织非常了解，他向总干事勒内·马厄特别询问了关于"科学"的问题。他问道："联合国教科文组织对科学工作毫无兴趣，这是不是真的？"[64]布鲁提醒马厄说："美国的学术研究人员绝不是对迁移和保护历史遗迹毫不关注。"然而，令众人备受打击的是，包括伯纳德·冯·波斯默和威廉·海因斯在内的美国埃及学家和文物策展人公开表示，他们对文物保护计划和埃及政府没有兴趣，甚至抱有敌意。他们认为这项工作是伪科学，并且埃及所提供的那些宝贵展品事实上只是乏善可陈的普通物件而已。[65]尽管存在这些争议，但考古学的野外工作对研究的影响将是不可估量的。大约有四十支考古队已经对尼罗河流域五百公里的区域进行了探险。截至1977年，路易斯·克里斯托弗已经对与文物保护运动相关的七百多篇考古论文做了记录。论及考古新发现，我们并不确定，因为埃及和苏丹都没有对考古遗址做好登记工作；未登记在册的遗址数量难以估计，不过肯定有好几千处。[66]

42

撇开联合国教科文组织于1956年发布的《关于适用于考古发掘的国际原则的建议》不谈，瑞典考古学家萨福-索德伯格对该组织想要保护人类共同文化遗产的国际主义精神表示赞同。他认为，人们需要"制定一份国际条例或者建议，来强调各国的道德责任，以便在保护神庙或者是发掘古物时能够各自承担起自己在提供经济和人力资源方面的责任"。[67]这就要求各国明确各自的责任，联合国代理机构也积极配合，正是这些原因使得各国主权纷争得到缓解。联合国教科文组织把这些国家遗产转变为国际所有，使得它们成为超国家遗产，也不再为埃及和苏丹所独自拥有。历史学家保罗·贝茨指出，联合国教科文组织的努比亚行动最终用微妙的方式挑战了国家主权的问题。[68]在文物保护运动之前，各国所有的历史遗迹都是这些国家自己的内部事务，现在它们升级成为国际事务。执行委员会的人员构成，原先是由总干事选出的努比亚事务专家小组，现在成了由大会选举出的十五个成员国代表。这个改变也标志着文物保护已经从国家层面上升到国际层面。[69]

1966年，联合国教科文组织副总干事马尔科姆·阿迪塞西亚在联合国开发计划署的讲话中指出，两个机构必须在三方面进行合作：知识发展、具体操作以及伦理道德。的确，联合国开发计划署通过联合国教科文组织的资助对努比亚文物保护运动提供了援助。印度发展经济学家宣称："我们必须教会人们合作，我们必须为和平做好研究工作，我们必须进行文化交流。"[70]这些理念在努比亚运动中都得到了践行：认知理念（获得知识）、社会情感理念（产生归属感）、行为理念（对行为负责）。包括工程建设和教育发展在内的国际合作将在观念上打造世界
43 社区的意识，并且为将来的人们带去一个可以分享的过去，同时也会培养越来越强的世界范围内的责任感。需要所有人集体背负的过去是一个负担，但从知识、发展、社会经济效益和政治效益的角度来看，也是有其积极意义的，虽然这些过去在世界范围内的分布并不均衡。对于如今新世界的公民来说，文化遗产就是一种看上去中立的、可以分享的资源，其分享途径包括技术联络、超国家遗产及其管理，以及对彼此文化的互相理解。

文物救助的心理状态

法国文化部长安德烈·马尔罗从来不会浪费任何一次夸大其词的

机会，他宣称，关于努比亚问题："怎么赞扬都不过分，因为这其中的构想如此伟大和精准，可以说，这么大胆的计划，就像是考古学中的田纳西河流域管理局的规划——大获成功！"[71]这个管理局成立于1933年，为美国联邦政府所领导，脱胎于罗斯福总统负责的一项国会议案，其主要任务是负责美国几大州基础设施发展项目的建设和运作工作。具有讽刺意味的是，1943年，朱利安·赫胥黎写了一本书，赞扬了管理部门及其在促进发展、教育、研究和保护工作方面的巨大潜力。[72]在大萧条时期，田纳西河流域管理局在基础设施建设和考古救助行动中为人们就业提供了巨大的机会。在美国和埃及，成百上千的遗址和成千上万的遗物因为大坝带来的水位升高而被淹没，或者很可能在大规模基础设施建设中遭到破坏，这些都需要出台针对文化资源的管理措施。埃及文化部长萨尔瓦特·欧卡夏说道："充斥着机器和技术人员的现代社会整个破坏了拉美西斯二世的世界。"[73]无疑，田纳西河流域管理局在阿斯旺大坝建设的原始议案中起到了很大的作用。虽然该项目最终是和苏联人合作完成的，而不是和美国人，但是其中的成本核算方法还是效仿了田纳西河流域管理局的做法。[74]古典主义者吉尔伯特·莫里和其他英国外交官嘲笑美国的"新政派……他们的田纳西河流域管理局的工作方法成了国际社会组织的万应灵药"。[75]尽管围绕阿布辛拜勒神庙的是商业合同和充满竞争的招投标工作，法国人马尔罗还是认为这项任务具有崇高的意义："因为有着严重的好出风头的癖好，所以现代国家都想战胜别国最终中标。而你们研究计划中的文物性质明确，它们的重要意义也应该得到彰显。如果联合国教科文组织试图保护努比亚的历史遗迹，那么其原因则是它们正面临着危险。"[76] 44

哈佛大学皮巴迪博物馆负责人J.O.布鲁指出，1907年在埃及，正规的救助考古学已经得到了发展，那是在第一座阿斯旺大坝的建设期间，救助考古学不是什么明显的美国革新行动。[77]原先的大坝是由英国人设计和建造的，每年都有一段时间让菲莱神庙浸在水中。人们提议提升大坝的高度，因此努比亚流域的部分区域及其考古遗址也同样会遭受被浸泡的命运。埃及政府对由英国和美国考古学家乔治·赖斯纳、塞西尔·弗斯、艾尔沃德·布莱克曼、奥立克·贝茨主持的考古勘测和发掘研究给予了资助。1929年，第二次文物救助行动开始，此次行动由英国考古学家瓦尔特·埃默里和劳伦斯·柯万负责，一直延伸至苏丹边境。当时英国看起来已经控制了苏丹。[78]二十年后，当大坝的高度又一次被提升时，类似的救助行动又重演一遍。但这一次参与指挥的是美国野外考古学家，他们并不是埃及考古学方面的专家。一些考古学家抱怨道，努比亚的早期文物保护考古学太过成功，它对后期工作产生了影响，有时阻碍了人们采用更新的工作方法。[79]其实因为阴差阳错，亚当斯、温道夫和布鲁在把他们的专业知识应用于埃及之前，就已经以这样或那样的方式参与到美国田纳西河流域管理局的工作计划中。相较于第一次努比亚文物保护运动，第二次运动被更多的人所知晓，并且对世界理念产生了重要影响，同时也改变了人们对待此类项目的态度。根据联合国教科文组织的项目构想，对将来的人们来说，历史遗迹保护应该是一种道德责任。与田纳西河流域管理局项目相似，人们也意识到，对历史遗迹甚至是全部风貌的保护在社会经济发展领域可能具有更加重要的意义。[80]

雷克斯·基廷供职于联合国教科文组织，负责通报努比亚文物保护运动的相关信息，并因其对考古学的大力宣传而著称。他曾写道，这次运动史无前例，而且也给后续工作提供了榜样。由于“工业扩张全面展开，古代遗址受到破坏的可能性与日俱增。与此相对应的是，对救助考古学的需求也越来越大”。来自耶鲁大学的考古学家们意识到对古迹的抢救迫在眉睫，他们发现，重新安置努比亚人需要用到的土方工程设备对康翁波神庙附近大量的旧石器时代遗址造成了破
45 坏。[81]这看起来似乎对于考古学来说是件好事，但是“我们的努比亚人”亚当斯对此感到痛惜：“如果完完全全就是救助行动，我们别无选

择，也不能按我们想要的方式处理问题，那么对考古学来说其实是件糟糕的事儿。”[82]基廷的预言非常准确：联合国教科文组织将更多地被拖入类似的救助行动中去，因为它是唯一一个具备必要规模和声望的机构，也是唯一一个拥有组织国际考古研究经验的机构。他建议成立专业的文物救助行动野外考古学家联盟，与联合国教科文组织保持联络，与政府部门、资助团体以及宣传机构进行合作。[83]虽然是很好的建议，但是从未取得成果，人们也只能推测这些合作后来是怎么变成了各种不同的考古学：合同考古学、商业考古学、预防考古学或者是救助考古学。[84]

另外一个由此产生的协议是1968年的《关于濒危文化遗产保护问题的建议》，该协议建议：因公或因私导致文化遗产濒临危险，由此产生的保护费用，包括考古研究费用，全部归入建设成本。[85]这点对欧
洲和北美的合同考古学产生了影响，虽然很少有工作人员会把此影响 46
归因于联合国教科文组织以及努比亚文物保护运动。同时，在巴黎总部，考古学的地位实在复杂，具体来说是救助考古学的地位实在复杂，因为在联合国教科文组织的定义里，它既不属于社会科学，也不属于文化活动。这点在某种程度上也解释了为什么努比亚文物保护运动在起初并未得到支持，而只是一项额外增设的工作内容；也解释了为什么该运动在联合国教科文组织的长期组织结构中几乎没有留下任何痕迹。[86]

其中特殊的救助性质，与时间的赛跑，以及这样一个事实：大多数的工作团队都只有很少的专业考古学家来监督数量众多的劳工进行准殖民风格的工作，有些负责管理工作的考古学家并没有任何关于埃及和苏丹的专业知识——这一切限制了这项伟大的运动长久地发挥作用。此外它并不完全是一项综合性研究项目，其中的技术部分占据优先地位。20世纪60年代，考古学中的实证主义研究取得了相当的成就，使得这门学问在国家科学基金会的资助下越发具有科学属性，而不

是从历史、社会、文化的角度看待具体的野外状况，这些都是北美的贡献。但是在赫胥黎时代，只有当科学手段在全球范围内与社会和文化需求进行更广泛的结合，才能使这些成就实现其最大价值。20世纪60年代，美国式考古学对如何总结文化的普遍性规律有自己的看法，它记录的并不是全人类特别而多样的历史。这同时限制了联合国教科文组织在考古学上更好地发挥其知识潜力，然而它非常符合向落后国家出口专业技术的目标。该组织还有其他一些彼此割裂的工作任务：专注科学，忽略宗教；专注保护，忽略政治；专注技术统治，忽略全球和平梦想。

努比亚文物保护运动成为一个转折点，因为当时的人们渴求世界获得共识：这是一个具有共同历史的人类共同体，人们共同承担全球范围内遗产保护的责任，应该传播西方的专业技术知识。对于全球文化遗产的管理来说，这个假定的世界体系需要建立新的法律结构和官僚结构。虽然并没有做明确说明，但是我们依然可以从联合国教科文组织的工作任务陈述中看到原本关于遗产及文化的权属问题那令人激动
47 的语言表达。这并不意味着其他的运动、组织和个体就没有做出重大的贡献，而是说联合国教科文组织在努比亚文物保护运动中对那些看法和做法起到了激发作用，并使之得到实施。

与法国的关联

努比亚文物保护运动涉及很多的人和事，而不仅牵涉到纳赛尔领导的埃及及其与西方的关系，甚或是冷战期间东西方之间的关系。这次行动还向人们展示了许多20世纪政治、帝国、民族和国际机构的相关历史。[87]例如，在对埃及的长期殖民占领以后，英国的地位不断下滑，直至入侵苏伊士运河失败。相比较而言，法国虽然也是冲突的一方，但是法国人自始至终在履行联合国教科文组织的使命的过程中与埃及建立

了更为紧密的联系。他们经常声称自己奋战在努比亚文物保护运动的第一线，他们在埃及学领域长久的主导地位也证明了这一点。埃及人自己这么多年在考古救助方面的主要成就也只是最近才得到完全的认可。[88]美国人撤回对大坝项目的资助，最终导致苏伊士运河公司的国有化，他们也成为关键的合作方。美国人赞成撤出外国军队，并且在联合国更广泛的范围内警告采取制裁。为了与苏联对纳赛尔大坝项目的经济支持相抗衡，肯尼迪政权为努比亚文化保护行动提供了主要经济支持。的确，甚至在该行动开始之前，已经有许多国家在实施自己的工作计划，彼时埃及和苏丹之间局势紧张，而在文物保护和救助方面埃及比苏丹投入更多——这一点人所共知。

来自东南西北的考古学家组成的团队在联合国教科文组织的框架内共同合作：苏联人、美国人、芬兰人、匈牙利人、捷克人、东德人和西德人，还有印度人和巴基斯坦人——除了1965年的印巴战争，这两国自从1947年以来发生过无数次冲突。苏联派出一个团队加入其他的探险队伍，该团队成员来自列宁格勒大学。由于苏联人在大坝建设上提供了巨大的帮助，所以埃及人觉得他们不能苛求更多。[89]但是苏联人非常热衷于监管努比亚境内其他工作任务的进展情况，于是联合国教科文组织充分利用了这点。1961年，该组织有一条内部建议这样说道："关于努比亚文物保护运动，人们应该更加频繁地告知托尔斯托夫先生和彼得洛维奇先生其进展情况。比如，来自范德哈根先生的一封信详细阐 48
述了近期美国考古学家的新发现，这就很好。"[90]作为苏维埃阵营的一部分，波兰在古都法拉斯的任务也可以被看作是其承担的苏联国际事务的组成部分。然而，在考古学家卡齐米日·米哈洛夫斯基领导的考古探险中，波兰人热衷于在苏丹树立其保持中立的形象，以避免出现更深的政治分歧，虽然他们所有的外交关系都是在苏联的影响下形成的。波兰国内流行共产主义的理念，而波兰人在古都法拉斯的考古发现被媒体大肆报道，他们所表现出来的国际形象与在境外的普通波兰人给人的政治约束感截然不同。[91]由于这一段历史交织着来自各方面的敌对情绪，包括经济、领土、军事以及殖民统治，所以努比亚文物保护运动自身——而不是什么军事行动——并不总是有利于实现文物救助和发展的乌托邦理想。这也许是联合国教科文组织聚焦技术统治问题的一个成功案例，因为它缓解并掩盖了国际政治的紧张局势。

法国人最先发现，埃及的文物从中世纪开始就处于非常重要的地位，法国和埃及的关系也只是在拿破仑派遣一百六十位科学家和艺术家前往埃及之后才得到了加强。[92]有说法称，拿破仑的派遣行动及其发现创造了埃及学这个领域，这其中就有著名的罗塞塔石碑。具有重要意义的是，努比亚是19世纪法国考古的探险之地，因法国学者让-弗朗索瓦·商博良而为世人所知。[93]法国考古学家奥古斯都·马里耶特创建了埃及文物服务部，该机构一直由法国人管理（他们是加斯顿·马思佩罗、皮埃尔·拉科、埃蒂安·德里奥东），直到1952年。两国之间的文化交流从未间断，法国文化部长安德烈·马尔罗在他主持召开的联合国教科文组织大会上，第一次向全世界发出帮助努比亚的倡议。他的讲话激情洋溢，后来被多次引用。他在讲话中说道："虽然很多国家目前正处于或隐秘或公开的冲突中，但是所有国家都受到召唤，要团结起来，保护文明的果实——没有人拥有对它的优先权。"[94]埃及人和纳赛尔自己也许有其他的想法。在讲话结束的时候，马尔罗用了一个著名的比喻来形容这次的任务，就像"一个人从死亡那里抢夺财物的行径"。他的看法完全符合联合国教科文组织对该项工作内容的描述和设置。就像贝茨回忆的那样，毕竟联合国教科文组织总部设在巴黎，优
49 先使用法语，且长期致力于全球文明观念的宣传与保护，因而一直被认为是一个特别具有法国特性的机构。[95]法国当然因为总部设在巴黎而获得利益，不论是语言优势，还是扩大文化影响，还是把该组织的活动与法国文化政策结合起来。[96]作为一个演说者，马尔罗具体阐述了联合国教科文组织关于一个世界和文明建设的雄心壮志："你们正在努力推

动的是，全世界联合起来对抗分裂势力。你们的倡议具有历史意义，不是因为它的目的是救助努比亚神庙，而是因为通过这项任务，世界文明公开宣告：世界艺术是其不可分割的文化遗产。”[97]

事实上，法国的声明意在把古埃及归入法国自己的文化遗产，因为法国声称它是该项目的发起者。1955年，联合国教科文组织在开罗设立了古埃及研究及文献中心，记录了大约四百处底比斯私人墓葬，还有成百上千处其他遗址。卢浮宫负责人克里斯蒂亚娜·德霍许-诺勒库为该中心的设立做出了贡献，她称这是埃及学的一次新合作。虽然埃及官员驳斥了她的说法，但人们依然认为她是文物保护运动的有力推动者。[98]她并没有获得戴高乐总统的授权，然而她宣告法国将资助文物保护运动。后来她还说服戴高乐总统增加额外资金投入，这在当时是人所共知的一件事。此外，法国国家地理研究所在埃及武装力量的帮助下，对将被洪水淹没的区域进行了早期摄影制图勘测。[99]所有这些努力使得法国能够在苏伊士运河事件之后与埃及保持并改善两国之间的关系。同时，法国进一步声明其对埃及文化遗产拥有的权利，并且确保本国研究人员的考古权限。

埃及的考古学界具有宏图伟略，然而来自国家的对抗由来已久，并且令人痛苦。[100]对于整个中东来说，英法之间的对抗只是两国之间大范围竞争的一个小侧面。[101]历史学家唐纳德·雷德解释说，“大约在1889年”，克罗默勋爵把考古的优先权给了法国。“法国人认为这件事情非常重要，以至于在1904年的《英法协约》中对此进行确认。英国考古学家永远都不会原谅他们的政府。”[102]苏伊士运河事件之后，英国人感觉很丢脸，在考古领域，这种感觉更加强烈，法国人则又一次强化了他们在埃及的影响。

英国政府决定不对联合国教科文组织的苏伊士运河工程进行资
助，并把这定为一条政策。在英国议会会议上，来自劳工党的政治家威 50
廉·沃比争辩道：“除非我们了解过去，否则我们不可能真正拥有人类的未来。”他说，需要做的还有很多，“我们很高兴，个别英国考古学家和埃及学家做出了自己的贡献，我们很想从中感觉到这种贡献来自英国整个国家”。[103]虽然莫蒂默·惠勒爵士不是一名埃及学家，但是他被教育部长选中，代表英国参与努比亚文物保护运动，并且任职于联合国教科文组织的国际行动委员会。经济援助依然是一个令人尴尬的话题。惠勒为此感到惋惜：“如果危机出现在两年之前，事情将会变得简单很多。”[104]他和瓦尔特·埃默里以及埃及勘探协会紧密合作，后者已经在苏丹的布亨城和伊布里姆城堡遗址上展开发掘工作。英国已经准备好在苏丹的帮助下，将一座已经拆解的神庙迁移到安全的位置，但是并不打算在喀土穆进行重建。的确，英国国家委员会写给联合国教科文组织的信件具有清晰的观点，但是其立场并不特别让人理解。委员们关注的是考古成果如何进行分配，以及争取获得在努比亚之外的区域进行考古发掘的许可。[105]惠勒爵士极度渴望扮演领导角色，所以他厚着脸皮利用英国私利，暗示说英国的埃及学将遭受磨难。他展示了从联合国教科文组织那儿得到的阿布辛拜勒神庙的影像，并且给《泰晤士报》写了充满激情的信件，然而这一切都是徒劳。“我和我的同事都非常痛苦，我们为英国政府在整个事件当中的消极行为感到羞愧。”[106]

赞助人荣誉委员会的成立是各国出资支持此次文物保护运动的标志，在国际上关于此事的叙述中，欧洲文明格局起着重要的作用。该委员会由瑞典国王古斯塔夫·阿道夫六世担任主席，成员有：比利时王后伊丽莎白、希腊王后弗雷德里卡、摩纳哥公主格蕾丝、丹麦公主玛格丽特、德文郡公爵，以及政治家达格·哈马舍尔德、朱利安·赫胥黎、安德烈·马尔罗。许多欧洲国家认为有很多文化遗产等待救助，不仅是埃及和苏丹，它们自己也一样。对西方博物馆来说，外国赠品保证提供各式各样的艺术品，甚至整座神庙。赠品列表提示人们，埃及文物也是对国外援助的一种回报，阿米诺菲斯四世的巨大头像、新王国时期的赫鲁埃夫石棺、左赛尔金字塔中出土的玻璃器皿都在该组织1960年的专辑

《共享信任》中得以呈现。[107]与苏富比拍卖行和佳士得拍卖行的做法非常相似，埃及古物和神庙在充满渴求的氛围中被拍卖：德波神庙被西班牙拍得，塔法神庙被荷兰拍得，爱来西亚神庙被意大利拍得，丹铎神庙被美国拍得。相比较而言，苏丹人为自己感到悲伤，他们没有同样重要的博物馆馆藏赠送别国，也没有神庙或小教堂可以运送到别国，也没有 51
像塞加拉墓地这样引人注目的遗迹贡献给别国以示谢意。[108]

在这样一种榨取式的经济下，欧洲与北美的博物馆、学术机构和研究人员不仅从物质上获得了利益，而且还得到了更多新的研究途径以及进行野外考古的新方法。抱着聚敛财富的准殖民理念，西方国家认为它们是古埃及文明的正当继承人，即使在今天，很多人依然打着“全球博物馆”的旗号，为自己继承人的身份做着辩护。[109]在努比亚的民族性和意识形态方面，充满了蓄意谋划的理性行为。例如，梵蒂冈只关注对基督教信仰进行救助，使之不受洪水的侵扰；其他主要基督教国家，像波兰和美国，它们的任务是救助基督教遗址和科普特教堂。法国、德国、比利时以及其他拥有最悠久的埃及学研究传统的欧洲国家在最重要的考古研究领域和建筑研究领域，均具有特权地位。美国人认为他们在史前考古的科学研究和救助方面非常擅长，美国国家科学基金会对其工作做出承诺，并明确阐述了其意图和关于历史的各种偏见。“我们感到，从基金会的利益角度出发，对王朝时期历史遗迹的保护和关于传统埃及学的其他问题并不在考虑之中。”[110]

从美国人的角度看，他们确实在推动文物保护运动的开展。美国人做出的贡献是最大的，他们拥有在公众中享有极高声望的大学，还有很多在联合国教科文组织供职的积极的活动家，以及一个强有力的国家委员会——在这个委员会中，人们忙于投身公共关系的建设来筹措大量资金，永不满足。正像亚当斯自己声称的那样，美国考古探险，“坦白说，多多少少是为了钱，也就是说，人们来到努比亚仅仅是因为金钱方面有利可图”。[111]1955年，参观过阿布辛拜勒神庙的新任美国总干事路德·埃文斯与埃及签订协议，为其提供文物保护的技术支持。[112]埃文斯认为，联合国教科文组织是一个技术机构，推动和平进程与意识形态、哲学理念并无太大的关系。联合国教科文组织在美国人的领导之下，将变成一个政府间机构，其更多的关注是技术支持，而不是对人们进行思想上的文化和教育革新。[113]正如许多年以后他们对阿富汗的巴米扬大佛所做的那样，有些美国人认为他们只需要购买这些神庙，然后用船把它们运回家。可以理解的是，这在很大程度上冒犯了埃及人。[114]与美国人相似，埃及人也希望为他们的国家收藏增添新的文物，
52 经常提及美国为他们国家所做出的巨大贡献。[115]芝加哥东方研究所甚至在开始进行重要的野外勘探之前，就要求获得一件重要的文物，那就是阿米诺菲斯四世的巨大头像。写给联合国教科文组织官员的抱怨信描述了美国学者是如何炫耀他们国家的财富的：他们国内有上千所大学，并且他们可以毫不费力地支付救助阿布辛拜勒神庙的费用。[116]考古学家威廉·亚当斯在写给他的合作者拉尔夫·索列基的信中挖苦说："我们打算为努比亚项目提供的帮助其实不花我们一分钱，因为我们只是在用纳赛尔欠我们的款项资助努比亚，否则纳赛尔很可能永远也不会还钱。"[117]美国人总是持这种态度，这一点对他们与外国同行、联合国教科文组织的代表以及埃及人建立亲密关系毫无益处。

1962年，美国参议院的正式听证会上，内布拉斯加州参议员罗曼·赫鲁斯卡等政治家揭露了这种极具竞争性的馈赠背后的国家动机。他说："俄国人建造了大坝，获得了所有的荣耀和信誉，埃及人认为俄国人很好。美国人伪装成隶属于联合国的次级组织，在经济上提供援助，但是没有赢得任何信誉。"[118]了解了这点，我们就不会对上文所提到的那种态度感到惊讶了。其他政治家公开表示，没有美国的支持，努比亚项目注定是失败的。还有一种更为节制的观点，然而是一种文化挪用，他们不认为这是为埃及提供帮助，而认为："这些历史遗迹是所有西方文明的伟大历史渊源，我们正在为自己的子孙后代做好事，因为我

们正在帮助他们保护自己的历史本源。”[119]对美国人来说，随着他们在中东事务中的警觉性越来越高，参与是最重要的一件事。档案显示，他们不想被荷兰人、德国人或者是俄国人推着去做什么事情。“当美国人尝试在文化交流上与其他国家改善关系时，他们是不能对一项伟大的、公认具有文化重要性的项目提出拒绝的，否则就可能导致在这一重要的外交关系上遭受严重的挫折。”[120]约翰·F.肯尼迪总统的表述听起来更像是外交辞令，他说：美国是最年轻的国家之一，对于历史文化研究及其保护有着深深的关切，尤其是“古埃及，因为我们自己很多的传统就源自埃及”。[121]

美国国家委员会有一项名为“抢救尼罗河上的神庙”的运动，埃德蒙多·德·拉萨尔是该运动的积极领导者，他尝试通过后殖民宣传对国家经济和政治利益进行重新安排。[122]拉萨尔认为，在殖民时代，考古 53
学家和艺术史学家在国外喜欢上什么就带走什么。随着殖民主义走到尽头，这种做法也不再持续。人们必须“从人类学的角度来看问题，因为所有的事物在正常的环境中确实都会呈现出更好的状态”。然而，一些新成立的小国家常常忽略其国家文物的生存环境，会向更强大和更发达的国家求助，因此为美国的技术干预提供了更加正当的理由。拉萨尔领导的运动生机勃勃，国家委员会里名人云集，其中包括学术研究者、商业巨头、银行家和作家，还有加利·格兰特、琼·克劳馥、吉恩·凯利和理查德·尼克松。然而就像前文说到的那样，重要的美国埃及学家和博物馆管理者对文物救助工作有着深深的矛盾情绪和一些令人震惊的敌意，这些应该受到重视的情绪和敌意在美国参议院中产生了影响，它们使得资助需求变得更加复杂。反对者们认为，那些国家提出的资助要求与阿布辛拜勒神庙的价值是不相称的。宾夕法尼亚大学博物馆馆长弗罗利奇·雷尼试图彻底结束努比亚文物发掘这部分内容。拉萨尔称之为“胁迫行为”，他认为美国埃及学家希望抛弃努比亚并且深入北方地区，进行他们更加渴望的考古发掘工作。[123]联合国教科文组织颇具官僚作风的工作方法也受到了抨击，反对者认为这是“玄妙的官僚模式”——这种立场很长时间内在美国都占据统治地位，并且给该组织带来了灾难性的后果。

联合国教科文组织意图“为与公众和政府的合作创造一个好的心理环境，这包括在道德、技术和财政方面的合作”。很明显，在美国，这种观念具有普遍性，多以咨询为动机，甚至还具有电影化的特点。美国商人的利益是最重要的，比如西屋电器公司、胜家公司、美国银行、福特汽车公司、盖蒂石油公司以及美孚石油公司。公关巨头汉密尔顿·莱特组织公司经常请求联合国教科文组织提供支持，它在市场上推销自己，说自己作为一个美国公司，能够推动努比亚文物保护运动，甚至推动埃及的民族发展。该公司的客户中有很多政府、国家和城市，更不用说公司。它的名言是：“自从1908年起，我们便开始为政府和产业服务。”像建筑学家哈罗德·辛普森这样的个人企业家也看见了巨大的合作潜力：他与美国国家委员会联系，提出以每一座神庙两千五百万美元的价格升高神庙的位置，其中有一半用硬通货支付。[124]

在世界遗产保护领域，咨询文化的兴起由来已久。虽然纽约大都会博物馆没有同意，但拉萨尔还是发现可以即刻开展图坦卡门珍品巡
54 回展览（1961—1966）。他也看到了在市场上推广因埃及而兴起的时尚物品的巨大潜力。[125]甚至像J.O.布鲁这样从事严肃学术研究的人也试图把文物保护运动与20世纪福克斯电影的首映联系到一起，这部电影由伊丽莎白·泰勒和理查德·伯顿主演，名叫《埃及艳后》。最终，美国公共关系机构给了考古学又一次打击，它们同意布鲁的观点，认为针对阿布辛拜勒神庙的最佳方法“不是把它当作一个考古问题，而是把它当作一个‘文化’项目来看待，这个项目强调国际合作，并且具有技术难度”。[126]与联合国教科文组织一起，一些重要的考古学者设法在所有的工作任务中把这门学科的地位降到最低，在这方面美国代表团起了重要作用。

最后，我们不能忽略埃及和苏丹之间关于国家利益和工作事务的竞争问题。阿斯旺大坝工程中的水电政治学对埃及非常有利，而这项工程扰乱了苏丹数万人的生活，并且大量的洪水淹没了他们的土地，纳赛尔为此不得不支付四千三百万美元作为补偿。不论是从技术角度、农业角度，还是从遗产保护角度看，埃及都赢得了经济上的胜利。吉恩·韦库特是苏丹第一个后独立时期的考古官员，他从一开始就坚持认为，人们必须牢记要进行纯粹的考古学方面的调查研究，这样才能做好与那些伟大的历史遗迹相关的、更加富有魅力的工作。埃及不应该像它在控制尼罗河的问题上那样压制苏丹，这一点苏丹教育部长吉安达·阿巴卜在写给联合国教科文组织代表的信中陈述了很多次。韦库特在阐述了自己的考古经历之后，非常详细地概述了联合国教科文组织对埃及努比亚和苏丹努比亚分别给予的支持以及获取的利益。他认为两者之间有着巨大的不同，而且感觉联合国教科文组织非常偏爱前者。他承认，埃及努比亚受淹程度最严重，但苏丹努比亚几乎没有进行过任何考古考察。同时在埃及，人们做着不必要的而且是重复的工作，包括对完全相同的区域安排了四次勘察。[127]韦库特引用联合国教科文组织行动委员会的重要成员惠勒的话为苏丹辩护："不管作为个人还是国家，我们都对未来怀着深深的焦虑，然而，非常令人奇怪的是，与我们对未来的焦虑相反，全世界都对过去越来越感兴趣，而且是有思想深度的兴趣。这两件事并行不悖，拥有被世界理解的传统和历史会让一个国家感到安全和稳定，这种感觉对于这个国家具备创造美好未来的能力是必要的有利因素。"[128] 55

在人类文化遗产的保护上，联合国教科文组织充满了理想主义精神，不管是国家间的合作，还是艰难的救助工作。领土瓜分、历史恩怨、相互竞争的殖民主义——就是在这种国际环境下，联合国教科文组织进驻埃及。然而，对那些在此居住的努比亚人来说，没有什么值得庆祝的。因为他们将不得不被重新安置，他们自己的现代遗产也将被淹没。

他们最终的居住地将远离他们祖祖辈辈生活的地方，也将越发远离他们传统的生活方式和生存手段。[129] 包括弗雷德里克·吉森和J.O.布鲁在内的考古学家都对这些人群中的人种学感兴趣。他们与国际人类和人种科学联盟以及奥地利代表团一起，向联合国教科文组织提出请求：把国际上提供的经济资助中的2%拿出来，用于进行补充研究。[130]联合国教科文组织拒绝了，理由是资源有限，而这种研究并不具有优先考虑的条件。大约十万人受到了影响，“人们大批地离去，虽然这给努比亚人的情感带来了冲击，但他们还是成为文物保护行动中必不可少的组成部分”。[131] 虽然联合国教科文组织在联合国体制内承担着社会和文化事务，但是可以说它在此没有取得什么伟大成就和提升。联合国教科文组织的档案中几乎没有对人员撤离的记录，但是其他文件用大量令人沮丧的细节记录了努比亚人动荡不安的生活。[132]努比亚历史遗产1979年被收入联合国教科文组织《世界遗产名录》，即便如此，努比亚人自己还是又一次成为征服和殖民的牺牲品。2008年，努比亚文化遗产又一次为梅洛大坝工程中的水电政治学做出了牺牲，同时发生的是又一次考古救助运动及其国际政治学。[133]而联合国教科文组织扮演的则是更加次要的角色。

结　语

赫胥黎和托雷斯·博德当初对联合国教科文组织的定位，是一个面向全球的人文主义组织；后来，在路德·埃文斯的推动下，它成为一个政府间组织，更关注技术支持，而不是文化和教育改革。这两者之间的巨大变化在保护阿布辛拜勒神庙的问题上得到了显著的体现。同时它标志着该组织从科学人文主义的乌托邦意识形态，转向技术统治和功能主义的意识形态。[134]联合国教科文组织采纳政治科学家文森佐·帕沃内的意见，在冷战期间完全变成一个国家间组织，而不再是早期那个试图在第二次世界大战后创建永久和平的全球性组织，此时的国家间合作也已经不再是当初的模式。20世纪50年代和60年代的联 56
合国教科文组织设立了更加适度的目标，也就是建立一个共同且实用的平台，希望在解决和协商某些冲突时，科学、教育和文化能够起到作用。那时的联合国教科文组织主要关注短期目标，服从联合国的领导，或者更委婉地说，跟随的是美国自由主义的思想潮流。[135]

联合国教科文组织成员国不断增长的对技术保护的需求，见证了该组织技术操控的兴起和巩固，尤其是在胜利完成努比亚的任务之后。那些需要进行技术保护的遗址包括：巴基斯坦境内的古印度河流域城市摩亨佐达罗，以及印度尼西亚境内的婆罗浮屠佛教遗址。联合国教科文组织官方将此次任务称为"救助努比亚历史遗迹的国际行动"，这不仅表明此次行动范围广、任务急，同时还说明了全部任务的重点是保护神庙而不是抢救过去。[136]在对摩亨佐达罗古城进行考古发掘时，人们所熟悉的一批来自努比亚文物保护运动的工程师和其他方面的专家聚集到一起，共同面对一些类似的问题（抢救、水、水力学），即便此时，仍然没有人关注考古研究，这个现象值得注意。以"摩亨佐达罗考古遗址"之名列入名录，只能使相关研究和将来的调查更加"石化"：这其实是在为一处废墟树碑立传和实施保护。提供技术支持必须要认真关注保护工作，然而这经常关涉的是联合国教科文组织推动文化旅游的相关事宜，而不是聚焦考古考察，或者是深化研究工作。[137]技术支持项目不可避免地会牵涉到一些文化攻击的问题，联合国教科文组织的交流项目被指责为"文化帝国主义"；该组织在努比亚进行的技术转移颇具规模，因此被称为"发展帝国主义"。[138]

在尼罗河沿岸，人们几乎可以看见战后国家对联合国的期待：阿斯旺大坝的建设和对神庙的救护将新政中的科技统治与19世纪联盟体系的政治事务结合起来。[139]文物保护运动在很大程度上把发展和大规模的基础设施建设与国际经济学和政治学联系到一起，同时，先前的殖民和冷战的紧张局势又一次重演，而这片人口密集的土地，却有着矛盾重重的历史。从埃及、法国、美国、苏联和其他所有相关国家的努力中，我们看到了国际主义框架下强烈的民族主义精神。努比亚具有可观的经济、政治和文化利益，等待着世界各地的人们去瓜分利用。对民族国
57 家的操控来说，考古学绝不是一门陌生的学科。的确，考古学的研究对象是那些具有公认源头和悠久历史的物质呈现，因此这门学问一直都特别具有延展性。拿破仑和纳赛尔都明白考古学所具有的无限可能性。对于埃及来说，其全部的文化潜力可以对全世界释放，而这是一个等待其释放的世界，因为西方国家激烈争夺，为的是宣告它们对古埃及的继承权和所有权。埃及争着把法老神庙赠送给纽约、柏林、都灵、马德里和莱顿，同时赠送的还有手工艺品和考古发掘的许可，这些都是与外国援助的一种交换。所有这些赠品只是把人们想象中的联系物质化罢了。

有那么一段短暂的时间，联合国教科文组织的乌托邦承诺因为古埃及法老所代表的过去而重新兴盛起来。虽然时间很短，但是多边合作的确证实，人类共同体的理想得到了实现——这个理想要求人们遵循承担集体责任的道德准则。在联合国教科文组织历史的这一章节中，作为野外实践的考古学走到了舞台的中央。然而这一段文字集中反映了在该组织内部围绕这门学科的紧张、矛盾的氛围；学术机构中也存在这样的情况，至少在美国。在努比亚，联合国教科文组织已经开始对未知水域进行探险。[140]如果联合国教科文组织努力在该机构的官僚框架内处理好考古学的文化研究和科学研究的问题，那么考古学家们也将会同样努力去看到该组织在国际救助行动中的相关性以及它所做出的贡献。双方之间存在的误会带来了持久的影响。在考古学这片竞技场中，在美国独特的国际主义理念长久的影响下，最终取得进展的是美国田纳西河流域管理局的发展计划、文物救助原则和文物保护科学。相反，考古学中的科学研究及其潜力将退居次要地位，这与朱利安·赫

胥黎曾经断言的“田纳西河流域管理局将解决一切问题”形成鲜明的对比。然而，文物保护运动标志着咨询文化的兴起，这已经成为联合国教科文组织工作内容不可分割的一部分，也是企业家、专家、经济学家和工程师们优势的体现。在这里也一样，做好历史遗迹的恢复工作比从事考古发现更具优先权。58

第三章

技术统治

他们被一条技术封锁线隔开，从而远离严重的政治影响。到目前为止，技术合作对外交政策基本上毫无影响。

——理查德·霍加特，2011年

努比亚文物保护运动的成功备受推崇，随之而来的是，联合国教科文组织收到了很多新的请求，希望它在文化遗产领域帮助保护历史遗迹。很多古代奇迹都需要挽救，比如雅典卫城、印度尼西亚婆罗浮屠巨大的佛教建筑群、泰国北部素可泰王国的首都、黎巴嫩南部沿海宏大的腓尼基提尔城。20世纪60年代到80年代之间，大量保护文物的任务涌向联合国教科文组织，于是该组织向全世界发出各种呼吁，以期确保对这些世界瞩目的历史遗迹提供经济援助和技术支持。严格来说，后来的这些保护项目都是针对遗址的项目，不像努比亚文物保护运动具有野外考古的成分。而该组织向全世界发出的"挽救摩亨佐达罗"的呼吁，其直接目的是挽救巴基斯坦境内具有五千年历史的考古遗迹，这也是世界上最早的、面积最大的、由人类设计的城市居住群。这个庞大的都市占地一百多公顷，有证据显示这座城市拥有巨大的粮仓、公共浴室、精心制作的排水系统、水井以及污水处理系统，估计人口总数为四万多。它被认为是印度河流域文明中最大的城市之一，可能是当时最发达的城市，已经拥有复杂的国际贸易网络、土木工程和城市规划。

伦纳德·伍莱爵士为朱利安·赫胥黎极具争议的《人类历史》撰写了关于摩亨佐达罗的文字，出版于1958年。印度考古学家R.D.班纳吉于1922年第一次发现并发掘了该遗址，当时印度考古勘察部总干事、英国考古学家约翰·马歇尔爵士全程进行了监督。20世纪40年代后期，接替马歇尔担任总干事的是干劲十足的莫蒂默·惠勒。他继续发 59
掘工作，并用独有的、炫耀的方式描述了这座繁荣的城市是如何在印度雅利安入侵者的手中走向了末日。[1]该遗址在分治前就具有殖民属性。1964年，美国人乔治·戴尔斯开始负责该遗迹的发掘任务，那时人们已经意识到对摩亨佐达罗进行长期保护的工作正面临着威胁。由于他们看到了联合国教科文组织在救助阿布辛拜勒神庙中的所作所为（当时该救助工作正在进行），也看到了该组织在大规模挽救考古遗产和建筑遗产上成功提供的专业帮助，所以显然，此时最好的求助对象就是联合国教科文组织。

1964年，联合国教科文组织派遣哈罗德·普伦德莱斯——国际文化财产保护与修复研究中心的始创者及领导者，也是努比亚文物保护运动的重要人物——前往考察摩亨佐达罗，并且就考古遗迹的保护工作写一份报告。两年以后，联合国教科文组织派遣奈德科公司去完成另一项专业服务任务。这是一家荷兰工程咨询公司，擅长水处理，曾经在努比亚文物保护运动中服务过。[2]后来，1968年10月，一个由考古学家组成的国际团队被派遣至该遗址，进行为期两天的工作；1969年2月，又进行了为期两天的工作。这个团队中的有些人已经在努比亚文物保护运动中为大家所熟悉：J.O.布鲁、路易斯·克里斯托弗、卡奇米耶兹·米卡洛夫斯基和莫蒂默·惠勒爵士。他们在工作报告中表示不同意联合国教科文组织在摩亨佐达罗提供的技术支持，认为它太过依赖“技术科学和工程”，而不是研究和发掘工作。他们建议要“同样关注考古需求”，并认为若要准确评估保护该遗址的方法是否合适，“唯一的办法是将其应用于足够丰富的发掘工作之中”。[3]惠勒和巴基斯坦官员都强调：把发掘工作和将来的摩亨佐达罗计划融为一体是重要的事情，要对现存遗址进行更深的挖掘，同时开发该遗址探测的新区域。团队认为，如果没有五个连续的挖掘期，那么考古工作就无法令人满意。每一个挖掘期大约需要花费九万五千美元。如同邀请外国团队到埃及和苏丹进行文物救助工作一样，报告认为巴基斯坦应该考虑建立一种分配方案，如果外国团队加入发掘工作，那么应该让它们也得到一份考古发现。但是正如荷兰工程师指出的那样，正在进行的挖掘工作，也许“从考古学的角度看是极为重要的，但是与现存废墟的保护问题毫无关联”。[4]最终，考古勘测、挖掘或者是研究，都得不到任何资助，只有文物保护得到一部分资助。

60 今天，摩亨佐达罗为我们呈现的是一座用砖头建成的庞大的城市，其主要建筑物和街道呈网格状分布，城市拥有排水系统，还有证据显示其工艺专长以及令人印象深刻的跨国贸易网络。据估计，这处遗址到目前为止还有三分之二尚未被发掘。与阿布辛拜勒神庙的情况相似，摩亨佐达罗的命运与这些问题密切相关：书写新的民族历史、国家发展计划以及持续多年的对现代性的渴望。所有这些面向未来的决定都将对过去产生影响。1932年，苏库尔拦河坝及其巨大的运河网络开始对稻谷的生长提供灌溉，这使得地下水的水位升到很高的位置。土壤被快速渗透，盐分被带到地表，进入废墟，导致晒干的泥土结构碎裂。[5]媒体报道警告说，这处遗址正“面临消亡”，并将在几年之后成为碎屑。周围恶劣的气候环境对这处遗址造成了威胁，包括洪水泛滥，土质因为盐分增加而变得恶劣，还有城市内涝。惠勒在1950年进行的发掘工作中曾经试图挖掘到考古所能达到的最底层，但是“从沟槽中渗出的地下水”阻碍了这一项工作——教育部秘书古德拉·乌拉·沙巴在1974年的国际学术研讨会上指出了这点，惠勒本人也参加了那次会议。[6]同年，巴基斯坦政府提出请求以后，联合国教科文组织随即发起对摩亨佐达罗的国际保护运动。

在那份请求文件中，总干事马厄解释说，在过去的五十年中，摩亨佐达罗遗址只有表层得到了发掘，而已经发掘的部分表明“这是一处具有非凡重要性的考古遗址”。他指出该遗址具有促进多文化对话和合作的潜力，并且其影响曾经扩展至印度、伊朗和巴基斯坦。[7]但现在人们寻求的并不是文化合作，而主要是技术和经济支持。马厄认为这个项目与努比亚和威尼斯的文物保护运动相似，他说：“在考古发掘这样尤为细致的、需要和谐与平衡的工作状态中，要取得快速的进展，必定带来干扰，而我们已经求助于现代科技对这些干扰进行处理。”[8]努比亚文物保护运动和叙利亚幼发拉底水坝的文物挽救行动面临的也是洪水带来的危险，但挽救摩亨佐达罗的行动密切关注的不是完成更多的文化任务，而是做好相关的水文、工程和保护技术方面的工作，这样一来，就减少了进行国际合作和学术发展的可能性。由于人们眼中的遗址只是废墟，而不是考古遗迹，所以许多年以来，人们进行文物保护工作只 61
是因为受到某种煽动，虽然花费了数百万美元，但是最终都失败了。

挽救摩亨佐达罗的行动和努比亚文物保护运动一样，采取国际行动、发出呼吁、成立专家委员会、考虑发展中国家的情境，但是它缺少野外考古工作或者是合作研究。重要的一点是，摩亨佐达罗辉煌的过去及其居民所取得的成就只能在公开演讲和资助请求中得到再现，很多工作计划和文献对此并无记录。于是保存废墟成为具有重要意义的挑战。联合国教科文组织——而不是巴基斯坦——决定服从顾问工程师 62
们的领导，寻求单纯的技术解决方法。奈德科公司建议挖掘一条巨大的运河，移除47.5万立方米的土壤。考古学家们认为，对古代遗迹采取这种做法可能起到破坏作用，因而他们对此感到震惊也是可以理解的。在联合国教科文组织的主持下，保护摩亨佐达罗的行动分三个阶段：使遗址处的印度河改道，花费315万美元；通过铺设管道和打井降低水位，大约花费178万美元；在遗址上减少盐分，加固土壤，大约花费207万美元。在考古发掘和进一步研究方面，没有任何资助或是系统的计划。撇开这个决定不谈，联合国教科文组织在为摩亨佐达罗做宣传时称“这是人类最早的城市之一”，它“应该会对来自世界各地的、对文化感兴趣的旅游者们具有极大的吸引力”。[9]为了实现这个目标，总干事马厄在工作计划中列入风景建设这项内容，目的是把该遗址发展成一处旅游胜地。到20世纪70年代，该项目已经花费大约七百五十万美元，预计五年之后完工。[10]于是，一个新的专家顾问委员会成立了，其成员包括水文地理学家、工程师、考古学家、庭园设计师。这里所指的唯一的“考古学家”是来自史密森学会的保罗·佩罗特，他终身从事的是与艺术史和博物馆发展相关的职业，既不是野外考古学家，也不是巴基
63 斯坦方面的专家。

宣传巴基斯坦与宣传埃及完全是两回事。马厄认为，为巴基斯坦寻求国际经济资助是“从良心出发”。然而，国际社会对帮助摩亨佐达罗似乎没有那么积极，也许是因为摩亨佐达罗缺少努比亚文物保护运动中埃及法老王的魅力，又或者是“救助疲劳”的结果。外国高校和博物馆也没有像在埃及和苏丹那样参与进来。1969年的考古报告提出了一个难题：“在当下的世界观念中，摩亨佐达罗在人类原史时期的社会学意义”能否“引来一种国际关注”？[11]当然，同在努比亚执行的策略相比，这次没有新的发现，也没有新的研究项目，所以我们也许会认为回答是否定的。到1976年，对于缺少资助这件事儿，人们表示深切关注。美国没有提供任何帮助，西方也出现了经济衰退。一批新的资助者出现了，它们是澳大利亚、巴林、印度、尼日利亚、伊拉克、斯里兰卡、埃及和沙特阿拉伯。德意志联邦共和国和日本是最大的资助者，其他西欧国家、美国和英国从开始就不见踪影。[12]到1980年底，考虑到通货膨胀的因素，这个项目很可能需要花费一千三百万美元。

一直到1997年，联合国教科文组织出资两千三百万美元，采取大规

模措施来挽救摩亨佐达罗。然而由于古代遗物的易碎性、周遭环境的充满敌意、政府官员之间的竞争以及不合适的技术手段等原因，联合国教科文组织的这一次文物保护任务最终没有能够取得成功。每年在铺设管道和打井上的电力花费增加到四十万美元，占去摩亨佐达罗的大部分预算，影响了真正的文物保护工作的进行。[13]有一份世界遗产中心的内部备忘录，真实记录了当时的情形。从最终结果来看，这一次文物保护行动虽然有来自各界二十多年的支持，“有大量的资金资助，但是其管理非常糟糕，没有很好地提升国家能力，采取的策略也是错误的，只是关注如何降低水位（抽水等），结果也没有成功”。还有人抱怨说，虽然“有联合国教科文组织的加入和大约两千四百万美元的资金投入，但是该组织工作的重中之重，即国家能力建设，并没有能够取得什么进展”。该项目缺少具有统筹作用的科学掌控，关于遗址的说明也不够清楚，文物名录也不够详细，考古遗迹依然存在着较大的保护问题。[14] 64

数十年以来，考古学中的文化因素和研究探索依然没有得到认真对待。正如一位文化遗产专家说的那样：“像摩亨佐达罗这样具有世界意义的考古遗址，应该成为各种形式的国际科学合作的焦点。”[15]由于总是失败，并且人浮于事，2004年，世界遗产中心采取了一种后运动策略，来再一次处理下面这些问题：文物保护及其稳定化、管理结构、培训以及遗址旅游发展。[16]努比亚文物保护运动因其成功而受到广泛赞扬，但是对联合国教科文组织来说，摩亨佐达罗的文物保护运动是一次技术失败，而且因为疏忽大意，最终导致一切努力都是徒劳。从联合国教科文组织第一次对该遗址采取行动到五十年以后，其中呈现的状态是持续的洪水、糟糕的保护工作、更加恶化的环境以及综合管理体系的缺失。在今天看来，这一切都预示着该遗址的将来并不乐观。[17]当前相关讨论正在进行，目的是要确认该遗址是否应该被重新埋入地下，以便为将来保存剩下的遗迹。

在这些早期的文物保护任务中，有成功，也有失败，联合国教科文组织于是将关注的焦点更多地转向技术问题，开始执行一项全球计划，保护世界上最伟大的文化遗址。该组织对技术问题、咨询问题以及报道工作给予优先考虑，对考古学领域的多学科、研究性的项目则更加忽略。联合国教科文组织是精心设置的官僚机构，现在支持实现体制化，并对下面这些工作内容进行详细的报道和监管：国际合作、财政资助、专家评估、任务报道和不断扩大的咨询文化。高调的努比亚运动抓住了世界的关注，激发了更多紧急援助需求，联合国教科文组织由此被卷入了另一项重要任务——婆罗浮屠。如同巴基斯坦的保护工作一样，要想修复始建于公元8世纪到9世纪的婆罗浮屠佛教建筑，便尤其需要关注技术和管理方面的事务。然而这次与工程师、文物保护者、专家们的合作所具备的资源更少，时间和资金也更少，还需要雇用咨询人员，建立野外办公地，并配备工作人员。于是，联合国教科文组织提供技术支持，进一步回归自我，发挥其在官僚、管理和专家驱动等方面的功能。

在保护婆罗浮屠佛教建筑的问题上，困难也来自周遭的环境。由于爪哇岛是赤道气候，并且还有火山爆发的现象，因而要防止它们给本就易碎的、石头建造的庙宇带来破坏。[18]在努比亚和威尼斯，是参与国在指导具体应该采取什么保护措施，而不是联合国教科文组织。在这些早期的文物保护运动中，欧洲是绝对的主宰；然而在印度尼西亚，日本才是提供资助和专家服务的国家，因而也是由它来决定文物保护策
65 略。这座巨大的佛教建筑上有超过一百万块石头需要分割、拆开、清洗、分类、保存，然后放回到它们原先的位置上。在婆罗浮屠佛教建筑的保护中，工程师、化学家、生物学家和文物保护者要在持续八年的时间里，与因水引起的文物变质（或称“石癌”）进行斗争，那就是一处巨大的、新科学技术的试验场。与此同时，在这里参与文物保护行动的是政府间的联合国教科文组织，而不是属于全球的联合国教科文组织。它冲破自然界的阻碍或是人类的干预，通过“最佳”技术方法来挽救那些濒临危险的历史遗址。[19]

管理世界奇迹

从某种程度上说，类似挽救摩亨佐达罗、婆罗浮屠和威尼斯（见第四章）这样的国际保护运动，如同保护努比亚伟大遗产一样，都是为了保护世界上最伟大的历史遗址，是国际项目的体制化结果。与1956年《关于适用于考古发掘的国际原则的建议》不一样的是，这次的全球项目，其规范做法是在重视的同时为其订立相关的条约规定。1972年，联合国教科文组织订立了《保护世界文化和自然遗产公约》。该公约确定了最终的名录，并进一步确立了该机构在设置名单、制定标准、实行监管和保护过去这些方面的技术目标。管理这些世界奇迹有其常规做法，对世界杰出遗址要进行登记，所有这些都需要一个巨大的官僚机构：要成立一个国际立法机构、一个处理专门事务的秘书处，还有各种人员组成的顾问团，这些人员包括技术专家、内部和外部委员会、审核人员、独立评估人、参与国及其国家官僚机构等。原本联合国教科文组织能够组织全世界来挽救像努比亚、威尼斯、摩亨佐达罗和婆罗浮屠这样的文化遗产，可是到20世纪70年代末期，该组织成了一个制定标准的机构，也成了全世界的文化清算公司。联合国教科文组织用多种语言发行工作指南、手册、指导条例和其他文件，以便配合其越来越多的文物保护项目。在该组织中，依旧处在重要位置的是那个世纪中期的承诺，即在全球范围内保护世界财产。这个承诺已经成了集体的责任，而且通过技术手段得以实现。

在联合国教科文组织的领导下，国际社会创造了“世界遗产”这样一个文物保护体制，该体制把像普遍主义这样的抽象概念和像全球保护运动这样的具体经验融合在一起，因而它也在乌托邦主义和经验主
义之间摇摆不定。[20]1972年11月16日，联合国教科文组织大会成员国 66
正式通过了把集体保护体制列入国际条约的决定。做好集体保护工作

需要的是现代科学手段的支撑，而受保护的文化和自然遗产被认为具有“突出的普遍价值”。[21]人们通常认为，在同一个条约中，把保护自然和保护文化结合到一起是最具创新性的成就。在公约形成之初，人们主要关心的是世界历史遗迹正面临越来越严重的威胁。不断出现的各种形式的危险、毁坏、变质，不仅对各个国家来说是一种损失，而且对所有国家的遗产来说，也是一种有害的消耗。由于它们都具有重要的利益关系，因此不管是从历史、科学、保护，还是从美学的角度来说，这些杰作都应该“作为整个人类的世界文化遗产的一部分得到保护”。[22]

据联合国教科文组织知情人士透露，该公约的原始文件反映了当时复杂的情况，包括公约的起草、对立的草案、激烈的争辩与制度的对抗。[23]有些人认为，该公约在很大程度上是美国人的发明，他们关注的是自然遗址。领头的是拉赛尔・特雷恩和美国环境游说团，后来这也得到理查德・尼克松总统的认可。[24]勒内・马厄对联合国教科文组织自身的机构历史做出了贡献，而该公约的制定则是该组织在保护濒危文化遗产的国际项目上取得的最高成就，其意义如同那些在努比亚和威尼斯完成的任务。[25]从一开始，联合国教科文组织就召集专家委员会的成员们商讨如何管理不朽的作品，如何管理历史遗迹，以及在某种程度上说，如何管理考古发掘。其他人认为，该公约是两种不同运动相遇的结果，这两种运动在很大程度上都是自发的，一个是对自然的保护，另一个是对文化的保护。[26]在此表述中，政治也藏身其中。

联合国教科文组织力图筛选出那些独特的、无可替代的世界奇迹，然后根据统一的技术和管理标准对它们进行分类、登记，并且监督对它们的管理；就这样，它把奇迹变成了平常事物。该组织创建了遗产列表，这是笔头记录最古老的形式，同样也是最先进的文件资料的基础，因而它不经意间开创了一种领导与管理的常规体制。[27]虽然联合国教科文组织的技术干预并不一定对这些遗址的内在氛围产生影响，但是它的确用文字对其做了很好的记录，此外，还建立了繁杂的官僚机构，所有这些都是为了能够管理好世界奇迹。从理论上讲，开发一处世界遗产与其他全球化进程是紧密相关的，这其中的一个理念是：全世界是一个密切关联的政治体——联合国教科文组织在灌输这种观念上是起 67
了作用的。世界遗产这个概念的发明，进一步扩展了乌托邦关于一个世界主义和世界管理的理念，强调普遍适用性，因为“不管这些世界遗产处在什么区域，它们都属于全世界所有的人”。[28]另一方面，遗产名录向人们展示了世界上各具特色的、伟大的文化成就和自然奇迹，它们为民族国家及其主权疆域所独有，并且植根于此：这些财产只能由相关的当事国提名推荐。为应对这种紧张关系，联合国教科文组织试图以一种和平的方式，在文化的独特性、差异性、多样性，以及集体主义和普遍主义两者之间找到平衡。该组织在艺术鉴赏上的日趋合理化也显示了全球化语境的特点及其更广泛的影响。[29]全世界的人们在知识上、文化上和道德上团结一致，也许这得益于启蒙思想提供的理论基础——如果你了解联合国教科文组织的历史，就不会为此感到惊讶。[30]然而，当工作内容真正扩展到世界遗产这方面时，人们发现该组织的哲学基础并非无懈可击。

在二十个成员国认可之后，《1972年公约》从1975年12月开始执行。它标志着几个世纪以来，很多不同的、来自国家和国家间的倡议的顶峰，这些倡议中有许多是在欧洲形成的。然而也有些记录完好的、关于文物保护的理念是在南亚和东南亚形成的，只是相对而言它们并没有受到足够的重视。[31]例如，一篇由印度人写的、名叫《公元6世纪的玛雅玛莎》的文章描述了如何适当地修复古代神庙。[32]还有一种印度概念叫“革新”(jeernodharanam)。这是一种本土理念，它把遗产保护中的有形遗产和无形遗产联系到一起。在泰国，从公元7世纪中期开始，人们付出各种努力来保护和保存历史遗迹，其中不乏王室成员，比如蒙固王拉玛四世从19世纪到现在一直都积极赞助文物修复项目。[33]每个社会都有自己的历史，人们都从现代理念和经验的角度来管理文物。[34]

关于世界遗产理念的兴起，其大部分论述都开始于19世纪。那时各种政府组织和非政府组织试图把艺术作品和文化作品的价值以某种形式表达出来，并制定出文物保护的共同标准。[35]有些人在很大程度上关注的是国家文化遗产，而另外一些人已经在考虑更具国际视野的文物保护问题。到了19世纪末期，不管是丹麦还是希腊，几乎每一个欧洲
68 国家都拥有一份《历史遗迹保护法》，以确保能够帮助保护本国文化遗产。[36]1877年，古代建筑保护协会在英国成立。该协会由威廉・莫里斯领导，其意图是为将来的人们保存古代建筑的原本样貌，而不是进行全面修复。1879年，该协会发起了一次国际行动，目的是保护威尼斯的圣马可广场。1830年，法国人设立了历史遗迹巡查员这个岗位；1837年，又设立了历史遗迹保护委员会。[37]在拿破仑垮台之后短短几十年的时间里，法国"努力改变自己的形象，不再是先前破坏他人财产的国家，而变成了保护历史的先锋模范"。[38]在仅仅几十年的时间里，建筑师维奥莱-勒-杜克修复了——有人甚至会说是重建了——法国一些最著名的具有历史意义的建筑，包括巴黎圣母院和中世纪城堡卡尔卡松，这两处建筑现在都是世界文化遗产。像这样受到保护的遗址经常遭到隔绝，而且因"城市净化"而被迫更加远离都市环境。[39]

由于拿破仑战争的爆发，国际社会将注意力转移到在冲突中进行的掠夺和破坏上，这使得民族国家之间的规则不得不具体化，于是1874年，《关于战争法律和习俗的国际宣言》应运而生。19世纪，人们已经开始关注文化财产是否是所有国家都应该尊重的国家财产或集体利益的一部分，这与联合国教科文组织的条约里的内容相似。1904年，第六届国际建筑师大会在马德里召开，代表们来自欧洲、俄国、墨西哥和美国，他们都同意应该保护历史遗迹和文化遗迹的原本样貌。他们还建议在每个国家成立修复学会，准备将那些建筑遗产进行登记。[40]外交官、国家官员、专业人员和各种协会推动了这些国际建筑遗产交流方面

的活动。

到了20世纪，1922年，国际联盟发起成立了国际知识合作研究所；1926年，成立了国际博物馆办事处，专门负责处理艺术、考古和历史遗迹的问题。1928年的《美洲条约》——又称《罗里西条约》——已经意识到，教育、艺术和科学研究机构“构成了世界上所有国家的共同财富”。[41]文物保护中的技术原因使得国际合作必须进行，于是，1931年，雅典会议继续讨论关于艺术和历史古迹的保护和保存问题。[42]1945年，联合国教科文组织宪章要求“保护和保存世界书籍遗产、艺术遗产以及历史和科学遗产”。1954年，联合国教科文组织订立的第一份关于遗产 69
保护的条约是《关于武装冲突情况下保护文化财产的公约》，一般称作《海牙公约》。接着是1956年的《关于适用于考古发掘的国际原则的建议》，然后是1962年的《关于保护名胜古迹美景特色的建议》。

早期关于遗产保护的倡议，尤其是那些欧洲的倡议，都紧随冲突和破坏而来，其关注的焦点是对文物的保护，其中既有宣称这些遗产属于本国的，也有宣称这些遗产属于全世界的。它们提醒我们，战争时期的历史文物遭到大规模破坏，面临重重危机，这种情况由来已久。虽然有来自全世界各种机构的努力，但是人们依然在期待制定有约束力的国际条约，期待乌托邦思想的普及。伊莎贝尔·阿纳托尔-加布里埃尔认为，在20世纪40年代至60年代之间，大体来讲，有三方面的进展对国际遗产保护和国家主权做出了重新规定：文物发掘管理、国家法律的编制和比较，还有对非法所得文物的主权收复。国际社会在一种紧急的、多边的情况下，通过制定这些条例对民族国家的权利和义务进行了重新界定。这么一来，像联合国教科文组织这样的国际组织，其管理国家遗产的能力范围就在不经意之间受到了限制。[43]

1972年《世界遗产公约》的制定者们希望在所有国家传播这样一个理念，那就是，为了将来的人们，我们应该承担保护某些历史遗址的一整套责任和义务。原先起草的文件可以追溯到1966年，当时大会要求“为了那些作为人类文化遗产组成部分的历史遗迹，也为了满足相关国家的要求，总干事应对形成合理的国际保护体系进行可行性研究”。[44]最终的报告主要由欧洲专家起草完成，该报告号召各个国家和全世界共同保护具有普遍意义的历史遗址，并提供相应的技术和经济支持。报告还进一步介绍了鲜为人知的、制定于1972年的《关于在国家层面保护文化和自然遗产的建议》的相关情况。该建议与《世界遗产公约》同时生效，然而它在很大程度上已经被遗忘。该报告还建议，由某个国际组织，比如可以是联合国教科文组织，来监督国际保护体制的任务的执行情况，工作人员由来自成员国的专家和技术人员以及固定员工构成。[45]这是一段短暂而令人难忘的历史，它说明了一个问题：
70 不论是过去还是现在，该组织的办事特点始终是人浮于事、不注重效率，而且听到批评意见后总是要过一阵才会采取行动。

1972年4月，在联合国教科文组织的巴黎总部，来自六十个成员国的代表们在三周内召开了二十七次全体会议，讨论的几乎都是相同的议题。这些议题即便是在今天也难在《世界遗产公约》中找到答案：什么是真实和完整？什么是自然遗产和文化遗产？如何提供经济资助？联合国教科文组织文化部门的领导人杰拉德·博拉形容起草文件的过程是紧张、艰辛的，有时甚至是“激烈”的辩论。[46]起草文件的技术过程简直就是在打仗，地理政治学方面的力量派上了用场，但同时也遭遇了激烈的反驳。例如美国建议在文件中关于经济资助的那部分运用某些文辞，这些文辞看似并无深意，事实上却蕴含着很强的政治目的。关于文件的英文版和法文版，美国代表提出建议：由于法语单词是doivent，所以更准确的英语单词是“必须”而不是“将会”。这位美国代表称，他只是对文件的英文版本提出“小小的翻译修改”，他的初衷是不影响文件意义的表达。他说，这样一来，美国将“为公约投上热情的一票”。英国、西德和加拿大对此表示赞同。然而，这种文字游戏立即遭到了阿尔及利亚、突尼斯和苏丹的反击。塞内加尔和尼日利亚代表敏锐地指出:"这个不是修辞问题,而是政治问题。"[47]由于提议遭到拒绝,强大的西方国家和苏维埃阵营没有能够把它们关于经济资助的意图强加到世界遗产基金会和志愿申请程序中。在这一点上,来自发展中国家的代表们起了决定性的作用。这也证明了,主要的经济资助者失去了它们对遗产名录和基金资助的直接控制权。[48]在联合国教科文组织的国际舞台上,有一种说法:"主权国家很容易产生不满情绪。"在接下来的几十年中,这个问题将在经济领域中有所体现。[49]

虽然该公约订立于1972年,生效于1975年,但是1977年才真正开始被执行。彼时,四十多个国家政党认可了它,并向世界遗产基金会进行了捐赠。[50]在此之前,遗产名录只是一个设想。人们认为该公约主要是一种文物保护的工具,每一个国家都在此发誓,不仅保护本国的世界遗产,而且也保护所有国家的文化遗产。于是,1978年,世界遗产委员会将十几处遗址列入名单,包括全球各个地区的自然遗产和文化遗产。
一些著名的文化遗址是第一批进入名单的,几乎没有任何论证或是文 71
献记录,这些遗址包括加拉帕戈斯群岛、黄石国家公园、基多古城以及格雷岛。1979年,吉萨金字塔进入《世界遗产名录》时,人们认为:"这些历史遗迹独特的历史、艺术和社会价值……并不需要任何评价。"[51]然而,即便是面对为数不多的、刚刚进入名单的遗址,人们也已经有些担心,这个工作量和评价过程是顾问团和秘书处所不能承受的。[52]这两组专业人员和世界遗产委员会一起,共同构成该公约的三个主要支撑点,该公约也因此得以起到国际执法机构的功能。

正如《1972年公约》的《行动指南》里陈述的那样,三个专家顾问机构负责提供技术和管理方面的专业指导。[53]成立国际自然与自然资源保护联合会,是朱利安·赫胥黎在他担任联合国教科文组织总干事的任期内提出的倡议。该联合会设在瑞士格兰德,成立于1948年,其目的是促进自然保护工作的国际合作。国际古迹遗址理事会成立于1965年,总部设在巴黎。这是一个非政府组织,组成人员是遗址管理和保护方面的专家。该组织的成立源于1964年第二届建筑师和历史建筑专家大会的提议。最后一个是国际文化遗产保护和修复研究中心，该中心由联合国教科文组织于1956年倡议成立，1958年开始运转。该中心总部设在罗马，是一个政府间机构，主要任务是对历史遗址进行研究和修复。总之，这三个机构都设在欧洲，标志着世界遗产管理这门科学实现了国际专业化和官僚化。它们对世界遗产这个观念的形成一直起着必不可少的作用。这些机构的任务是进行技术评估、监管文物保护的进程以及提供相关培训。它们的发展与联合国教科文组织的政治风向密切相关，人们可以看到该组织是如何从一个面向全球的人文主义组织，变成了一个关注技术支持而不是文化和教育改革的、奉行实用主义理念的政府间组织。[54]

在《1972年公约》开始执行的前几十年里，联合国教科文组织的官员把委员会取得的成功归于“高水平”的专家们以及秘书处与顾问团的专业知识。[55]1979年，另外二十五处历史遗迹被收入遗产名录，包括努比亚的阿布辛拜勒神庙和菲莱岛，前者被列入《世界濒危遗产名
72 录》。[56]在委员会召开的这些会议中，人们也商定了从遗产名录中删掉某处遗产的程序。1980年，摩亨佐达罗进入遗产名录，正如一年之前努比亚历史遗迹被列入遗产名录一样，摩亨佐达罗的加入进一步证明了联合国教科文组织作为文物保护机构在很长时期内所付出的努力。那年一件有争议的事情是，约旦建议把耶路撒冷旧城及其城墙列入《世界遗产名录》和《世界濒危遗产名录》。大约有二百二十处历史遗迹被记录在案，其中就有建于公元7世纪的圆顶清真寺。直到1981年，该处遗址才获得提名。在委员会召开的第一次特别会议上，人们进行了投票，耶路撒冷旧城被收入两个遗产名录。[57]美国基于政治化原因，撤回了对世界遗产基金会的经济资助。澳大利亚驻联合国教科文组织大使高夫·惠特拉姆对英国观众们这样说道：对美国人来说，“政治化”是他们对某些问题的说法，这意味着他们失去了对这些问题的否决权。[58]

1982年，约旦请求主办1982年的世界遗产委员会会议，但是被婉拒。委员会给出的理由很含蓄："与耶路撒冷有关的议题在政治方面比较敏感，人们也都明白，任何可能使《世界遗产公约》更加政治化的行为都可能带来不利的影响。"[59]1983年一整年中，里根政府都在指责联合国教科文组织的政治化、经济管理不到位以及官僚机构不作为。1977年，以色列曾向联合国教科文组织提出参与欧洲事务，然而被拒绝——美国当时就推迟了对该组织的经济资助，因此该组织损失了四千三百万美元的收入。[60]另一个争议焦点是，联合国教科文组织终于在以色列对耶路撒冷进行非法考古发掘的问题上做出决定，而这个问题已然持续了几十年的时间，使得该组织的"管理模式好像是走进了一条死胡同"。[61]

接着又发生了一件重要的事情：为了庆祝《1972年公约》诞生二十周年，1992年成立了世界遗产中心。[62]。总干事费德里科·马约尔希望振兴该组织，并且"在所有人的头脑里建立一个和平堡垒"。他优先考虑应对文化遗产的问题。[63]现在，保护世界遗产成了联合国教科文组织的旗舰项目，它拥有专门处理这方面事务的部门。不同文化的对话、文化多元主义以及世界和平文化再一次站到了舞台的中央。然而，新成立的世界遗产中心很快遭遇了巴尔干危机、对杜布罗夫尼克旧城的轰炸和其他对世界遗产的威胁。[64]这进一步表明了对联合国教科文组织1954年和1972年的公约以及《日内瓦议定书》的执行是失 73
败的。[65]此外，由于列入《世界遗产名录》的历史遗址缺乏全球多样性，所以，1994年，该组织决定采取国际行动来保证名录更具有代表性，更平衡，并且更可靠。然而，在接下来的几年中，这些不公平变得更厉害了。[66]原本的意图是好的：希望全社会共同努力，让人们了解到什么是共同的、全世界的历史遗产，呼吁全世界的人们团结起来。不过，按照法国驻联合国教科文组织前大使让·穆西泰利的话来说，虽然政府的行动是有效的，理念是一致的，但是因为有局限性，所以其结果"乏善可陈”。另一个越发引人关注的事情是不断增长的全球旅游业，联合国教科文组织曾经把推动旅游业作为连接文化和发展的一种手段。现在，旅游业正在对像威尼斯这样的世界遗产造成损害。[67]1972年之后的几十年里，世界形势发生了巨大变化，世界遗产的概念也不再仅仅局限于文物保护领域；它也号召人们支持文化身份的建设、促进发展、增进合作、拥有更多的权利、发展旅游业。

21世纪的最初十年，国际冲突不断加剧，关于世界遗产的意识形态和政治交织在一起；同时，关于公约的走向，在各个国家政党内部存在着更多不同的意见。2001年，联合国教科文组织试图保护巴米扬大佛不受刻意破坏，但是没有能成功，虽然其中建于公元4世纪到5世纪的、具有历史意义的雕像并没有列入《世界遗产名录》。[68] 虽然联合国教科文组织在很长时间内参与阿富汗文物保护和巴米扬自身的文物保护活动，支持博物馆的建设，提供文物保护培训，但这些雕像后来还是被毁了。[69]上文提及的国际行动也都没有能够取得成功，这使得成员国之间因为遗产名录中的不平衡现象而产生的紧张局势更为加剧。名录当中一半以上的遗址都在欧洲，几乎没有一处遗址是来自太平洋、加勒比或者是非洲地区。虽然缺乏代表性和公平性，但是每年仍然有越来越多的遗产受到提名，并被加入名录。这些提名经常是来自那些小的国家团体。这使得前文所述的现象有了更多的信任问题。与此同时，人们努力对世界遗产有一个更广泛深入的理解，而不仅仅认为世界遗产就是具有纪念意义的“世界奇迹”。人们更加愿意在比较之后做出“最佳选择”，选出具有代表性的遗产，从一个更具人类学意义的角度去看待世界遗产。[70]至于遗址保护的集体决策和首要责任，曾经是由具有文物保护专业知识的国家代表团负责，现在职责旁落：起决定作用的变成了政治家们大量的背后游说以及加入地理政治联盟的国家的谈判能
74 力——这类联盟成立的基础是地理、宗教或交易伙伴关系。

总体上来说，大多数成员国已经签署认可该公约，这种认可不仅标

志着公约的签订取得了成功，也标志着该项目不再有新的资金来源，这使得人们对该项目的可持续性发展产生了实实在在的担忧。2011年，在联合国教科文组织吸收巴勒斯坦成为其成员国之后，美国第三次停止对该组织提供经济资助，其后果更加严重。据估计，美国的资助总数是联合国教科文组织全部预算的大约22%，然而因为通货膨胀和费用的法定增长，总的损失可以达到全部预算的30%。2017年，美国应该支付的资金总数几乎达到五亿五千万美元。[71]另外，美国停止为联合国教科文组织提供所有预算外经济资助，包括原本自愿给世界遗产基金会的资助。[72]今天，美国对所有国际请求的经济资助只有四百万美元。然而，2011年美国官方并没有撤出该组织，只是从它应尽的义务中撤回了资金，所以美国于2015年被选为执行局成员，任期四年，继续对遗产名录进行遗址提名。[73]美国不愿意为成员国的特权而买单，但是非常渴望对整个联合国教科文组织施加影响，也非常渴望从《世界遗产名录》的认可中得到收益。2017年，特朗普总统宣告，美国决定从联合国教科文组织撤出，但是仍然保留其永久观察员的身份，该决定从2018年12月31日起执行。

今天，资金短缺给下面所有事务都带来了负面的影响：世界遗产的保护和管理、评估和监管项目、提名援助、能力建设、教育材料、信息体系以及年度会议的召开。为应对危机，总干事伊琳娜·博科娃请求各国对紧急资助进行更细的分配，以便帮助该公约履行其法定职能。克劳斯·赫夫纳供职于联合国教科文组织的德国委员会，他认为这种经济危机是一个政治问题。[74]他强调，大多数欧洲国家都忽略了这个请求，只有斯堪的纳维亚国家、阿拉伯国家，包括阿尔及利亚、阿曼、卡塔尔和沙特阿拉伯，给出了积极回应。非洲国家也做出了积极回应，包括贝宁、乍得、刚果、毛里求斯和纳米比亚。从一开始，美国就削减了朱利安·赫胥黎提出的原始预算，他的继任贾米·托雷斯·博德也面临着预算危机，西方强权国家采取单边行动，成功地挟持联合国教科文组织为政治问题买单——它们无法在这些问题上达成协议，因而最终也无法实现掌控的目标。[75]不论是从伦理的角度看，还是从财政的角度看，
75 集体负责的原则都已经失去了重要的执行基础；而在努比亚文物保护运动中，人们都遵守这个原则——对联合国教科文组织的理想来说，该原则曾经起到极为重要的作用。

对魅力之所的常规化管理

《1972年公约》生效之前，联合国教科文组织在秘鲁、阿富汗、叙利亚、埃及和巴基斯坦从事早期文物保护活动的时候，就经常号召来自世界各地的大学和研究人员提供专业知识并进行合作。咨询人员、官僚和政治家们逐渐取代了知识分子，尤其是在世界遗产项目成为某些国家展示其杰出遗址的国际舞台之后。他们只是充分展示，而不是号召所有国家一起保护那些充满魅力却面临危险的历史遗址。赫胥黎设想成立一个由出色的知识分子组成的执行局，他称之为“文明的倡导者”，其构成人员并不局限于某个国家。而其他人，比如来自美国代表团的雷茵霍尔德·尼布尔，只是想着把国家官员们召集到一起，让他们代表各个成员国并表达各自国家的意志。后一种观点变得流行，于是关于阿布辛拜勒和伯利恒这样的世界遗产的讨论就更容易受到政府官员们的念头的影响。这里，两种潮流并行不悖：一种是国际上竞相把遗址列入名录，各国名录的内容也不断增多，这其中，政府官员的作用越来越突出，是他们把统计工作向前推进；而另一种趋势则是知识分子的贡献和为了研究而做出的努力越来越少。与赫胥黎的时代相比，研究人员和大学所起的作用不再那么显著，于是，原本的研究工作被撰写报告所代替；考古发现也被文物修复所代替。于是人们关注的是各个国家的雄心壮志，而不是全世界团结到一起，担负起道德责任，同时承担起经济责任，共同保护全世界各个国家的历史文物，因为它们也是人类

遗产的一部分。

保护世界遗产的创造性成果在管理的常规化上达到了最高成就，这里的成就包括两个意思：一个是联合国教科文组织自身在规范和技术问题上的成就，还有一个是国际官僚机构推进其自身关于世界遗产的工作事务上的成就。制作和管理《世界遗产名录》的过程变得越来越复杂：计划、提名、上报、监管、报道、更新，这一切都需要一个同样复杂、资源需求量极大的官僚机构。在20世纪70年代和80年代，人们还可以认为那个公约是一个文物保护机制，然而到了近二十年，出现了最大的转变：人们关注的已经不再是文物保护，而是单纯商定在遗产名录上增加越来越多的遗址。[76]在世界遗产工作事务当中，公约的制定方是 76
最具权力的决策者，在其执行政策的过程中，出现了越来越多的关于保护世界遗产的争执和不同意见。为了应对这种现象，也为了与外交策略保持一致，联合国教科文组织及其世界遗产项目增加了对技术统治方法的投入，这不仅是出于文物保护的目的，同时也是出于政治目的。事实上，该公约的每一个支柱机构（秘书处、顾问团以及世界遗产委员会）的常规做法都是从争议当中抽身出来，转而求助于考证形式主义以及技术程序主义。

秘书处和顾问团的成员们声称，他们因为具有知识和经验，所以在世界遗产问题上具有更高的规范和技术权威。联合国教科文组织及其选出的专家逐渐扩大了他们的工作范围，不再仅仅是世界遗产方面的中间人，而是已经发展成“强大的经纪人”，或者可称为“目标经纪人”。[77]管理世界遗产意味着要做的事情不仅仅局限于学术研究，还有熟悉的、日常的事务，包括永远做不完的行政工作、访问遗址、阅读和撰写报告、发表以及评估。[78]联合国教科文组织秘书处的成员们是有个性又有态度的官僚主义者，他们推动了经济、法律和建筑领域的发展。他们当中的有些人非常清楚人们对该组织发起的学术批评。这些成员代表了这样一群人：他们有着不同的背景和研究方向，所具有的经验和承担的义务也有着不同的层级,因为某一种与全世界有关的、想象出来的任务而松散地连在一起。

官僚主义和常规化是如何形成的,又是如何影响着联合国教科文组织的工作、社会生产的场所、与当地人的互动、关于标准的表达?要探寻这些,我们就必须查看档案和文献记录、会议以及事件记录,还有从与世界遗产相关的各种途径得来的个人文字表述。对联合国教科文组织秘书处的人种学研究表明,巴黎的高层官员坚决支持该组织的工作,并且认为自己处在一个极为重要的全球项目的中心地位。然而,许多人对工作中存在的官僚思想颇有微词。他们因为缺乏经济资助而感到沮丧,而且因为来自各方面的政治压力而感觉疲惫。他们心怀希望,但又愤世嫉俗,坚持认为联合国教科文组织的工作原则有助于建设一个更好的世界,但同时,又意识到他们的行动力因为官僚和政治而受到了严重的影响。[79]一位长期供职于该组织的官员表达了一种更加悲观
77 的观点,他认为:“是官僚成为问题,而不是政治家。”由于是否在该组织内拥有职位将关系到能否获得重要的利益,所以很多当事国会为此在官僚们身上投入金钱,这些官僚会得到晋升或者是调任,但是几乎不会被解职。许多当事国认为这种情况是有问题的。除此之外,在人员设置上也一直有偏好欧洲人的做法,这使得大部分来自斯堪的纳维亚和拉丁美洲的代表团一直有不满情绪。[80]由专业人员掌管的秘书处的一些事务与其成员国的国家利益紧密关联。人类学家迈克尔·赫兹菲尔德认为,所有的官僚统治都具有反复无常的特点,所有的体制都证明操控者是利己主义者。[81]很多当事国一致同意,成立一个客观、保持中立的国际行政机关的设想,完全是天方夜谭。自从联合国教科文组织成立以来,美国一直在控诉其存在的问题:该机构将多兵少、管理不当、效率低下、陷入精英主义的泥潭、做事不公平、任人唯亲,而且总的来讲缺少斗志。[82]

马约尔指出:“假如有一个国际组织需要永远处在重新思考和重新

学习的状态中，那一定是联合国教科文组织。它一定不能成为一个没有个性、没有思想、反应迟钝并且程式化的官僚机构。”[83]然而与遗产和当事国相关的许多事情都错综复杂、冲突不断。有鉴于此，世界遗产中心的官员们为他们所拥有的优先权辩护并使之合法化，但是他们很少去认真思考，在这些问题中自己应该承担什么样的责任。一位部门负责人这样形容道：当受雇于联合国教科文组织的时候，“我得把学术研究丢到一边”，这样才能“保持客观”。因此，她无法作为一个个体表达自己的观点；相反，她只能从“我在该组织的职位”的角度来给出评论。许多高级官员倾向于退回到他们作为国际行政机构工作人员的中立立场上，被那些强权国家一时兴起的念头牵着鼻子走，很少有能力或者是完全没有能力去阻挡那些国家的不当行为，也没有办法解决建设世界和平所遇到的更多的问题，而世界遗产保护问题与世界和平之间的关系却是越来越紧密。理查德·霍加特这样写道：“在联合国教科文组织工作，有时候感觉就像是生活在一片未设防的领土上，里面充满了无穷无尽的良善的意图，这里的机构拥有不同的、更实用的、强有力的、无比清晰的目标，它们从各个方向把这些良善的意图送到你的面前。”[84]在当今世界，由当事国提出的那些目标往往都指向政治和经济，这些国家用文物保护和文化外交来掩盖其另外的、为实施越来越多的地理政治阴谋而采取的高调行动。

最近几年，列入《世界遗产名录》的遗址越来越多，但是保护那些遗址和把项目付诸实施的能力越发地减弱了。一方面，《1972年公约》相对于其成功的制定而言是一种失败；另一方面，它也是地理政治学的受害者。与上文所说的转变相伴而行的，还有另一种随着时间流逝而发生的巨大变化：从全世界共同的努力，变成一个直接服务于国家目标 78
的遗产管理体制。号召全世界共同关注那些需要国际援助的濒危遗址这方面的投入大大地减少了，取而代之的是，人们在一个前所未有的、充满渴望的遗产经济中争夺冠名权。让·穆西泰利认为，二十年前，世界遗产中心既缺少方法论方面的权威，也缺少政治权威，无法保证《1972年公约》精神的顺利实施。[85]由于患上了“机构性贫血”，该中心无力提供具有监管权的管理体制，而当事国继续毫无阻碍地通过其政治操控侵蚀该委员会的合法性。

穆西泰利称，在《1972年公约》的一百九十三个当事国中，有一百多个国家从未在世界遗产委员会中占据一席之地，而有十二个国家从一开始就控制着整个委员会。该委员会在构成上也偏向欧洲。2013年，这种情况达到顶峰，委员会中没有一个非洲国家，虽然联合国教科文组织将非洲大陆作为整个机构的关注重点。西欧国家拥有资金和能力来支付顾问的费用，准备更多的专业档案，提名更多的历史遗址，派遣更多的代表去参加会议、进行游说。它们调配资源和影响来调动文化财富，在遗产名录上获得不成比例的表现。例如，有一年意大利试图添加十处遗址（并且每年继续提名）。这很令人震惊，因为《1972年公约》的一百九十三个当事国中有一百六十六个国家列入遗产名录的遗址的总数少于十个。[86]作为一个总的原则，人们也可以这么说，对联合国教科文组织有着最大贡献的国家对其预算和项目会施加更多的影响。

联合国教科文组织是一个政府间机构，因此，《1972年公约》的签约国，尤其是那些在世界遗产委员会中占有一席之地的签约国，扮演着最重要的角色。该委员会由大会选举产生的二十一个当事国组成，目前每一个任期为四年。今天，由国家任命的大使和政治家控制着国家代表团，而不是文化遗产和自然遗产方面的专家们。该委员会对《世界遗产公约》的执行负责，监管着世界遗产基金会的资金使用，按照当事国提出的要求，对财政支持进行调配。重要的是，该委员会对某项遗产是否列入《世界遗产名录》具有最终决定权。国家对记录在册的遗址进行保护，而该委员会将考察国家所提交的报告，如果对遗产的处理方法不太适当，那么该机构将提出建议。它也将决定在《世界濒危遗产名录》上增加或者去除某些遗产。[87]在决策权方面，委员会的成员国需要冒很大的风险。此外，人们公认，在该委员会中的国家和成功列入《世界遗产名录》的遗产地之间有着关联。从1977年到2005年，共有314项提名，其中42%的份额属于世界遗产委员会成员国。这很令人震惊，因为该委员会的二十一个成员国只占《1972年公约》签约国总数的11%。[88]世界遗产原本显然属于事务型领域，现在已经越来越变成了资本化的商品。

一年一度的世界遗产委员会会议持续十多天，主要内容有会议、次级会议、活动、接待以及无数的外交行动、游说和磋商。[89]如果我们把米歇尔·福柯的话转述一下，那就是，在当今世界，人们在看待世界遗产的问题上，行为导向已经变了，这是有目共睹的。[90]数百名代表，一年又一年地坐在金边、多哈或者是克拉科夫光线暗淡、没有窗户、空调开得太足的礼堂里，一直待到夜晚。那十天，他们按照官方的程序，听取各种重复的报告，整理文件，回应来自自己的政府或者其他国家、游说团体、非政府组织、媒体以及观察员们等各方的压力。顾问团和秘书处准备了关于世界遗产和相关话题的展示，然而许多政治家和外交家并不感兴趣，也许这很正常。正如布鲁诺·拉图尔论及法律时所言：“表象和实质之间的关系……在这里是没有意义的：表象就是一切，实质是空无一物。”[91]现在，在各国工作计划中，有许多事务是被忽略的，比如，关于遗址提名好处的大量讨论，还有牵涉到社会利益、本地利益相关者的参与等方面的问题，或者是来自采矿、开发、基础设施发展的威胁等。现在代表团中充斥着政治家，而不是遗产保护专家，所以许多人对文物保护问题以及与遗址分界、缓冲区、管理计划相关的专门问题并不感兴趣。一位巴西代表在指责顾问团过分优先考虑技术问题时，做了简洁的表述，他认为委员会“评估的是遗址本身，而不是管理计划”。

文化交流、合作、和平建设，甚至是通过遗产进行全球文物保护活动，所有这些乌托邦理念已经被国际竞争、冲突和政治所取代。后者与

80 历史的物质性无甚关联，它们更多地关系到21世纪的经济、宗教、种族和领土纷争。然而，久而久之，这份国际条约的雄心壮志从原先的历史遗址的保护，衰退成现在这样一种主要关注历史遗址的国家认证、冠名和资本化的机制。整个世界遗产领域变得越来越具有政治色彩，而且充满争议。同时，关于《1972年公约》和《世界遗产名录》的命运，人们需要很多的文件以便对当事国和委员会进行评估、监管和提出建议。

文件的海洋

联合国教科文组织的总部设在巴黎，而“官僚”这个词来源于法语，因而这其中颇有些讽刺意味。“官僚”这个词结合了法语中的“桌子”或“办公室”这个词(bureau)，以及希腊语中的“统治”或“政治权力”这个词(kratos)。根据韦氏词典对“官僚”这个词的解释，它的意思是通过知识进行掌控，意即在办公桌边进行统治。这意味着人们对文件的产生地及其效力有了更多的关注，同时得到关注的还有其中的逻辑、语言和遗赠。[92]一位历史学家在描述联合国教科文组织发布的海量文件时这样说道，这些文件给人“一种眩晕的感觉”，人们好像“完全被压垮了”。[93] 许多人批评该组织过于官僚，发布过多的文件，英国学者、联合国教科文组织前文化总干事助理理查德·霍加特便是其中之一。虽然他擅长的领域是文学和文辞，但是他在很大程度上并不喜欢该组织对文件的偏好。他的著作《观念及其雇员：从内部视角看联合国教科文组织》揭露真相，同时又具有讽刺意义。他写道，在联合国教科文组织巴黎总部的地下室里：“有一台巨大的无情的钢制碎纸机，其任务就是处理联合国教科文组织每周发布和丢弃的堆积如山的纸质文件。货车在附近的海湾等候装货，把打包好的废纸送到某一个纸张‘瓦尔哈拉’或者是废纸回收‘天堂’。如果一颗原子弹摧毁了联合国教科文组织，那台巨大的碎纸机倒是有可能幸存下来。这台机器可能会对它所遇到的幸存者们表明一些真相：这幢建筑一直是纸质文件的神庙，是文辞的神庙。虽然这台庞大的机器朴实无华，但其中住着上帝。”[94]

人们曾经认为，联合国教科文组织是一座理念实验室，但是今天，与其说它是智囊团，不如说它是国际标准制定者和冠名机构，世界遗产保护是它最受欢迎的标签。[95]该组织一个持久的任务是：在其“能力范围”之内的所有方面，从世界各地搜集事实。费德里科·马约尔说，联合国教科文组织“教会我们如何在事实的海洋中游泳”。[96]彼时，那 81
些事实在海量倾泻而出的文件中传播着，其中有对比数据、定期报告、审计材料、监管报告以及无穷无尽的会议记录。人们用新的方式对这些信息进行分析、阐释，然后在全球发起行动。[97]不仅仅是设在巴黎的世界遗产中心分发这些文件，联合国教科文组织设在威尼斯、里约、德里、曼谷的办公室也分发这些文件，还有主办国设在上海、奥斯陆、米兰和萨卡特卡斯等地的二级中心也分发这些文件，它们都致力于能力的建设。这种带有试探性质的官僚统治把技术人员非同一般的能力和从经验中得来的更多知识结合到一起。这种行政控制的垄断一直非常稳定，很令人瞩目，它可以抵抗政治丑闻、金融灾难以及政权的更替，它“创造的技术和官僚结构非常繁杂，而这纯粹是惯性的结果”。[98]联合国教科文组织如此稳定，其中部分原因是普遍的“文件体系”，该体系支持像世界遗产保护这样的项目，同时也不断向官僚职员灌输规范的理念。联合国教科文组织的官员们不是向前进，而是退回到参考文件的不断循环之中。他们不断叠加文献、报告、计划、图表和数据，这和考古学本身非常相似。他们依靠这种方式保持信息的标准和完整性，即便是在经历了多次转述之后。[99]2011年美国撤回资助以后，世界遗产中心在经济上受挫，但是该组织仍经常应成员国的请求继续进行惊人的技术输出，并由此而产出更多的报告、数据、指南以及审计结果——甚至是对自身变弱了的经济能力进行审计，也就是说，它用更多的经费来证明事实上该组织的经济实力越来越弱。

这里有一个例子可以证明文件变得越来越多：一开始，《1972年公约》的《行动指南》是十六页纸，可是该文件最近的一个版本有一百七十页纸。该指南涵盖了《世界遗产公约》中的条款的方方面面，包括如何进行遗址提名、如何报道以及如何填写求助申请表。索菲娅·拉巴迪认为这份文件是灵活有效的，可以在任何时候由世界遗产委员会进行修订，事实上在过去的四十年中，已经修订了不下十二次。这种灵活性也证明了在现行法律和当今社会的语境下，对文件条款的解释也是与时俱进的，而不是刻板地固守原有的意图。[100]当事国在引入“5C”的概念（5C是指公信力、保护、能力培养、交流以及后来加上的共同体），或者在引入《世界遗产公约》优先权的概念时，做出的解释是有变化的，这点可以作为上文的一个佐证。[101]一个重要的例子是最近
82 对《行动指南》第68段的修订，这部分内容似乎并不重要，主要是要求在准备《世界遗产暂定名录》时必须核对事实和遵守规定。2016年，委员会内部发生了一次争辩，涉及的是措辞和专业术语、事实的核对、地图参考、网上发表以及其他技术问题，这次争辩掩盖了当事国之间许多未言明却颇具敌对意味的领土争端。一个是中国强烈反对日本提名四个岛屿作为历史遗址进入名录，中国人认为它们处于中国的领海。[102]另一个是巴勒斯坦反对以色列把耶路撒冷作为耶路撒冷旧城及其城墙的延伸列入遗产名录，旧城遗址由约旦提出申请，于1981年进入遗产名录。[103]技术语言的中立态度、文件起草的程序主义以及外交所扮演的角色，所有这些都使人们对政治挫败和多边主义的失败感到困惑。另一方面，由于以色列的问题，以及出于对耶路撒冷文物保护形势的担忧，许多西欧国家拒绝面对草稿文件中的技术和专业知识方面的问题，认为它们政治性太强，因而不愿触碰。在这种情况下，这些国家本应在世界遗产委员会中扮演法定角色的能力因为政治的缘故而未能展现。

当事国在文件海洋的形成过程中也起到了推波助澜的作用，它们

为了实现遗址提名，准备了数千页的卷宗，委员会成员们抱怨根本没有办法读完。许多年以来，这种为某个遗址而起草的提名文件一直在发展，制作这些文件要花掉上百万美元，有时甚至是数百万美元。对于顾问团的指责，这个回应可以让其掉转枪头：文件、档案和地图越来越多，这样就不需要进行不必要的修订，人们对每一份卷宗最终都能够成功帮助遗址进入名录抱有越来越高的期待。这些国家提供的资料的规模表明经济资助有了多么巨大的变化。在会议召开前和召开中，当事国会强烈请求其他成员国支持自己，尤其是在它们为遗址进入名录而努力时。遗产被提交讨论之前，国家之间的联盟经常通过交换国家签名来确保（用书面形式）获得彼此的支持，联盟之间的纽带也因此得到巩固，然而这种做法是不被允许的。2010年，官方宣布不允许在讨论会开始之前就准备好签了名的文件修正案。[104]

进行遗址提名的国家也准备了特别的文件，委员会成员们主动（有时也是被迫）在口头陈述之前预先交流这些特别的文本。这些演讲常常充满了感情色彩，并且经过了精心的策划和安排。听着人们一个一个轮流上台演讲，常常给人这样一种感觉：好像这是一份单个的文件，起草好了以后，分派给不同的代表，让他们按着顺序读出来。在从事这些“非法”行为的过程中，代表们常常要努力理解并且大声读出他们眼前的打印稿，比如美国就曾为津巴布韦代表准备一份陈述声明，让他们
读出来。现在，紧张地撰写这种表示支持态度的陈述文本已经成为几 83
乎所有委员会成员的共同任务，这保证了遗址提名的成功，阻止了所有关于遗产的实质性问题的讨论。世界遗产会议现在看起来就像是“一个市场，是一架精心设计的机器，目的就是要在一连串协调的舞台上去展示——世界上几乎所有的国家轮流演讲，详细陈述，然而从程序上来看，其目的是确保真正的对话无法进行”。[105]

当事国用一种自助的形式撰写回应、赞同及驳斥的文本，以此确保它们的遗址被列入遗产名录，且并非濒危遗产；它们的发展计划得到

了保留；它们的政治地位和联盟得到了加固。与秘书处自己的文件海洋相比，它们的文件数量真不算多。在会议讨论期间，在每一个代表团的桌上，都可以看到由世界遗产中心制作的堆积如山的草案和文件，它们由主办国准备好并且由其买单。2013年，为在卡塔尔举行的委员会会议准备这些文件，花费了大约六十万美元，其中包括报告本身及其翻译和技术支持。在会议刚开始的几天里，秘书处要做的工作是展示来自世界遗产中心和顾问团的详细报告并主持讨论，这些报告涉及的内容有：《1972年公约》、主题项目、二级中心、全球战略、定期区域报告、特定遗址保护状态报告、濒危遗址、遗址拓展及缓冲区、突出普遍价值的回顾性陈述、《行动指南》的修订、政策指南、审计、工作小组、经济报告、国际援助申请书。就凭这些纸张所拥有的重量，这些文件本身所承载的制度力量不言自明。制作一份文件经常代替实地工作，就好像在委员会会议上有另一个“工作小组”代替某个决定或采取的行动，而这些都阻碍了该组织内部的改变或进步，使现状维持不变。

没有一个代表团能够完全消化这海量的报告。它们看起来没有那么值得讨论，而且给人内行的感觉，从技术上来说也非常客观，这掩盖了它们都是社会和政治进程的产物这样一个事实。[106]马约尔这样写道，没有一份文件是无辜的，像联合国教科文组织这样的机构就更不可能了。相反，人们“需要知道如何阅读它们来理解其内在含义，也需要知道如何选择和分类，以便从它们根据当今社会的现实需求而做出的节略和重新表述中看懂其意义”。[107]世界遗产中心的“引导文化”中的
84 技术政治学依赖很多层面的参考链条，这些参考链条使得雇员们不能正视任何真正的替代性选择。[108]文件制作取得了成功，是因为这些文件在形式上具有说服力，在语言和逻辑上具有正确性，在参考前面的文件时给予尊重。该组织在文件中的语言和观点是中立的，甚至是不明确的，因此最终的决策是客观的、具有普遍意义的，而委员会和个别当事国的决策则是出于对政治的考虑。

对于塑造文化遗产，这些长期的工作方案有着全球影响力，虽然影响的方式常常是出人意料和不可预测的，而在官方文件中一般看不到相关的表述。许多关于世界遗产的文件也许是经过联合国教科文组织同意才得以制作的，但事实上，它们由很多国家代表团起草和编辑，有时经过好多天才能定稿。这期间，世界遗产中心会对语言表达提出建议，还有法律建议、进一步的修订等，这一切都会导致在形式和内容上产生一种文本精神分裂症。一个显著的例子是，2012年，由伊斯兰激进分子组成的伊斯兰卫士对马里廷巴克图和阿斯基亚的世界遗产造成了蓄意的破坏。在圣彼得堡召开的会议上，仅仅是起草一份公告来谴责这种破坏行为，就花去了好几天的时间。委员会成员们为像“恢复和重建”这样的措辞持续争吵好几个小时，并深受翻译问题的困扰——英语里的“保护（safeguarding）”究竟应该用法语里的哪个词汇来传达？[109]

墨西哥要求措辞更激烈一些，也许该用“令人反感”；塞内加尔建议用“野蛮”；德国要求加上“使年轻的非洲人和将来的人们不能享有”。在委员会二十一个成员国多次草拟和修订之后，来自俄罗斯的主席感觉沮丧，她放弃了努力，说道：“对于在马里发生的这件令人悲哀的事件，我们深感痛心，我能理解……但是我们不能像这样工作。”虽然是一闪而过，但大屏幕还是捕捉到了这一切，对文件的修订是用双语同时进行的。暴力行为在持续进行中，马里代表团向委员会求助，尽管它并没有具体说明希望联合国教科文组织如何回应。委员会成员们渴望找到解决方法，但是他们很快就泄气了，因为他们没有能力采取行动，或者是提供具体的、切实可行的办法。有些代表团抱怨这种无行动力令委员会的正直遭受质疑，另外一些代表团则沉浸在关于文件表述的争论之中。法国人讥讽说，他们并不针对某个当事国，但他们很清楚那些作恶者既不会读他们的文件，也不会按照文件所说的去做。俄罗斯大使生动地描述了这种尴尬的境地：“我们所拥有的不外乎计算机、纸和笔……我们面对的是土匪和罪犯，而我们手上有的只是纸和笔。” 85

结 语

无论是在马里的行动，还是保护摩亨佐达罗的行动，保护历史遗址的工作使人们看到了联合国教科文组织的全球文物保护项目所面临的巨大挑战。据文件记载，人们在保护摩亨佐达罗的行动中疏于改革，以致反复失败，这令我们想到战后发展中其他一些堪称壮观的失败，比如由英国人领导的东非坚果种植计划——他们希望在坦桑尼亚种植花生，尽管当地雨水不足，条件欠缺。莫蒂默·惠勒爵士在恼火中给他的同事写信，称联合国教科文组织是“一个慢节奏的办事机构”，拥有“全世界最低效的工作人员”。[110]他埋怨说，1964年和1968年下达了科学研究的任务，却没有展开考古工作咨询，于是所有投入的时间和精力都白费了。他对J.O.布鲁抱怨说，保护摩亨佐达罗的行动进展缓慢：“我真希望有人能在联合国教科文组织的屁股上注入一种强力化学制剂。”[111]

当我们追溯几十年来这些国际遗产保护计划的实施情况，我们会明白它们的命运、资金的状况，以及它们是如何在国家层面上影响国家目标、对现代性的理解和对将来的设想。从全球范围来看，保护摩亨佐达罗和婆罗浮屠的技术政治学，一直受到某些国家的念头的影响，以及遗址在国际权力与战略关系中的位置的影响。管理历史杰作需要建设一个庞大的机构，以便提出建议、制定条约、罗列清单、实行监管、发布报告、通报审计结果，这本身就是制造了文件的海洋，理查德·霍加特如此写道。毫无疑问，这其中的最大成就是1972年《保护世界文化和自然遗产公约》，它也是联合国教科文组织最重要的项目。制造世界遗产，或者说变平凡为奇迹，要求联合国教科文组织具有强大的适应力和革新能力，并且在立志做好技术统治工作，有时致力于实现乌托邦理念的同时，平衡好可能的普遍主义与繁杂的主权事务之间的关系。

在联合国教科文组织的历史上，像保护运动这样的文化遗产项目或者是各种遗产保护条约分属许多不同的部门管理。从1948年起，该组织的下设机构从未少于二十个：博物馆部门、博物馆和纪念馆分部、纪念馆和博物馆部门、文化遗产分部、博物馆国际分部等。这一系列令人目眩的机构安排也使我们了解了联合国教科文组织一直以来对待遗 86
产问题的态度。至少有两种技术管理主义：一种是与联合国教科文组织的国际文物救护运动一同出现的，另一种是伴随《世界遗产名录》而产生的。关于后者，有两个时间节点很重要：一个是1972年《世界遗产公约》的订立，另一个是1992年世界遗产中心的建立。随着《世界遗产公约》的制定和实施，它的技术和规范功能得到实现，形成了一些特别的文物保护和管理模式，《世界遗产名录》上的遗址也得以享誉全球。

随着这些事业的发展，人们意识到联合国教科文组织的专业人员和咨询人员有一点很相似，那就是“在文物保护的技术秩序中，重新定义了他们自身的地位、身份和合法性”。[112]而在其他多边语境下，要做到这点，必须要求助于枯燥无味却又值得尊敬的“最好的做法”。[113]所谓的专家并不总能凌驾于政治争斗之上，他们很可能最后只是代表自己的政府的利益。就像我们在努比亚文物保护运动中看到的那样，在国际项目中，对专业知识的调度总是离不开政治期望，虽然这常常被技术中立所掩盖。[114]供职于联合国教科文组织瑞典代表团的人类学家扬·图尔蒂宁认为，联合国教科文组织作为一位有影响力的国际演员，拥有解释状况、问题和制定解决方法的专长，不仅组织和传播文化，而且也创造文化，这种说法令人信服。[115]世界遗产中心的成员们通过技术统治手段拥有了这样的能力：不仅能调动其他的专家来为文物保护和重建工作服务，而且能够掌控某个历史遗址的表现形式，我们将在第四章中谈到这一点。[116]

最近，当事国和世界遗产委员会对这种技术指挥提出了质疑。人们越来越多地关注遗址是否能够收入遗产名单，因为这可能带来好处；

世界遗产的品牌创建可以带来旅游收益,并促进基础设施的发展,当然,同时也会带来持续的领土争端,使国家之间重新燃起冲突之火。像这样的政治问题常常披着技术的外衣,现在委员会自己的秘书处和顾问团的各方,都退回到官僚的框架内和人们认为该组织应该持有的中立态度上,希望在实现目标的道路上取得一些进展。为了“给疲惫的机器轮子加润滑油,给冲突中的国家一个解决方案”,人们在管理中运用
87 干预的手段,效果不错。[117]

2011年经济危机开始以后,该组织遭遇了更大的挑战:项目出问题,人员被削减。今天,联合国教科文组织每年的预算增至两亿五千万美元(举个例子说明一下,这是剑桥大学每年预算的六分之一),加之人员削减,该组织的状况并不乐观。[118]这不仅给世界遗产的保护和管理工作带来了负面影响,而且也影响了评估和监管项目、提名援助、能力建设、教育材料、信息体系以及年度会议等方面的事务。到2017年,大约有六百名实习生,他们来自全球不同的精英阶层,在联合国教科文组织巴黎总部为该组织无偿工作。它已经成为一个志愿者机构,同时还拥有签短期合约的临时职员、顾问、留任的退休职员以及减少了的正式职员——他们每人都要兼任两到三个岗位。时值金融衰败,独立评论员也提出了尖锐批评,但是官僚作风仍然愈演愈烈,总干事博科娃在其《联合国教科文组织的创新性改革》一文中有相关的表述。尖锐的批评对博科娃来说并不是什么新鲜事,有的来自英国政府,有的来自她的祖国保加利亚。她提倡的改革在巴黎一块两米长的展板上有着清晰的展示:只是它满是很小的、无法辨认的字迹,大量线条连接在一起,看起来就像一幅令人困惑的组织结构图。[119]与其说联合国教科文组织是一个生产观点的工厂,不如说它是一个管理工厂的机构。

世界遗产的魅力,当然还有它的管理,都在受到来自各方的质疑。这些质疑来自不同地区的人、当事国、非政府组织、当地社区以及在废墟中生存的人们。在早期的保护运动中,比如保护摩亨佐达罗的行动,

人们所做的决定一般服务于技术和技术统治的目标，其代价常常是与研究者、当地专家以及其他的利益相关者进行合作并共同产出知识。联合国教科文组织尤其关注文物保护和大量的咨询、培训项目，这增强了该组织自身实施技术援助和参与项目的能力，也使得其自身的结构更加牢固。有了在努比亚的经验之后，联合国教科文组织推动了其关于战后文物保护的理念：考古修复将代替考古发现，这在保护摩亨佐达罗的行动中得到了极好的体现。马约尔称，联合国教科文组织把“这项充满创意的杰出作品从印度河的‘死亡拥抱’中”抢救了出来。[120]问题是，经过几十年来自国外的、专家驱动式的文物保护主义者的努力，如果文物修复本身依旧未能成功，同时又没有其他在考古知识和考古发现方面的进展，那么，联合国教科文组织的努力也将成为一片废墟。另一个问题是，该组织的工作方向变得太过单一。西方文物保护主义
的意识形态和工作方法占据非常重要的地位，在那些欧洲国家也是如 88
此——就是为了遗址能够进入《世界遗产名录》，为了能够实现自己的目标。用霍加特的话说，为埃及、叙利亚、伊拉克、阿富汗和巴基斯坦提供的技术援助形成了一条生化处理的技术警戒线，但是关于和平的长期承诺并没有能够实现。[121]在塔卜卡，联合国教科文组织曾经有过一个文物救助项目，那里的幼发拉底河上游大坝项目靠近拉卡市（这里曾经是极端组织伊斯兰国的大本营），全部六处叙利亚的世界遗产现在都
处在危险之中。[122] 89

第四章

遗迹保护

正如我们要确保考古遗迹能够承受某些破坏一样，我们也要协助社会团体保护他们的歌曲和故事。对于那些偏好剥削的人，最好的矫正方法就是教会他们拥有保护事物的才能。

——拉吉夫·甘地，1985年

1966年11月6日，洪水使威尼斯城遭到了破坏，很多人认为这是全球气候变化的一个早期信号，预示着其他将要发生的灾难。涨潮、暴雨、西洛科风——一场堪称完美的暴风雨令威尼斯潟湖水位暴涨，污水形成的洪流在运河中汹涌而过。洪水比当地人通常已经习惯的水位还要高出几乎两米。数千人被困，他们的家和生活被毁，同时被毁的还有价值六十亿美元的文化瑰宝。这次洪水不仅仅是一场自然灾害，人类的干预也是一个原因，比如城内水域的工业化、对沙坝的毁坏、疏浚运河允许大型船只停泊等。[1]联合国教科文组织很快收到无数的请求。该组织成立了顾问委员会，形成了一套国家捐资方案，从其他西方国家调动专家团队来帮助灾后重建。同时该国也成立了国家委员会；英国和美国感到它们不得不为威尼斯提供资金援助。[2]

20世纪60年代到70年代之间，联合国教科文组织参与了许多重要的保护运动，用几乎是战斗般的热情应对出现在埃及、苏丹、巴基斯坦、突尼斯、叙利亚、印度尼西亚和意大利的破坏，这些援助常常同时进行。这一场文物保护者发起的战争在许多大陆都有战场，联合国教科文组织也采取了一系列的保护行动，通常人们面对的是不断上涨的水位。法国政治家加斯东·帕莱夫斯基——夏尔·戴高乐口中“值得信 90
赖的人”——也参与到人们所熟知的“威尼斯保卫战”之中。1972年，他用丘吉尔的著名言论对他的观众进行演讲：“这不是结束。这甚至都不能算开始收尾。但是也许，这已经不再是开始阶段了。”[3]前法国驻意大利大使意识到，任何一个“独立的、小规模的行动都是不够的”；他说服他“著名的朋友”、法国同胞勒内·马厄动员联合国教科文组织帮助完成这项任务，这一次国际行动令其受到好评。帕莱夫斯基的行为进一步加强了两国之间的关系，他说：“整个国家都支持威尼斯的，只有我们法国。”作为获颁勋章的士兵和艺术研究院的会员，帕莱夫斯基忍不住运用华丽的言辞为演讲收尾：“威尼斯喜剧中的小丑和侏儒、滑稽角色和假面具对我们不充分的努力和无意义的分歧进行了嘲弄，这些终将带来影响。威尼斯将再一次取得胜利；这次胜利将再一次属于全世界。”[4]

2016年，洪水过去了五十年，世界遗产委员会再次对保护威尼斯及其潟湖的议题进行激烈的讨论。但这次很显然是人类的原因，而不是自然界的缘故，这是问题所在。秘书处和顾问团罗列出威尼斯所面临的大量威胁：邮轮和巨型游船的出现、新建的飞机场、大型建筑和其他的建设工程、基础设施项目、历史建筑的旅游改造、大规模的旅游项目及其对当地人生活方方面面的影响等。保护报告直接怪罪意大利当权者；他们过度开发文化和自然资源，随心所欲的旅游项目削弱了本地居民的适应力，许多额外提议的基础设施发展项目将带来无法挽回的后果。人们认为威尼斯的真实性和完整性都是极为脆弱的。要扭转局面既需要时间，也并不容易。国际古迹遗址理事会警告说，现在急需一个新的理念，配备新的方法和战略计划。世界遗产委员会的许多成员都感到沮丧。显然，威尼斯面临着危险，然而，该委员会几十年来都在刻意回避关于这座城市古迹遗址的讨论。欧罗巴·诺斯特拉是公认的联合国教科文组织的非政府组织合作伙伴，也是欧洲保护文化遗产的主要联盟组织，它是为了应对1966年威尼斯洪水而成立的。[5]该组织的代表告知委员会，威尼斯是欧洲最为濒危的遗址；鉴于所有提交的原因，联合国教科文组织应该把威尼斯及其潟湖列入《世界濒危遗产名录》。
91 许多发言人非常激动地称，在联合国教科文组织的历史上，该遗址具有象征意义，对它的持续保护是《世界遗产公约》的中心议题之一。此外也有经济援助的问题。联合国教科文组织至少有一千五百个保护威尼斯的项目，耗资五千多万欧元。[6]更重要的是，经年累月，联合国教科文组织在威尼斯设立了两个办事处，而不是一个。一个是地区性办事处，另一个专门处理威尼斯的事务。最近，我访问了这两个办事处，也亲眼看见了泛滥的洪水和污染带来的后果：巨大的游船赫然出现在圣马可广场，无节制的旅游项目带来大批游客，愤怒的威尼斯人向政府官员提出抗议。

世界遗产委员会的成员们说出了他们的担忧：威尼斯的确处于危险之中，需要进行一次新的保护运动。来自黎巴嫩的代表杰德·塔波特认为，委员会不能一直这么等下去，因为情况一年比一年糟糕。私下里，他感受到来自不同地区的压力，人们让他不要公开寻求解决威尼斯的问题，但是他坚决抵制了。讨论快结束时，文化助理总干事、世界遗产中心前领导人弗朗西斯科·巴达兰发表了充满激情的演讲。他这样开头："我是威尼斯市民，我在这里出生，这是我的城市。严格来说，我
92 不该做任何评价，因为正如谚语所说：在他的祖国，没有一个人是预言家。"[7]他生动地回忆起1966年洪水来袭时："意大利人和威尼斯人得到世界舆论的广泛支持，他们更加大胆地表达想法，于是一项重要的保护工程得以实施。工程由联合国教科文组织带头，由意大利政府支付大

部分费用并展开具体工作，许多国际组织和委员会也提供了支持。威尼斯成为在遗产保护方面进行国际合作的一个象征，也是联合国教科文组织众多遗产保护项目中的一颗明珠。”然后，巴达兰继续指出目前的险境，他说：“威尼斯似乎已经失去了设想未来的能力，它变成周边利益相关者争抢的猎物，包括大规模旅游、港口经济、基础设施、船只交通、对自然环境的开发利用……因此是时候由你们此刻所代表的国际社会来帮助威尼斯，找到它通向未来的道路——显然我们需要联合意大利政府和这座城市，还要联合关心这座城市未来的、国家层面和国际层面的非政府组织。”正如我们看到和听到的那样，联合国教科文组织的最高层直接发布了内容翔实的支持声明，请求展开更多的援助和合作。威尼斯在这一年中很有面子。

威尼斯的例子强调了这样一个事实：世界遗产令国家声望、经济收益和国际交易产生潜能，而现在，这一切使历史遗址的保护工作黯然失色。在很大程度上，遗址一旦获得联合国教科文组织的认可，便意味着拥有世界遗产商标可能带来的好处，而遗址获得此种身份后，当事国将无比夸张地走向极端，以便避开所有的限制条款。在公约中，该组织原本得到授权，保护和保存世界上最重要的古迹遗址，这种使命却逐渐变成国际社会都渴望获得和经营世界遗产的商标。对联合国教科文组织来说，保护“不仅仅是‘写在纸上的字’，它首先是具体行动的有效手段”。[8]这个行动多半是重要的，而且起管理作用。行动实施者们制定基本框架，当事国以此为据，确保其“为了将来的人们，做好这片领土上文化遗产和自然遗产的鉴定、保护、保存、展示和传递等各项相关工作”。[9]各国必须采取对于保护和展示古迹遗址来说十分必要的有效措施，即做好规划、制定政策、提供服务、进行文物保存的技术研究、组织培训，以及落实法律、科学、技术、管理和经济等方面的各项措施。

因此，文物保护具有系统性和相关性，其前提是对遗址进行处理和
监管，而不仅是地面保护科学所涉及的技术问题。由于联合国教科文 93

组织关于文物保护的理念在社会经济、法律、政治和宗教领域都产生影响，因此该组织的文物保护行动“与全社会都有关联”。[10]公约非常强调技术官僚的问题，而且要求坚持文物保护的原则不变，具体说就是要应对遗址面临的危险。[11]现在，抢救像威尼斯这样的濒危遗址的行动已经扩展到全球范围，包括吴哥窟、吉萨金字塔以及希腊的德尔菲。这些只是联合国教科文组织自我宣称获得成功的一些案例。列入名册的遗址现在已经达到一千多种，与之相应的保护体系必须要得到常规监管和通报。[12]然而，对当事国来说，这种文物救助的精神面貌并不一定是最重要的，相反，它们认为公约代表着一种极具威望的竞争关系，即哪一处遗址可以被选中、被列入名单、得到认可并获得宣传。

联合国教科文组织的早期文物保护运动针对的是像阿布辛拜勒神庙或摩亨佐达罗这样即将面临危险的杰出遗迹，只要是在国际主义和多边主义的框架内展开援助和合作，对它们的抢救工作和有时的研究工作就都拥有正当的理由。不管是什么地方，该组织对文物保护受到的威胁都会做出应对，而不是对某个地区的问题给予特别关照。当《世界遗产名录》的概念深入人心以后，人们争相让本国的遗址列入名单，欧洲国家因为拥有更多的资源、更好的能力和更大的政治影响力而占据主导地位。虽然遗址进入名单的前提是具有国际公认的价值，但是，关于人类共同体和一个世界主义的理念早已经被人们冷落。现在，遗址被列入名单纯粹是出于国家的原因。在刚开始制作名单的时候，像基多市、戈里岛、加拉帕戈斯群岛这样的遗址就在其中，虽然它们的保护状态并不令人满意。在这些有代表性的遗址中，有些后来却面临危险，于是保护运动与起初的宗旨背道而驰——原本保护文物是最重要的事情。文物保护的基本原则逐渐被忽视，同样地，在世界遗产会议上，人们花在讨论文物保护问题上的时间也变得越来越少。

具有积极意义的一点是，世界遗产这个身份标签使得全球的人们越来越了解文物保护的相关事宜。不难想象，如果没有公约的约束，工业化发展将丝毫不受任何限制。从消极意义上来说，名录为民族主义者的追求和较量提供了一个充满竞争的舞台。在这里，与世界遗产商标有关的发展潜力正在成为文物保护的中心问题。在过去的十年中， 94
除了关心发展、开发和商业主义，人们也渴望获得并持有这个世界遗产商标，威尼斯、维琴察、维也纳、基辅、伦敦和波尔多便是如此。欧洲国家在这方面的做法尤其糟糕。像意大利、法国、德国、西班牙和英国等国家，充分利用它们在世界遗产体制中长期积累的经验，一直在推销联合国教科文组织的商标。它们这么做的代价便是违背了该体制原本设定的文物保护的原则。比它们贫穷、弱小的国家更容易受到批评，而且因为缺乏议价能力无法躲开人们的谴责。对联合国教科文组织来说，文物保护曾经是如此重要的使命，它也曾是《1972年公约》存在的理由，但是现在，文物保护自身难保。

命运的反转

2016年，世界遗产委员会在伊斯坦布尔召开会议，此次会议的结果是，意大利的待遇和发展中国家的待遇迥然不同，许多代表团都对此感到震惊。欧洲在世界遗产方面的掌控地位是人们争论的焦点问题，尤其是意大利，因为该国列在遗产名单中的遗址数量最多。据称，威尼斯是世界遗产"皇冠上的明珠"，它符合所有六项文化标准，这几乎是绝无仅有的。然而，欧洲联盟的报告听起来却没有这么光彩夺目，它们谴责意大利没能管好遗产基金，对境内其他世界遗产的保护非常糟糕。[13]算上威尼斯政府本身，共有二十一个官方团体对其进行全方位的管理，然而，它们的合作不尽如人意，彼此之间也没有黏合力，这也标志着它们的技术统治最终失败。一位来自联合国教科文组织意大利办事处的意大利官员哀叹说，她花了两年时间来安排一次只有九位代表参加的会议。

因为不愿意为文物保护提供必要的资金，并且把非政府组织和国内社会组织排除在外，意大利受到来自各方的谴责。因此，对威尼斯进行进一步审查“不仅将令意大利政府感到尴尬（它经常把文化资源和文物保护专门知识作为实施外交政策的手段），而且可能导致威尼斯拒绝各方介入，并很可能不欢迎他人监管”。[14]单就这个问题来说，来自科威特、阿塞拜疆和突尼斯的外交官想起来，意大利确实提供过帮助：不仅参与保护而且能力出众。这些有利因素似乎为当事国提供了一张免费通行证。但是他们“好像把两件事情弄混了：一方面是意大利人为世界遗产保护提供了很大支持（例如，他们正在训练六十个宪兵来保护处于战争中的历史遗迹），另一方面是权力下放的意大利政府并未能处理好威尼斯及其潟湖复杂而长久的问题”。[15]委员会的其他成员们并未
95 就此作罢，他们要求意大利政府保证处理好文物保护问题。

在伊斯坦布尔会议上，我们看到了一种欧洲例外主义。总干事马厄在对成员国演讲时，第一次为威尼斯向国际社会发出呼吁，然而他遭遇了同样的问题：依据这种例外主义，意大利应该承担经济和道德责任。在发展中国家发动的文物保护运动中，我们可以清楚地看到这一点。1973年，联合国教科文组织在埃及、巴基斯坦、叙利亚和突尼斯进行文物救助行动，与此形成鲜明对比的是，意大利的一切都是那么发达、都市化，而且具有浪漫色彩。“也许有人会说，或者已经说了，意大利能够依靠自身为自然现象研究和人类环境研究，为威尼斯及其潟湖所需的防护工作，甚至为历史遗迹的保护行动提供知识支持和物质支持。他们会说，事实上，该国可以合法支配的基金足够应付接下来五年的工作。他们会说，他们正在说，世界上还有其他紧急的需求、其他痛苦的事情，外国的力量和援助能够被更好地用在其他地方。”[16]“对于意大利”，谈及“帮助或援助”将是“一种侮辱……因为这是一个发达的、资源丰富的国家”；相反，应该考虑合作的事情，当然“要与相关各方的互惠互利联系起来”。[17]因此，合作将给其他拥有技术统治能力和经济能

力的西方国家带来好处，像法国、瑞典、瑞士、德国、澳大利亚、美国和英国。马厄急于澄清更多的不实消息，他告诫大家说："保护威尼斯不是一项慈善工作，不是帮助一个从高处跌落的公主。这是一个任务，也是解决我们这个时代城市文明某些重要问题的一个范例。这不是把过去变成木乃伊，而是在这里建设未来。"[18]像威尼斯顾问委员会一样，马厄努力支撑此时威尼斯的形象，虽然"人们完全不了解真实的威尼斯是什么样子"；马厄重点强调，应该防止传播错误的印象——威尼斯"病了，且正在死去"。[19]

托马斯·曼1912年出版的小说《死于威尼斯》中的句子为众人所熟知："这个城市病了，但是为了继续挣钱，它掩盖了这个事实。"作为一个有洞察力的作家，他形容威尼斯"一半是童话，一半是游客的陷阱"。[20]这个城市的问题的确出在体制上。正如英国艺术史学家约 96
翰·波普–汉尼斯坚持认为的那样："这不仅仅是洪水的问题；而是洪水为我们揭示了什么的问题，是一代又一代人的疏忽造成灾难的问题。"20世纪60年代，专家警告说，威尼斯"依靠游客过活，但是他们带给这个城市的钱几乎都没有用回到维护这里的历史遗迹上。污染的问题最为严重，所以情况变得更糟"。[21]加斯东·帕莱夫斯基的形容恰到好处，他说这种情形是"永久的灾难，而且在以惊人的速度向前发展"。[22]企业化和贪污腐败也与这些遗址的命运越发纠缠不清。这就是包括庞贝古城和威尼斯在内享有盛名的欧洲环境所面临的、长期的文物保护危机。这两处历史遗迹是名录上最著名、最濒危的遗产，它们都奇迹般地躲过了世界遗产委员会的审查。

公元79年，维苏威火山爆发，火山灰吞噬了曾经繁华的罗马城镇庞贝；今天，它是世界上最著名的考古遗址之一，自从18世纪开始逐渐被发掘。古典主义者玛丽·比尔德在为庞贝古城争取保护经费时这样描述道："草率建成的城镇，被火山毁掉，经过多年粗暴地发掘，在第二次世界大战中遭到盟军轰炸。"[23]多年以来，人们已经花费数百万欧元来对它进行保护和修复，然而事实上，庞贝古城杂乱无序，对公众开放的部分少之又少。整个建筑都被生锈的脚手架包围，还有无数不必要的配件和接头，因为承包商会根据所用接头数量来计算价钱。在庞贝古城的别墅里，马赛克和墙上的绘画变得越来越糟，建筑本身则由难看的木头和金属支架支撑着。墙体经常坍塌，到处用的都是现代粘合剂。古建筑内处处是植被，导致更多的腐坏发生。对圆形竞技场的过度修复花费了八百万美元，这个数目令人震惊——其中很大一部分被承包商挪用，而这种过度修复又给这处遗址带来了更多的破坏。

像威尼斯一样，庞贝古城的黑手党腐败问题也被国际媒体广泛报道。[24]联合国教科文组织2014年发布的《庞贝古城文物保护情况通报》用七十页纸罗列了古城所面临的各种威胁：经济资源、住宅、人力资源、旅游影响、糟糕的遗址管理、监管不力和警戒不足、差劲的排水系统和固体垃圾处理方法、持续的结构坍塌、有效的管理计划的缺乏。庞贝古城有许多著名的带有湿壁画的别墅，大多数都是关闭的，许多别墅
97 没有得到修复，甚至没有得到保护，就那样置身于问题之中，因而面临着危险。[25]然而在世界遗产委员会中，关于保护庞贝古城的讨论少之又少，这点跟威尼斯很像。另一方面，有些经常受到世界遗产界批评的遗址——比如马丘比丘古城——却被管理得很好，它们运用当地保护策略，并与当地居民保持不错的关系。像这样的不公平，该做何解释？

由于联合国教科文组织的多边背景，关于个别文物所有权及其保护问题的游说活动和决议形成，都是在一年一度的世界遗产委员会会议中进行的。少数国家非常有影响力。很多其他国家没有能力派代表参加会议。下面这些衡量指标把强国和弱国做了区分：当事国的国际形象及其洞察力；世界遗产委员会的候选人资格；在委员会、世界遗产中心、整个联合国教科文组织和联合国中的影响力；提名活动；对（西方）专门知识的感知水准；国外捐助记录；走廊外交和运用其他具有政治影响力的手段派代表参加国际会议的能力。[26]

关于当事国的国际形象及其洞察力这个指标，这里有一个例子：社会学家维多利亚·雷耶斯解释道，在世界遗产领域，“具有象征意义的财富在很大程度上仅由两个国家掌控：意大利和西班牙”。法国紧随其后。为每个纳入名录的遗址编写介绍文字时，所用语言表达都会受到意大利、西班牙和法国的影响。她发现除去法国、希腊、意大利和西班牙境内的遗址，“剩下的文化遗址中有31%（166/536）在遗址描述中 98
有意大利的操控痕迹，而其中10%（51）则受到西班牙的影响”。对雷耶斯来说，“世界遗产中的文化遗址在文化区域和国家之间的分布受到的关注多过了其中的价值内涵，因为两到三个国家就为当地文化价值带来世界范围的影响。被认为具有‘突出的普遍价值’的遗址是那些被意大利、西班牙和法国赋予灵感的遗址”。[27] 意大利处于操控地位，并且在名录上拥有数量最多的遗址，因此批评该国文物保护工作的声音非常弱小，如果不是静音的话。然而，随着一些国家加入世界遗产领域，比如印度、南非或巴拿马，一些濒危遗产被提交委员会讨论，不过很快被压制，诋毁这些遗址的人通过协同战略同盟对它们进行控制。相较于诋毁者为了达到压制目的进行暗箱操作，战略同盟的行为则更加公开，它们会在委员会会议上出现，现在都能回看，场景也会对全世界进行现场直播。来自黎巴嫩的杰德·塔波特说得最好：“全世界数百万人在看着我们的所作所为，他们会怎么说我们。他们会说，这些人感兴趣的只是他们自己的利益。”[28]

关于专家操控的一个显著案例，是在世界遗产会议上捕捉到的媒体焦点，即巴西、俄罗斯、印度、中国和南非签订政治条约。这几个国家被称作“金砖国家”，它们团结一致，努力提高自身新兴的政治经济能力，与老式的、发达的八国集团相抗衡，而不是针对任何一个区域同盟或宗教同盟。在多边组织中，一般会在洲与洲之间、地区之间、宗教组织之间、经济利益之间、意识形态之间，甚至在前殖民关系之间努力形成国家集团，以便达到某些共同目标。虽然文物保护工作受到严厉管制，但是金砖国家有效利用正式和非正式影响来提升国际社会对它们文物古迹的认可，以便在这方面获得顺利发展。最近这些年，金砖国家都在世界遗产委员会任过职，在任职期间，它们公开表明了态度：对于顾问团所提的建议，公众并不满意。[29]巴西、中国和南非于2011年在委员会任职；俄罗斯、印度和南非分别于2012年和2013年任职。

如果我们统计一下2003年至2013年之间在世界遗产委员会的任职年限、提名的遗址数量以及参加会议的代表人数，那么，印度、中国、俄罗斯和南非都属于第一梯队。[30]如果把这十年之间的口头干预能力作为考量国际形象和决策影响力的标准，那么这几个金砖国家针对国
99 际古迹遗址理事会和世界自然保护联盟相关建议提出的反复质疑是成功的。2011年至2015年是印度在委员会内的最后一个任期，它是最坦率的委员会成员。[31]从理论上讲，只有委员会的二十一个成员国有权力在会议上发言，其余国家都只能旁听。首先，委员会的成员国代表的是国家，它们可以追求自己国家的利益，最大限度地利用手中的权力，努力实现经济私利，把交易成本降到最低。而现在，事实证明，国家重任和经济需要比任何道德标准都更有法律约束力，此处的道德标准是指《世界遗产公约》中定义的、与世界遗产保护的国际责任和政府间责任相关的此类标准。[32]

印度一直以来都非常有影响力和说服力。虽然人们对印度的文物保护状况越来越不满，但是该国确实保护了很多列在名录上的新遗址，也确保了那些早就列在其中的遗址拥有自己应该享有的地位。毗伽耶纳伽罗王朝是印度最后的伟大王国，其首都亨比的历史遗迹群就是一个例证。该处遗址于16世纪被舍弃。1986年，这个杰出的考古成果被列入《世界遗产名录》；1999年至2006年，在两座悬索桥建成之后，它被列入《世界濒危遗产名录》。过去一直是这种起伏不定的状况，2010年则来到了一个关键时期，因为印度考古勘测部门控制了维鲁巴克沙神庙和亨比集市，并称此地的居民擅自占用土地，因而剥夺他们所有的

合法权益。主庙周围的货摊、商店、餐馆和住所虽然原本就存在，但还是被认作非法侵占。于是，2011年7月，推土机碾平了商店、货摊和旅馆，然后又毁坏了集市原先中世纪的结构。第二年夏天，人们对其进行了更多的拆除和破坏。

无论是亨比综合管理计划还是联合国教科文组织，都没有建议当地人从集市撤离。[33]考古学家们认为，亨比集市的商业活动确实反映出该遗址的中世纪传统及其部分现存特点。虽然有不同的声音存在，但问题所在仍然是：该遗址中的现代性和侵入性减损了其中的历史意义，并没有给传统带来活力，所以它们才一直被称作“历史遗迹群”。人们把亨比这处庞大的遗址看作一片已经消毒的土地上17世纪的历史遗迹，而不是看作带有古代和现代元素的文化风景。因为保护 100
遗址上的建筑及其纪念意义才是最重要的，所以原住民被完全抛在一边，许多村民责怪考古学家和联合国教科文组织给他们带来了苦难的生活。[34]2016年，我与曾经的住户们进行了交谈，问他们如何看待重新安置和随之而来的对住所和商店的破坏；他们表达了不满，说也没有征求当地人的意见，也没有充分的警告和准备，就这么驱逐了他们。而且，其他各种侵入性的安排都完好无损，人们从中看到的是矛盾、反复无常以及腐败，所有这一切结合起来，给人一种在痛苦中疏离的感觉。举个例子说明迈克尔·赫兹菲尔德所说的“空间清洁”：印度政府针对它自己的公民实施“保护”计划，于是长期住户变成了伪入侵者。[35]

因为看到被推土机碾平的集市的画面和影像，又看到一座桥倒塌，致八人死亡——正是这座桥使得此遗迹列入濒危名单，并且九年前桥就已经停工——国际古迹遗址理事会于2013年向世界遗产委员会提交了一份紧急报告。[36]鉴于形势严峻，国际古迹遗址理事会建议向印度派遣一支反应迅速的监管队伍。[37]印度官方不得不解决各种各样的问题。
他们必须清理坍塌的桥的残骸；在集市外面再建一座新桥；提交最终 101
的完整的管理计划；还要“与当地住户紧密配合，为集市研究出一份战略和行动计划”。[38]此外，“世界遗产中心和顾问团认为，维鲁巴克沙神庙的存在价值需要被人们认识——它支撑着此处遗址的突出的普遍价值。他们认为，应该极其细致入微地处理好现代功能、对古老结构的保护和维鲁巴克沙神庙的环境三者之间的关系”。[39]人们应该出现在画面中，印度现存的遗迹传承其伟大的传统，它需要在过去的宗教废墟和现在的宗教习俗之间找到平衡。

印度迅速联合金砖同盟国，并阻止世界遗产委员会提出的当事国负责监管事务的要求。俄罗斯大使立刻在仔细撰写的声明中对此进行了反驳：亨比遗址是一处非常特别的考古遗迹，不需要专门部署一项评估其保护状况的任务。相反，她建议设在印度当地的联合国教科文组织办公室与当事国直接联系即可。另一个金砖国家南非表示同意。相反，塞内加尔坚持认为有必要专门为恰当的评估部署任务，瑞士对此表示赞同。但是俄罗斯和南非太过强势，加上来自马来西亚、卡塔尔、伊拉克、埃塞俄比亚、阿尔及利亚以及阿拉伯联合酋长国的支持，它们的阻止获得成功。印度不改初衷，我行我素；然而，缺乏公正的、来自国际社会的监督，逃避谴责和审查，这些使得居住在亨比的人们将来可能面临搅扰，并给他们的历史遗迹带来危险。金砖国家在委员会任职期间，成功地护卫了彼此的基础设施、冶炼和开发项目，同时又为遗址保留了人们所向往的世界遗产商标。同样地，它们制定有效的战略方针，保护它们在国外的利益，确保像巴拿马这样强大的合作伙伴拥有文物保护项目，虽然人们也看到对文物的破坏和弃置。

历史的不堪

公元1519年，欧洲在美国的太平洋沿岸第一次设立殖民区域，这就是巴拿马城。最初的巴拿马城于1671年被海盗毁坏；1673年，该城市正式搬迁至一处新的、构筑了防御工事的地方。1997年，巴拿马城因其混合了西班牙、法国和早期美洲建筑特色的独特建筑风格而被列入世界遗产；2003年，老巴拿马城考古遗址也成为世界遗产的一部分。[40]巴 102
拿马具有重要的战略位置，于是殖民国家西班牙得以扩展其统治至整个新大陆。今天，它还是同样的战略要塞，巴拿马政府将历史遗址和贫穷住户纳入自己的掌控之中。现在，两大帝国对世界遗产的关注点并不一致：一个关注16世纪，另一个紧盯未来，两个都是资本主义工程，都致力于控制远洋交易。

2013年，海滨大道的建设给巴拿马古城区带来的威胁被提交讨论，讨论持续了八年，委员会为此耗费了大量时间。然而，委员会花费了更多的时间讨论遗产问题，同时花费时间去游说——还不算官方会议的时间。海滨大道的建设包含对巴拿马海湾大约三十公顷土地的开垦，目的是建设一条耗资一亿八千九百美元的、四车道的公路。巴西的诺贝托・奥德布雷希特公司建了一条七公里长的道路，有一道防波堤，两座高架桥，环绕在古城区周围，令其面临危险。[41]该项目的三个阶段总共耗资大约八亿美元，而该公司此前已经与政府签订了价值近三十五亿美元的合同。[42]2012年，世界遗产委员会会议在圣彼得堡召开，即便屏幕上反复播放一系列的施工照片，证据确凿，人们也看见巨大的电缆塔深入遗址附近的海域内，但是巴拿马仍然否认高架桥的存在。面对质疑，巴拿马否认照片是高架桥的施工证据，同时声明海滨大道的建设尚未开始。[43]

由于受到外交策略的限制，世界遗产中心的代表们不能对当事国提出质疑或反对，只能对着照片上的证据做出礼貌的示意作为回应。从某种超现实主义的意义上说，“这不是施工现场”，而那些参加世界遗产委员会会议的人，包括各国代表团、官方观察员、科研人员、新闻工作者以及非政府组织，他们被要求停止质疑。那年晚些时候，一部影像资料泄露了一些关于努埃沃・阿马多的项目计划，该区域位于巴拿马运河的入口处，拥有两百公顷的高楼大厦，很像迪拜。这让人们更加怀疑建设高架桥并不是为了交通方便——那是政府给予巴拿马人民的解释——建设高架桥更多的是因为想促进未加调控的发展，也为实现经济上的野心。虽然政府在一开始否认了这项计划，但是记录巴拿马总
103 统里卡多·马蒂内利讲话的影像片段令其很快撤回了否认。

像巴拿马这样的国家，地处战略要塞，又有强大的同盟国，其遗产保护问题可以被有效地忽略，对遗产的破坏也可以被容忍，遗产的完好性也可以面临危险。然而，尽管它并未致力于遗产保护，但保留联合国教科文组织的商标还是极为重要的。世界遗产商标是整体经济战略的组成部分，因为许多投资者对旧城区投入了大量资金，他们期待这个名号能够提升遗产价值。对于国家和开发者来说，情况是一样的：这个项目是为了鼓励发展沿海经济并使之更具价值。今天，在旧城区还可以看到当初的城市布局，复杂交错的街道以及有着不同宽度、规模和防御工事的街区——该遗址进入名单时，这些特色都是17世纪美洲国家殖民城市设计规划的特别案例。

环绕旧城区建设一条公路并没有能够提升它的地位；相反，这使得该地区的风景令人窒息，也带来了多余的噪声和污染，其实这样一来，该地区被隔离开来，而新的发展计划和公路建设也将其包围起来。2012年，五十周年大道穿过巴拿马遗址的考古建筑群，破坏了考古遗
104 迹，损坏了部分永久性文物，其中包括拉默赛德、圣弗朗西斯科、卡斯苏尔和拉艾尔宏迪加。人们对巴拿马遗址面临的威胁和危险进行了更广泛的讨论，可是显然这些问题无人关注：考古遗址没有经济价值，不能再加以开发，因而它不是政府的事儿。

巴西的诺贝托·奥德布雷希特公司受到指控，称其在一些国家实施贿赂和贪污。[44]该公司与巴拿马政府长期合作并从中获益，在很多情况下，分不清它们是在进行文化合作还是商业合作。2013年，公司的管理人员与国家代表团一起，代表巴拿马出席联合国教科文组织在柬埔寨的会议，其中两位被列为国家文化研究院负责遗产问题的官员。[45]在

三种不同的场合下，巴拿马向世界遗产委员会的二十一个代表团发出有偿访问的邀请，许多代表团接受了邀请。[46]联合国教科文组织秘书处的成员们也受到了邀请，但是他们拒绝了，并提出在巴黎见面。[47]从概念上讲，世界遗产项目一直是在享有全球声誉的经济条件下运作的，但现在我们看见的是操作规模越来越大。时尚做法是进行过度游说，而且花费不菲，尤其是如果当事国及其合作伙伴试图说服委员会成员们，它们可以同时做到保护文物和文化的资本化。索菲娅·拉巴迪记录了类似的内容：对位于利物浦境内的、已经列入《世界遗产名录》的海上商城进行的商标和品牌建设同时带来了两个结果：一个是助力文物修整；另一个是大规模发展项目给目前的遗迹保护带来了威胁。[48]现在，人们利用《1972年公约》的条款来支持国家项目、移居开发、地下开采、采伐树木以及工程建设——其实就是为了实现国家目标，而不是抢救遗址和加固古代建筑。

2013年7月，联合国教科文组织在柬埔寨召开会议，直播中的委员会会议花了很长时间讨论巴拿马的问题。金砖国家的代表们对追加展示的、证明高架桥存在的照片不予理睬；会议反驳了缓冲区范围、禁区范围以及对视觉完好性的影响等问题陈述，争辩如此激烈，联合国教科文组织秘书处和法律顾问被召至现场。[49]南非大使多拉娜·姆西曼对16世纪建筑的照片打着手势说："在遗址周围早已经满是破陋不堪的村庄或者其他什么东西，我觉得高架桥是有好处的，高架桥提升了这里的景致，从某种意义上说，它隔开了不堪的景象，把遗址装扮得比以前好看很多。"尽管现在看到的是一座未完成的巴西高架桥，而不是西班牙
殖民遗产，多拉娜·姆西曼仍然同意印度和卡塔尔的观点，坚持认为： 105
"从桥本身的角度看遗址，感觉比以前好看多了……事实上，这提升了遗址品味，而不是阻碍它的发展。"印度认为，高架桥对遗址是个"加分项"，就像金门大桥或者是悉尼海港大桥一样。对金砖国家的合作伙伴来说，高架桥并没有减损历史遗址的价值；相反，它令其增值。它屏蔽

了历史的不堪。在这个令人震惊的事件转折点中，公路**变成了**世界遗产，并把遗址提升为现代设施，这与疏于维护的旧城区形成鲜明对比。[50]这种反转令委员会的可信度大打折扣，而《1972年公约》也罔顾其职责，丢弃了文物保护的理念。

经过两天三场会议的讨论，决议终于提交给委员会：巴拿马考古遗址将不被列入《世界濒危遗产名录》。相反，接下来的几年还将进行扩展建设、实施拖延战术，还有其他说不清道不明的处理手段。此外，由于巴西公司的建设项目已经竣工，联合国教科文组织对保护遗址无能为力。今天，该组织只能对当初摧毁历史建筑和环境变坏感到痛惜，而与这种摧毁和变坏同时发生的是更进一步的城市发展。巴拿马依然没有动用立法手段和管理措施来应对实质性的问题。保护计划仍然毫无踪影，历史结构也没有得到维护。[51]世界遗产中心也注意到，利益纷争和当地居民的搬迁问题都未得到解决，这和亨比的情况非常相像。巴拿马旧城区的例子提醒我们，随着文化的资本化，利益受损最多的通常是那些居住在遗址环境中以及遗址环境周围的原住民。

在委员会任职的金砖国家成员们可以轻易地忽略世界古迹遗址，它们认为这些遗址和具有全球政治经济重要性的巴拿马运河比起来，就是一堆“破旧不堪的村庄”。[52]因此，遗产和进步是不可分割的。在高度创新的方案中，海滨大道变成了全球遗产，其所付出的代价是未能维护西班牙殖民时期的风格。的确，正如南非大使说的那样，从桥上看，一切都好看多了。2013年的决议产生之后，巴拿马公开表达了谢意：“谢谢我们的伙伴，尤其是印度大使欧贝罗伊先生、俄罗斯的米特罗法诺娃夫人以及我们亲爱的朋友、来自巴西的代表，他们始终和我们在一起，帮助我们解决问题，给我们提供最好的建议。”[53]这加强了金砖国家之间的协议以及它们的影响。人们认为国际经济利益战胜了当地
106 社会政治利益，他们相信世界遗产——虽然没有重要到需要保护的地步——与国际尊严和全球竞争紧密相关，没有人会自愿放弃这个商标。

1972年的《保护世界文化和自然遗产公约》不再关注文物保护问题，而是关注品牌建设、市场营销，以及在越来越渴求利益的遗产经济中推动更多的遗产进入名单。至于为什么要制定该条约、当事国该承担什么法律责任和义务，这些原初的想法都逐渐让位于历史带来的影响。安妮特·韦娜有个著名的说法，即遗产事务已经成为一件一边给予、一边保留的事情。[54]于是人们不顾一切地保留世界遗产的标签，这项权利不可剥夺，保有这项权利的代价便是舍弃遗产保护，而且常常需要原住民做出牺牲，长期担任历史管家的他们失去的东西是最多的。就这点而言，若从统计数据来看，把欧洲和北美进行区域性分组是最糟糕的事情，但是，这其中反映的发展态势越来越变成一个国际问题。[55]保护历史不再只关注物质遗迹的**发展战略**，恰恰相反，要关注的是**战略发展**。对于签订该公约的当事国，文物保护也许可以理解为关于措施、品德和期待的一整套规范，它们更多地牵涉到越来越复杂的互惠行为和合作关系。全世界为文物保护付出的努力服务于各种各样的目的，不论是冷战时期关于阿布辛拜勒神庙的政治任务和发展计划，还是今天丝绸之路上巨大的、跨国的文化和经济帝国。在传播文化保护"全球利益"理念的过程中，国际主义正在重新充满活力，它通过实用的、有时是有害的手段满足民族国家的需要。

恢复国际主义

保护历史是一件对全世界都有利的事情，这是人们的共识，民族国家在推动此事的同时，可以彰显它们自身的现代性、进步性以及国际公民的身份。致力于文物保护不仅能够获得认可，而且也可以和外国伙伴共同协商并实施保护行动，同时，是否参与文物保护行动也是国际地位的一种考量。选择对的时机和好的合作伙伴是最重要的。最近的一个案例就很引人注目：缅甸在2014年第一次进入联合国教科文组织的

《世界遗产名录》。骠国古城指的是三处考古遗址，即罕林、毗湿奴和室利差旦罗，这三座古城都建有城墙和护城河，拥有公元前200年至公元900年之间的辉煌历史。[56]它的提名获得了在委员会任职的亚洲邻国的
107 强烈支持：马来西亚、菲律宾、印度、日本和越南。缅甸在多哈会议开始前就竭尽全力对国际古迹遗址理事会和当事国进行游说，直到会议开始，并且贯穿会议始终。然而，据专家们说，关于保存和保护遗址的问题依然存在。人们严重忽略了对遗址的保护，因而带来了不利的影响，国际古迹遗址理事会对一些细节进行了概述。例如，在英国的统治下，公路和铁路对这些古代遗址产生了负面的影响。据国际古迹遗址理事会的记录，缅甸人做了一些不适当的修补，他们用混凝土和砖块这样的现代材料覆盖在古代结构的顶部。[57]就其背景来看，有时此类行为在佛教理念中可以被视为做功德，对废墟的修复是一种精神上的活动和供奉行为。[58]缅甸官方没有在提名骠国古城之前先处理好各种保护问题和基础设施面临的迫在眉睫的威胁，而是选择先把材料发布出去。文物保护是文化外交的一种工具，是良好的世界公民的一种标志，缅甸想碰碰运气，希望推动文物保护可以带来好处。

2011年3月，缅甸新国民政府开始执政；2015年，欧洲联盟放松了对该国的制裁，这曾是对该国违反人权和军事镇压的一种回应。于是，国际行动就从应急行为变成促进发展的长期手段。另一个例子是，意大利为保护文化遗产提供了援助，就像前面描述的那样，专业技能成为外交政策的一种工具。即便在放松制裁之前，2002年，意大利外交部和勒里基基金会就已经开始与缅甸文化部合作，为考古学家提供科学和技术培训。过了十年，意大利人与当地文物保护者合作，然后他们产生了提名骠国古城入选《世界遗产名录》的想法。意大利政府对一项名为“保护缅甸文化遗产的能力建设”的项目进行了赞助，同时扩大了合作范围——勒里基基金会和联合国教科文组织罗马总部的伙伴机构国际文化财产保护与修复研究中心也在合作之列。它们还在下面这些方

面提供专业技术指导：壁画和遗迹保护、考古评估、遗址管理、地理信息系统以及促进与原住民的合作。[59]因为拥有这样一个令人敬畏的、由专家和支持者组成的团队，缅甸从与支持者和拥护者的跨国合作关系网中获得收益。因此，它们反驳了国际古迹遗址理事会的否定决议，希望遗址入选《世界遗产名录》。[60]但是从另一个角度看，这些年欧洲专业 108
技能都是单向流动，骠国古城在遗址完好性和管理方面确实存在着大量的问题，这点相当引人注目。

时机就是一切。多哈会议期间，在欢迎缅甸加入国际团体的问题上，人们感觉到一种明显的急迫和激动。委员会成员们选择忽略遗址的重要性和保护问题，转而关注缅甸加入世界政府组织的问题、该国并不成熟的民主和发展问题以及这次获得国际认可的特别时机问题。骠国古城能够进入名单是很重要的事情，不是因为其具有考古意义或者是保护得好，而是因为这是缅甸第一次提名遗产进入《世界遗产名录》。如果能够获得世界遗产领域的认可，那么后续会带来其他的好处。援助缅甸文物保护工作的国际政府合作关系网扩大至挪威、瑞士和日本。[61]意大利勒里基基金会继续为遗址管理和文物保护实验室提供资助。与此同时，国际专家发现他们将进一步扮演顾问的角色，因为他们开始着手准备新的材料，打算提名缅甸第二个可能成为世界遗产的蒲甘古城。[62]蒲甘是一座壮观的古城，兴盛于公元9世纪至公元13世纪。今天的蒲甘古城拥有两千多座佛教寺庙、佛塔和修道院。这些合作战略不仅为缅甸赢得了更加广泛的国际支持，而且也加强了与专家、顾问、大学、非政府组织以及政府的合作关系，它们使得像缅甸这样原本寂寂无声、现在出现在国际舞台上的国家能够在短时间内拥有与他国的互惠途径、合约、工作计划以及伙伴关系。

缅甸骠国古城的实例证明了世界遗产、保护体制、跨国政治和国际认可之间存在着纷繁复杂的关系。缅甸曾经受到抵制，导致其从联合国教科文组织的世界遗产领域退出，该国对历史遗址的修复和开发手

段饱受诟病。从那以后，人们对联合国教科文组织总是持有一种怀疑
态度，我在缅甸参加的会议中可以听到这种怀疑态度，联合国教科文组
织遍布亚洲各地的办公室中同样可以听到。1994年，《世界遗产公约》
在缅甸正式生效；1996年，缅甸向《暂定名录》提交其第一批历史遗
产。同年，蒲甘考古遗址和历史遗迹得到第一次提名，尽管人们对蒲甘
古城是否得到合法保护存在严重质疑。更多的问题来自遗址边界、缓
冲区、横穿遗址的公路，还有高尔夫球场，所有这些都给遗址带来了负
109 面影响。[63]除了否定决议，缅甸的军事体制受到很多批评，这也直接影
响到能否对遗址进行恰当的保存。[64]作为回应，将军们决定修复和重建
镀金佛塔，以便为他们的个人品德增光添彩，还要在遗址内建一座豪华
宾馆，好让他们的军事体制沾上蒲甘古城的荣耀之光。2015年，我与缅
甸驻联合国教科文组织大使谈到蒲甘在骠国古城入选之后申请提名的
问题，他声称，所有来自国家的敌意和怀疑都不存在了。韩楚大使从联
合国教科文组织自己的合法文件中寻求支持，他解释说，今天，该遗址
“不仅仅属于缅甸，它属于全人类，属于全世界每一个国家”。此外，与
世界遗产认证并行不悖的国际主义将“带来发展”。既然蒲甘古城数
千座寺庙又回到了工作日程中，那么缅甸就又可以利用联合国教科文
组织的文物保护任务和国际社会的合作意愿，以便满足其很多政治目
的，包括国内和国外的目的。

缅甸把文化遗产保护作为再次兴起国际主义的开局一步，这本就
不是孤立的个案。[65]20世纪80年代后期，联合国教科文组织对吴哥古
迹发生了兴趣——这是古代高棉帝国的首都——而此时的柬埔寨饱受
战争蹂躏，拥有世界遗产对于该国来说无疑是一件好事。此时，时机也
是最重要的，国际社会正处在经济和政治发展的关键时期。该国对物
质遗产的修复工作显示了其在道德层面上的关注和尊重，可以算是进
110 一步恢复文明的实用范例和有效工具。[66]总干事费德里科·马约尔声
称：“正是在吴哥古迹这样一个令人惊叹的创意之作中，沮丧卑微的高

棉人看到了站起来的希望。”[67]无论处在哪一个历史时期，吴哥窟一直是最好的国家象征：“在为独立和非殖民化而战时如此，在被越南占领时期和实行集体屠杀的红色高棉政权统治时期如此，在当代遗产项目中作为一个全球象征时也是如此。”联合国和联合国教科文组织对这些项目进行了干预。修复历史遗迹将被用来进一步改变人们对集体屠杀的革命年代的记忆，取而代之的是人道主义关怀的文明愿景和全世界保护遗产的共同责任。[68]早在1982年，奥地利驻联合国教科文组织的代表安东·普罗哈斯卡就写信给总干事，他说，联合国教科文组织的干预“与红十字会在人道主义方面的干预是相似的”。[69]于是废墟中的政治历史就此被忽略，人们开始希望拥有一个专业技术占据主导地位的将来，它赖以立足的基础是国际文物保护原则、多边援助和合作，以及其他通向现代性的途径。

被称作“石庙民族主义”的案例令人震惊，吴哥古迹所处的环境曾是红色高棉那革命的、进行集体屠杀的、权欲熏心的统治年代。[70]1975年4月17日，他们开始在吴哥神庙中举行为期三天的胜利庆祝会，法国文物保护团队因此得以避开随后的撤离带来的人员伤亡。[71]但是在1979年和1989年之间，柬埔寨处于越南占领之下，红色高棉被迫流亡。[72]出乎意料的是，联合国承认了它名为民主柬埔寨的合法政权。在巴黎总部，民主柬埔寨科学和技术委员会的代表们熟练地将联合国教科文组织带入关于吴哥古迹的讨论之中。只有在中立区才能保护遗址，这个中立区是公开声明的“和平区”——换句话说，是脱离了越南统治的解放区。人们关心的是，在冲突中，吴哥古迹被弃置因而衰败，对文物进行的非法国际交易随处可见：这些都成为被流放者用以指控越南政府的各种罪行。总干事阿马杜·姆博坚持认为，联合国教科文组织应该避免对其在柬埔寨的行动做出政治解读，因为他认为这次行动“纯粹只是科学和技术的行为”，所有的援助都是出自人道主义，因此并不需要执行联合国的决定。[73] 1989年，在雅加达举行的和平协商

会议使得联合国教科文组织能够派遣人员进行官方实情调查行动。同
111 年，柬埔寨人民共和国总理洪森也要求联合国教科文组织为吴哥古迹
提供国际合作方面的援助。[74]

但是，正是处于流亡中的诺罗敦·西哈努克国王向联合国教科文组织申请发起保护吴哥古迹的国际行动。作为红色高棉-共和派-保皇党联合政府的主要领导人，西哈努克国王同意该组织“人性是共通的”的说法，也获得了该组织的支持。[75]联合国教科文组织新任总干事费德里科·马约尔在1991年对遗址进行了他的第一次官方访问之后，对西哈努克国王的请求给予了支持。迈克尔·费瑟认为，认可吴哥遗迹是世界遗产，这个其实是在巴黎流亡的红色高棉的想法，它想强调对领土的所有权。马佐尔对联合国及其意识形态多样性的描述令人忆起往事，代表们曾经在那儿与独裁者和专制者有过接触。[76]在联合国的监督下，人们在柬埔寨进行了投票，吴哥遗迹于1992年同时入选《世界遗产名录》和《世界濒危遗产名录》。世界遗产委员会注意到柬埔寨的特殊情况，那里需要对遗址采取紧急保护措施，因此决定先不考虑关于遗产管理和遗产维护的问题。[77]在这个极端的案例中，技术问题败给了和平梦想。

经过数十年残酷的冲突和孤立，对吴哥遗迹的保护行动终于使柬
112 埔寨回到了国际舞台，同样，对遗址持续的保护和管理也促进了该国政
治经济的重建工作。总干事马约尔称这些相互关联的过程为“恢复建设”。[78]文物保护因此变成一种提升社会经济和思想精神的驱动力，人们也开始践行被称为“石庙国际主义”的理念。今天，联合国教科文组织认为，吴哥遗迹保护项目是所有文物保护项目中最成功的一个。联合国教科文组织和保护吴哥历史遗迹国际协作委员会都进一步表示，它们是国际合作的成功范例。然而最近，这种成功因为当地社区的参与而受到损害，虽然参与行为原本不算什么事情。[79]国际协作委员会是由法国和日本控制的技术委员会，其主要任务是监督提交上来的外方

计划——前十年大约有一百项——以及它们在技术和经济方面是否做到前后一致。

即便没有联合国教科文组织的协调，吴哥遗迹还是成为世界上最大的考古遗址之一。从1995年起，柬埔寨国内也有了一个管理上的合作伙伴：吴哥遗迹及暹粒地区保护管理局。菲利普·佩卡姆进行的长期研究证明，许多不同国家和政府间团体与吴哥遗迹相互关联，它们彼此之间存在着错综复杂的地理政治关系网和各种应对策略，当然其存在的前提是它们之间存在着宗教、政治、经济和殖民关系。他的记录表明，法国管理计划太注重技术层面，不够包容，因而失败了。当时与遗址的接触都被私有化，团体之间若能串通好，就能有效地窃取国家急需的资金。日本虽然缺乏包容性，却有着更好的合作，因而取得了更大的成功。日本人的目标是实用主义，为日本公司提供咨询和合约，也把他们的仁爱精神用物质形式表现出来，这与他们历史上在东南亚地区的军事行动形成对比。[80]

三浦庆子详细记录了“管理杰出作品”给吴哥考古园区内部和周边带来的影响：国家针对当地人制定了各种约束措施。除了强制搬迁，还对新房屋的建造、土地清理、耕种、打猎、动物管理以及林产品的收获都做了规定。世界遗产的称号变成了一种新的、严酷的管理体制，平时的习惯做法甚至是宗教活动都被禁止，基本人权也受到侵犯。[81]三浦庆子记录了吴哥遗迹及暹粒地区保护管理局是如何派出自己的武装警察参与到拆除房屋、偷盗、恫吓和暴力行为中的。2003年，国际文化财产保护与修复研究中心提议将“现存遗址”当作一种透镜，柬埔寨官方可以通过它来重新考虑原住民的问题，因为他们既是利益相关者，同时 113
也是古代遗址的保护人。原本关于个体继承和代际传承有着更加个性化的说法，然而，柬埔寨官方现在运用的是国家遗产保护条款的表达方式。柬埔寨精英阶层从此就用“传统”这个词语来表达他们的意图，他们的终极目标是给联合国教科文组织和国际旅游市场留下这样的印象：该国管理优良、具有现代性，是世界遗产旅游目的地。

考虑到这些国际目标，人们就应该看到，在联合国教科文组织中获得成员国资格要比获得许可加入联合国来得容易。安全理事会有可能投反对票，无需向其求助，只要获得三分之二的选票就可以了。像柬埔寨和缅甸这样渴望获得国际认可的国家，可以收集相关象征物来获准加入联合国教科文组织，这些象征物可以涉及文化珍宝、对文物保护的承诺，也可能彰显其现代性及其文明礼仪。《世界遗产公约》以及后面的《世界遗产名录》提供了完美的准入机制，这不同于早期的文物救助运动。在柬埔寨的问题上，保护吴哥遗迹的请求来自在巴黎流亡的红色高棉，时间地点的安排都有战略意义，而巴黎则是联合国教科文组织的核心所在，也是柬埔寨早先殖民政体的重要场所。关注意义深远的过去意味着要建立其他形式的优良管理体制，要有援助和发展项目，还要接受外国专业技能帮助和长期干预。通过文物修复来获得国际认可是建立良好国际形象的重要方法，它符合并再次重申了联合国教科文组织希望在“人们的头脑中”创造持久和平的初衷。

结　语

如果没有世界遗产保护，很难想象今天的世界会是什么样子。几乎可以肯定的是，我们会看到程度更为厉害的发展项目和开发工程，而不仅是当前多边机构、非政府组织和民间团体正在做着的那些事情。从这个角度看，联合国教科文组织在为其项目发动外部援助和提供知识谋略方面是极为成功的，世界遗产项目也许是最为极致的案例了。联合国教科文组织想在全球建立知识纽带，这是该组织的目标，或者说是渴望，对于这种崇高的愿望，人们确实应该给予赞扬。然而，该组织依然采用专家驱动的标准，相关规约也并不鼓励其成员国遵守和执行
114 约定的条款。[82]

在抢救世界最具代表性的遗址的问题上，联合国教科文组织成员国常常为了实现最终目标而采取逼迫方法，这令人忧虑。这里突显了这样一个事实：我们远远地背离了当初联合国教科文组织成立时所宣扬的理想，这些理想的引导者都是一流知识分子和政治家，只是今天世界遗产的舞台上再也没有了他们的身影。在联合国教科文组织，一些国家和它们的政治代表处于掌控地位，文物保护的重点变成了在政治上建立互惠关系网，于是文物保护逐渐退到边缘地带，而不是处于舞台中央。努比亚文物保护运动取得的成功和成就，还有其他早期文物救助行动，虽然也存在问题，但是现在回头看看，对我们今天的情况还是有其借鉴意义的，因为今天许多当事国的意图是使遗址资本化，而不是对它们进行保护。如同前文概述的那样，欧洲和北美国家是最值得注意的麻烦制造者：它们并不谋划保护策略，而是推进实现文化资本化的战略发展，同时它们也一直让联合国教科文组织的工作获得全世界的认可。莫蒂默·惠勒爵士把威尼斯称作“亚得里亚海变老的新娘；或者如果你愿意，也可以这么说：这座城市就是一个虚拟的仙境”，他认为他说这话时，城市环境已经恶化。[83]然而也许，拜伦勋爵的话应该算作最后定论，因为与他两百年前创作的时候相比，他的《威尼斯颂》更加适用于今天的威尼斯——一个危险的混合体：无节制的开发、环境恶化、气候变化，还有商业化。拜伦如此写道：

> 哦，
> 威尼斯！威尼斯！
> 当海水漫过你的大理石墙面，
> 人们将为你沉没的厅堂痛哭！
> 弥漫在辽阔的海洋上的，
> 是人们响彻云霄的哀伤！

现在，委员会的主要任务是商讨世界遗产保护的状况并维持下去，它们照例已经变成了生意。这么说，既实在又生动。当前，包括威尼斯和巴拿马在内，全世界有越来越多的遗址正面临着威胁，这些威胁来自旅游、基础设施发展以及冶炼工业等对遗址保护工作畅通无阻的扰乱行为。政府和其在联合国教科文组织的代表通常可以远离文物保护，或者最糟糕的情况是，他们可以对此漠不关心——如果他们拥有足够的政治影响力，能够暂时避开来自国际社会的谴责的话。只有当遗址入选《世界濒危遗产名录》遇到麻烦或者国际舆论对他们不利的时候，
115 他们才需要开始行动和进行游说。正如我们看见的那样，对国家的问责机制实在太弱，因为当初制定公约就是为了求它们参与，而不是为了发布惩罚措施。因此，当越来越多的遗址入选世界遗产名单的时候，那些早已列入名单的、需要长期保护的遗址的情况慢慢变得糟糕，但是国家之间的经济和地理政治联盟却得到加强。在最近的世界遗产会议上，金砖国家——巴西、俄罗斯、印度、中国和南非——的谋划便是明证。遗憾的是，拉吉夫·甘地于1985年在联合国教科文组织发表的演说并没有得到重视，他当时断言："对于那些偏好剥削的人，最好的矫正方法就是教会他们拥有保护事物的才能。"

然而，在世界遗产委员会及其遗产名单中，存在着一个持续了大约四十年的问题，那就是长久以来的欧洲中心主义。欧洲例外主义在联合国教科文组织有着长久的历史，不管是勒内·马厄在20世纪60年代做的关于救助威尼斯的演说，还是最近在世界遗产委员会会议上的演讲，都可以找到证明。回看人们的决策历史和名单构成，新兴国家对决策时的双重标准感到不满意——这是可以理解的——强国拥有很高的地位，可以躲过谴责，而弱国则不能。后者跟着前者的脚步，建立同盟，制定策略，以便躲避批评。这种游说和协议现在很常见，经常被称为"文化外交"，其实就是披上一件体面的外衣。事实上，这是软实力兵器库的另一种武器——一种在国际关系中通过文化或经济施加影响而不

是采取胁迫手段的理念。国际上对文物保护工作的认同指的就是良好的管理、公正透明、行为礼貌以及具有现代性。难怪保持世界遗产的身份需要付出很高的代价，而且那些国家很不愿意受到国际干预，也很不愿意它们的主权事务受到监管。这种国家目标和国际利益的截然对立突显了世界遗产领域的主要矛盾。在这个领域中，某个国家的遗产是属于全人类的，也是属于将来的。

从根本上说，文物保护包含不同的文化理念。虽然从国际联盟的观念到《威尼斯章程》，再到《1972年公约》，欧洲中心主义一直是重要的支撑，但还是存在着其他看待过去的视角。大多数的规范条款并没有对文物保护和修复中不同的文化模式和历史模式给予足够的关照，如同我们在缅甸看到的那样。不过在亚洲和非洲的大部分地区，这些规范条款也没有顾及那些传统做法和措施。对警戒线进行生化处理仍
然在实施中，但是关于遗址的使用和访问存在着更多的问题，比如亨比 116
就是潜在资金缺口的恰当案例。如果我们的文物保护行动仅仅以历史遗迹为中心、以遗址结构为根本，那么我们不仅将对古代场景产生重大的误解，而且将减弱现存历史的效力，淡化那些用知识和技术创造历史的社区居民的作用，也将影响我们对一直存在的相关传统的理解。在某些专家认为很重要的随机时刻，人们总想定格历史，于是历史遗产就失去活力，这种事太过经常地发生。

最后，也许也是最重要的，我们必须深入探寻，谁才是国际文物保护行动的受益者，谁又是受害者；亨比和吴哥古城居民的搬迁就是后者的重要例证。正如人们在巴拿马旧城区和吴哥遗迹看到的那样，在世界遗址里面及周边地区，存在着威胁居民生活的暴力问题和严重违反人权的问题，这些经常是政府部门犯下的错误。国际古迹遗址理事会和世界遗产中心正在自己的职责范围内逐步处理这些事务；然而，由于联合国教科文组织成员国拥有各自的支配权，所以该组织几乎没有权力领导和决定各国的行动。人们应当更加迅速地追踪并应对国际上司

空见惯的不公平行为，而不是仅仅关注历史遗迹的命运。文物保护行动和相关冲突从来就没有在人类历史中缺席过，然而这两者的人文层面无疑才是最重要的。朱利安·赫胥黎从一开始就知道，联合国教科文组织面临的是一项令人气馁的任务，他说："联合国教科文组织不可
117 能从一顶文化和科学的帽子下变出一只政治和平的兔子。"[84]

第五章

进入《世界遗产名录》

一切始于神秘主义，终于政治信仰。

——夏尔·佩吉，1909年

柏威夏寺是一座位于扁担山脉悬崖峭壁上的印度教神庙，2008年7月7日，该寺进入《世界遗产名录》。作为高棉建筑精品，柏威夏寺建于公元11世纪的上半叶，其主要特点是在八百米长的中轴线两旁建有许多庇护所，设计好的人行道和楼梯把它们连接在一起。柏威夏寺被公认为建筑代表作，这归功于它的设计、装饰以及壮观景色对它的映衬。柬埔寨提出申请之后，世界遗产委员会在魁北克会议上宣布其入选《世界遗产名录》。该寺入选名录的事情立即引发了该国与其邻国泰国的边境纷争。纷争并不局限于柏威夏寺问题，还沿着边境线向西延伸大约一百五十公里，因为泰国士兵占领了大漠寺建筑群。柬埔寨为了报复，占领了大漠寺以东十三公里的泰国塔克拉比寺。该遗址得到联合国教科文组织的认可并没有给"人们的头脑"带来多少和平的理念，它更多地激发了人类长久的暴力行径，这与该组织章程中阐述的追求背道而驰。在柬埔寨和泰国长久的领土争端中，柏威夏寺及其附近区域始终是争论的焦点。海牙国际法院所持的态度偏向柬埔寨：先是1962

年，然后是进入名单之后，2011年出面解决双方的对抗态势，2013年又进行了同样的应对。[1]世界遗产中心也卷入了国家间的纷争，它在非常公开的提名程序中很愿意亮明态度，但是名单列表令其窘迫。[2]事实上，“石庙民族主义”是如何与外交政策和投资这些更加宽泛的问题纠
118 缠在一起的，人们并不清楚，美国在背后掌管着这其中的很多事务。

在泰国和柬埔寨，我听到人们议论国际石油协议交易和美国在其他交易中的干预。然而，从表面上看，世界遗产提名的官方程序只牵涉到柬埔寨和泰国两个主权国家之间的协商，在某种程度上，联合国教科文组织自身的政府间外交只是充当了经纪人的角色。此外，这种紧张的地区间冲突的逐步升级似乎与美国毫无关联，它既不与这两个国家中的任何一个接壤，也不存在与这场纷争密切相关的利益问题。但是，从2005年到2009年的关键阶段，美国一直是世界遗产委员会的成员之一。人们会对地处偏远的湿婆神庙给出怎样的价值评估呢？来自巴黎和曼谷的资料使我得以进行更深的探寻。要想知道在柏威夏寺提名成功这件事上美国起了怎样重要的作用，又为何如此，我只需要检索一下维基解密就可以了。[3]

从2005年5月19日到2010年2月12日，柏威夏寺成为一百五十份外交电报的主角，总字数几乎达到十万字。这期间发生的事件有：2007年，柏威夏寺开始准备申请提名；2008年进入名单；与泰国的纷争及其带来的暴力行为。据透露，这些外交电报表明一个现象，即看起来没有关系的领域和事件其实是相互关联的。电报同时强调：全球范围内的
119 遗产问题处于一个错综复杂的超级链接之中。在2008年世界遗产会议召开之前，一份名为“柬埔寨：投资、关于神庙的争论、债务和柬泰领土争端商业代表团会议”的电报阐明了看上去毫无关联的问题如何结合到一起。[4]美国驻柬埔寨大使约瑟夫·穆索梅利分别给美国商务部、国务卿和他在巴黎的同事发去电文，用他的话说，电报内容是关于“美国在柬埔寨投资兴趣的增长态势”。他在电文中说道：“柏威夏寺进入

联合国教科文组织《世界遗产名录》的事情正等待解决，还有柬埔寨与美国代表团成员的双边债务等问题；大使馆相信，成功解决柏威夏寺的问题能够为解决泰国湾领土争端打开一扇门。”他所说的领土争端对美国及其伙伴能否确保在泰国湾签订开采天然气条约的事情带来了严重影响。大使还说道：“柏威夏寺进入联合国教科文组织《世界遗产名录》的事情如果能够得到正确解决，那么它其实可以为两国在文化事务上进行更加紧密的合作提供机会，也可以为解决泰国湾领土争端带来机会——领土争端的议题潜藏着更多的利益关系。”人们启动了一系列的交流活动，强调在密切相关的世界舞台上就遗产入选名单进行交易的可能性。那些交流活动表明，国家遗产逐渐成为国际社会管理的对象，国际社会也将因此对其提供经济支持并给予身份确认。

如果关于柏威夏寺的争议能够得到解决，那么它很可能帮助解决泰国湾的海域争端。对美国来说，这意味着它可能获得巨大的天然气储备资源，像雪佛龙这样的美国公司可以对其加以开采——这点后来也得到了许可，并且可以延长期限。[5]关于从神庙到海洋的领土争端，一位柬埔寨代表解释说，在柏威夏寺的问题上并不存在像泰国湾那样的“领土争端”。对主要国家和它们的美国经纪人来说，商品和运输密不可分。于是出现了这样一种因果关系：如果柬埔寨继续拥有对柏威夏寺的所有权，泰国将提升其水下资产价值，而美国将为更多的合约进行协商。另外，在人们发送那些泄露出去的外交电文的那段时间里，美国的大公司在柬埔寨的投资兴趣有了猛烈的增长，包括波音、耐克、麦当劳、必胜客以及万宝路，电文中表明了这种投资兴趣。[6]的确，电报揭示了政府是如何为大公司的经济利益优先着想，而不仅仅是考虑本国在外国的利益。政治、经济和文化利益变得密不可分，这种关联不仅在 120
泄露的外交电文中得到阐述，同时在泰国媒体上也可以见到——媒体谴责政府以柏威夏寺及其边界地区作为交换，来获取柬埔寨国公省的天然气开采权。[7]而这一切都是以文物保护的名义在举债经营，具体来说，这个文物保护的名义就是，某处遗址能否进入联合国教科文组织的《世界遗产名录》。

看起来，柏威夏寺牵涉到的国家利益是最重要的，因此，人们就其能否获得世界遗产领域认可的议题进行了更为广泛的磋商，内容包括：国家立法机关和司法系统的工作、政府间机构、民族企业和市场的国际行为、非国家行为体的政治计划以及公民与国家关系的改变。例如，自从第二次世界大战以来，美国一直在该地区占据重要的军事地位，其在泰国的基地，比如乌塔保，为其提供空中和海上作战能力。另一份电文称："它们的关系已经升级成为伙伴关系，这使得美国可以获得独有的利益。作为美国在亚洲的五个条约同盟国之一，泰国同时拥有空中/海上长廊的重要作战力量，因此，该国对于美国在亚太地区及延伸区域的利益有着重要意义。"[8]于是，在国际纷争中让人们看见美国对泰国的支持——不管是领土争端还是柏威夏寺的问题——是很有些意味的。

那些电文彰显了美国渴望在东南亚加强自己的存在感，尤其是当时，中国与该地区的联系越来越紧密。中国和美国一样，都是柏威夏寺国际合作委员会的缔约国，都对该遗址的未来有着重要意义。2008年，中国在柏威夏寺周边地区投入巨资，用于采矿和产业发展，同时出资援助桥梁建设以及通往该寺的一条大路的建造工程。同年，中国出资两亿九千万美元，用于修建一条公路，连接柏威夏寺和柬埔寨的另一个世界历史遗迹——吴哥古迹。中国铁路集团还建造了贯穿南北的铁路，把位于柏威夏省的柬埔寨钢铁开采产业集团的工厂（该工厂为中国所有）和位于国公省的一个新建港口连接到一起。来自巴黎的某些代表团认为，美国之所以干预柏威夏寺进入名单的事情，其背后的真实原因是中国介入柬埔寨事务这样一个复杂背景。[9]解决柏威夏寺及其边境争端与进行更大规模的国际交易，这两者绑在一起，不可分割，美国认为这种交易有利可图。那些电文传达的意图是，希望最终和平解决纷争，并将泰国纳入合作。美国外交官解释说，泰国"若要购买武器，美国

始终是其第一选择”，而价值二十亿美元的买卖也在进行之中。[10]一位 121
经验丰富的外交官在回忆美国干预遗址入选的事情时，直言不讳地说道：“他们认为他们的生意是最重要的。”

与柏威夏寺进入遗址名单的问题交织在一起的，还有下面这些问题：国家政治阴谋、国际边境争端、关于天然气和钢铁工业合约的双边协商、区域性军事结盟。围绕该遗址出现了这么多的政治活动，这个现象很能说明问题，因为在该寺入选名单的争议及其带来的边境争端发生之前，在国际遗产领域很少见到这种现象。全球化和类似于联合国教科文组织的《1972年公约》这样的世界制造项目，改变了某些遗址进入名单的利害关系。走过程序之后，国家与国家之间的依赖和关联更加紧密，遗址变成了附带交换价值的交易商品，此处的交换价值已经超出其作为遗址的物质价值；于是，为了获取其他的国际利益，遗址成为人们争抢的对象。从国际关系网到国家间的磋商，再到遗址的级别及其所具有的社会、政治和经济生产的潜在能力，人们都可以看到为了支持遗址进入名单而进行的交易和与此相关的其他交易。在这里，相较于遗址发现，大家更关注遗址的修复状况。

世界遗产交易

《1972年公约》明确规定，所有像柏威夏寺这样的历史遗迹，其提名申请必须由所属主权国家提出。[11]因此那些最不可或缺的考古现场理应纳入《世界遗产名录》。然而，柏威夏寺进入名单的过程却因为一系列突出的问题而受阻，这些问题因为受到政治、经济和军事干预而不再仅仅局限于某个国家。将该寺列入名单这件事也许会成为萨斯基娅·萨森所说的“引爆点”，它是从一个时代向另一个时代的转折点：前者的特点是一个民族国家拥有主权，同时它能够掌控所有主要社会、经济、政治和精神生活的方方面面；而后者的标志则是各种指令大量涌现。[12]维基解密为这一现象做了揭示：国家与国家之间的关系将在政治、军事、机构、社团和文化等领域发生巨大的变化，这些变化能够带来全新的能力和思维方式。然而，这其中的阴谋通常不为人所见，而且为了避免外泄，人们都对申请材料采取了保密措施和外交手段。[13]正如穆索梅利大使警告的那样：“维护地区稳定对美国有着重要的利益关系，我们在这场纷争中无法含糊其辞、置身事外。”[14]柏威夏寺纷争发生
122 的时间节点意义重大，因为这关涉到更大范围的安全问题，以及如何运用手段在其他具有很高知名度的联合国委员会中谋取权力。柬埔寨为加入联合国安全理事会寻求支持，其途径是颂扬本国对古代遗产的现代化管理，特别是在吴哥古迹的修复方面。[15]柬埔寨也希望能获得美国支持，进而加入亚太经合组织，最终撤销该论坛对新成员定下的贸易禁令。纵观所有的世界性组织，由于各国的兴趣点不同，所以意在寻求别国政治支持的、或含蓄或坦率的交易市场应运而生。互投赞成票是人所共知的一种投票交易，这在联合国教科文组织和联合国中越来越常见。[16]由于世界遗产具有极强的软实力，于是各个国家彼此心照不宣，行动一致，令人难以置信。这一切让联合国教科文组织成了联合国充满希望的会客厅。

虽然关于政治、经济的各种规定无处不在，但有可能成为世界遗产的遗址总是令人们产生进行交易的冲动，这甚至比进入遗产名单还要令人兴奋。进入《世界遗产名录》不仅仅反映这个国家在某个地区的掌控力，证明其拥有自己的政治团体，而且也表明了其拥有强大的经济能力、坚韧不拔的游说能力以及游刃有余的国际结盟能力。关于这点，有一个例子，即目前处于停滞状态的季风计划。这是印度政府发起的一项倡议，该项目有可能为很多国家在考古和遗址之间架起一座桥梁，而这些国家因为横跨印度洋的雨季而彼此关联。[17]该项目规模宏大——从新加坡延展至索马里——其初衷是将那些拥有共同的海洋历史和现存传统的国家联结到一起，并将大部分的印度洋作为单个的世

界遗产列入名单。该项目由印度发起，但是还要依靠其他亚洲、中东，也许还有非洲伙伴的共同合作。季风计划在2014年世界遗产委员会会议上公开启动，非常高调。

总干事伊琳娜·博科娃虽然出席的是其他活动，但印度还是通过娴熟的手段请到她帮忙，要求她支持这项并不成熟的提名申请。由印度喀拉拉邦政府旅游部准备的礼包装满大量香料，显示了其在香料交易中的历史地位，参会人员都收到了这份慷慨大礼。当来自各国的代表们嚷嚷着要加入项目时，空气中充满了一种没有节制的热情。然而，这个宏大的国家间项目于2015年脱离了预定轨道，因为政府指令遇到了专家学者、傲慢的国家官僚、重新兴起的赢利主义、转换之中的国际联盟，这些方面彼此之间的关系令人窘迫。印度政府外交使节把申请提名看作与那里所有强大的同盟国建立联系的一次机会，而这种联系 123
既不关涉学术顾问认可的历史渊源，也无关乎他们认同的文化遗迹。此外，由总理纳伦德拉·莫迪领导的印度政府使用同样的名词，即季风计划，来命名一项政策。该政策具有重大的政治意义，旨在拓展印度的区域影响，抵御中国对海上军事和贸易权威的反诉，尤其是对印度洋海域的反诉。[18]至于该项目的命运，其关键就存在于大礼包中：季风的海洋景观被印度的香料外交这位“商业担保人”所取代，从文化商业化和旅游收益的角度看，喀拉拉邦的旅游实力成为最重要的优势。[19]为了证明国家实力，获得联合国教科文组织的认可，进入国际交通的许可范围之内，该国古代和现代的交易手段使出浑身解数，轮番上阵。

世界遗产进入名单的所有程序和随后对它们的管理和保护，都为国际贸易和交流带来了一个极具活力的市场。随着经济、政治权力范围的不断扩大，遗址越发彰显出其对相关商品和交易的影响。[20]完成进入名单的正规程序可能持续许多年，花费数百万美元，还要进行许多非官方的协商和游说。2015年，牙买加为其第一次进入遗产名单花费了一千三百万美元；而由首相安倍晋三领导的日本政府为了推进和确保其有争议的提名申请——申请提名的遗址为日本明治工业革命遗址：钢铁、船舶制造和煤矿开采——能够获得成功，向十五个国家派出使者。[21]对一个当事国来说，首要的官方要求是，潜在世界遗产必须包含在国家的《暂定名录》之中。即便是这一步骤也可能招来争议，因为关于领土的入侵和争论是显而易见的。各国编写好一份详尽的包括地图和论证文献在内的申请材料，提交给世界遗产中心等待审查。一旦确认申请材料内容完整，该中心将转寄合适的顾问团等待评估。[22]国际古迹遗址理事会对文化遗址和景致进行评估，世界自然保护联盟则负责审查自然遗产；如果提名的遗址两者都有，那么就都需要评估和审查。[23]据称，国际古迹遗址理事会采取的是一种科学现实主义，它出具的报告涉及世界的方方面面，包括能看到的和看不到的。该组织鼓励进行野外考察，以便评估遗址的真实性、完整性和保护状况，这也进一步构成了此种“实证主义的配景图法”的考古途径。[24]

顾问团当然会提出建议，但在年度会议上做出最终决定的还是世界遗产委员会。这其中的每一个阶段都面临争议，也许是当事国与秘
124 书处意见不合，也许是顾问团和世界遗产委员会观点相左。遗址要想进入名单，必须具有“突出的普遍价值”，本书第三章对此已有交代；同时遗址还必须符合十条筛选标准中的至少一条。至于什么是“突出的普遍价值”，自从公约签订以来，人们对于此概念的理解一直在发生变化，这个相当神秘的理念尚未获得精准的定义。然而，尼克松总统在其“致国会：关于1971年环境计划的特别建议”中对此做了一点解读：“有些领域具有如此独特的世界价值，它们必须被看作全人类遗产的一部分，并且应该被特别认可为世界遗产信托基金的一部分。”[25]

在召开委员会会议期间，对当事国来说，将遗址列入名单的那几天是最关键的。一位印度大使令我印象深刻，她认为，获得遗址商标比遗址保护，甚至比进入濒危名单都要来得重要。她的感觉是，对于“走在大马路上的人来说”，经济和社会方面的发展进步都比这个更加引人关

注。事实上，关于遗址能否进入名单，这件事带来的压力太大，相关的辩论太激烈，一位高级官员向我描述时称之为“具有观赏性的体育运动”。顾问团的评估人员在给出建议时并不能提供很多的类别，而仅是：进入名单、转交审查、延期审查、不能进入名单。进入名单并不复杂，自从公约生效以来，委员会很少对纳入名单的遗址提出质疑。[26]转交审查则需要当事国在原有文件的基础上再增加一些次要信息。延期审查需要当事国增加更为重要的信息，或者需要当事国采取一些行动，然后评估人员针对遗址给出新的评价。不能进入名单的决定意味着从理论上来说，申请材料结束其使命，并且不可以再次提交给委员会。

顾问团的成员们形容他们给出的建议是“有用的工具”，当事国可以借此与世界遗产中心合作，以期为遗址提名和可能进入名单做更好的准备。而当事国认为除了进入名单，所有其他的决定都是“有毒的礼物”——代表们说到这个词语时经常带着几分鄙视的神情。[27]延期审查意味着材料要做进一步修改，它们认为这事非常主观，而且可以说是虚假的批评。事实上，当事国在准备申请材料的时候已经消耗了不菲的资源，而且动用了其政治资本。提名申请过程中，这两种截然不同的观点成为当事国、顾问团和秘书处之间产生争执和不快的最大缘由。类似的冲突越来越难以应付。 125

设立顾问团的部分原因是使筛选过程保持中立，并通过公正的专家和外部监管，参照标准进行筛选，从而达到去政治化的目的。[28]然而，正如法律学者安娜·维多尔雅克注意到的那样，虽然该组织有其自身的构成，但是所有这些专家在相关责任和透明状况方面都应接受审查。从20世纪90年代中期开始，人们对一些问题展开争论：彼此之间缺乏合作、专家资源不足、利益冲突、评估方法存疑；另外，国际古迹遗址理事会的整个分类体系存在问题或者缺乏必要的分类方法。[29]当事国从来都是最活跃的评论家，它们不但不听从建议，而且有组织地忽略并且推翻顾问团给出的建议。印度大使维奈·谢尔·欧贝罗伊在谈到他对遗址保护规定的失望时说道:“如果当时存在国际古迹遗址理事会和世界遗产委员会,人们绝不可能建造金字塔。”[30]他暗示说,国际古迹遗址理事会并没有站在遗址的立场上办事,而且总是越权,因此存在过失。

在过去的十年中,委员会对遗址能否进入名单给出建议,它在这方面取得了成绩:那些申请材料从转交审查到纳入名单,从不能进入名单到转交审查甚至到最终进入名单,其努力见到了成效。因此,在专家评估和世界遗产委员会的决定之间存在着巨大的异同。遗址筛选过程中经常出现这种两极分化的情况,而现在,筛选过程更多地着眼于国家利益,而不是全球利益。[31]2013年,巴西和印度争辩说,公约的《行动指南》应该加以修订,以便让各国能够寻求它们自己的独立评估专家,减少顾问团的权重,让每一个国家拥有更多可以进入《世界遗产名录》的遗址。其他代表团则认为,世界遗产的审查程序应该是可行的、协作的,而不是充满竞争和约束的。[32]世界遗产中心的一位前领导人基舍尔·劳也认为,更好的做法是把大量的时间、精力和金钱花在加强合作与指导上。[33]由于当事国的怨言越来越多,它们把相关事务纳入自己的管理范围,绕开官方渠道,直接请求委员会成员国和其他当事国支持自己。不管是在世界遗产领域还是在世界银行的运作方面,这种“全球交易”已经成为多边生活的一种特色。[34]

联合国教科文组织称,《1972年公约》的影响已经扩大,政府、社会和个人、大学、基金会以及私营企业都对遗产保护倾注了更大的热情。
126 这当然是事实,但是现在,彰显这种影响的手段变得越来越政治化。对各国来说,全球的遗产都是手中的棋子,将遗产纳入《世界遗产名录》已经成为一种加强主权利益的政治手段。对秘书处和顾问团的成员们以及其他成员国施加过多的压力,已经成为一件更为平常的事情,有时还会有恫吓和不必要的推进行动。有些国家更具攻击性,它们认为在争取认可的混战中,自己更有可能赢得胜利,即便是输也输得起。2010年在巴西利亚举行的世界遗产委员会会议是一个重要的转折点,《经济学人》上的文章说道:“联合国的代理机构迫于成员国的压力,在执行规定时有所放松。”[35]相反,巴西代表团对自己在会议中的公开透明和谈判技巧颇为自豪,代表团成员向我解释了他们如何帮助解决柬埔寨和泰国在柏威夏寺问题上的争端。然而,同年,一份来自挪威的研究报告表明,他们并没有在公开辩论中当场做出决定,而是进行了巴西利亚会议的幕后操作。[36]研究报告称,中国对其他成员国施加了压力,以确保它自己的提名遗址能够进入名单,有几个国家对此表示了关注。接着,法国发布了一份爆炸性文件,彻底揭示了2013年柬埔寨会议上当事国对委员会成员们进行的游说以及施加的压力,其结果令巴黎的许多外交官感到吃惊,因为他们曾在接受采访时显出很天真的样子,而且还被录下了与相关成员国“做生意”的影像。一份特殊的调查报告记录了俄罗斯大使如何对其他代表团不断施加压力,要求他们支持位于鞑靼斯坦的中世纪博尔加尔历史和考古建筑群的提名申请。[37]

各国遗址都想进入《世界遗产名录》,这其中的政治学使得别国能够把遗址从它们独特的环境中夺走,而且事实上,遗址被当作交易手段,它们遮盖并形成了由政治经济价值编织的多重网络。这里,“交易”不仅仅指“做生意”的过程和商品交流以及世界遗产方面的公共事业,也包括交易各方之间的互惠行为和交流活动。一两个邻国的支持并不能帮助提名申请获得成功,这需要来自全世界的许多国家的支持。此外,这种互相依赖的关系不再局限于某一个国家团体(例如,西方国家团体,或者工业化的民主国家团体),而是扩大到多种多样的经济政权形式、宗教和文化。[38]的确,对提名申请的支持更多牵涉到的是早先
的殖民关系和贸易伙伴关系,而不是在区域、宗教或者语言上的从属 127
关系。[39]

总干事博科娃在圣彼得堡世界遗产委员会会议上发言,以此回应不断增加的压力和来自国际社会的谴责,她说:“申请提名程序中的所有阶段,都必须保证绝对值得信赖。”她警告说,鉴于这种“指责越来越

多”，委员会现在“处于重要的抉择关头”，既可以“像统计世界遗产数量的会计似的聚到一起，一年又一年不断在名单上增加遗址，离标准的要求越来越远；也可以选择另一条路，那就是做有远见的人，包括在行动上和思想上。我们要让《世界遗产公约》重新发挥作用，应对来自21世纪的各种挑战。保护世界遗产不是选美比赛”。[40]事实上，遗产进入名单的过程就是一次国际比赛。包括古巴大使在内的有些人因此把它比作世界足球管理机构——国际足球联合会；另外有些人则把它比作奥林匹克运动，或者更糟糕，比作欧洲歌唱大赛。

为什么进入《世界遗产名录》变得如此重要？因为人们认为世界遗产是商品，是推动国家和国际社会前进的动力，所以有这种想法并不奇怪。在联合国教科文组织的官方文件中，使用了“财产”这个词汇，可见这种想法从一开始就显而易见，一个民族国家也因此将遗址主权牢牢握在手中。[41]如果一个国家的遗产能够获得世界遗产界的认可，
128 那么这可能给该国政府和私人企业带来直接的旅游收益和其他经济收益，虽然从许多发展中国家来看，这种收益的分布情况并不均衡。制定《世界遗产公约》的初衷是保护和保存世界上最重要的文化遗迹和自然遗迹，但是现在在很大程度上，该公约意在帮助各个国家实现赢得品牌和经营品牌的目标。

人们从各种不同的学科角度对联合国教科文组织的品牌创建工作进行研究，其中最常见的研究角度是旅游、遗址管理和国际政治。[42]威尼斯、吴哥古迹和庞贝古城都是很好的案例，但是也有一些不那么引人注目的遗址，如位于法国南部的喀斯和塞文文化景观。该景观举全国之力，历时五年，于2011年进入遗址名单。[43]其申请材料的基本观点是，该遗址体现“农牧系统和它们的生物物理环境之间的关系”，以及长久以来形成的夏季畜牧的传统，其主要特色是如画的风景。羊群有时候不太容易看见，但是由当地旅游发展机构和区域机构合作的联营企业令人印象深刻，且十分普遍；自然保护机构和当地企业都被冠

以“产地认证”的标志，因此联合国教科文组织的冠名也为其带来了商业收益和资本收益。喀斯和塞文文化景观与英国的科茨沃尔德小镇相似，与法国南部的大部分地方一样美丽。该景观是新颖别致的旅游胜地，它为有钱的客人提供别墅食宿、远足和漂流项目、当地工艺品以及有机农产品。法国在推动其遗址进入《世界遗产名录》和向市场推广方面可谓是行家里手，因为联合国教科文组织巴黎总部、在那里任职的很多官僚以及法国与联合国教科文组织的合作协议等都为其提供了巨大支持。另外两个新近进入名单的遗址是香槟地区山坡、房屋和酒窖，以及勃艮第风土和气候。

世界遗产的决策机制不仅令遗址所在地获得这些快速回报，而且赋予那些地方某些特别的价值，它们反过来又带来新的价值，而这些价值又将在其他领域带来额外的实际利益。因此，处于交易中的遗产具有转化功能，能够加强国际关联、加强战略伙伴关系并影响世界观点——这些关系和观点原本取决于经济、种族、宗教或者地理等方面的因素。遗产进入名单的**程序**本身越来越彰显世界遗产保护工作如何与交易生态学缠绕在一起——尤其是整个程序中的政治联盟所起到的作用，如果说得具体一些的话，甚至还有当事国之间互相送礼的模式。文化互惠、商业互惠和外交互惠不仅可以出现在国与国之间，还可能出现在各国代表之间、联合国教科文组织顾问团成员之间和其合伙评估人员之间，以及那些穿越各种关系网的个人和顾问之间。这是典型的掌 129
权人物的聚会，参加世界遗产会议的几千人都是来做生意的，或者为了他们的政府、国际机构、咨询公司、大学，或者为了他们自己。委员会会议的真正内容是订立规约，举起铭牌、适时干预、规划程序；与此截然相反的是，在咖啡间歇、自助午餐、欢迎会中，大家一直在交换名片、宣传册、书、礼券和礼物。大使和外交官在国与国的交易中扮演中间人的角色，服务于各自的国家和主权利益。前一秒钟，政府级部长和酋长还在为他们的遗址申请进行游说，后一秒钟却在为其他的生意订单寻求合作机会。而个人则通过欢迎会、非正式会谈和盛大的宣讲会，利用世界遗产这个最为柔软的外交手段，开始磋商更为重要的政治事务。

遗产管理

前面我们考察了像柏威夏寺这样的遗址进入《世界遗产名录》会带来什么样的利害关系，也考察了对喀斯和塞文文化景观进行品牌经营有什么好处；这两个例子都说明，不论是进入遗址名单，还是它在更大范围内带来的后续影响，其本质都是做交易。这些交易的操作超出了公约规定的范围，它通过权力和影响的不断循环，让遗址进入名单的过程和结果都远离世界遗产的保护问题。关于遗址的商谈没完没了，有时在国家代表团设在巴黎的办公室里经年累月进行；最常见的是在年度会议上进行的商谈。参会国如何确定委员会会议的导向，如何掌控其特别利益和管理其资产，对这些问题的回答向人们展示了企业发展的又一个侧面。前者属于国家间事务，后者属于政府间事务。一方面，参会人员都要求信息更加公开透明；另一方面，我是联合国教科文组织的观察员，因此我能够更清楚地看到，在委员会任职的国家是如何在公约允许的范围内采取行动的，这些行动不仅有目共睹，而且也可以得到评判。

公约明确要求委员会公平对待全世界不同的地区和文化。因为只
130 有委员会成员国的代表才可以发言和做决定，所以大家都极其渴望能够成为委员会成员国。2013年，六个非洲国家向世界遗产委员会申请成员国候选人资格，但是没有一个被选中，这其中的政治学昭然若揭。这使得整个非洲在委员会中没有自己的代表。联合国教科文组织也曾公开承诺在2014年到2021年之间优先考虑非洲国家的代表问题。[44]丑闻发生后，巴西提议以联合国教科文组织的选举机制为基础，建立新的

选举体制,恢复执行人们所认为的公平、公正和信任的原则。[45]

如果一个国家在委员会中任职,那么它更有可能对遗产保护以及相关问题产生正式和非正式的影响。我的同事恩里科·博塔基尼、克劳迪娅·柳扎、唐娜提拉·萨科和我考察了委员会一贯的衡量标准,我们发现,长久以来,在获取职位和任职期限方面,西方国家一直占据掌控地位。[46]像法国、德国和意大利这样的西方国家已经连任了好几个任期。如果当事国是委员会成员国,那么这将有利于它们的遗产提名活动并加大获准进入名单的可能性,同时这也将在统计学上产生重要意义。[47]成员国资格将从政治权力上极大地推动遗址的提名申请活动。大多数当事国期盼它们能够在几年之后获得成员国资格,它们会提前游说以便争取支持,同时也会早早准备申请材料。[48]

对当事国来说,文化遗产就是财富,促成它们列入《世界遗产名录》的最佳途径就是等当事国在由二十一个成员国组成的世界遗产委员会任职的时候提名这些遗址。法国和德国等欧洲国家对此做了积极的努力,尽管其他国家团结起来,阻止处于任期中的委员会成员国提名它们自己国家的遗址。推行一条新规定需要得到大家的认可,因此委员会成员国迅速投出反对票也就不足为奇了。芬兰、瑞士和爱沙尼亚等少部分国家建议成员国不参与投票,但是每年它们的提议都会引起明显的利益冲突;而许多其他国家则持相反意见,比如土耳其、俄罗斯、印度、中国和日本。

委员会成员国完全清楚应该如何确保成功,一个例子是2012年德国申请提名施韦青根城堡进入《世界遗产名录》,那是选帝侯避暑别墅遗址。[49]国际古迹遗址理事会建议延缓对这处富丽堂皇的遗址是否进入名单的问题做出决定。评估人员认为该遗址具有代表性,但是并不引人注目,因为它不具备难以企及的品质,即“突出的普遍价值”。德国大使玛蒂娜·尼伯林-弗里斯尼希对此给予了强有力的反驳,她很 131
在行地提出重新设计申请提名的程序,重点关注遗产的某一个特殊层面——这是一座18世纪的“装饰性的清真寺”。鉴于委员会包含卡塔尔、伊拉克、阿尔及利亚和阿拉伯联合酋长国这样的阿拉伯国家，还包括像塞内加尔、马里和马来西亚这样的穆斯林人口占大多数的国家，这次重新包装是一次精心策划的行动方案。德国早先已经反复提交了申请材料，但是并未成功；在材料中德国提及的是共济会而不是伊斯兰教。[50]现在德国提出该遗址与伊斯兰教相关，并称其为多元文化主义，还称施韦青根城堡拥有欧洲最早的清真寺。该市市长举着麦克风宣称此城堡是宽容之所。有些阿拉伯国家表示支持；其他国家期待从德国那里听到更多类似的早期东方主义的观点。但是法国和瑞士立场坚定，认为“装饰性的清真寺”不应该与国际古迹遗址理事会提出的问题混为一谈。“我们正在为一座宫殿进行提名申请……而不是一座清真寺”，瑞士做出如此断言。塞内加尔似乎被激怒了，它明确表示：“这不是清真寺，只是装饰性元素而已。”最后，经过九十分钟的激烈争辩，德国做出让步：“你们对巴洛克式住宅失去兴趣，我们可以接受这一点。”[51]

委员会成员国不仅能够为自己国家的遗产说话，而且还能够通过支持其他国家的遗产提名申请建立重要的同盟国关系。我的同事和我对2003年至2013年之间提交的三百四十份提名申请进行了分析，我们发现所有辩论中的发言都是为各自不同的政治目标服务的。[52]一般来说，委员会成员国拥有两分钟的发言时间。这些简短的发言允许一个国家对某个遗址进行更多一些的介绍，或者通过某些具体陈述直接影响最终决定。委员会成员国经常对顾问团发表演讲或提出质疑，或要求对某个技术性细节给出更多的解释。大家运用此种策略来支持遗址进入名单，或者用它来强调申请材料中存在的问题。鉴于许多代表私下承认没有能够读完所有的材料——毕竟这意味着要读成千上万页文件——所以那些发言内容一般都是由提名国家事先给出提示并撰写文本。

在2016年的伊斯坦布尔会议上，美国准备了打印好的文稿，为弗兰克·劳埃德·赖特建筑的提名申请做宣传，在激烈辩论的过程中，一位长期供职的美国代表离开他的座位，走向一位非洲委员会成员，给他一份打印稿让他阅读。[53]几年前，一位来自埃塞俄比亚的年轻代表坦率地表示："有时候桌上的文件是那份公约，但运作中的文件则是政治。" 132
一个在委员会中拥有一席之地的弱小国家也许经常会感受到来自强势国家和掠夺成性的国家的压力。上面这些做法为"某些机构体系的需求专门设定"，而且是精准设定，它们成为权力甚至专制的工具，被不同层级的领导人物以不同方式进行利用。[54]当事国如果敢于表达并具有权威性，那么它将在委员会中获得合法地位，这也将强化该国与其他国家的外交关系。印度就属于这样的情况，其大使从来都是直言不讳并敢于提出批评意见。具有讽刺意味的是，一位直率的印度外交官把由二十一位代表组成的委员会比作"奥林匹亚山上的众神"，然后转身就私下跟我说，这种情况必须改变。

能够举起麦克风说话本身就很了不起了。的确，在世界遗产会议上做出的决定都要提交讨论然后一致通过，所以演讲必须具有说服力这点更加重要，它起到的作用也更大——因为通常的情况是通过正式投票产生决议。我的同事和我发现，演讲的频率是考察委员会成员在决策过程中的形象的指标：不论最终能否进入《世界遗产名录》，如果一个国家的陈述频率越高，那么它对最终决定产生的政治影响也就越大。[55]例如，我们发现，埃及、印度、中国、俄罗斯、南非、泰国和日本产生的影响是最大的，包括正式的影响和非正式的影响。如果顾问团的建议不支持遗址进入名单，那么将招来反对意见。这些国家通过在世界遗产委员会中的任职年头、提交的提名申请的数量以及它们派去参加会议和进行游说的代表人数，来进一步维护它们的高大形象。[56]我们也发现，包括瑞士、爱沙尼亚和英国在内的另一集团国家也很直言不讳，但是它们会同意顾问团的评估意见，也会在试图修改建议的时候对同事们提出质疑。说话的能力变得非常重要，因此这已经不是公约或者联合国教科文组织的程序规则所涉及的问题了；相反，这是当事国自己运用得最好的一种资产。[57]

一个很好的例子是，2013年印度大使提出，要对说话的权力进行小小的改革，结果引起“利益冲突”。在2013年金边会议上，一些代表建议暂缓实行公约制定的规则，允许当事国为它们自己的提名申请说
133 话——不是因为有这样的规约：若有委员会成员邀请，它们就可以发言；而是因为这是理所当然的事情。维奈·谢尔·欧贝罗伊大使本着“透明和公开”的原则，带头要求暂缓实行相关规定，并称官方程序允许存在“一定程度的虚伪，而我们并不需要这个”。[58]他坚持认为，这“将消除游说和虚伪现象”。欧贝罗伊大使提及技术统领的最佳做法，他觉得这是从提名国家获得“直接信息”的一种方法。俄罗斯、南非、伊拉克、塞内加尔、阿尔及利亚、卡塔尔、哥伦比亚和日本都支持印度。但是，瑞士、德国、法国和爱沙尼亚持不同意见。爱沙尼亚认为，这很显然就是在进行利益争夺：“我当然知道什么是支持，我已经在委员会中听够了。我听到了令人窘迫的自律条款。”爱沙尼亚表示，提出申请的当事国“不应该成为委员会的第二十二个成员国”。[59]欧贝罗伊大使的指责还有另一个目的。他持续质疑国际古迹遗址理事会的可信度，其中一部分原因是，他认为：提名国家应该有机会在顾问团给出评估**之后**发表观点，即当事国应该得到允许，有效推翻任何负面建议；并且要让它们看起来也拥有决定权，这样一来，私利也能上得了台面。南非说得更加直接：“当事国做好自己该做的，这样一来，戏才能演得下去。”在这种贪婪的遗产经济中，发言、辩护、游说和恫吓形成了一种动态评估模式，用以保证遗址成功进入《世界遗产名录》。

进入遗产名单与考古学

提名申请和进入名单的程序在不同层面上产生了细微的影响，包

括全球范围内和政府间的影响，以及给全国和当地带来的影响。遗址能否进入名单将牵涉到该遗址是否具有代表性、它得到的评价如何以及这会产生什么样的后续影响，而确定遗址的级别则彰显了这些问题中所包含的微观政治学。在这里，我简单说一下世界古迹遗址恰塔霍裕克农耕遗址，它位于安纳托利亚中部，具有九千年历史，是新石器时代的村落，我从2004年开始在那儿从事考古工作。[60]对土耳其来说，将恰塔霍裕克农耕遗址纳入《世界遗产名录》至关重要，这说明在一段停滞期后，它恢复了与世界遗产领域的关联。在1998年至2011年之间，土耳其没有提出任何进入《世界遗产名录》的申请。2009年，恰塔霍裕克农耕遗址列入《暂定名录》，2011年，该国很快提交了将近三百页的申请材料。[61]我有幸近距离接触这一文化遗址，所以我能够追踪遗址进入名单的前期准备、评估意见、利益相关者的动态、国家政治以及对邻 134
近地区的后续影响。进入《世界遗产名录》的初衷是为当地和全世界带来公众利益，然而事实上，在很大程度上，这事都是由当事国负责和掌控，它最终决定着废墟上的未来。

2011年9月末，在两天的时间里，两位专家对恰塔霍裕克农耕遗址进行了评估，他们一位是来自国际古迹遗址理事会的代表，另一位是外请的专家，受过考古培训，现在是一位遗产顾问。土耳其官方的接待规模更像是迎接一次皇家访问。第一天是欢迎仪式，孩子们还捧着鲜花。事实上，满是尘土的考古遗址到处摆放着花盒，路面被整平，整片区域看起来好像都打扫干净了。几年以前，我见过英国查尔斯王子参观恰塔霍裕克农耕遗址时与此相似的国家礼仪。他们在发掘现场的屋子里用午餐，用餐仪式很正式，几乎没有女性人员参加。桌上有鲜花点缀，插花的花瓶是现代陶瓷艺术品，模仿新石器时代的样式。遗产顾问也感觉到惊讶；她的专长是欧洲史前研究，不是中东考古；她擅长研究的遗址在距离土耳其数千英里之外的地方，时间上也是数千年之后。她解释道，她热切地接下这项任务，不是因为有可能获得经济利益，而是因为这将使得她的研究工作得到拓展，相关经验更加丰富。恰塔霍裕克农耕遗址是一处著名的考古遗址，从某种程度上说，因为人们对它进行了长期的发掘和研究，它的名气更大了。在这位顾问看来，该遗址的
135 提名程序促进了遗址工作的进展和考古研究的深入，若非如此，它恐怕不会引起这么多的关注。她称这个过程是向内集聚动力的螺旋式上升，其核心内容是与遗址相关的保护、管理、博物馆、社区、叙述和解释等最重要的问题。作为一位遗产顾问，她最关心的技术问题便是遗址的管理计划（已经过时），国家是否可以长期提供资金支持，以及来自不同层面的参与者是否能够联合起来——社会行为和个体行为能否很好地合作。

第二天，人们在附近城市科尼亚的地区博物馆召开了会议。参会人员名单是一长串来自政府办公机构的代表，这些机构有：文化遗产和博物馆总局、省文化旅游局、文化与自然遗产保护地区保护委员会、考古博物馆、审查与历史遗迹理事会以及当地市政当局。此外，出席会议的还有遗址发掘团队的一些成员。评估人员并不仅仅听取报告或是提出问题，他们更愿意与土耳其代表建立对话关系，以便为将来管理恰塔霍裕克农耕遗址给出建议和指导。然而，到了下午，目标变了，会议成为专门为不同的利益相关者和当地入股人员而准备的展示机会，主要是征求非政府组织和当地村镇镇长以及社区和学校代表的意见。此时，当事国需要的是展示大家参与的**证据**，而不是真的要吸纳当地社会一同管理或研究历史遗址。[62]为执行联合国教科文组织的规定，土耳其官僚和政治家们采取参与行为的“配景图法”，以便达到世界遗产保护领域的相关要求；但同时，他们也强调彰显自身的权威，无论是作为国家代表而言，还是作为雷杰普·塔伊普·埃尔多安专制政府的使者而言。

土耳其的官僚统治实行高度集权制度，而联合国教科文组织针对遗址管理的标准总在改变，两者之间的冲突阻碍了土耳其在世界遗产

领域中充分表现自己。欧盟和联合国教科文组织要求当地社会更多地参与遗产保护。面对不断增加的压力，土耳其于2004年订立了新的保护法规，假装实行民主和协商制度，以此作为回应。通过这种方法，它既践行了联合国教科文组织关于社会参与的理念，又满足了该组织对管理机制的要求。[63]考古学家海伦·休曼在文献中记录了“人们是如何再次解读下面这个现象的：管理者向各方人员征求意见时，当地的人们都充分、积极地参与其中；而那些咨询和磋商，或者由中央政权掌控，136
或者由地方政府主导，但都属于目光短浅的遗址管理规划程序”。这些程序是典型的、假装出来的“最佳做法”，实际上加固了政权。于是，国际社会对该农耕遗址进入《世界遗产名录》提出的要求，那简单地转化为埃尔多安政府权力下放的说辞，结果更强化了现存的等级制度，并助力土耳其深层政府迈上新台阶。

对恰塔霍裕克农耕遗址的评估工作取得的成果人所共知，国际古迹遗址理事会写信要求相关人员提交一份时间表，重新修订已经过时的遗产管理计划。于是土耳其文化旅游部的官员们开始编写文件，证明他们已经正式执行了由各方人员参与的遗址管理程序。然而，当地社会的参与也就到此为止。再也没有人去咨询非政府组织和各界代表，他们参与遗址管理的身影以及在国际评估人员面前对他们做出的承诺全都凭空消失。虽然在关键时刻曾布置过种种策略性的承诺，但是人们不会看见当地博物馆，不会看见旅游事业的发展，也不会看见在遗址上建设村庄。在《1972年公约》中，民族国家的确拥有至高无上的地位，但是没有任何条款规定国家对此种行为负有责任。这一点使得人们长久以来一直对《世界遗产名录》持有看法，尤其对该名单听命于当地监管组织和其他拥有某些权利的社会人员这点颇有微词。[64]这个问题是世界局势越发紧张、冲突不断增多的根源之一，而被考察的世界遗产是在澳大利亚境内还是在阿富汗境内，这并不重要。具有讽刺意味的是，土耳其对社会力量的参与采取墨守法规的态度，并且因此而得到了好处。[65]虽然土耳其对遗址管理的理解并不深刻，但世界遗产中心还是给予了支持，仅仅因为该国对法律的修订“被看作是跨出了重要的一步，即本地参与方在文化遗产问题上拥有了更多的权利”。[66]

在圣彼得堡会议上，当人们准备对所提交的申请材料进行讨论时，一位资深土耳其政府官员得知我是曾经在恰塔霍裕克农耕遗址工作过的考古学家，于是借机向我表达了他的沮丧之情。他对联合国教科文组织干涉他所认为的别国内部事务感到愤怒；他也希望所有的外国考古学家离开土耳其。土耳其官方一直承诺资助遗址保护，国际古迹遗址理事会对此提出了质疑。这位官员用毋庸置疑的口吻说道，他的政府有能力拿出每年发掘和保护遗址所需要的数百万美元的资金，可是目前这笔支出却是由恰塔霍裕克农耕遗址研究项目筹集的。从他的角度看，并不需要国际团队，事实上，国际团队中的许多人就是土耳其人。
137 考古学家们如同当地组织一样，都是临时凑数的，因为需要他们展示遗址及其相关研究成果，以便证明该遗址具有“突出的普遍价值”。但是进入遗产名单以后，这些可以全部丢弃。

虽然国际古迹遗址理事会在对该遗址进行了野外考察后给予了肯定，但其给出的最终建议是将该申请转送其他机构复评，这其中牵涉的问题有：长期的监管不力和资金不足；当地政府管理不到位；以及该遗址2018年以后将何去何从——因为二十五年的发掘计划即将到期。尽管委员会要求土耳其提供更多的信息和保证，恰塔霍裕克农耕遗址还是只花费二十五分钟就进入了《世界遗产名录》。2012年7月1日，国际古迹遗址理事会提出的建议变更为“同意进入名单”，所有关于遗址保护的问题都烟消云散，也不再去管资金和管理是否可持续发展。印度大使催促委员会立刻将其列入名单，他认为这是“本次会议更加令人开心的事情之一……这件事意义重大，名单里其实很可能从未出现过此种类型的遗址……它**必须**进入《世界遗产名录》。这事要反着说：如果没有这处遗址，名单就是不完整的”。[67]这位大使和其他成员们祝贺土耳其的努力获得成功，他们还特意说道：“该遗址在管理上的主要问题，要部分地归因于当地利益相关者在回答询问时所给出的某些信息。”[68]

恰塔霍裕克农耕遗址进入名单带来了一些影响。最显著的影响是，从科尼亚城到遗址之间不长的街道上，新出现了二十多处炫耀着联合国教科文组织徽标的官方标志。这种市场运作是为了推动世界遗产旅游活动，主要是迎合亚洲游客。遗址进入名单以后，游客人数飞速增长。而不那么显著的影响则是，2015年政府发布了指令，考古学家不得在附近村庄组织外展活动或从事相关工作，这阻碍了人们建立长期的合作关系。联合国教科文组织最初的文件就已经在考古项目中列入了此项内容，而该项目所提出的长期提供相关教育的方案亦包含于其中。从事恰塔霍裕克农耕遗址研究项目的相关人员曾经承诺，他们将在二十多年时间里，与当地的人们进行合作，鼓励他们参与进来；然而现在，由于有考古遗址特许证的限制，这些合作都被禁止了——与此相似的是，国家很快收回了诺言，不再支持当地发展。[69]这些合作曾经为管理人员实现目标做出过贡献，现在却遭到了国家的抛弃——还不仅仅是抛弃，而是完全禁止。

自从20世纪80年代以来，考古研究在全球各地展开，参与者越来越多。研究人员更加关注社会影响，也越来越重视各方拥有的权利；世 138
界遗产界很长时间以后才意识到，这些应该是最重要的问题。今天的考古学涉及面很广：来自各方的观点、对话和异议、不同的过去和未来等。但是这令土耳其政府感受到威胁，愈加压制少数派和反对派。[70]随着伊斯兰教在土耳其的不断发展，恰塔霍裕克农耕遗址的保护问题越发棘手，不再像它首次进入《暂定名录》时那样简单，因为该遗址折射出一系列的问题：史前问题、表现在考古学家身上的外国干预问题，以及更加仔细的国际审查和来自联合国教科文组织的多边评估问题。科尼亚成为埃尔多安政府正义与发展党的核心城市。然而，居住在恰塔霍裕克农耕遗址附近的农村人口在国家的权力构成中基本上没有影响力。雷杰普·塔伊普·埃尔多安曾经是伊斯坦布尔市市长，他为土耳其描绘的蓝图中非常重要的内容是把城市建设成为中心，并且侧重商业发展。虽然2012年遗址成功进入名单，但是2016年政变失败，恐怖袭击持续不断，在科尼亚发现了极端组织伊斯兰国，所有这些加剧了当地的人们被排除在外的状态，他们觉得幻想破灭，也不再理会相关事务。[71]令人遗憾的是，围绕遗址保护问题，人们越来越多地表达不满和实施暴行，后崩溃时期的希腊或是印度尼西亚的宗教危局都是例证。问题越来越多，联合国教科文组织世界遗产这个品牌原本具有特别的魅力和地位，现在却不再是人们崇尚的符号，而是经常成为人们攻击的国际目标。

结　语

自从第二次世界大战结束以来，联合国教科文组织一直致力于保护历史遗迹，希望能实现该组织对于未来的特别希冀。一个主要的成果便是四十多年以前诞生的《世界遗产名录》。今天，为了让遗址进入《世界遗产名录》，人们进行的交易达到新高度。全世界所有国家都想交易成功，所以它们都支持《1972年公约》生效，好让自己国家的遗产得到国际社会的认可。然而，各国如何才能让全世界明确知晓自己的申请需求，当事国愿意花多长时间实现它们的目标，个中答案却是大不相同。此外，人们更加无法确定的是，联合国教科文组织的认可能否确
139 保那些杰出遗址的所在地获得长时期的可持续发展——因为当今政治环境复杂多变。

维基解密清楚地告诉我们，今天，遗产从提名申请到最终进入名单，这其中的每一个阶段都存在着复杂的关系网络。将遗产列入名单，这其实是世界遗产委员会会议做的一桩生意，在这之前，会先进行筛选

和提名，那时这些复杂的关系早已经存在。一方面，谈判协商可以增进国家之间的联络；但是另一方面，遗址能否进入名单取决于国家是否在领土主权、身份确认和经济目标等方面有着极其强烈的愿望。柏威夏寺成功进入《世界遗产名录》，证明国家利益和国际利益之间存在紧密关联。于是让遗产获得国际承认成为一种手段，它彰显各国拥有历史主权和领土主权，这些权利不仅覆盖范围广，而且影响力大。然而，进入《世界遗产名录》不再意味着人们关注物质历史的具体特色，而且世界遗产委员会现在也完全不重视历史陈述和真实状况。相反，遗址列入名单就等同于在政治、军事、财政和文化等方面进行投资，以便确保交易成功并获取利益。委员会对某些遗产存有什么意图，这些遗产能否进入名单，以及人们如何保护它们甚或毁坏它们，所有这些在很大程度上都已经与遗产本身没有关系，与之相关的则是国家之间的磋商和社会资本的交换——不仅相关，而且价值极高。对当事国来说，拥有世界遗产的称号也是对将来的一种投资。在本章中，从法国、德国和印度选取的实例表明了在当今社会，文化资本化是如何通过各种交易实现一整套新的存在模式的。这些新模式影响深远，像世界野生动物基金会这样的非政府组织一直渴望制定标准，以便衡量某个当事国的保护工作做得“好”还是“糟”。这是一个保护机构的一种外部尝试：通过公开指责使得当事国听从其意愿；而这种事情，联合国教科文组织这样的政府间组织是做不出来的。所以，遗产交易已经成为一种指标，用来检测世界上各处遗址的具体状况，比如管理好不好、是否公开透明、可持续性和现代性如何等，柬埔寨对吴哥古迹的保护和管理就是证明。这不仅是一个国家的历史在现今的自然呈现，也是该国在将来实现主权承诺的实际例证。

各国编撰申请提名的材料，以求获得批准。为了达到目的，它们运用策略、花费金钱，可是人们对官方程序感到越来越不满意，并且认真尝试改变规则。黎巴嫩代表杰德·塔波特警告说，在今天的世界遗

产领域，问题“太多太多”，单靠专家处理不了，其实这种情况与最初
140 《1972年公约》的精神已然背道而驰。一些国家利用委员会选举活动尽可能多地提交提名申请，其他国家反复提出申请，想要成为成员国，大多数国家则尝试更多不同的方式来帮助自己实现目标，这一切令当事国对现状更加不满。然而，并不是只有当事国在改变规则，顾问团也是一样，它们越发仔细地审查各国的具体状况：是否专业、能力如何、是否存在潜在的利益冲突。塔波特有一次指责道：“国际古迹遗址理事会的作为看起来像是论文评估委员会的行为：学生的成绩评定取决于该组织的业务水平和质量！”其他一些著名大使给出了快速回应，建议年度会议必须调整程序：如果申请材料在各国宣读之前就派发下去，而不是看着材料听他们读一遍，那么就能节约宝贵的时间。这样一来，省下来的时间可以留给重要的议题——最重要的问题便是，遗址能否收入《世界遗产名录》。

今天，一个国家的历史遗产能否进入《世界遗产名录》似乎非常重要，因为在民族国家看来，如果遗址能够获得联合国教科文组织的认可，那么就可以有效增加旅游收入，促进品牌建设和发展，帮助确立及维护国家形象；同时，它还可以不断增强国家在面对竞争和冲突时的自主能力。各国对此倾注了巨大的热情，国际社会亦充分认可并给予支持。提供平台，彰显各国软实力，这是联合国教科文组织助力它们实现主权理想的主要途径。该组织通过订立国际协议为各国提供完美的讨论平台，帮助各国实现它们的愿望。相对来说，联合国教科文组织似乎是一个不太引人注目的机构，其主要任务是为文化事业服务。然而，在很多当事国看来，如果能够在由二十一个成员国组成的世界遗产委员会中占据一个席位，那么就能更加广泛有效地促进它们在联合国中的形象建设。文化外交固然会加强一个国家在国际上的影响，而如果在全球遗产事务上具备影响力，那么该国将具有更多轻松的选择。从广泛交易生态学的角度看，实现跨部门联盟和管理是联合国、世界银行和

国际货币基金组织的普遍做法。包括联合国教科文组织在内的这些机构互换选票、支持某个委员会成员国或者支持某处遗址进入名单已经不是什么新鲜事，更不是什么捕风捉影的事情。[72]

在所有这些政治活动中，世界遗产保护也许是输家。杰德·塔波特断言，今天的《世界遗产名录》已经不再是具有“突出的普遍价值”的遗产的名单——那是最初公约所定义的遗产，今天名单中的遗址代表着不同的文化意义和区域内涵。最重要的是，要找到方法来确保对 141
这些遗产进行长期的保护。[73]但是对那些与重要的遗址所在地有着历史关联、文化关联或精神关联的人来说，这还远远不够。文献记载的恰塔霍裕克农耕遗址进入名单的过程告诉我们，相关的人们强烈感受到遗址进入名单前后发生的变化：对于遗址进入名单这件事，他们可以是受害者，也可以是受益者，这完全取决于国家的立场和国家与公民之间的关系。在这里，联合国教科文组织和世界遗产中心几乎没有监管力，更不用提向国家问责了。

今天的一个重要问题是，我们面临着保护世界遗产和管理杰出遗迹带给我们的挑战。另一个重要问题是，这其中，联合国教科文组织及其《世界遗产名录》起着什么样的作用。我们必须认识到，无论如何，作为一个全球性组织，联合国教科文组织在过去的七十年中对文物保护工作产生了深远的影响，没有它，那些工作将无法进行。但是我认为，作为一个超越国家的多边组织，最重要的问题依然存在，那就是，它没有能够从根本上实现不同世界观的融合。一个斯堪的纳维亚代表团和一个拉丁美洲代表团（双方都曾供职于世界遗产委员会）进行了热烈的讨论，听完之后，我理解了这个问题。来自斯堪的纳维亚的当事国致力于实现性别平等和发展教育事业，同时经常为非洲国家提供经济资助，促进人权事业的发展。因为在政治事务中不够成熟老练，代表们遭到嘲笑——对于这点，他们很清楚——但是他们坚持认为，委员会的“管理方式”是失败的。如果从实用主义角度看，他们仍然认为：联合国教科文组织为各国提供了一个比较平和的论坛，供人们抒发不满情绪，表达不同观点。他们的想法始终是乐观的。来自拉丁美洲的当事国并不认为委员会变得更加政治化。事实上，代表们认为，委员会置顾问团和秘书处的权威于不顾，做出了更大的改变，其产生的影响也更为深远，目的就是满足当事国的需求。他们认为像爱沙尼亚和瑞士这样遵守规则的委员会成员国滑稽可笑，因为这些国家总是维护上述机构提出的建议。一位官员把他的手放到他的头上，模仿魔鬼的样子，一边
142 大笑一边跟我说："我们称他们是罪恶的轴心。"

第六章
冲　突

地狱中最炙热的地方是为那些遭遇道德危机时保持中立的人预备的。

——约翰·F.肯尼迪(误引但丁),1963年

2016年7月,极端组织伊斯兰国和库尔德工人党采取的突袭行动颇为引人关注,正是在这种紧张局势下,土耳其在伊斯坦布尔主持召开了世界遗产委员会会议。会议开始前十天,即7月10日,一群持枪歹徒在伊斯坦布尔阿塔图克国际机场杀害了大量平民,还有数百人受伤。由于局势变化无常,一些国家代表团退出会议,比如澳大利亚;许多国际观察员也选择退出。世界遗产委员会会议在靠近塔克西姆广场的伊斯坦布尔会议中心举行,该广场因为反政府游行而为人们所熟知,比如人们曾经在此抗议对附近的盖齐公园进行城市改造。我们居住地的两边分别是警察局和哈比耶军营,因而我们可能成为伊斯兰国和库尔德工人党叛乱者的袭击目标。身边是全副武装的部队和警察,我们感觉烦躁不安。每天,代表们都必须通过警察设置的路障和人体扫描仪才能进入会议中心,安全检查和防护的级别都提高了。会议开到一半的时候,7月15日夜晚,在伊斯坦布尔和安卡拉发生了军事政变。军用飞

机对两个城市的目标发动袭击，坦克从街道驶过，平民加入了战斗。一夜之间，有三百多人失去生命，紧接着数千人被扣押。政变发生后，有十六万人遭到清除：部队要员、警察官员、法官、管理者、大学院长、教授、教师、记者和公务员。随之而来的是折磨、扣押和社会动荡，这使得
143 许多人在没有根据的情况下得出猜想：是埃尔多安总统本人发动和谋划了这次政变，目的是为其残暴的镇压寻找理由，并且扩展其个人权力范围——其权力原本就已经达到无与伦比的地步。

此时，没有民主没有人权，联合国教科文组织陷入尴尬境地：或者同意联合国安全条例回到巴黎；或者屈服于土耳其的压力恢复召开委员会会议，就当什么事情都没有发生。因为受限于外交事务的规矩，联合国教科文组织官方网站于7月16日就会议的现场直播只说了一句话："会议推迟，等候通知。"该组织的工作人员和一些国家代表团，包括那些在委员会任职的代表，都在附近的希尔顿酒店下榻。希尔顿酒店受美国马歇尔计划资助建成，它对于世纪中叶冷战中的紧张局势具有里程碑意义。[1]有些参会人员享受足够的安保措施，有简讯通报，还有接送便利，而其他的代表团和观察员只能自己照顾自己。他们中的有些人醒来后会看到打碎的玻璃和人行道上的血迹；还有人就在轰炸声中睡觉，第二天出现在会场，期待会议照常进行。许多参会人员抱怨会议既不提供任何便利也不提供任何信息，而且国际航班都已取消，他们感觉只能求助于其他出行方式。此外，他们持续在伊斯坦布尔露面，其本国国内会出于政治目的对此进行报道。

委员会与参会人员达成协议，再工作一天，剩下的工作议程留待11月在联合国教科文组织巴黎总部会面时完成。值得注意的是，由于会议是在极为重要的提名申请过程中被打断的，大家强烈希望能够继续开会，这并不仅仅是为了土耳其，也是为帮助其他当事国实现愿望。7月17日，土耳其文化和旅游部长纳比·阿夫奇在讲话中表示不同意推迟会议的决议，他说土耳其"希望委员会的第四十次会议能够继续进

行，一直到7月20日，我们已经采取了最高级别的安保措施。尽管我们一再保证安全没有问题，联合国安全部门和联合国教科文组织依然决定今天结束工作”。[2]土耳其委员会主席拉莱·尤勒克几个月之后在巴黎重申了这一看法。土耳其认为，联合国没有看到其解决问题的决心和对局势的掌控，所以才做出那样的决定。土耳其官方承诺保证参会人员的安全，因为会议中心将会设置严密的安保措施。但是事实上，政变发生后，这里人去楼空；许多人被捕、被扣押，入口处只留下无人操作的、配有装甲设备的水炮和警车。另一个挥之不去的印象是，土耳其大 144
使在走廊拦住委员会成员们，请他们谈谈在土耳其的感受，所有这一切都录在一个不停抖动的苹果手机的视频上，这其实是在重复仅仅两天前政变发生时埃尔多安对部队进行的视频讲话——这次讲话现在已是人所共知。

政变之后的7月17日，会议重新开始，首先发言的当事国表达了它们对土耳其的同情和支持。每一个带讲稿的展示都进行了现场直播，并在联合国教科文组织的网站上归档保存。此时正是联合国教科文组织及其秘书处笼络人心的好机会。土耳其代表们早就给在座的秘书处成员们分发了旗子，也许他们希望这些成员会挥动旗子，以显示全球对土耳其政府的支持；可是没人挥动。在塔克西姆广场周围，巨大的旗帜悬挂在建筑物上，街道上挂满一排排的旗子，好像是精心策划的反抗秀。对土耳其来说，这次会议至关重要，它不仅彰显了该国应对暴乱的能力和决心，同时也证明了其拥有的世界遗产资源和保护遗产的承诺。2016年7月15日，人们看到了这两点。

这一天开始于一场政治胜利，土耳其阿尼考古遗址充满争议的提名申请取得了胜利。[3]1920年，在巴黎和平会议上签署了《塞夫勒条约》，条约规定此处历史遗迹是亚美尼亚领土；然而在1923年的《洛桑条约》中，此处遗迹被作为奖品给予了土耳其。目前，土耳其和亚美尼亚没有建立外交关系，两国之间有的只是令人痛苦的敌意，这在很大程度上是因为土耳其否认亚美尼亚大屠杀(1915—1922)。[4]从下午4:40开始，委员会会议的传输信号中断，直到土耳其大使侯塞因·博萨勒发表讲话才得以恢复，关于阿尼古城的讨论已然结束，该遗址也已进入了遗产名单。[5]土耳其禁止联合国教科文组织向外传播消息，这是该国政府对待所有问题事件的一贯做法。那天晚上晚些时候，土耳其国内对于政变的报道也被迫中断，只有通过外国的新闻机构才能知道最新消息。

阿尼古城是一处考古遗址，里面有残存的教堂、清真寺、庙宇、城墙、宫殿和岩石雕刻的住所。但最著名的还是公元10世纪至13世纪的亚美尼亚教堂。阿尼被称为“一千零一座教堂之城”，是中世纪亚美尼亚巴格拉蒂王国的首都。[6]国际古迹遗址理事会委托了数量巨大的遗址评估人员来为阿尼古城做评估工作，因为它明白其中的跨国意义和
145 潜藏的不稳定性：最终的评估结果是推迟进入名单。[7]土耳其提交的文化风景理念没有得到发展，管理计划没能得到协调实施，比较分析工作不到位，而对于多元文化主义，人们只是同意而已。在评估人员看来，如果他们提出的数量众多的建议得到实施，那么应该再派遣另一支专家队伍前往阿尼古城。在申请提名的程序中以及在会议准备期间，国际古迹遗址理事会的代表们感到了巨大的压力。对一些缺乏经验的评估人员来说，这既令人震惊，又令人恐惧。土耳其官员早先在巴黎与国际古迹遗址理事会的相关人员见了面，对他们的看法不予考虑。这些官员认为，不论报告上怎么说，土耳其都将会使阿尼古城进入《世界遗址名录》。他们将在伊斯坦布尔召开会议，提议将得到通过。土耳其在委员会成员中努力游说，但是韩国坚决要求土耳其积极与其他国家合作，向大家展示阿尼古城全部的、复杂的历史。当与此相关的那段表述“令人意外地”被从最终决议中删除，韩国再次表态要恢复原来的面貌。对亚美尼亚来说，韩国对待此事的认真态度具有重要意义。

由于亚美尼亚大屠杀带给人们的恐惧，博萨勒大使这样说道：“安

纳托利亚不是埋葬文化和文明的墓地，而是文化和文明的博物馆。"他利用一切机会重述隐藏在遗产登记背后的政治学，并自称："我很高兴地看到，在对这个重要决议进行商议时，我们的邻国伊朗、格鲁吉亚和 146
亚美尼亚都在场。我也很高兴地看到，亚美尼亚大使走过来祝贺我们。"面对公开的政治学和写满暴行的历史——包括土耳其官方对大屠杀行为的否认——作为当事国的亚美尼亚在发言中说道："如果它是一块宝石，那么，它也是属于全人类的宝石，而不仅仅属于哪个国家。"亚美尼亚从外交角度出发，承认自己的国家"70%的文化遗产位于其行政边界之外"，所以许多邻国对于保护和保存其遗产负有责任。它并未提及20世纪90年代，土耳其因为过度整修遗址导致阿尼古城的基督教象征物消失，也未提及其未能实现的重建工作和过度使用水泥的做法，大屠杀就更不用说了。[8]

让历史复活

阿尼古城的例子很好地彰显了近期世界文化遗产的筛选趋势，人们在选择遗址上有明确的主张，因为这些文化遗产代表了历史冲突和领土争端中的关键问题，并使得问题具体化。联合国教科文组织被越来越多地牵扯进这些国际争端之中，但是该组织制定的规约并不能为这些争端的裁定和解决提供足够的办法。此外，如果人们发现某个当事国直接违反规定，也没有一个有效机制来判定它的责任，更不用说有什么办法来惩罚该国或者扭转局势。值得注意的是，在一些关系到历史争端的情况下，往往是侵略者提名那些处于争议中的遗址，然后又对那些愤怒情绪进行赞美。对于土耳其，正义与发展党"新真理体制"的意义就蕴含在多元文化主义和恢复友好关系这些语汇中，而这些语汇正是像联合国教科文组织这样的机构所希望宣传的。所以，对遗产的认可可以被用来"开发新的操控、伤害和反复欺骗的领域"。[9]像阿尼古城这样的遗址就是文化战场：人们在这里较量心智、争取获得认可和实现社会公平，并且全情投入，为国家主权而斗争。

与柬埔寨的柏威夏寺一样，阿尼古城坐落于敏感的国际边境线上，具有战略意义；这条边境线曾经隔开了北约组织和苏联。亚美尼亚共和国和土耳其之间的边界地区从1993年开始就一直处于封闭状态。[10]阿尼古城的提名申请原本可以为土耳其和亚美尼亚提供一次跨越边界
147 的努力，就像柏威夏寺的提名申请之于柬埔寨和泰国一样。博萨勒大使强调说，如果让阿尼古城进入遗产名单，那就表明他们开始了“把对话、妥协和协调放在第一位”的新时代，那么为什么不在申请提名这件事上与亚美尼亚进行合作呢？无论如何，土耳其认为，将阿尼古城列入名单是“一份礼物，是一幅蓝图，为将来的人们所描画的蓝图——这里的人们跨越边界，不仅指土耳其的人们，还包括邻国的人们”。如果把大使的修辞概括一下，那就是“希望的时刻，和解的机遇”，其实这只是国际社会展示自己的一次机会。然而事实上，亚美尼亚人曾经在安纳托利亚定居这件事，甚至“亚美尼亚人”这个词语在今天的土耳其仍然会引起负面反应。由于土耳其正义与发展党对自由发言感到反感，而且侮辱土耳其民族将受到严厉的责罚，所以公共知识分子因为参与辩论而遭到控告——辩论主题是奥斯曼统治最后几年中发生的亚美尼亚大屠杀事件。[11]一百年前，美国派往奥斯曼帝国的大使亨利·摩根索发表文章，讲述了他与土耳其官员之间令人恐惧的相遇，他认为那次残酷的暴行并不是起因于宗教，而是因为那是“一项冷血的、精于算计的国家政策”。摩根索认为土耳其在两国之间采取了新的“杀戮方式”，而且“在人类历史的进程中，从未发生过类似的可怕事件”。[12]

像土耳其这样的国家为什么要对阿尼古城这样充满争议的历史遗址进行提名申请？在过去的日子里，针对该遗址的保护工作并未得到足够的重视。事实上，正如建筑历史学家哈格纳·瓦滕堡在文献中记录的那样，阿尼古城的确为全世界所瞩目，因为土耳其的管理使古城的

将来遭到危害。在过去的一百年中，由于自然灾害，该遗址的历史完整性受到了威胁，威胁同时还来自人类因为战争、疏忽、劫掠、故意破坏导致的各种毁坏。由于阿尼古城身处险境，所以世界建筑文物保护基金会一直将其列入濒危遗产监测焦点名单。[13]另一个非政府组织，即全球遗产基金会，最近指定其为十二个处于整体消亡边缘的文化遗产之一。国际古迹遗址理事会对阿尼古城的评估结果是负面的，因此我们可以断言，土耳其对该遗址的保护工作很不到位，而且这种状况很可能持续下去。在这里，该国获得的实际好处都与国际相关：认可土耳其的主权和区域控制权，在多元文化事务中为土耳其营造一个现代和礼貌的形象，从根本上抹去亚美尼亚的阴影并重写历史。要重塑形象就要在提交给联合国教科文组织的文件中重写历史，把阿尼古城作为一个切入点，用它来了解土耳其人是如何进入安纳托利亚并将"土耳其文化"进 148
行广泛的推广和实施的。[14]于是世界遗产登记工作就成为一种国际许可的方法，它被用来制造历史、摒弃历史公平与和谐，它还有可能重新燃起国家之间敌对的火苗。

在过去的几十年中，只有一小部分得到严重负面评价的历史遗产获得世界遗产界的认可。然而这些遗产在《1972年公约》制定之初就已经被包括在名单之中。[15]塞内加尔的格雷岛于1978年进入名单，它提醒我们在国际奴隶交易中人们是如何进行剥削的；奥斯威辛比克瑙德国纳粹集中营和灭绝营于1979年加入《世界遗产名录》，它向人们展示纳粹大屠杀的相关情形，永远是人类残暴行为强有力的证明；广岛的原爆圆顶馆于1996年登记入册，它是该地区1945年8月6日第一颗原子弹爆炸后留下的唯一建筑物。[16]从这个角度来说，原本是负面的历史遗产却为将来的人们上了一课，同时这也是一个"可怕的警示：此地发生的事件不可以重演"。重要的一点是，所有这些遗产都符合世界遗产的标准（vi），并由此列入名单，它们直接或明确地反映重要事件或生活环境、观点、信仰或具有杰出普世意义的艺术作品和文学作品。然而，世界遗产秘书处和委员会更希望不要单独使用这条标准，而应该结合其他标准一起使用。[17]此外，人们普遍不愿意再将发生过暴行的遗址列入名单。可是，卢旺达还是希望1994年发生大屠杀的遗址能够进入名单，南非也渴望将其解放斗争载入史册，在《暂定名录》中就有两处相关遗址提名。另外，泰国对曾经发生冲突的遗址进行提名申请，对申请被拒感到不满，这些遗址包括死亡铁路，即日本人强行征用劳工以及战俘修建的缅暹铁路。泰国已经把位于该国境内的那部分铁路作为重要旅游景点加以开发，该遗址进入遗产名单和联合国教科文组织的品牌授权都将帮助该国更好地实现愿望。[18]泰国美术部并不考虑联合国教科文组织的态度，想将申请材料做得更加充分。当被问到是否会与其他国家发生冲突时，来自曼谷文化部的一位代表向我解释说，他不认为这个问题具有什么相关性。相反，他质疑道，为什么欧洲的第二次世界大战遗址可以进入名单，而亚洲的不行。这无疑是欧洲例外主义的又一个例证。

中东历史遗址遭到异常破坏，这令我们沮丧，我们也许忽略了更加常规化和具有象征意义的、已经开始渗透进世界遗产体制的暴力行为。
149 无论如何，联合国教科文组织的设立源于战争，人们在冲突中意识到，解决将来的纷争需要这样一个组织。从那个角度来说，像华沙历史中心和奥斯威辛集中营这样的历史遗址极具象征意义，它们不仅证明人们能够从战争的野蛮行径中得到恢复，而且能够为联合国教科文组织自身的档案提供素材。[19]毕竟，发生在欧洲——而不是亚洲——的巨大损毁和文化破坏使得联合国教科文组织在早期做出很多努力，提出很多建议，而且还制定很多规约。因此，在世界上其他地区，尤其是其他战场，比如亚洲，人们会认为让世界认可自己的历史遗产只是为了彰显公平和平衡，这样说并不奇怪。然而，在最近的一些案例中，复兴历史带来的只是加剧潜在的紧张局势，否认曾经发生的事，还有未解决的领土纷争。例如，日本的明治遗址最近进入名单，这标志着安倍政府在民族主义、军国主义和历史记忆上的坚定立场。安倍拒绝为第二次世界大战中的残暴行为道歉，而且在那些进入名单的遗址上发生过强行征用外国妇女的事情，所有这些都深深地激怒了中国和韩国。[20]端岛亦称军舰岛，其工业废墟在詹姆斯·邦德的电影《007：大破天幕杀机》中充当反面假想国的背景设置，该废墟20世纪的历史揭示了一场更加严重的真实世界中的冲突。

日本明治工业革命遗址涉及钢铁、船舶制造和煤炭开采，其中大约二十三个组成部分，可以追溯到19世纪中期至20世纪早期，并于2015年因其符合标准(ii)和(iv)而收入名单。[21]据称，明治遗址显示了封建日本如何向西方寻求第一次技术革新，以便根据本国的传统实现国家的工业化。然而，在此工业化过程中，大量中国人和韩国人成为强制劳工和性奴隶，这一点却没有得到突出。从策略上来说，日本人选择了来自英国和澳大利亚的工业遗产专家帮助他们撰写申请材料，目的就在打动国际古迹遗址理事会，确保得到肯定的评估意见。鉴于其中的敏感问题，这件事注定令人担忧：抵抗别国遏制，且很可能进一步激化矛盾。在波恩会议期间，来自德国的会议主席不允许组织任何委员会讨论，同时大声朗读准备好的文件，以此严格控制会议进程。所有的协商都在"幕后"完成。只有德国可以为一份修正案发表公开演讲，并且在 150
新做的阐释中附加说明：要求人们"了解每一处遗址的全部历史"。但这究竟是因为德国把自己当作主办国，还是因为在同一次冲突中德国也是重要的入侵者？对于个中原因从来没有做任何说明。

申请成功之后，日本第一个发言，直接宣读了政府准备好的发言稿。他们愿意"采取措施让人们明白：20世纪40年代，数量众多的韩国人和其他国家的人被迫在恶劣的环境中干活；而且在第二次世界大战中，日本政府也执行了它的征用政策"。在一个信息中心，这些受害者都有记录。韩国对此做出的回应是重复日本人的话，即日本承认韩国人是"被迫工作"。但是韩国人同意委员会的一致决定，将遗址收入名单，他们相信委员会将继续跟进，监督日本实现自己承诺的所有措施。韩国总结道：“记住受害人的伤痛和苦难，治愈历史带给人们的痛苦伤痕，同时我们重申：过去是不幸的，但是历史真相必须得到客观的呈现。”中国也对这处日本遗址进入名单感到愤慨，在人群中散发抗议信，但是并没有得到发言机会，因为它不是委员会成员国。[22]第二天，日本外交大臣在记者招待会上证实，该国政府的态度并未改变。岸田文
151 雄揭示了波恩会议上的虚伪表现，反驳道：“被迫工作”与“被强迫的劳工”是两回事。[23]

在巴黎的时候，一位日本代表向我证实，将明治工业革命遗址列入遗产名单的想法直接来自安倍的办公室。他和副外相分别提名了各自辖区的遗址。他们不再像原先那样被动和顺从，大家共同努力想出新策略，申请材料就是其中的一部分：明治工业革命遗址彰显了日本是一个伟大的国家，其高水平的技术能力由来已久。当被问到遗址进入名单是否是直接的挑衅，这位代表的目光转向地面，拒绝做出正面回答，说了一句：“文化具有政治属性。”在遗址进入名单的准备阶段，日本遭遇到来自中国和韩国的巨大压力，被要求撤回申请，但是日本认为自己应该保持强势，不能打退堂鼓。日本遭到某种类似“道歉疲劳”的折磨，虽然很多日本人承认他们的国家在冲突中负有责任，但他们也自私地认为，中国的要求越来越多就是为了从外交上攻击日本以获取利益。[24]日本出于自身实施文化民族主义计划的目的，对联合国教科文组织加以利用，如果其公众文化和政治化的文化能够真正得到国际认可，那么日本的国家身份和自主权就能得到改善和加强。[25]一位日本外交官在一次盛大的午宴上对我宣称，日本不害怕联合国教科文组织，而亚洲小国和世界遗产委员会的小国家则不然。他特别提到，在美国撤出经济资助之后，日本现在是联合国教科文组织最大的捐赠国，所以它不会拖延提名其他富有争议的遗址的工作。简单说，日本在明治工业革命遗址进入名单这件事上做好了充分准备——它可能引发冲突，导

致一场长时间的磋商。

另一方面，韩国原本希望日本会在漫长的外交协商中放弃申请。当发现韩国的意愿不可能得到采纳时，一位代表显然感觉沮丧，他形容委员会成员国仅仅借口“政治化”就躲开了冲突，因为它们希望避开麻烦。委员会的几个当事国向他解释说：“我们必须免受影响，远离政治。”考虑到联合国教科文组织的历史和章程，他感到这种伪装出来的中立态度是一种“错误的立场”。从韩国的角度看，这不是一个和平进程，也不符合《1972年公约》的精神。虽然在波恩会议上他们宣读了讲稿，但韩国人还是很不高兴。会议的直播也令他们感到痛苦，因为仍有幸存者在世，在国内，人们对这段历史有着深切的感受。这次冲突的影响力及其带来的最严重后果便是：日本和韩国派往联合国教科文组织 152
的大使在履职仅仅两年之后被同时替换下来。我被反复告知，申请材料充满争议，大家需要看见新面孔，不要受到那么多的过去和政治的影响。在各国的外交家看来，这种不合常规的外交洗牌标志着从权力最高端开始便存在着政治游戏。虽然重新点燃了旧的冲突并且引发了新的纷争，但是日本不愿意放弃提名明治工业革命遗址，这彰显了“民族主义国际化”的所有特征。

在《联合国宪章》和包括《世界遗产公约》在内的各种条约中，国家具有自决权是牢固确立的条款，在冲突的战场中被反复提及。[26]仅仅通过声明拥有领土管辖权和政治主权来宣传民族主义热情还不够，民族国家还必须证明自己的文化统一和团结到达什么程度，还要从语言、宗教、风俗和文化历史等方面论证自身文化独特性的程度。这也是获得世界遗产界的认可为什么会在国际范围内如此受人追捧的另一个原因，虽然其中各种体制因素纠缠交错。像列出《世界遗产名录》这样属于世界制造性质的做事方法，“鼓励各国更加积极参与且鼓励与众不同”，[27]而不是减弱民族主义影响或消除国家理念，转而追求普世主义理想。在世界冲突中，文化和遗产已经变成工具，它们不仅燃起旧恨，还引发新仇，在联合国教科文组织内，在全球范围内，这样的戏码正在上演；而在该组织“温和的”国际协议的框架内，强国总是有理的。

炸弹和地雷

在描述2008年世界遗产委员会会议筹备工作时，时任世界遗产中心负责人的弗朗西斯科·巴达兰与美国代表团分享了“某些肯定会引起激烈争辩的议题，他称它们为‘炸弹’”。在泄露的外交电文中，美国外交官们进一步透露道：该负责人“关心的是努力确认那些至今没有预料到的、未被发现的‘地雷’”。[28]同年在魁北克，柏威夏寺进入《世界遗产名录》，立刻引发柬埔寨与泰国的边境冲突，本书第五章已经做了描述。联合国教科文组织对此次危机做出的回应是，2009年，该组织派出一支更加强大的监管队伍，意在评估“该世界遗址的保护状况……
153 但并不试图确定各种事情之间的互相影响或者是相关各方所承担的责任”。[29]军事僵局愈演愈烈，几乎到了全面战争的边缘，不仅破坏了双边会谈，也威胁到东南亚国家联盟的团结。[30]2011年2月和4月，激烈的边境之争又开始了，很多人受伤或遇难，数千平民撤离。那次冲突持续了好几年，其结果是人们付出生命的代价，失去生活来源，文物被毁坏，包括湿婆神庙。柬埔寨为了记录这次灾难，准备了照片册，在2011巴黎世界遗产委员会会议上进行展示，让人们了解该遗址周围真实的炸弹和地雷。

在巴黎世界遗产会议开始之前，联合国教科文组织总干事伊琳娜·博科娃召集泰国和柬埔寨进行了一次对话，希望“在影响世界遗址的相关问题上达成共识，并且就如何更好地保护正面临威胁的遗址形成协议”。[31]这是一次失败的外交，伴随着提名、登记和随后的审议等一系列的过程，潜在的边境纷争战火重燃。[32]由于联合国教科文组织的遗产名单引发了最近一段时期一连串的暴力行径，而且也许预先已经采取了其他措施，该组织将很难实现和平梦想，因为它现在处于较平时更弱的态势。[33] 法律学者们已经写了很多文章，呼吁出台与世界遗产相关的明确机制，以便在不违反国际法律总原则的基础上应对政治纷争，有些学者要求成立仲裁机构来处理类似柏威夏寺这样的事件。与其他领域的国际法不同，比如关涉外方投资或人权问题的国际法，“国际文化遗产法没有关于标准执行和纷争处理的临时机制”。[34]越来越明显的是，世界遗产委员会必须要找到正确方法来应对可能引起战火的冲突，像泰国和柬埔寨、土耳其和亚美尼亚以及俄罗斯和乌克兰之间的冲突便引发了边境争端和长时间的紧张局势。当然，有的冲突是慢热型的，比如我们很清楚，像科索沃和耶路撒冷这样的冲突已经持续了很多年，但是在委员会的审议中似乎听不到这方面的声音。在这些案例中，经常发生的事情是，所有的委员会辩论暂缓进行，工作议程推迟到下一年，通过无限期掩盖危机来暂时制止明显的对抗行为。世界遗产具有共享人性、文化互通和保持中立的特点，人们清晰地看到，它越来越多地卷入世界冲突之中，不仅映射曾经的暴力行为，而且也是当今争端的 154
形成原因之一。

最近这些年，联合国教科文组织目击了原本就能预想到的战争的发生，即针对遗址提名和反诉的战争，这些战争经常置国际条约于不顾，不论是1972年《世界遗产公约》还是《世界记忆名录》。日本和中国的纷争在上述两处都有发生，中国就“慰安妇”和南京大屠杀等争议问题与日本对抗，日本用明治工业遗址进入名单进行反击。[35]东京对联合国教科文组织的中立态度表示不满，威胁要效仿美国的策略，暂缓对该组织提供经济资助。[36]日本并没有受到明治遗址问题的影响，于2016年又将另一处有争议的文化遗产列入本国《暂定名录》：奄美大岛、德之岛、冲绳岛北部及西表岛。[37]中国和日本在中国东海存在着激烈的领土争端，这四个岛屿是争端的中心议题，中国认为两国“没有划定海上分界线。因此，这些岛屿所属海域之外的水面是两个国家海上领土的交叠部分。日本的单边行动将给中国的海上利益带来损害”。[38]日本避开领海重叠的问题，声称这些岛屿显示出“在不同阶段，通过地理隔离的程度变化而形成物种的例证，也显示出陆地有机体的动植物种类变化史的例证，这些例证都有重要意义”。日本和中国在国际上的做法揭示了这样一个现象：因为各国的文化规约不同，所以它们针锋相对地互相侮辱和伤害。此外，它们也证明了遗产的物质性如何被人们利用，以便进一步对获取领土优势产生影响，看起来这种策略有愈演愈烈之势。

这种态势与联合国教科文组织的中心理念相冲突，后者希望促进国家之间的对话和包容，或者说希望“学会共生”。该组织《2014—2021中期战略》做了这样的规划：“联合国教科文组织将推动共享文化遗产和跨越边境的文化遗产的工作进程，倡导在国家之间和社会之间搭建桥梁。我们将致力于为传播和教授历史知识提供新的视角。”[39]但是情况正相反，争议遗产越来越多，它们被提起讨论，相关工作也向前推进，这意味着在国际冲突中，世界遗产越发具有象征意义。因为具有潜在文化软实力，所以联合国教科文组织的认可能够帮助各国借口关注历史文物、艺术和保护等问题来轻易地掩盖国家之间敌对的政治意图。这种公开支持世界遗产的做法掩盖了人们在幕后进行的交易、交换及其后果，这些幕后行为形成了稠密的关系网。在明治工业遗址的问题上，许多其他亚洲国家感受到压力，被迫接受游说，它们一方面不
155 能得罪中国和韩国，另一方面不能得罪日本。这其中的利害关系对于像越南和菲律宾这样的亚洲国家具有重要意义，它们当时正在世界遗产委员会履职。正如柏威夏寺的案例揭示的那样，幕后交易和外交互通并不一定能带来互惠互利的经济约定，而可能引发众多的胁迫、威胁和报复。

如同联合国教科文组织其他的中立幻想一样，充满争议的遗址提名和入选名单通常被当作地雷处理，而不是炸弹：它们是尚未公开出现的威胁，可以通过外交规约平息下去。这样一来，在世界遗产的审议过

程中,“政治属性”就披上了“技术属性”的外衣。通过这些有所节制的做法,国家之间的难题和冲突得以公开表达,甚至可能得到解决,同时又不需要选定立场或者找人担责。杰德·塔波特在主持一次关于《行动指南》修改议案的会议时说道:“这不是技术问题。这是主权问题。”那次会议进行得很不顺利。他试图缓和日本将中国东海的那四个岛屿列入《暂定名录》带来的中日纷争。他们打着下面的幌子完成这件事:需要修改一下《行动指南》中关于当事国编撰的《暂定名录》的一段话。房间中的每个人都明白暗藏的紧张局势;但是没有一个代表会直接说出遗址的名称或争议国的国名,于是辩论就变成了讨论文件的技术性细节,包括数据该如何上传、核实,该如何在联合国教科文组织的网站上呈现。因为代表们不愿意面对表象下面的主权问题,塔波特感到很沮丧,他说:“我们现在讨论的问题是,一个当事国提名一处遗址,但另一个国家说它属于自己。目前任何一个当事国都可以声称对《暂定名录》上的任何一处遗址拥有主权。几年以前,各国都很讲究体面,不会提名争议遗址,但是这种体面已经消失,人们在提名遗址的过程中你争我夺。”保持中立、进行模糊处理、维持现状都是多边组织的特点,在某种意义上,这些特点让它们在成员国冲突中起到某种作用。

世界遗产委员会在做决定时可以不考虑潜在的冲突或者是现有的敌意。然而,公约和指南在潜藏的纷争问题上并不完全是忽略不顾的。[40]《世界遗产公约》第11.3条规定,遗址进入《世界遗产名录》必须征得当事国的同意,“如果不止一个国家宣称对某片领土拥有主权或管 156
辖权,那么位于其中的遗址进入名单时,不可以对争议各方的权利抱有偏见”。[41]然而,正如前面所说的那样,《1972年公约》并没有为如何解决遗址进入名单的过程中出现的争端,甚或如何考虑这方面的问题提供任何思路。再者,法律学者艾伦·加利斯写道,关于像泰国和柬埔寨这样的当事国不愿意合作时该怎么办,尤其是当提名遗址处在争议边界时该怎么办,这些在公约中都未提及。公约规定,如果某处遗址存在争议主权，那么持有异议的国家后续有权用自己的名字申请进入名单，其他国家不得抱有偏见。因此，各国在启动提名申请程序前并无动机自行解决各自的纷争。[42]为应对这个情况，加利斯提议设立“全部由中立国代表组成的”独立机构，负责调解和仲裁，并且允许感兴趣的国家的代表向其提出请求。

提议设立的机构将安排听证会，统筹意向国家的各种动议，在反复讨论的基础上裁定案例做出积极回应，而不是就此耽搁下来，直到下次世界遗产委员会年度会议召开。[43]这个环节很重要，它要求《行动指南》做出改变，要求世界遗产委员会给予支持，这些要求表明它只承认委员会的权威，反对插手任何大多数当事国眼中的主权事务。当事国通常不愿意听命于任何强制管辖，更愿意进行直接商谈，因为这令它们更有把握。[44]然而即便设立了这样一个机构，又该如何执行那些决定，尤其是当遭遇基本的分歧和面对类似身份、历史、领土和主权这样可能引发战火的冲突时。世界遗产委员会和世界遗产中心并不参与公开辩论和调停纷争，它们更愿意求助于幕后外交，把任何额外的结构性观点和法律理念强加给一个已然沉重的体制将是极为困难的事情。

一个很能说明问题的案例是，2014年3月末，克里米亚并入俄罗斯联邦，这给乌克兰《世界遗产名录》和《暂定名录》中的遗址带来了严重影响。在克里米亚问题上，俄罗斯总统弗拉基米尔·普京声称遵守
157 国际法，但是实际上，“一方面是禁止通过武力占领领土的基本原则，另一方面则是同样属于基本权利的国家自决权，即把克里米亚纳入本国领土——他利用了这两者之间的矛盾对立”。[45]普京的法律观点的基础是，他们拥有为保护俄罗斯民族而采取干预措施的权利，呼吁自决权以及随之而来的独立。然而，为了回应俄罗斯的军事冒险主义，联合国大会达成协议，在国际承认的边界内，申明乌克兰的主权、政治独立、统一和领土完整。随后，在乌克兰的要求之下，联合国教科文组织在执行委员会第194次会议之后草拟了一份声明。[46]该声明概述了俄罗斯越

发增强的军事力量给克里米亚文化遗产带来的负面影响。陶立克·克森尼索古城及乔拉镇是人们特别关心的对象：它们可以追溯到公元前5世纪古希腊在此处的殖民统治，该遗址紧挨塞瓦斯托波尔，而俄罗斯黑海舰队正驻扎此地。[47] 值得关注的是，俄罗斯总统普京在讲话中把此处世界遗址明确归为本国所有，甚至把该遗址的历史拿来为并入行为做辩护。[48] 在给年轻的历史学家做报告的时候，普京说道，争夺克里米亚之战的目的是争夺克森尼索古城；该遗址具有神圣的意义，它是俄罗斯洗礼的原初圣洗池。他总结道："我们的文化生活离不开克里米亚，它是我们的文化符号。"[49]

除了克森尼索古城，乌克兰《暂定名录》上的另外四个文化遗址都停止了它们通向联合国教科文组织《世界遗产名录》的所有活动。乌克兰还提出它关心的另一个问题：大批文物从克里米亚博物馆转移到俄罗斯首都，使人联想到俄罗斯在文化遗产国际法的约束下应该承担的责任。对于外界的批评，俄罗斯大使埃莉奥诺拉·米特罗法诺娃很快做出回应，她说："乌克兰展示的文件具有极端政治化倾向，并没有反映出克里米亚半岛的真实状况。 这份文件不仅没能切实地帮助人们展望该半岛的局势得到缓和，而且正相反，它让联合国教科文组织成员国感到迷惘，所以这不能接受。"[50] 然而，在2016年关于文物保护状态的一份报告中，人们了解到克森尼索古城处境糟糕，有些建筑濒临坍塌。[51] 由于该地区形势动荡，国际古迹遗址理事会和联合国教科文组织都无法派出评估人员或取回可靠信息，于是摆在它们面前的是另一个僵局。

面对违反国际法的行为，独立进行世界遗产纠纷的仲裁和调停将会遇到实际困难，俄罗斯外交部态度坚决：在克里米亚问题上，联合国 158
教科文组织采取的任何行动首先必须征得俄罗斯联邦的同意。[52] 另一方面，乌克兰继续对俄罗斯的直接违法行为进行报道，俄罗斯违反的条约有：联合国教科文组织1972年《世界遗产公约》、1954年《海牙公约》、1970年《关于禁止和阻止非法进出口文化财产及非法转移其所有权的方法的公约》以及国际统一私法协会1995年《关于被盗或非法出口文物的公约》。[53]其他关于严重违法的报道在联合国教科文组织内被广泛传播，其来源为合作机构：包括联合国人权高级专员办公室、欧洲人权专员委员会以及国际特赦组织。这期间，记录问题的纸质文件越聚越多，这恰好既代表了又遮盖了其处理问题的能力。在某种意义上，克里米亚局势非常清晰，人们在草率中通过了一项联合国决议；然而，由于联合国教科文组织的缘故，人们除了记录纷争之外，无法进行其他工作，也没有人公开表达对它的谴责。可以理解的是，该组织借口"能力范围"表达态度，也阐明自己的主张：专门机构必须主要关注文化而不是冲突。[54]然而，在乌克兰发生的事情正是联合国教科文组织能力范围内的职责：文化遗产、遗址保护、对新闻工作者的保护、言论自由、宗教和人权等。

显然，俄罗斯的行为违反了它所认可的联合国教科文组织关于文化遗产的条约。毫无疑问，世界遗产会议之所以不愿意更充分地讨论这个问题，一则是因为当事国俄罗斯在该组织的政治和经济资本方面拥有极为强大的影响，同时也因为该国的游说咄咄逼人，其他成员国受到恫吓。俄罗斯驻联合国教科文组织的官方发言人、大使米特罗法诺娃明确表示："今天，我们正在努力建设一个新的世界秩序。人们试图强加给这个世界一个金字塔结构，塔顶是作为领导者的美国及其盟国，其他的国家听从它们的命令，遵从它们的法则。"她认为，这样的社会结构忽略了大多数成员国的意见，这些"死胡同"进一步"加剧了世界的对立情绪和不稳定性。世界上大多数国家不同意这些领导者的理念，应该由国际组织来统一立场并制定未来的工作计划"。[55]一个"新的世界秩序"的说法令人想起伍德罗·威尔逊在面对第一次世界大战带来
159 的破坏时，号召成立国际联盟；也许当时的情形与此类似，直到冷战结束。这两种情况对俄罗斯联邦来说都承载着重要意义。

秘书处、当事国和委员会必须与遗产提名、登记或保护中的"炸弹"

或“地雷”进行对抗，它们在法律方面各自具有某种有限的手段来帮助它们形成决议。一方面，它们必须面对争议遗址进入名单过程中不断加剧的冲突；另一方面，它们因为纷争或毁坏事件期间及之后对这些遗址的保护和管理不当而受到指控。《世界遗产公约》被看作遗产保护的国际性条约，条约的起草者们可能从来都没有预见到遗产保护会和侵略、故意破坏和文化净化联系到一起，而且令人遗憾的是，这种联系越发常见。联合国教科文组织在遗产保护的审核和问责方面缺乏法律支撑，相应的处罚就更少了。于是从表面上看，各个国家可以随意鼓动纷争升级，而这一次在外交领域，它进一步违反了公约的主旨，挑战了委员会和秘书处的能力。在履职的是政府间的联合国教科文组织，而不是世界的联合国教科文组织，它并不总是与该组织的初衷、它的战时根基或者它对世界和平的追求相符合。

在联合国教科文组织巴黎总部位于米利奥街的附属大楼里，驻扎着各国代表团，大家普遍认为眼前的局势比先前更为紧张。一个来自斯堪的纳维亚的代表团表达了这样的观点：世界遗产委员会和很多其他联合国的竞争舞台做法一样，即民族国家把文化作为衡量其他政治磋商的标尺，这些磋商的主题通常是领土、权利和历史纷争的重演。这些国际会议更像一个停止阀，为成员国提供更为温和的氛围，让它们诉说委屈，而不是让它们陷入公开的敌对情绪中。这与简·图尔提宁的观察结果一致：在很多情况下，联合国教科文组织为各国提供了一个非对抗的政府间平台，让它们彼此之间建立联系。[56]从这个角度说，该组织在当今全球背景下比当初刚成立时更能满足不同的需求，因而外交领域的遗产纷争并非一定起到负面作用。一位经验丰富的斯堪的纳维亚外交官这样描述道，联合国的工作程序分几个层次：第一层显然是辩论的基本内容，在这里那就是世界遗址；第二层是工作中的实用政治，联合国是经济、政治和地区利益表演的“舞台”；第三层是联合国的功能，即它为围绕敏感议题和规范理念的对话提供“规范政策舞台”。 160

今天的多边组织是在划分等级的基础上展开工作的，联合国的这种程序安排因而具有实效。许多国家代表团都认为，事实上，在联合国其他部门——包括人权和世界卫生等部门——也存在密谋计划，但是在世界遗产问题上进行的暗箱操作更加变化多端，这只是因为文化遗产极具象征意义，因为它令人们激情澎湃。充满争议的2016年《耶路撒冷决议》在巴黎获得通过之后，一位来自中东的大使这样解释道：耶路撒冷的例子在这里非常能说明问题，该遗址在宗教、政治和身份等方面具有非常重大的意义，它给我们带来的只能是“混合爆炸”的效果。

应对僵局

一百年前，大英帝国开始了其在中东的反对奥斯曼帝国的斗争，这也是所谓“耶路撒冷行动”的一部分。1917年10月，英国人考虑如何在巴勒斯坦地区确保其法定权力不受影响，其实就是要实现殖民统治，但是它既没有遭到政治非议，也没有受到国际谴责。温斯顿·丘吉尔后来写道，他们不会采取任何兼并措施，只是把托管权力交给主要大国。侵吞行为或托管体制的准殖民意味并没有给法国人带来什么不安的感觉，他们认为这是文明建设的一部分，是他们的权利：当初镇压叙利亚起义（1925—1927）就是明证。

人所共知的是，1917年12月11日，埃德蒙德·艾伦比将军步行穿过雅法门进入耶路撒冷旧城，执行由塔顿·本文努托·马克·赛克斯上校仔细设定的计划——这位上校与其他人一道，帮助大英帝国与法国签订秘密的、旨在瓜分中东的《赛克斯-皮科协定》。[57] 奥斯曼帝国的统治者在两天前就写信给英国人，告诉他们：“在你们沉重的枪炮下，这个原本和平的国家被军队封锁，人民遭受苦难，情状极为严酷；我们害怕这些致命的炸弹会击中我们的圣地，不得不通过耶路撒冷市长侯赛因·侯赛尼将城市交给你们，希望你们能保护它，就像我们五百多年来保护它一样。”[58]据说，艾伦比将军声称：“反对奥斯曼帝国的斗争已经结束。”[59]而在伦敦，英国首相大卫·劳埃德·乔治期待拿下耶路撒冷，他称之为“献给英国人民的圣诞礼物”。[60]他们要求艾伦比将军在圣诞假期到来之前完成此项任务。 161

耶路撒冷被基督教占领，这决定了这座古城的命运，并且对于其所代表的所有宗教信仰、它们各自的遗产以及对于历史遗迹的保护，影响都是巨大的。世界遗产也未能例外。自从1945年联合国教科文组织成立以来，耶路撒冷项目在该组织的所有项目中占据的地位非常重要，这一项目的内容包括：为巴勒斯坦难民所做的工作、在约旦河西岸为教育所做的工作以及考察以色列在东耶路撒冷的考古发掘带来的影响。[61]没有任何一个其他的历史遗址像圣城耶路撒冷这样充满纷争——这种情形并不完全由城市自身造成，还有其他原因：领土和宗教掌控的国际斗争、奥斯曼和英国的殖民统治以及国家边界的重新划定、1948年的战争、1967年的兼并和占领东耶路撒冷。[62]

一直以来，联合国教科文组织在耶路撒冷的问题上始终无能为力，该组织有时会采取措施，但是其结果很糟糕，比如1974年和2016年形成的决议就充满争议。[63]的确，就像我们前面所看到的一样，联合国教科文组织《世界遗产公约》中并没有说清楚官方该如何缓解文物保护问题中的争议现象，比如耶路撒冷在20世纪大部分时间里所面临的各种纷争。[64]国际社会所担负的保护历史古城的压力已经变成了一种“应对僵局”问题：冲突丝毫没有缓解，事情没有进展，最困难的议题照例避而不谈。在其最高层级的工作程序中，联合国教科文组织又一次拒绝作为，依然以“能力范围”作为托词，完全罔顾这些议题涉及的就是遗产和保护问题。应对僵局的意思是，为防止引燃更大的纷争，推迟处理那些重要的议题，虽然这么做并不能解决暗藏的争论或敌意，只会“留下悬念”。联合国官员乔治·雪利多年来试图缓和世界危机，他的表达妙趣横生：“暂时的应对已然是最为长久的解决方法了。”[65]

耶路撒冷的实例牵涉到方方面面的事务，十分复杂，人们只能对众多的纷争有个大概的了解，同时尽力理清各个成员国所持的不同态度：它们站在联合国教科文组织的对立面，从某种意义上说，也是站在该组织所挑选出的专家的对立面。在遗址进入名单的令人忧心的过程中有两个重要机遇，它们表明该机构试图通过做出两套重要的决议来应对关于遗产的纷争：一个是遗产进入名单之前的1974年，还有一个是刚刚过去的2016年。这其中，表达关心、在复杂的遗产议题中表明立场并
162 试图对国家问责的，都是联合国教科文组织委员会。20世纪70年代，作为一个机构的联合国教科文组织及其总干事们对相关议题深切关注：要求对问题进行调查和报道，并且严肃对待违反国际条约的行为；然而四十年后，伊琳娜·博科娃的做法却是尽量避免触碰世界遗产委员会针对耶路撒冷做出的决定。[66] 但是正如人们从耶路撒冷遗产纷争持续的几十年所看到的那样，即便不同的参与者采取了什么特别的行动，也很难带来可能的改变或进步。由于世界遗产中心关于耶路撒冷的信函文件具有独特的敏感性，所以官方“禁止”查阅，我被适时告知“没有例外”。然而，部分地规避禁令也是有可能的。网上发布的很多资料和文保状况报道提供了一些背景信息，联合国教科文组织巴黎档案馆“办公室主任往来信件”中的信函文件亦如此。[67]

就在1967年战争刚刚结束不久，委员会通过了第一套决议。联合国教科文组织助理总干事理查德·霍加特当时认为，“以色列决议”是该机构历史上最大的挑战。这些决议主要阐述，以色列毁坏了耶路撒冷的文化遗产，尤其是国家支持的考古发掘行为破坏更甚。[68]联合国教科文组织对此的反应可以理解，因为之前从20世纪60年代后期开始，人们对文化遗产保护问题的技术和政治层面就存在怨言。例如，在1968年的全体大会第十五次会议上，该组织就已经紧急呼吁“以色列停止在耶路撒冷城进行任何考古发掘，停止对该城市的特色以及文化历史特点做出改变，尤其不能改变基督教和伊斯兰教的宗教遗址的

特色”。[69]该组织认为以色列正“利用其对领土的军事占领改变耶路撒冷的城市格局和地位……这不仅是单边行为，而且违反了所有的共同法律的条款”。[70]1969年，联合国教科文组织的耶路撒冷问题顾问伽利尔摩·德·安杰利斯·多萨特这样写道：“如果我们考虑到目前的状况将带来的准确后果，那么对以色列行为的谴责或审查似乎是无可避免的。”[71]后来，1971年，联合国安全理事会的第298号决议谴责了以色列的下列行为：“征用土地、没收财产、转移人口、针对被占领地区的相关组织进行立法”，所有这些都阻碍了人们实现“正义并永久的和平”。[72]后来1974年的那套决议提出了以色列应该归属于哪个区域集团的问
题：以色列曾经要求成为欧洲区域的一员，但是联合国教科文组织全体 163
会议拒绝了这一要求。[73]最终，该组织不得不在耶路撒冷进行永久性驻扎，以便对实地情况进行监管。

数十年来，资料始终显示：人们对遗址进行不合适的发掘和修建，同时重新建造这座城市，把它从一座“东方城市变成一座西方城市”——一位巴勒斯坦外交官如是说。[74]四十多年来，联合国教科文组织的总干事们一直陷在耶路撒冷城的管理和保护的纷争以及最后的决议中无法脱身。政治科学家西蒙娜·里卡在分析联合国教科文组织对该城市遗址的恢复和发掘工作做出的反应时，详细说明了自1969年以来该组织对上述行为一贯秉持的清晰态度。虽然文件陈述采用的是外交辞令，但是联合国教科文组织否决了以色列对该城市设定的规划，且一直如此。1971年，总干事马厄要求比利时艺术和建筑史学家雷蒙德·勒梅尔对耶路撒冷文化遗产的保护状况做出汇报。雷蒙德·勒梅尔认为，以色列的氛围并不利于重要的国际组织对其进行干预，他担心这些行动将只能加重纷争。勒梅尔建议，应该通过专家或者技术统治的方法进行应对。[75]1973年，该城市设立了特别代表的职位，旨在对耶路撒冷城市建设的进程做出汇报：雷蒙德·勒梅尔受到委任并履职二十六年。他征得以色列的允许，在政治上小心翼翼，他的报告表明：

“人们对持续的改变总体上持肯定的态度。”[76]同时，他“认为，在遗址保护的构想上以及某些修复技术上，总是不尽如人意”。然而，如果仔细查看他的报告内容——大多数报告保存在联合国教科文组织巴黎总部的档案馆——我们会发现它们揭示了一个更加真实的物质本质。

勒梅尔并没有受训成为一名考古学家，考虑到这是考古发掘的问题，以及联合国教科文组织对此的看法，这一点颇值得关注，但勒梅尔还是承认：“1967年和1969年的拆除行动带来了破坏。”他进一步指出，以色列军事力量挖掘的隧道“与任何一个考古研究项目无关，而且其发掘方法也不科学”。[77]此外，他公开承认，“像B.马扎尔教授组织的、仅仅为了考古研究而进行的发掘行动，找不到合法的正当理由”，于是他间接地把大家的注意力引向政治的、民族主义的工作议程。[78]勒梅尔
164 总结说，“耶路撒冷的伊斯兰教遗产正面临灾难”，情况如此严重，以至于“对伊斯兰教历史遗产的保护和修复行动是一项长期的工作，它需要巨额经济支撑，而遗产所有者或者负责监管的人们，所有这些当权人远不能承担这笔费用”。[79]鉴于他进行了仔细的观察，勒梅尔最终同意总干事的建议，呼吁人们来一场国际保护运动。这一次，从国家的角度出发，依然是考古学赢得了全球的关注。然而，与联合国教科文组织在努比亚或威尼斯所做的工作不一样，在耶路撒冷将不会有为壮观的救助场面、历史性的发现或工程技艺而举办的庆祝活动；相反，令人瞩目的是考古学的破坏能力，专业人员放大某些历史痕迹、抹去其他痕迹的潜力，以及在该保护和该放弃的历史之间做出的选择。[80]

大约四十年后，2016年10月26日，在巴黎，世界遗产委员会正式通过了关于耶路撒冷旧城及其城墙的决定，编号为40 COM 7A.13。[81]提交文件的国家有阿尔及利亚、埃及、黎巴嫩、摩洛哥、阿曼、卡塔尔和苏丹，文件记录了《世界濒危遗产名录》上的耶路撒冷的状况，也记载了持续存在的违反联合国教科文组织条约和日内瓦条约的行为。文件中
165 的二十六点分别涉及考古和发掘问题、遗产修复问题，或者是计划中的

基础设施发展的未来保护问题：换句话说，涉及的是大多数世界濒危遗产面临的人所共知的威胁。例如，文件中提到了“非法考古发掘”和“在穆格拉比门坡上及周围地区持续进行的、侵扰性的考古拆除和发掘”。记录显示，2014年，“以色列安全武装力量破坏了……阿克萨清真寺内的基卜利清真寺那些具有历史意义的门和窗”。此后，以色列当权者阻碍了人们为保护这些建筑结构而付出的努力。在阿克萨清真寺发生的暴力事件从未停止，而且就在最近，因为军事力量加强，其程度更甚。以色列定居者占领了清真寺，朝拜活动被禁止，甚至连在阿克萨清真寺的院子里玩耍的孩子们都受到限制，这些都违反了国际公约，引来了强烈抗议。更有甚者，耶路撒冷轻轨距离耶路撒冷旧城的城墙只有几米远，因此带来破坏性影响。另外，将来还会“在东耶路撒冷建设双向缆车系统”。总之，文件关注“保护遗址的真实性、完整性及其文化遗产”。最后，文件敦促以色列“接受并推进实施”联合国教科文组织在旧城的反应监控计划。[82]从2003年起，联合国教科文组织自己的文物保护外部状况报道频率呈指数级增长，报道阐述了给耶路撒冷带来负面影响的各种因素，包括考古发掘，历史遗迹的环境恶化，遗址的城市和社会结构的改变，缺乏规划、治理和管理程序，对城市环境和视觉完整性的担心，城市运输基础设施、交通和路径的问题。[83]

与那些关于科索沃的审议和关于其他处于极端纷争中的遗址的审议一样，关于耶路撒冷的审议果然在世界遗产委员会的会议上延迟了一年又一年，这是一种应对僵局的做法，主要是避免引发更大的冲突。[84]正如约旦人在2014年指出的那样，毁坏行为被装扮成重建行动，“是时候把外交客套放到一边了”。2016年，到了关键时刻，委员会成员不得不认真考虑在遗产问题上发生了什么，同时对决议草案进行正式投票——以不记名方式。在投票的最后时刻，坦桑尼亚和克罗地亚进行了干预，它们没有把票投给早先达成的共识，而是把票投给了最终决定的文本：对一些国家来说，这是具有政治含义的技术手段。委员会中 166

一位有经验的大使后来向我透露：他见过“正在进行金钱交易的手”。代表们情绪糟糕，非常沮丧，几次召唤法律顾问，最终不得不暂停五分钟，好让委员会弄清楚坦桑尼亚不合常规的提议是什么意思。

虽然坦桑尼亚进行了干预，但是决定以多数得到通过。包括哈萨克斯坦、古巴、黎巴嫩、印度尼西亚、突尼斯和科威特在内的委员会成员国在发言中申明，它们不会做“政治的人质”；在耶路撒冷的长期保护方面，它们将“支持公约精神”。可以预见，这次投票立刻引发了一系列充满敌意的回应和表态，它们都面向世界做了现场直播。“这是另一个针对以色列国、犹太人和历史真相的荒谬决议”，以色列代表卡梅尔·沙马-哈科恩在投票之后这样说道。他说，联合国教科文组织在耶路撒冷问题上的决议应该扔进“历史的垃圾筒”。回想1975年的那一天，以色列的哈伊姆·赫尔佐克在联合国把类似的一份决议撕得粉碎，他说：“今天我本不想这么做——不是因为你的尊严或是这个组织的尊严，而是因为它甚至不值得我费劲把它撕碎。”同时，他举起一只黑色垃圾筒给大家看，在把文件丢进垃圾筒的同时，说了一句“它已经成为历史”。

如果说我们从这两件事中学到了什么，那就是应对僵局是一种短期策略，并不能解决国际社会需要面对的冲突；像联合国教科文组织这样的多边组织从成立以来已经有效处理了像种族隔离、种族歧视以及男女平等等问题。因为害怕影响不好而保持中立，或者不愿意面对冲突，这绝不是防卫行为，尤其牵涉到支持联合国其他机构通过表决采纳的决议和决定时，更是如此。在回答为什么对于耶路撒冷的有关问题保持沉默时，有些国家这样解释道，这是一种地区纷争，这与那些两国争辩的案例不一样，比如围绕柏威夏寺、阿尼古城，甚至是明治工业革命遗址产生的纷争。然而，有人也许会下结论说，所有这些例子都同时具有区域意义和领土主权意义，虽然它们不似以色列-巴勒斯坦纷争那么易于波动。在我的采访中，一些影响很大的欧洲代表们把所有与耶路撒冷的发掘、保护或发展问题有关的讨论与以色列–巴勒斯坦冲突混在一起，他们认为中东危机无法解决，世界遗产的命运走向也是无法定 167 夺的。来自其他地区的代表们则常常持有不同的观点，他们坚决认为，就争辩的实质内容来看，委员会必须对遗产保护问题做出裁决，而这无疑是联合国教科文组织能力范围之内的事情。耶路撒冷不能一直这样受到区别对待。

结　语

联合国教科文组织的设立源于战争，其明确的宗旨是结束全球纷争，帮助世界进行物质上和道德上的重建，然而该组织却越来越与国际政治和暴力纠缠不清。联合国教科文组织的理念与联合国的构成存在关联，其出发点是那些国家的私利，而不是对全球利益的尊重，国际主义者吉尔伯特·莫里称其为世界管理“体制中的缺陷”。[85]1939年，莫里争辩说：“必须请求国际最高权威尽量远离政治热情”，而且应该致力于营造司法氛围和公正的环境。“我们的悲剧的缘由”在于，“只有从全世界利益出发解决重大世界问题，才能保证文明的安全：然而，在民族国家的体制下，任何一个试图解决这些问题的政治家都将面临巨大的风险。因为他的成功失败并不依赖于其他国家的支持，而仅仅是本国人民的支持”。[86]政治使命逐渐、快速地取代知识使命——今天人们在全球遗产、人权和气候变化等不同问题上彼此冲突的立场就是明证。对理查德·霍加特这样的知情人士来说，困难在于联合国教科文组织如何才能够既保有成员国的支持，同时又保有“世界最好的知识分子和科学家的尊重——在他们对事物做出自由、专业的判断时”。[87] 谈到20世纪60年代末以来，在耶路撒冷进行的考古发掘带来的危机，他表示不清楚联合国教科文组织将如何在将要发生的国际灾难中经营自己的声望。

从成立之初，该组织就注定要面对这些长久存在的问题：殖民政
权及其殖民地的状况，新的世界纷争的出现，无法对国家问责等。1947
年，联合国成立才刚两年，巴勒斯坦问题和殖民统治就已经表明，虽然
该组织“在殖民统治问题上可以公开表态，但是如果超级大国决定行
168 动——美国第一个承认以色列的独立地位，苏联则第一个从法律上承
认其独立地位——那么联合国的其余组成人员能做的少之又少”。[88]当
今世界盛行美国例外主义，俄罗斯例外主义也越发大行其道，那些主要
大国对于国际组织及其法律协议毫无畏惧之心——无论是联合国教科
文组织的公约，还是在国际刑事法庭上的控告。在本书的最后几章中，
我们将看到，世界上最弱小的国家畏惧的东西最多。[89]

在牵涉到像俄罗斯这样实力强大的成员国时，官方讨论会刻意避免直接讨论兼并问题或其他的世界遗产领域的违法问题，因为俄罗斯具有极大的影响力，并且它给该组织提供的经济支持意义重大。这种隐而不说彰显了该组织的虚伪世故：不论是俄罗斯兼并克里米亚，还是轰炸叙利亚，都绝口不提。联合国教科文组织越来越多地用“能力范围”做借口，以避免应对克里米亚、对东耶路撒冷长久的占领以及巴勒斯坦困境等令人震惊的政治事件。于是，人们用历史遗产来衡量那些广泛存在的敌意和危险的程度，虽然遗产问题表面看起来比较温和，但其实同样变化多端。最终，那些有影响力的国家可以利用历史来谋取利益，同时又免于惩罚。然而，应对僵局的这种策略只能在短期内遮盖危险，而如果我们回溯历史，就会发现这种纷争只能越发令局势恶化而不是缓和。正如我们看到的那样，在联合国教科文组织可操控的职权范围内，它能做的非常少。如果想进一步通过合法干预弥补这些短处，那么被授权的成员国将很可能予以否决，联合国安全理事会的决议就曾遇到这种情况。

近期在伊斯坦布尔举行的世界遗产委员会会议表明，目前非常清楚的是，联合国教科文组织创建的世界遗产的概念正处于困境之中，不

论是从表面看还是从实质看皆如此。就在联合国教科文组织会议召开之前，当我们在土耳其中部的恰塔霍裕克世界遗址进行考古研究的时候，我的同事和我不得不考虑可能对该遗址进行的各种方式的袭击，也许是邻近科尼亚城的伊斯兰国恐怖分子发动的袭击，也许是其他叛乱者发动的袭击。遗产若能进入《世界遗产名录》，必定会带来新一波危险。我们住的考古营地配置了钢闸门和关卡，来自英国控制风险的安全顾问给我们讲解了在遭遇恐怖袭击时该如何躲避，我们的工作团队也经历了安全演习、警报、胡椒粉喷雾剂以及发烟罐。帕尔米拉古城事件以及我们可以看到的联合国教科文组织的状况带来的直接结果，就是人们感觉无端恐惧并且心神不安，对历史的研究因而黯然失色。从表面上看，该项目已经变成了安全顾问口中的“软性目标”。[90]因此我们可以看到，现在出现了更加广泛的纷争，物质遗产不仅仅是战争的另 169
一个受害者，而且更是冲突中具有历史意义的目标。马里、叙利亚和伊拉克遭受的破坏行为也有其有益的一面。世界遗产具有珍贵的价值，因此它们成为那些疏离和敌视国际社会的不同派系用来实施勒索的筹码，正如阿富汗巴米扬大佛遭遇的情形一样。

在联合国教科文组织的操作下，各国对文化遗产申请提名、列入名单、宣示主权、进行反诉，所以现在领土纷争仍在持续，突然之间的入侵行为亦仍可见。因此，迈克尔·赫兹菲尔德认为：“虽然从某些方面来看，全球行动就是在尝试取代民族主义，但是它也可能挑起民族主义事端。”[91] 土耳其申请提名阿尼古城注定使危局更趋恶化，就如同几年前柏威夏寺的提名预示着接下来要发生的灾难，这是多年以来的外交失败和机构管理不善带来的结果。在文化遗产方面，考虑到领土主权和史料记载的问题，许多民族国家的欲求更多的是重新划定界线，而不是文物保护事宜。柏威夏寺的例子表明，争夺杰出历史遗址及其所有权将会引发边境纷争，而阿尼古城的案例则让人们关注侵占挪用他国历史的问题。像日本的明治工业革命遗址一样，对于那些强国来说，虽然随之而来的是人们对其颂扬强迫劳工和受害者的行为的谴责，但是遗址若能够进入《世界遗产名录》，将进一步帮助世界认可它们的历史。遗址得到世界认可，所以某种历史版本不仅得到承认，而且被奉为圣典，同时也让联合国教科文组织卷入非法占领、残暴行为、战争犯罪，甚至大屠杀，并且成为同谋，而受害者则不得不重温那段痛苦经历。这是世界遗产品牌创建的负面效果。

1945年，联合国教科文组织在章程中深刻表达了自己的愿望："建立公正、自由、和平的社会，因为它们与人类的尊严密不可分；所有国家都必须本着互助互爱的原则履行神圣的职责。"然而这些愿望越来越难以实现。正如我们在耶路撒冷的例子中看到的那样，在过去的五十年中，联合国教科文组织一直致力于监管和保护历史古城，然而它却几乎无法对各种纷争和文物保护活动产生任何影响，更不用说对其进行调控。该组织的委员会和官员们试图在艰难时刻做好经营，于是他们选择并非真实的中立立场，退隐到技术统治或虚假团结的背后，很像在
170 帕尔米拉古城废墟上进行演奏的俄罗斯管弦乐队。然而，自殖民时代起，英国和法国的军事力量争相瓜分中东，这种纷争和占领的循环，其后果只能是更多的暴力行为和疏远隔阂。联合国教科文组织应对僵局的各种努力证明，这只是最为临时性的应对方法。历史的幽灵穿越中东再次显现，尼古拉斯·米歇尔写于19世纪的诗句似乎预示了这一切，这首名为《这大片的废墟》的诗发表于奥斯曼帝国的衰退期。[92]他如此写道：

> 壮丽骄傲的帕尔米拉发出告别的悲鸣，
> 171 因为毁灭的天使从她的神殿上空飞过。

第七章
危　险

成立联合国不是为了带我们去天堂，而是为了让我们免于下地狱。

——达格·哈马舍尔德，1954年

10月，大马士革遭遇了最为严重的空中轰炸，随后，一连串暴力行为和流血事件笼罩了这座历史古城。阿勒颇、哈马和霍姆斯也遭到了袭击。10月18日，星期天，下午5点，在没有任何预警的情况下，城堡那儿和大马士革北部的山上开始听到爆炸声，轰炸持续了两天。坦克从大街上驶过，机关枪对准了手无寸铁的平民，家园遭到抢劫。叛乱者和他们的支持者被草率处死，尸体亦遭到亵渎。管理层不允许人们对尸体进行妥善掩埋，于是只能曝尸大街，以便警示幸存者。该市一位笃信基督教的居民第一个对此做了报道：有毒气体被用来消灭全体人民，他称之为对全人类犯下的罪行，此种说法完全正确。在满是年代久远的巴扎和住宅楼的市中心，火焰蔓延六个街区甚或八个街区。著名的"直街"和城堡之间的建筑被毁，整个城市其他难以计数的建筑全部被毁，不计其数的人们失去生命，城市破坏无法估量。那些设法逃出大马士革的人这样形容道："那时日夜都感觉到恐惧，永生难忘。"而国际评论员则认为:“此番轰炸在文明国家的历史上绝无仅有。”它给人们带来的是一阵恐慌。11月和12月期间,游击战从未停止。[1]

两天的持续轰炸给城市造成难以想象的灾难。炮弹摧毁了著名的哈马迪大巴扎、壮丽的阿兹姆宫以及沙古尔和美丹地区。曾经热闹繁
172 华、历史悠久的巴扎现在是一片瓦砾,记者们行走其间,震惊于“眼前的损毁和剩下的废墟”,如果不怕危险深入探究的话,一定会发现更大的破坏。位于阿拉·加比亚城门旁边的、覆盖着蓝绿相间瓦片的锡南帕夏清真寺亦未能幸免;炮弹在寺庙的圆顶上留下一个巨大的破洞,原本镶嵌马赛克的窗户也不复存在。一位亲历者讲述了阿兹姆宫遭到的无可挽回的损失,这座宫殿是“该市最美丽、最古色古香的建筑”之一,穆斯林艺术考古研究院曾经设在这里。阿兹姆宫博物馆收藏了“许多稀有物件,包括叙利亚所有最近的考古发现,而且博物馆也因其大理石配饰和马赛克工艺而闻名遐迩。这些珍品所剩无几”。[2]他痛惜道:“语言无法恰切地传达这座神圣古城如今的面貌。”国际社会迅速对此提出强烈抗议,它们更加关注建筑和考古珍品遭到毁坏的问题,而不是关注人类的痛苦和生命的流逝。

今天,通过媒体对叙利亚的广泛报道,人们看到了像大马士革和阿勒颇这样拥有世界遗产的城市所遭到的破坏,以及由伊斯兰国掌控的像帕尔米拉古城这样的考古遗址所遭到的故意毁坏,事实上,这些事情并不是偶然发生——可以说,类似的事件频频发生,令人震惊。相关记录始于1925年,罪恶的法国人对这些遗址及平民进行了轰炸,为了平息叙利亚大起义——该起义旨在推翻法国殖民统治和托管体制,寻求独立。正如占领巴勒斯坦的英国人一样,法国人认为其帝国疆域扩展至叙利亚和黎巴嫩托管地,阿里斯蒂德·白里安等人觉得,他们有责任对这些地方进行文明开发。法国似乎拥有“占领”叙利亚的权利,而国际联盟的托管体制则使得这一权利得到落实,于是1916年的《赛克斯-皮科协定》在沙漠中划定的分界线便成为必然的结果。对于在大马士革

造成的巨大破坏，历史学家苏珊·佩德森这样说道："也许法国在'文明'上的独断专行并非总是那么安全可靠。"[3]

美国芝加哥大学的国际法教授昆西·赖特于11月（轰炸发生后仅一个月）到大马士革旅行，亲眼见到了城市被毁坏的场景。后来，他出版了自己的思考录。在书中，他形容法国人的政策是"恐怖主义政策"，而且他们公然漠视"关于平民的警示和迁移告示，对非军事建筑也不放过"。[4]作者在书中提醒读者，大马士革是阿拉伯文明的中心，而轰炸摧毁了许多最为精美的艺术和建筑作品。在他看来，法国人在叙 173
利亚通过武装力量轰炸大马士革这件事违反了国际法。赖特和阿拉伯人都很震惊：国际联盟并没有更多的作为。国际联盟中的其他欧洲代表团支持法国人，它们使用的说辞是"（法国人）在文明历史上享有荣耀和声望"。他们不可能在叙利亚杀人、强奸、掠夺财物。这里，"这些代表团带着一种报复的心理，回归文明话语：仅仅因为他们是法国人，所以他们不可能做出野蛮行为"。[5]

第二年，就在相同的《美国国际法杂志》上，美军埃尔布里奇·科尔比上校发表文章回应赖特的观点，题目叫《如何打败野蛮部落》。科尔比在文中进行了分析：国际法的规则仅适用于文明国家；其适用范围并没有拓展到"野蛮或半野蛮"社会。科尔比总结道，那些居住在叙利亚的野蛮人认为，战争关系到每一个人，不论你是战斗人员还是平民百姓。如果居住在大马士革和阿勒颇的所有人都是可以打击的对象，那么这些城市的历史建筑、清真寺、博物馆、房屋和巴扎又有什么尊严可言呢？科尔比进一步论述道，这种破坏形成了一种有效的战争武器，不论是物质上还是心理上都是如此。因为是大规模的轰炸，"所以残暴行为变成了人道的做法，因为这样一来，冲突的时间缩短了，也不会有更多的流血事件发生"。[6]正如美国在越南的所作所为一样，法国人也用这种令人恐怖的所谓正当理由为自己的行为辩护，于是摧毁村庄就变成了挽救村庄。科尔比这样写道：

> 对一个法国人来说，袭击兰斯大教堂的一颗炮弹……就是敌人采取的一种不法行动，这个行动令易怒的人们非常生气，它将激起怒火，为海外宣传提供挺不错的军事资讯。对于一个极端的野蛮人来说，从天而降的炮弹落在他万能的上帝的神庙上，这是一种预兆，也是一种象征，上帝不再施恩宠于他……这些行动更可能令他举起双手投降，而不是仅仅引燃他胸中的怒火。即便一些“非战斗人员”在轰炸中丧生，那也比用更加温和持久的攻击方式造成的生命流逝要少得多。

现在，这里存在着很多危险，它们和我们今天所面对的那些危险完全一
174 样：对生命和生存方式的恶意毁坏，对历史和遗迹的蓄意破坏，持续的殖民压迫，对人类权利和尊严的侵犯，对法律规定的延期执行。此外，我们很可能忘记那些距离我们并不久远的历史，忘记是什么导致了类似今天叙利亚或者伊拉克所面临的僵局。有一点对我们倒是一个提示——这本身就是一种历史的讽刺——法国人控诉俄罗斯人和叙利亚武装力量对阿勒颇进行轰炸，其行为构成了战争罪，他们说这类似于波斯尼亚战争期间包围萨拉热窝，以及西班牙内战期间对格尔尼卡进行的地毯式轰炸。[7]这里还有其他的历史回音，拿破仑在叙利亚和埃及发动的战役（1798—1801），其所谓的正当理由是在中东建立科学发展事业，同时发展人所熟知的法国贸易保护主义，以便应对与之发生利益冲突的英国经济行为。[8]在法国托管时期（1923—1946），中世纪研究专家保罗·德尚因为得到位于阿拉维山脉下丘陵地带的中世纪十字军城堡骑士堡而受到指控。[9]T.E.劳伦斯曾经形容该城堡是“世界上保存最为完好、完全值得赞赏的城堡”。[10]法国人普遍认为这是属于他们的历史遗迹。今天此处城堡是世界濒危遗产——法国人曾经花费数以百万计的法郎来修复城堡，居民们从此地搬走，接着是这里的建筑遭到毁坏。除了历史上这些人所共知的入侵、占领和暴力行径，另外还有一种危险

始终存在，那就是在今天依然非常流行的关于文明和野蛮的理念和表达，这些理念和表达对全世界的平等构成危险，同时威胁到西方人自身假想中的“礼貌行为”。

一方面，叙利亚历史遗迹被毁燃起了人们的道德怒火；另一方面，人们却很少对此进行自我反思，为什么像联合国教科文组织这样拥有七十年历史的全球机构没有能够确保实现和平或者保护好历史。人们更加不会去思考，为什么马里和叙利亚的一些组织无法彼此相容，或者为什么它们不断毁坏过去的物质遗产。无论如何，过去和现在，这都是许多社会团体和国家采取的做法，这种做法贯穿整个人类历史——从古埃及到现代欧洲。1954年，联合国教科文组织称：“每个文明社会都对神庙和教堂进行了掠夺、破坏、抢劫和焚烧，整个城市被彻底摧毁。”[11] 世界遗产以及与此相关的意义重大的各种努力，似乎取决于人们对问题的两方面到底有多关注：是要保护还是要毁掉大教堂和神庙？科尔比上校形容它们是巨大的国际棋盘上的棋子。1925年法国在叙利亚实 175
施的破坏行为及其辩护者也提醒我们，过去还活着。正如威廉·福克纳说过的那句人所共知的话：我们甚至都不能称之为过去。

文明交易

2016年5月5日，在帕尔米拉世界遗产古罗马圆形剧场的废墟上，叙利亚迎来了俄罗斯马林斯基管弦乐团，除了其他事务之外，音乐家们在此举办活动，纪念近期在叙利亚战争中逝去的人们。弗拉基米尔·普京总统没有参加此次活动，但是在媒体从黑海度假地发回的直播报道中，我们得以听到他的观点：“我们的文明社会应该清除掉这种可怕的罪恶”，这非常必要。这是普京自己对文明社会的愿望，这其中既有苏维埃式的文化权威，又有为应对国际谴责而做出的政治辩护——国际社会谴责其采取军事干预行动，包括大规模轰炸及其带来的平民死亡。俄罗斯管弦乐团全部穿黑色正装，他们于不经意中令人们回想起发生在此地的可怕一幕——伊斯兰国那些还是青少年的行刑者，于2015年7月处死了二十五名叙利亚士兵。俄罗斯指挥家瓦莱里·捷杰耶夫表示，他们在“饱受战争蹂躏的帕尔米拉”举行的音乐活动是在“呼吁和平与协调。我们反对毁坏杰出世界文化遗产的野蛮行径”。[12]他们演奏了三位作曲家的音乐作品，一位是约翰·塞巴斯蒂安·巴赫，另两位是俄罗斯作曲家塞尔吉·普罗科菲耶夫和罗季翁·谢德林。

圆形剧场中排列着俄罗斯士兵、官员和叙利亚士兵，乘车过来的联合国教科文组织外交使节都穿着防弹背心，身着传统服装的孩子们手举总统巴沙尔·阿萨德的画像：虽然这个主意并不非常好，但也是经过精心策划的。仅仅几个月之前，这里曾发生过一场令人震惊的屠杀，
176 但关于那场屠杀的大多数影像都没有能够捕捉到此时坐在座位上观看的人们，这个剧场本身也使我们想起那些古代的先驱以及彼时的战场。快进一下，我们会看到士兵和国际社会的外交官们听命于象征权力的巨幅宣传画，臣服于俄罗斯所兜售的软实力，他们庆祝短暂的胜利，俄罗斯武装力量完全占领帕尔米拉，那里满是它们自己的军事基地。在那个时刻，枪炮声被古典音乐取代。《俄罗斯时报》的一位记者这样描述如何通过音乐让古代遗迹获得新生：人们在这里看到的不再是死亡和毁坏，而是文化、历史和文明。[13]对于俄罗斯的历史学家们来说，这令他们想到1942年8月的另一场管弦乐队演出，那时纳粹包围了列宁格勒：“饥饿的俄罗斯音乐家们加上军队的演出人员，为这座城市第一次演奏了德米特里·肖斯塔科维奇的《第七交响乐》，也称作《列宁格勒交响曲》。”[14]但是，这里是叙利亚，不是俄罗斯，谈胜利还为时过早。

在2013年的金边世界遗产委员会会议上，关于叙利亚历史遗迹的状况问题，俄罗斯具有类似的决定性权力。虽然俄罗斯联邦在支持和宣传阿萨德政权上态度强硬，但是它强烈反对把叙利亚的六项世界遗

产列入《世界濒危遗产名录》：大马士革古城、波斯拉古城、帕尔米拉遗址、阿勒颇古城、骑士堡和喀拉特萨拉丁堡，以及叙利亚北部古村落。俄罗斯称："叙利亚全国并没有多少武装冲突，绝对不是到处都有。"但是包括柬埔寨、法国、卡塔尔、伊拉克、马里、爱沙尼亚、墨西哥和德国在内的其他委员会成员国希望加快进程，把它们全部纳入名单。站在联合国教科文组织的角度，收入《世界濒危遗产名录》意在提醒国际社会，有些状况对遗产的价值产生威胁，特别是它们的物理结构和所处环境。从表面看，这种重要的危害具有一系列的标准，这些标准不仅清晰而且意义深远：建筑材料质地退化、结构以及/或者装饰物特色消减、建筑统一性流失、历史真实性的重要流失、文化重要性的流失，所有这些只是部分先决条件。[15]正如世界遗产中心负责人总结的那样，名单"不是胁迫手段"；它是为了鼓励人们纠正不当行为，提升人们的保护意识并为此提供资金支持。武装冲突和战争、自然灾害、污染、不加控制的城市化，以及未经审查的旅游计划，在全球引发重大问题。在叙利亚的 177
问题上，危险似乎是无法否认的。

然而，俄罗斯并不愿意把大马士革古城列入濒危名录。整个过程中，俄罗斯对叙利亚遗址进入濒危名单进行干预，它直接把矛头指向"那些把城堡和旧堡垒当作其势力范围并摧毁它们的武装力量"，而不是指向阿萨德政府。米特罗法诺娃大使斟酌着提到了仅仅发生在一年以前的马里的案例，她认为事实上，正是因为"列入濒危名单，才使得这些遗产遭到轰炸和毁坏"。在金砖同盟国中，印度和南非一直对叙利亚政府言听计从，除这两国之外，俄罗斯似乎孤立无援。在本书中，我们已经描述了进入《世界遗产名录》过程中激烈的政治纷争，这里有着类似的情况，只不过是反方向的，人们策划政治阴谋是为了不让遗址列入《世界濒危遗产名录》。

俄罗斯进一步拒绝了许多其他委员会成员国提出的建议，尤其是过类似经历的马里——马主张叙利亚应该坚持执行1954年《关于武装冲突情况下保护文化财产的公约》的《第二议定书》中的相关规定。[16]印度大使称之为“指令偏移”，米特罗法诺娃大使则称，“这个决定事关主权，应该由成员国自己做主，为什么要联合国教科文组织给出类似的意见”。从历史上看，这实在是一个讽刺：正是俄罗斯的沙皇尼古拉二世和他的外交部长米哈伊尔·尼古拉耶维奇·穆拉维约夫于1899年和平会议期间促成了第一部《海牙公约》的制定。该公约主要关注裁军问题、保护人民和财产安全以及国际争端的强制性仲裁。[17]这些条款已经成为过去。

接下来在金边，人们就1954年《海牙公约》中类似“邀请”或“鼓励”等用语展开激烈技术争辩。正如前面章节所概述的那样，这一切为政治事务披上了技术外衣。负责文化事务的助理总干事弗朗西斯科·巴达兰在修订草案时提议运用这样的表述：“设立特殊基金支持叙利亚保护文化遗产。”他还建议许多其他的“遗产组织也可以得到支持，并不仅是叙利亚政府”。印度和俄罗斯对此感到愤怒：叙利亚是该公约的成员国之一，必须做出清晰的说明。它们指责这样的措辞令成
178 员国的权力降至最低——其实它们指的就是叙利亚的阿萨德政府。接下来的激烈争辩持续了很长时间，金砖同盟的伙伴国家与大多数其他委员会成员国和世界遗产秘书处始终无法取得一致看法。虽然叙利亚代表团呼吁国际社会支持其遗产进入濒危名录，且愿意继续与联合国教科文组织合作，但是俄罗斯依然闪烁其词，表达其在政治上、经济上和军事上的强烈意愿。[18]

在撰写此书的时候，俄罗斯仍然是阿萨德政府最强大的支持者。早在2011年和2012年，俄罗斯就已经三次否决了联合国安理会意欲对叙利亚总统进行制裁的决议。历史上，俄罗斯和叙利亚两国之间因为大规模的贷款、长期的经济往来和军事协议（武器、天然气和石油）而关系密切。帕尔米拉的邻近地区就是巨大的天然气田，叙利亚45%的天然气和电力资源来自此地，于是潜在的利益和将来的外方投资一直

非常重要。叙利亚港口塔尔图斯拥有一个苏维埃时期的海军基地，它可以服务于俄罗斯的核装备舰艇，该国在地中海的海军力量也因此得以加强。在帕尔米拉边界外面还有一个俄罗斯空军基地，伊斯兰国在2016年发动了许多次“帕尔米拉行动”，在其中的一次行动中，该组织恢复了对基地的控制。俄罗斯国防分析家鲁斯兰·普克霍弗解释说：“叙利亚是中东唯一一个听从我们意见的国家，在这里我们可以施加某些可知可感的影响。”[19]从武器装备到考古研究，世界遗产都无法摆脱相关事务的影响，事实上，它们作为一种外交手段，可以被运用到利润大得多的其他交易中。

2015年9月，俄罗斯开始在叙利亚内战中发动军事干预，旨在支持阿萨德政府。它通过空中袭击打击反对该政府的武装力量。从2000年到2010年，俄罗斯向叙利亚出售了价值大约十五亿美元的武器装备。[20]但是到2011年，购买合约价值猛涨到四十多亿美元。在叙利亚危机期间，俄罗斯的干预甚至带来了更为巨大的影响：绝不仅仅是军备输出那么简单；当主要世界大国在中东为战争试验发生冲突时，该国投入“海量宣传”，在类似阿勒颇这样的地方炫耀其产品。这进一步彰显了俄罗斯作为军备提供方的强大实力。克里姆林宫知情人士透露说，叙利亚内战结束时，即2016年，军备交易金额已经上升到七十亿美元。[21]

现在看起来，俄罗斯（和国际社会）过早地举行了自我庆祝活动，这之后的2016年12月，伊斯兰国重新控制了帕尔米拉，它很快毁坏了古代剧场的部分设施，这个应该是意料之中的事情。而仅仅几个月之前，就在同一个剧场，俄罗斯管弦乐队为了庆祝胜利刚刚演奏了普罗科菲
耶夫的钢琴曲。联合国教科文组织先前在马里曾经有过类似的经历， 179
尤其是总干事伊琳娜·博科娃发表演讲之后：该组织针对遭到谴责的“野蛮行径”所采取的公开报复行动经常会适得其反——令对手反感并引发更多的暴力事件。[22]

其他危险源自人们对文明的追求，联合国教科文组织最高层并没

有意识到自己业已投身其中。创建一份新的清单，罗列出文明社会所拥有和欠缺的分别是什么，这是很危险的。人们试图将非法文物交易问题局部化，而没有认识到这是国际社会共同谋划的结果，这也必将招致危险。过分关注某些东西的流失而不是关注生命本身，这种危险则更为严重。一方面，国际社会对叙利亚遭受的破坏所表达的愤怒之情得到广泛传播，尤其是媒体起了作用，这必定算得上是联合国教科文组织在宣传其一个世界的理念方面取得的成就。另一方面，它很可能因为出现新的非人性的国际形态而令国际社会两极分化，并且国家之间彼此难容。博科娃认为："对文化遗产的蓄意破坏是一种战争犯罪，同样应该受到指控和惩罚。"[23]在联合国教科文组织发动的另一场运动中，我们看到了这种理念的存在："在心灵上和思想上掀起新的全球范围的斗争……尤其是年轻的心灵和思想。"[24]具有讽刺意味的是，因为运用了与战争相关的言辞，那些具有"突出的普遍价值"的世界遗产被重新定位，于是它们代表和证明了人类的多样性、彼此包容、言论自由以及全球公民的特质。

据称，联合国教科文组织提供了"精准的、针对激进行为的解决方案，以及针对极端主义的解决方案"。总干事博科娃在其演讲中反复提及，一位被俘的叙利亚战斗人员对此给出一个更加令人难以接受的回应："没有世界遗产这一说，这根本不存在。"联合国教科文组织，其实也包括我们所有人，都应该认真对待这样一个观念：关于一个世界以及人类所能触及的共同遗产的全部内涵，都建立在西方哲学和价值观的基础之上，因为存在距离，所以这种宣传安全且具有优势。全球范围内的挪用会带来更多的危险，而这种做法有其长久的殖民渊源。对普世主义的追求在理论上也许说得通，但在实践中不然，尤其是该国不具备巴黎的优势，有的只是拉卡这样的城市。博科娃试图应对这种令人不舒服的分裂局面："我们知道帕尔米拉属于所有叙利亚人，但是我想说，它属于全人类。这也是我们要团结国际社会的原因。"[25]的确，了解国际社会对遗产的干预历史是重要的；这与我们所熟知的殖民主义、挪用和提取等彼此牵连的问题密不可分。1915年，英国人对从巴士拉到苏 180
伊士运河的领土进行了规划，他们把古罗马的遗址分出一部分给了法国人，算作安慰。[26]1932年，在法国的要求之下，帕尔米拉的居民被迫搬迁至附近一个叫泰德慕尔的村庄。随之而来的是一连串由欧洲人领头的考古发掘，来自法国、德国、瑞士、波兰和意大利的考古学家从事的工作，正如19世纪诗人尼古拉斯·米歇尔描述帕尔米拉时所说的那样：他们操作着“摇动的轴和破碎的柱头”。

2015年在德国波恩举行的世界遗产委员会会议上，伊琳娜·博科娃对一群社会精英说道：“人类文明的摇篮美索不达米亚平原正在被烧成灰烬。”诞生于这次会议的《世界遗产波恩宣言》对“野蛮袭击”和“盲目破坏”做出了进一步的谴责。[27] 在那些文字表述和演讲中，这层意思不言自明：很多文化应该已经具备“文明”的特质，它们的遗产值得保护，以便留给后人。极端主义者们所采取的“野蛮行径”受到谴责，他们的行为在人类历史上可谓“前所未有”。[28] 鉴于这种情况，博科娃举例称：“汪达尔人和西哥特人袭击了罗马，但他们的真实意图并不是要毁掉文明——公元9世纪时，他们推举查理曼大帝成为皇帝，他设法恢复和保护罗马的文化遗产。”[29] 相比之下，当今社会却并非如此：“我们看到的是暴力极端主义者力图毁掉遗产，一层层抹去人类文明的痕迹。”[30] 这就好像说，有时候，有些人具备文明修养，而另外一些人则 181
不然。时间再往后推一些，我们可以回想起1925年法国对叙利亚实施的轰炸行动，国际社会对此事的反应是视若无睹，并错误地认为法国人不会做出这样的事情。我们还可以进一步回想起总干事阿马杜-马赫塔尔·姆博曾经请求人们放弃“那些长期持有的、从古希腊古罗马开始流传至现代帝国主义时期的历史观，这些看法始终把文明和权力混为一谈，把被征服的人们和拒绝接受奴役的人们看作‘野蛮人’”。[31]

此外，对遗产进行大规模的破坏和国际社会对掠夺得来的工艺制品进行交易，这些行为迫使我们提出质询：究竟谁才是冲突中的“野蛮人”？正如博科娃指出：“叙利亚和伊拉克的文物分别被芬兰、约旦、黎巴嫩、土耳其、法国、美国以及英国强行夺走。”她在牛津大学进行演讲时说道，在伦敦希思罗机场，仅仅在2007年至2009年之间，海关官员就没收了3.4吨（总计一千五百多件）被偷盗的文物。文明交易的确事关全球各国，许多国家和个人都参与其中。2017年，包括法国在内的一些“交易国”保证提供三千万美元的基金，用来保护受到战争威胁的历史遗址，美国慈善家托马斯·卡普兰又追加了一百万美元。[32]有些讽刺意味的是，瑞士在文物交易中的参与证据充分，却在日内瓦成功绕开联合国教科文组织，为自己负责的新基金提供监管和法律服务。意大利按照其惯常做法，负责军事保障和提供文保专家。基金提供者们期待“在全世界形成一个历史遗址的网络，暂时储存濒危工艺制品，并为战争中毁坏的遗址的修复工作支付费用”，这很可能导致对别人的过去形成一种新的殖民挪用。[33]它们设法在停止暴力行为之后从国外获得文物，并决定这些文物应归属于哪个主权国家，这已经在包括克里米亚在内的其他战后案例中得到彰显，但是这很可能只会带来更多的跨国矛盾和争端。

联合国教科文组织希望通过各种宣言、总干事的演讲以及强大的媒体宣传阻击“极端主义”和“文化清洗”。这令人想起第二次世界大战结束时成立联合国教科文组织的初衷，想起该组织的信条：文化和教育可以携起手来，共同推进和平进程。然而，在世界遗产事务上，该组织关注技术统治和突出纪念意义的做法始终招致批评。批评者认为，该组织将更多的注意力放在抢救历史遗迹和技术保护上，而不是放在抢救生命和人们的健康快乐上，于是今天，联合国教科文组织上上下下
182 都在尝试重塑品牌形象。最近，联合国教科文组织发动了一场媒体宣传，“人民保护遗迹”，并俏皮地说：“我们并没有要求你们抢救世界。只是抢救世界上最伟大的遗迹而已。”[34]于是，关于历史和特定遗址——

西方国家认为这些遗址非常重要，并在后来为其流失而发出哀叹——的物质性，该组织一直有着明确的指令。伊琳娜·博科娃像她之前的许多总干事一样，建议在类似叙利亚这样饱受战争蹂躏的地方设立文物保护安全岛，呼吁创建“文化保护区”，而在创建的初始阶段，将努力“对一个极具代表性的遗址进行保护”。[35]这其中的危险是，可能对某项纯粹的物质遗产的抢救进行干预，此项物质遗产经常是一处传统古迹，而西方国家认为自己是其合法继承人；至于那些在持续冲突中活着或死去的人，又或者是由此引发的难民危机，西方国家并不会做出充分的应对。西方文化精英们更愿意花时间去痛惜对某处遗址的破坏，比如帕尔米拉古城遗迹，而不是痛惜成百上千座位于伊拉克和叙利亚境内的伊斯兰教清真寺和神庙所遭受的毁坏。

与此同时，联合国教科文组织的方方面面齐心协力重塑形象，意在表明该机构的驱动力“远不止保护石头和建筑”。[36]因此，遗产保护方面的违法行为被牵扯到人权违规和人道主义危机上，这些行为不仅关乎破坏所具有的历史意义，更重要的是它们关系到人性成本。2015年，博科娃在伦敦讲话时说道：“**联合国教科文组织已经指望不上——人们正在死去，而它只关心那些石头。**……这种情况已经改变。”“暴力极端主义者并非在袭击文化和人民之间做出选择——两者都是他们袭击的对象。我们必须同时保护这两者。”[37]2016年，在耶鲁大学的讲话中，博科娃承认：“对我们来说，让联合国教科文组织对这种破坏做出应对，这并不容易——孩子、妇女和平民正在被杀戮，或者正在遭受痛苦。”[38]联合国教科文组织的基本使命究竟是提供技术支持还是建设世界和平，这个问题持续存在，七十年之后依然没有得到解决。在伦敦的伊斯梅利中心，博科娃针对那段历史表达了自己的观点：“我相信联合国教科文组织的‘软实力’从未如此重要。”[39]然而，到底应该如何充分利用软实力这座宝库，需要拥有相当的外交能力和文化敏感性。

一位秘书处成员骄傲地对我说：“一旦他们毁坏了什么，我们就将

183 进行重建。”在世界遗产委员会波恩会议上，我质疑开幕式所传递出的信息的主要内容和口吻，他便就伊斯兰国给我上了一课。联合国教科文组织认为，对历史文物进行重建和更换是另一种“应对极端主义的方法”，这一观点彰显了该组织始终坚持的技术解决的途径。在巴黎大皇宫展出的“永远的古迹”展品为该理念提供了进一步的证明。在联合国教科文组织的赞助下，此次展览让人们清楚地看到如何对历史文物进行三维记录、再现和重建。[40]在西方国家，人们也普遍感受到这种新技术带来的兴奋之情，该技术因为媒体的广泛宣传而成为一种典范——媒体称，在托斯卡纳（米开朗琪罗就是在此地附近为其雕塑《大卫》选择大理石的），人们用一种由电脑控制的石头切割器对帕尔米拉凯旋门的仿制品进行钻孔操作。事实是，我们**能**这么做并不意味着我们**应该**这么做。这座仿制的凯旋门被称作“文明的视觉再现”，它将先后在伦敦的特拉法尔加广场和纽约两个地方展出，这也非常令人震惊。[41]2016年底，考古学家凯伦·霍姆伯格出席了曼哈顿揭幕仪式，她形容道，人们盲目迷恋文物，正在踩踏那条“令人难受的线”，“活着的人们更为重要，他们应该获得最多的关注”。此外，虽然有这些仿制品存在，但“我们完全不清楚相关数据和背景。战争本身和暴力本身才是核心所在”。[42]

叙利亚文物部门负责人马曼·阿卜杜勒卡里姆可能持相同观点。他在伦敦说过：“我们永远都不会在古城遗址上建造新型建筑。我们是考古学家，从事的是与传统相关的工作。”[43]后来在巴黎，他重申，帕尔米拉古城“不会成为迪斯尼乐园。我们没有钱做这些事情，叙利亚人民有很多的事情等着我们去做”。[44]在谈到把数字技术作为应对极端主义的一种方法时，世界遗产中心的一些欧洲专家显得有些争强好胜，而那些来自中东的专家则显得谨慎和敏感得多——不管是针对当地问题和劳工问题，还是针对是否有可能在像叙利亚和伊拉克这样饱受战争摧残的国家开发遗产保护技术、进行能力建设、给予年轻人更多的权力的问题。从英国、法国和意大利进口数字技术和相关专家，可能只会加剧目前的态势，这种态势首先使得破坏变得更为严重，联合国教科文组织早先在马里就遇到过这种情况，本书第八章将有相关表述。

挽救世界

尼采认为，现代性承载着厚重的历史；其他人则将现代性形容为“历史主义的疾病。”[45]今天的人们几乎着了魔，他们要抢救一切，还有 184
一种给所有事物确认日期的嗜好。正如布鲁诺·拉图尔所认为的那样，这把我们现有的一切和历史断然隔开。作为一个考古学家，我只能同意这一点：历史与我们同在，历史甚至会重现，在叙利亚发生的事件也做出了证明。拉图尔相信：由于我们长久以来革命经历不断叠加，所以我们也经历了一系列过程——抢掠、挽救、展出、说明，然后通过各种形式进行赔偿时使之实现资本化；我们也因此实现了对历史的积累。可以说，从拿破仑到普京，在历史文物的问题上，“粗暴的破坏遭遇到的是同样粗暴的保护”。[46]

在联合国教科文组织“把某样东西从死亡线上抢救回来”的行动中（安德烈·马尔罗形容努比亚行动时使用了这一经常被引用的表述），历史重现了曾经的一幕，这有些不可思议。由于第二次世界大战所造成的巨大破坏，联合国教科文组织明确，该机构的部分目标是找出类似伦敦、卡昂和华沙那样的欧洲城市中正处于危险之中的遗迹和文物，以及像考文垂大教堂那样已经被完全摧毁的遗迹和文物。随后的几十年中，在《信使》等刊物上，建筑物遭到轰炸后那些令人难忘的图片反复出现。其中有一张图片影响深远，那是联合国教科文组织为呼吁设立国际公共安全区而配发的，画面上是三个穿着破旧衣衫的孩子从意大利蒙特卡西诺修道院的废墟旁经过。[47]1944年，盟军轰炸并摧毁了那里的历史和宗教建筑。其他人所共知的还有德国德累斯顿，当然还有日本广岛和长崎；广岛于1996年因为原子弹爆炸遗迹进入《世界遗产名录》，该遗迹现在被称为原爆圆顶馆，仍然矗立在那儿，以纪念残酷的人类悲剧。俄罗斯和叙利亚袭击阿勒颇，沙特阿拉伯联合政府的空中武装力量袭击也门世界遗产萨那城以及联合国教科文组织《暂定名录》上的另外两个文化遗址，即萨达古城和8世纪的马里布大坝，这些都是不久之前发生的事情。[48]也门遗址被当作军事目标，并没有能吸引多少全球关注，也没有遭受多少来自世界的谴责，尤其是跟叙利亚相比。这主要是因为也门的物质遗产并非出类拔萃的历史文物，而且对其的轰炸袭击得到了美国的支持。[49]1927年，科尔比上尉意味深长地说过，“残暴行径就此变成人道主义行为”，与之相似，沙特阿拉伯也声称要实现社会和平与稳定。[50]很久以来，联合国教科文组织一直面临这样一个事实：文化是战争的牺牲品，犯下罪行的人既不局限于世界的某个
185 地区，也不局限于世界的某一种宗教。

2015年3月，总干事博科娃发起“为遗产联合起来”的全球行动，这其中我们又看到了联合国教科文组织当初的后战争时期的教育机构和宣传机构起到的作用。当前流行的数字媒体倾向于支持一种与此相似的、普遍性的观念，它是“人们根据在冲突发生地（从最近一段时间来看，大多数都是在伊拉克）文化遗产遭到毁坏和掠夺这个现象想象出来的”。事实上，这是在软实力上实施报复，是回击伊斯兰国无孔不入的全球媒体宣传，即“动用各种形式的媒介，尤其是社交媒体，在全世界进行宣传，特别想要对年轻人的思想产生影响”。网站平台“邀请阿拉伯地区的人们，尤其是那里的年轻人，发送他们认为重要的文化遗址的照片，并撰写相关的小故事”。[51]该宣传运动发起于巴格达，原本重心在中东地区，后来逐渐地扩展至全球范围，虽然只是勉强称得上全球范围。无论如何，这是一次世界危机，联合国教科文组织处于冲突前沿的文化遗产（下文将做概述）所经过的历程将成为证明。“为遗产联合起来”的全球行动包括许多会议、研讨会和公开活动，其中有一次有人

说:“联合国教科文组织提供了一个独特的平台,人们在此表达自己对破坏和仇恨的不同看法。我们必须对此加以利用。”事实的确如此。[52]然而,到目前为止,几乎都是谴责而不是辩论,没有人尝试理解对文化遗产采取暴力策略背后的原因,也没有人尝试分析人们针对遗产损失所做出的不同反应。这其中所蕴含的隐忧是,大家都不想问令人不快的问题,不想面对体制上的全球不平等现象,也不想尝试理解别人的意识形态,而为此付出的代价则很可能是,过去的一幕在另一个时间和地点再次上演。

今天我们所遇到的问题不能简单地理解为“偶然发生的残暴行径、大众媒体的极力渲染以及/或者由于人们对事物的认知水平直接退回到远古时代而引起的历史重现”。[53]在伊斯兰国看来,所有这些袭击都是因为受到非常真实的神学和政治原则的导引才发生的,本杰明·伊萨卡汗和何塞·安东尼奥·冈萨雷斯·扎兰多纳都已经对此做过令人信服的陈述。两套原则都有着清楚的表达和精心的设计。由此看来,“破除旧习”这一语汇并不能完全解释那样一种清晰明了的神学框架以及打造一个新的伊斯兰国度的更为宽泛的地理政治议程背后的逻辑——不论西方社会对此有多么的憎恶,他们都不理会。伊斯兰国在许多出版物和媒体上竭尽全力地“对自己的破坏行为进行解释,包括宗教教义和历史先例,用伊斯兰教的主要原则解释其袭击行动,同时还引用亚伯拉罕一神论、伊斯兰教历史和著名的沙拉菲-瓦哈比反传统者中的一些主要人物来支持其论点”。[54]不管是对于什叶派官方、西方帝国主义、民族主义自豪感,还是对于像联合国教科文组织这样的国际组织,文物古迹都被重新设定为一种物质障碍,并成为其意识形态对手的 186
一种象征。更加令人不安的是,对于诸如哈特拉古城、尼姆鲁德古城和帕尔米拉古城这样的先一神教遗址的破坏,绝不仅仅意味着对多神教主义和神像崇拜的报复。这彰显的是对西方殖民占领和采掘考古的一种残暴的物质纠正,同时也是在纠正那些人——他们用那些物质符号来建设现代民族国家，从而操纵某个地区的历史，以期建设废墟上的未来。[55]

在1948年的贝鲁特会议上，联合国教科文组织已经在努力解决文化差异的问题，以及如何才能最好地把现代中东纳入其一个世界的模式。秘书处的一位成员对中东在两极分化的世界中所处的位置进行了详细说明："虽然阿拉伯人是一种伟大的世界文化财产的继承人，且这种文化财产经过数百年动荡不安的历史传到了他们手上，然而今天，他们正努力寻求文化重生；总体来说，20世纪的情形、中东人的冷漠以及他们的孤立给他们实现梦想带来了更多的困难。"[56]今天，许多人认为这种观点具有东方主义色彩，并且无法接受。可是当欧洲在该组织拥有最高地位的时刻，这种观点渗透到各个角落，只是没有被察觉到——当时普遍关注的是地点而不是人民，而西方列强距今并不久远的殖民主义、占领和入侵的历史则被忽略不计。在贝鲁特会议期间，朱利安·赫胥黎曾经乐观地表示，当世界从战争的恐惧中醒来，他能够在"当今世界黑暗且浑浊的水面上发现一束光芒"。他希望，凭借"正确的领导和一些运气，这束光可以实现水面的净化，进而达成和平的愿望，而将来的人们则可以在和平的世界里表达思想传承的荣光"。[57]七十年过去了，他的希望仍未实现。

联合国教科文组织挽救世界的进程始终与困难相伴。如果我们考察一下1972年《世界遗产公约》制定以来那些处于战争前沿的世界遗产古迹的命运，我们将会增加很多了解，虽然这只是漫长历史中的一段插曲。第一个集中显示对联合国教科文组织登记在册的文化遗产进行大规模毁坏的时间段，是两伊战争期间（1980—1988），虽然伊朗的历史文物依据1954年《海牙公约》进入了保护名单，并且该国于1979年另有三处遗址进入《世界遗产名录》：恰高·占比尔神塔和建筑群、波斯波利斯古城和伊斯法罕的美丹·伊玛目清真寺。苏萨古城也遭到炮击和空中袭击。[58]其他古城遗址包括迪兹富勒、博鲁杰尔德、阿巴丹和德黑兰，也都在一场看似精心谋划和目标明确的袭击中遭到严重破坏并面临危险。在美国和苏联的支持下，萨达姆·侯赛因指挥部队对伊朗进行了大规模的蹂躏，然而这次20世纪最长的战争基本上一直被世界遗忘，这颇为令人震惊。 187

文物古迹不再是破坏行为的附属品，它们来到了为实现自主和反抗的斗争的中心。1985年1月21日，在印度尼西亚爪哇岛的婆罗浮屠寺庙，印度尼西亚的伊斯兰教徒发动了一场大规模的袭击。这座佛教建筑遭到九枚炸弹的轰炸，联合国教科文组织和国际社会在其著名的拯救行动中对该建筑进行了修复。[59]虽然没有人员失去生命，但是寺庙上半部分平台上的浮屠塔在爆炸中遭到了极大的破坏。然而，此事的后续状况并没有引起国际社会的关注。印度尼西亚官方为确认犯罪分子，展开了讯问工作，并对当地民众进行拷问。官方限制人们进出寺庙，禁止举办各种仪式，当地政府对遗址管理缺乏投入，导致境况进一步疏离，这一切都使得社会局势更加恶化。[60]

20世纪90年代，欧洲爆发了巴尔干危机，对于文化遗产的故意破坏成为其中的主要问题，它也成为刚刚成立于巴黎的世界遗产中心所要面对的问题。南斯拉夫的暴力解体带来的一个后果，就是冲突各方都对文化遗产进行了损害和毁坏。[61]1991年对杜布罗夫尼克的轰炸殃及其旧城遗址，而该遗址已于1979年被列入《世界遗产名录》。这座城市从1667年的大地震中幸存下来，人们设法保护其哥特风格、文艺复兴风格以及巴洛克风格的教堂、修道院、宫殿和喷泉；但是1991年，该城市在战争状态中被列入《世界濒危遗产名录》。南斯拉夫人民军队对文化遗产进行的蓄意破坏受到国际社会的强烈谴责，随之而来的是塞尔维亚和黑山共和国在外交和经济上受到孤立，而独立的克罗地亚却得到了支持。杜布罗夫尼克的旧城成为战争时期受到攻击的历史遗址的一个代表，同时也是受到公然侵害的文化遗产的一个标志。人们开始把这种侵害称作反人类罪。

波斯尼亚战争被认为是第二次世界大战结束以来发生在欧洲的最具破坏性的冲突，那些具有象征意义的历史文物和遗址又一次成为战争前线易受攻击的目标。[62]新近获得独立的波斯尼亚和黑塞哥维纳（波黑）在向联合国教科文组织申请成为成员国这件事情上行动迅速，1993年6月2日，其申请获得批准。成为当事国以后，波黑立即要求保护该
188 国在莫斯塔尔的老桥，并要求联合国教科文组织将此当作一项紧急任务来执行。在接下来的几个星期当中，波斯尼亚立即表态同意《1972年公约》和1954年《海牙公约》等条约，其目的就是为保护处于不断加剧的冲突之中的历史遗址。在1993年6月至1994年4月间，克罗地亚武装力量包围了莫斯塔尔的老城区。平民遭到杀戮，人道主义援助被阻断，包括许多清真寺在内的绝大部分老城区被毁坏；虽然该国已经向联合国教科文组织寻求帮助，但位于莫斯塔尔的老桥还是于1993年11月遭到炮轰并倒塌，而此时距离波斯尼亚请求国际社会的援助仅四个月的时间。[63]

人们觉察到联合国教科文组织在战争中的失职，2004年，莫斯塔尔老桥在该组织的赞助下得以全部重建，老城区的一些地方也在一个国际科学委员会的帮助下得到修复或重建。[64]联合国教科文组织彻底扭转了之前无能为力的形象，并将此举视为其最伟大的成就之一。对莫斯塔尔旧城老桥区域的重建成为所有那些努力的极好证明，该处遗址于2005年进入《世界遗产名录》。联合国教科文组织宣布，随着老桥及其周边地区的“复活”，“莫斯塔尔这座城市具有象征意义的力量和价值得到了加强和提升——来自不同文化、种族和宗教背景的人们在这里共存，这令该城市异于寻常，且具有普世意义——同时也彰显了人类在面对巨大灾难时团结一致为追求和平与寻求强有力的合作而做出的无限努力。”[65]虽然联合国教科文组织对此做出了热情洋溢的宣告，但是务实的研究人员对事情发生的全过程进行了追踪，他们更加详细地记录了这座桥如何从一处被毁坏的遗址变为一处建筑工地。有时，

国际社会的表现掩饰了在人群中郁结已久的来自宗教和种族的紧张局势，而一些研究人员则揭示了内在的危险，即重建并未带来和谐。[66]

1998年1月25日，位于斯里兰卡的最为神圣的佛教遗址佛牙寺遭到泰米尔分裂主义者的轰炸，他们想通过战斗成为一个独立的国家。这座寺庙是17和18世纪康提古城重要的综合设施，该古城作为斯里兰卡前殖民时期最后的都城，于1988年进入《世界遗产名录》。[67]正如加米尼·维杰苏里亚所说的那样，早前在另一座世界遗址阿努拉德普勒古城神圣的菩提树旁，朝拜的人们受到了袭击。[68]重要的是，1998年是斯里兰卡脱离英国统治的第五十个年头，人们为庆祝活动做了很多精 189
心的准备。除了遭遇袭击的死亡人数值得关注，寺庙本身也遭到大规模的破坏：虽然神殿在爆炸中得以保存，但是木制屋顶倒塌，墙壁裂开，上了色的壁画被损毁。这次袭击的目标是打击僧伽罗佛教徒的骄傲与自豪。[69]

阿富汗的巴米扬大佛很多年以来一直是联合国教科文组织文物保护运动的内容之一，该遗址受到世界的普遍关注。[70] 2001年3月初，在塔利班政权的授意下，两座巨大的佛像在几周之内被毁坏。穆拉·穆罕默德·奥马尔宣称自己是佛像的崇拜者，但这两座佛像还是遭到了轰炸，其原因就是故意挑战联合国和其他国际机构对他们发出的呼吁。在一次由联合国教科文组织召开的会议上颁布了相关法令。这次会议将决定中亚文化遗产的命运，因而备受瞩目，这个时间节点很关键。塔利班领导人声称，外国的关注及其在阿富汗人民忍饥挨饿时为佛像提供资金的行为，促使他做出了此项决定。在此之前，纽约的大都会艺术博物馆曾经提出购买这些雕像，这令局势更显紧张。日本则表示愿意把它们搬走。联合国教科文组织对此提供非官方援助，各国也派出使者进行调停，其中包括一些宗教领袖。伊斯兰会议组织要求塔利班不要毁坏雕像，联合国教科文组织写信抗议，所有这些努力都是徒劳。

此次破坏行为是一次国际战略行动，目的是让人们关注阿富汗的困境，同时对西方国家各种形式的干预和优先考虑事项提出抗议。回望过去，各种复杂因素彼此交织：军事行动、内部政治斗争、宗派纷争以及国际关系，这些都令历史遗产成为筹码。[71]联合国教科文组织和国际社会成功避开了1997年的一次毁坏威胁。然而，由于联合国不承认塔利班组织，这间接导致巴米扬大佛无法进入《世界遗产名录》，由此引发更深的敌意。[72]法学专家认为，巴米扬大佛的损失是“文化恶行历史上一个”深刻的“教训”，它显示了“国家对待文化遗产的病态行为的新特点”。[73]这不同于早先对文化遗产的破坏，因为这次行动“经过周密部署，对全世界媒体做出精心通告，并且以嘲笑的口吻对其准备、轰炸和最后的破坏这所有的过程进行了记录”。[74]在接下来的十年中，伊
190 斯兰国在叙利亚和伊拉克持续发动袭击，巴米扬大佛因为最先受到攻击所以引人注目。

2003年，伊拉克战争爆发，在此期间，历史遗址和博物馆遭到严重破坏和劫掠，那些所谓的伊拉克人民的解放者经常故意损毁考古遗迹和历史遗址。伊拉克社会党失去执政权之后，美国声称，为保护伊拉克国家博物馆，伙同其他国家对其实施占领，然而以失败告终，史料对于这一切都有着清晰的记录。但是，有一点被忽略了：为建立军事基地，多国部署军事力量并袭击重要历史遗址，包括拥有著名的塔庙和伊斯塔尔门的巴比伦考古遗址。[75]2003年，公元前3000年的一处遗址被联合国教科文组织列入《暂定名录》，并重新命名为阿尔法营地。2005年，多国联军占用了萨马拉19世纪大清真寺的部分区域，在那里建造军营以及一座容纳一千五百名伊拉克国家警察的训练营。[76]同样，英国和美国的抢劫和破坏行为也被忽略，它们对许多重要的伊斯兰遗迹进行了蓄意毁坏。[77]战争爆发的当天，劫掠便开始，随后愈演愈烈，在哈特拉和亚述的世界文化遗址，还有那些在《暂定名录》上的遗址，尼姆鲁德古城和尼尼微古城，都遭到了毁坏。[78]正如本杰明·伊萨卡汗所说的那样，“对文化遗产的大规模破坏导致各种引起分歧的大话空话大行其

道，国家凝聚力不见踪影”，而这一切令暴力行为急剧增多。[79] 伊拉克入侵带来的后果因为伊斯兰国的疯狂破坏而愈发令人难以接受。

前面几章已经说过，2008年，柏威夏寺被列入《世界遗产名录》，泰国和柬埔寨立即陷入边界纷争。虽然湿婆庙从未被列入《世界濒危遗产名录》，但是这里的人们曾失去生命，文物被损毁，随着边境争端愈加激烈，2011年，湿婆庙终被毁坏。2012年，世界遗产委员会又面临两处濒危遗址的问题：马里的廷巴克图和阿斯基亚陵墓。[80] 由于激进的伊斯兰卫士发动武装冲突并袭击陵墓，这两处遗址被列入《世界濒危遗产名录》。如前所述，在世界遗产委员会的圣彼得堡会议上，总干事博科娃公开呼吁停止破坏行为。然而，她也许在无意中加剧了紧张局势，因为她这样说道：“当人们因为愚蠢和暴力毁坏了一处世界遗产，全人类都会觉得自己的一部分遭到了侵犯；会觉得自己受到了伤害。”[81] 显然，这番言论否认伊斯兰卫士具有“人类共同拥有的情感”。[82] 联合国教科文组织在国际会议上的公开表现似乎只起到了加剧紧张局势和引发更多后续暴力事件的作用。伊斯兰卫士叛乱者的发言人直接回应道：“上 191
帝是独一无二的。”他对记者们如此说道。“这一切都是haram（在伊斯兰教中是禁止的意思）。我们都是伊斯兰教信徒。联合国教科文组织是什么？”[83] 人类学家夏洛特·乔伊认为，此处的危险是，联合国教科文组织“不仅通过吸引人们关注建筑和遗址来参与讨论在今天的马里伊斯兰教徒意味着什么，而且它的存在就对讨论施加影响，因为该组织与其想要保护的建筑以及全球人道主义项目密切相关”。[84]

就在最近，伊拉克和叙利亚的文化遗产再一次遭遇袭击，关于后者，前文已经做了叙述。而在伊拉克，亚述、哈特拉和萨马拉遗址都已被列入《世界濒危遗产名录》。这三个都是伊斯兰国于近年占领的考古遗址，而且据伊拉克官方称，该组织后来对此三处遗址实施了文化清洗项目。[85] 靠近摩苏尔、尼姆鲁德和尼尼微的著名亚述古城遭到伊斯兰国的强烈破坏，对古代建筑和雕塑的暴力拆除已经向世界做了生动细致的播报。伊拉克官方向世界遗产中心表达了自己的观点：交战各方既没有理解也不尊重联合国教科文组织的国际条约。这种看法无疑是正确的。此外，联军和战机“轰炸伊斯兰国据点”的行为也使历史遗产遭到相当大的破坏，这些遗产如今牵涉到“美国、加拿大、澳大利亚、法国、阿联酋、约旦和其他国家”。[86] 在这样的纷争中，要弄清谁是作恶者、哪个是因哪个是果，变得愈发困难，更不要说所谓的附带破坏带来的巨大影响。

这种愈演愈烈的破坏文物的趋势令人不安，因为这意味着世界遗产这个标签有着某种特别之处，它令这些遗址拥有成为攻击目标的价值。这些遗址之所以面对不同于以往的危险，下面这些都是原因：受到国际条约保护的法律地位、可以得到的各种资源、传言中的“人类遗产”所具有的实实在在的价值和象征意义，还有国际社会对于它们成为攻击目标的愤怒。最后，也许世界遗产所附带的各种资源和国际利益是暴力加剧的根本原因。也许正是在那些招致越来越多的国际干预、报道和关注的世界遗产遗址上，我们会看见持续不断的暴力行为，就像在阿富汗、马里、叙利亚和伊拉克，还有阿拉伯之春后的利比亚和突尼斯。[87]它们的国际主义也许深藏在它们所遭受的破坏之中。

192 从《1972年公约》颁布开始，世界遗产即被卷入战争和冲突。的确，1945年，人们成立联合国教科文组织的主要意图是更好地保护历史遗产。然而，战争期间应对文化问题的主要法律手段却是1954年《海牙公约》。[88]到2018年，大约有131个国家成为缔约国；其中108个国家批准《第一议定书》正式生效，但是只有75个国家批准《第二议定书》正式生效。1954年的《第一议定书》是为应对第二次世界大战期间对被占领地区文化遗产实施的有组织的掠夺行为，1999年的《第二议定书》则开创了文化遗产保护的更好形式。2016年，我有幸参加了世界遗产委员会在巴黎举行的关于《海牙公约》的讨论会。鉴于遗产危机在克里米亚、叙利亚、伊拉克和也门愈演愈烈，我以为会有数以百计的国家代表、非政府组织以及观察员们参加会议，展开连续几天的激情演讲。然而，只有很少的成员国派出了代表，不大的会场总是空着一半，商讨被压缩至仅仅两天时间，公约的预算也少得可怜。最富裕和最强大的国家都没有参加会议，那些对也门和叙利亚实施野蛮空袭的国家亦未参加。

歌德曾经说过："战争和冲突令我们失去了很多世界奇观；那些保护和保存遗产的人拥有最幸福的人生。"第一句话是显而易见的，第二句则不然。在联合国教科文组织，拯救世界的特别使命遭到严重阻碍，因为各国或雄心勃勃，或冷漠处之，且目前的财政状况正危机四伏。比如，世界遗产委员会对马里这样的国家只能提供区区三万五千美元的经济援助。由于美国停止拨款，《海牙公约》遂成为机构财政削减的又一个牺牲品。世界遗产委员会需要应对的其他事情包括：能否为战争期间的濒危艺术品撑起一片"安全的天空"，这其中有什么政治意义；还有为"更好地保护"世界历史遗址举行会谈面临的各种困难。这些成员国都需要援助：柬埔寨、波斯尼亚和黑塞哥维纳、尼日利亚、格鲁吉亚、利比亚以及马里。在2016年的会议上，世界遗产委员会同意对马里的阿斯基亚陵墓实行"加强保护"。[89]在伊斯坦布尔会议上，一位马里遗址的管理人员试图提醒听众，那些新近修复的遗址并不安全。他宣称，当地社区对遗址存在着一定的敌意，因为资源显然流向了物质文化遗产，而不是当地人；同时，物质文化遗产依然面临着很大的危险。[90]在第八章中，我们将说到，联合国教科文组织为其成功实施了遗址重建的计划而欢欣鼓舞，然而事实上，人们的感受远非如此。 193

在危险中生存

2011年，巴勒斯坦成为联合国教科文组织的成员国，这件事成了分水岭。长久以来，联合国和联合国教科文组织对巴勒斯坦一直持支持态度：1949年，成立了联合国近东巴勒斯坦难民救济和工程处；20世纪70年代，同意巴勒斯坦解放组织成为其观察员；到90年代初期，试图承认巴勒斯坦在联合国教科文组织中的正式成员国身份。[91]进入21世纪以来，联合国教科文组织始终热衷于在约旦河西岸挽救濒危遗产的行为，这在很大程度上是因为加沙和耶路撒冷带来了其他极大的危险。[92]在巴勒斯坦看来，世界遗产的称号和保护遗产的承诺对于其境内许多的考古遗迹和历史遗址非常重要。如果能够获得像联合国教科文组织这样的国际组织的认可，那么文化遗产就能在全球管理方面获得基亚拉·德·塞萨里所说的“期待中的表现”。同时，不仅是该组织，整个世界遗产领域都会关注下面这些问题：因为现存物质文化遗产而引起的持续的紧张局势、入侵领土以及可能对遗产拥有主权——从本质上说，这些问题都源于20世纪的殖民控制和那些殖民大国对遗产所在地区的瓜分。

2012年，巴勒斯坦提名耶稣的诞生地——位于伯利恒的圣诞教堂和朝圣之路——进入《世界遗产名录》，同时作为紧急提名进入《世界濒危遗产名录》。这是巴勒斯坦第一次向联合国教科文组织提出申请，也是巴勒斯坦得到该组织承认的集中体现。[93]虽然伯利恒主要是基督教遗址，而非穆斯林遗址，但是它仍受到许多宗教的尊崇。公元339年，圣诞教堂第一次建成时，巴勒斯坦人就明确，这座教堂同时拥有罗马天主教、希腊东正教、方济各会以及亚美尼亚教会等不同特色，还拥有朝圣路线。这处遗址历史悠久且危机四伏。2002年有一整个月局势都很紧张，以色列国民军的狙击手把教堂作为攻击目标，对伯利恒的圣诞教堂进行所谓的围困时，国民军还在马槽广场附近部署了坦克部队。战争结束后，一份来自国际古迹遗址理事会的报告称，战争对古迹的破坏造成了一百四十万美元的损失。[94]

将近十年之后，国际古迹遗址理事会发布了对伯利恒的评估报告，确认了其他的一些危害，其中包括社会发展压力增大，旅游和环境保护压力增大，文物保护和建筑结构修复的需求增大。然而，人们尚未意识到情况紧急，就停止了行动。巴勒斯坦认为，自从1967年以来，由于政治原因，文物修复工作一直受阻。的确，伯利恒2000，即联合国教科文 194
组织关于重建这座历史古城及其宗教建筑群的雄心勃勃的项目，在修复圣诞教堂的重要行动中都未能取得成功。[95]在圣彼得堡，世界遗产委员会在经过激烈表决后，决定该遗址必须进入两个遗址名单。虽然数以百计的代表们为此欢呼雀跃，巴勒斯坦也庆祝"人民行使了自主决定权"，但这一决定还是彰显了经济因素和结构因素对于该组织所起到的巨大作用。

巴勒斯坦的成员国地位得到联合国教科文组织的承认之后，美国宣布要撤回经济支持。类似的情况是，以色列也拒绝提供经济支持，同时还进一步宣称，将在约旦河西岸和东耶路撒冷建造两千个居住单元。此外，以色列不再转让政府机构代巴勒斯坦当局向其外部边界征收的税收收入。[96]2012年，由于情况紧急，巴勒斯坦坚持不懈地递交了第二次提名申请：耶路撒冷南部梯田景观，又称巴蒂尔文化景观。巴蒂尔的约旦河西岸村庄坐落在纳布卢斯和希伯伦之间的中央高地，它的周围是可以追溯到罗马时期的灌溉农田系统。2011年，巴蒂尔因为保护和管理文化景观，获颁联合国教科文组织希腊梅里纳·梅尔库里国际文化景观保护与管理奖。[97]然而，正如景观专家彼得·福勒提醒的那样，这是一片"经过数百年辛勤耕耘的文化景观；它可以在数日内毁于人们考虑不周的行为"。[98]

巴蒂尔的居民对此深有感触。20世纪80年代，他们居住地的中心地区被以色列军队摧毁。[99]巴勒斯坦的申请材料写道，以色列政府也没收了他们的一些田地，但主要的危险还是来自占领、持续的殖民扩张以及所谓"隔离墙"的建设。[100]隔离墙"深入约旦河西岸，撇开其他不谈，这被认为是隐形的领土吞并，因此成为全世界谴责的对象"。德·塞萨里认为，计划中的"隔离墙"建设不仅将"给巴蒂尔的文化遗产带来严重破坏”，而且将“令巴勒斯坦村民失去大片土地，村民上诉以色列高等法院，要求阻止建设‘隔离墙’”。[101]世界遗产委员会于2014年在多哈举行商讨会，德国大使提出了疑问：巴勒斯坦的申请程序不
195 对，走的是紧急程序，而不是他所说的“正常方式”。国际古迹遗址理事会在会上发言称，它并不认为巴蒂尔的申请属于“紧急情况”。该理事会出具的评估报告反复称那面隔离墙为“一道围栏”。[102]世界遗产委员会主席谢耶卡·阿拉-马亚萨·比特·哈马德·宾·哈里发·阿尔塔尼迅速做出回应，她直接对理事会代表提出问题：“所以你认为巴勒斯坦的状况并不是紧急情况？”在这种非正常的情况下，原本以为的中立状态没有出现，这位来自卡塔尔的主席表达了她的观点：“巴勒斯坦就是紧急情况，我的理解就是这样。”[103]委员会投了赞成票，很多国家都支持巴蒂尔进入名单：黎巴嫩、土耳其、塞内加尔、阿尔及利亚、哈萨克斯坦、秘鲁、卡塔尔、马来西亚、牙买加，还有印度。

德国要求进行不记名投票。然而，它没有能够让巴勒斯坦的提名申请泡汤，因为最终投票结果是11比3，这处遗产经过重新命名后入选《世界遗产名录》和《世界濒危遗产名录》，其新名称为：橄榄树和葡萄藤之地——耶路撒冷南部巴蒂尔文化景观。[104]巴勒斯坦对此发表感言之后，以色列称这一决定是“错误的里程碑”，是“对程序和准则的野蛮践踏和完全罔顾”。联合国教科文组织做出决定之后，各种争议持续多年，以色列高等法院随后拒绝了以色列军队继续建设隔离墙的要求。法院认为，计划中的建设路线要从巴蒂尔的田园景观中穿过，这将对罗马时期便已存在的水道灌溉系统造成不可逆转的破坏。[105]2017年，希伯伦也作为紧急情况受到提名，经过类似的激烈商讨，最终成功入选名单。巴勒斯坦受到的威胁不断加剧，各种违法行为层出不穷，这些都已被其记录在案：故意破坏公共财物、毁坏遗址，还有其他对文化遗产的攻击行动。在写给秘书处的信中，巴勒斯坦争辩道：把危险罗列出来可以确保对文化遗址施以足够的保护，并且制定相关国际标准。[106]

虽然有些成员国不赞同总是列出各种面临的危险，但是大多数成员国意识到巴勒斯坦所处的困境，其文化遗产也一直处于冲突第一线。巴勒斯坦的例子证明了那里存在着不同程度的危险：遗产面临的危险、在被占领区生活的危险、文物保护行动的变换不定，甚至还有联合国教科文组织不确定的未来。巴勒斯坦成为联合国教科文组织的一员，这导致美国第三次停止提供经济援助，也带来了该机构不能承受的财政削减和管理退步。2011年，总干事警告美国："拒绝提供原定的和其他的经济支持……将削弱联合国教科文组织的办事效率，减弱其建设自由开放的社会的能力。"[107]博科娃认为，美国的决定将严重阻碍该国实现其在国际上的目标，尤其是在中东的目标。 196

1990年和1994年，美国国会通过立法，阻止巴勒斯坦和其他国家之间建立正常关系和进行常规的交流活动。[108]20世纪50年代，供职于联合国教科文组织的两个美国人，查尔斯·汤普森和曾任大会副主席的沃尔特·拉维斯认为，美国政府从未真正明白，如何与联合国教科文组织合作以实现联合国的目标和美国的对外政策。此外，美国并不明白，赞同联合国教科文组织的文化理念和智慧理念将为之赢得声望；它也不明白，积极参与多边技术支持会带来好处。[109]从2011年起，美国撤回经济援助，由此而引出更多的问题，包括不参与许多国际机构的事务，不遵守国际协议等。这些都进一步令美国处于被孤立的境地，并且严重限制联合国教科文组织发挥作用。除此而外，随后发生的财政破产对文物保护和国际社会产生了巨大的影响。

联合国教科文组织和美国一直争吵不断，两者的关系经常因密谋、政治和孤立而陷入困境。1953年至1954年之间，参议员约瑟夫·麦卡锡宣称，负责应对联合国教科文组织的美国代表团和美国国务院官员参与了共产主义阴谋。[110]美国中央情报局从1947年开始对联合国教科文组织进行秘密调查，那时该组织才刚刚成立一年时间。如前所述，美国之前已经有两次停止向联合国教科文组织提供经济援助——

一次是1977年，因为以色列请求参与欧洲事务被拒；还有一次是1984年，因为国家利益和冷战阴谋——联合国教科文组织因此损失了大约四千三百万美元的收益。[111]另外一个争议的焦点是，联合国教科文组织发布了对以色列在耶路撒冷进行非法考古挖掘的处理决定。[112]

自从罗纳德·里根执政以来，美国经常指责联合国教科文组织过于强调政治影响，在经济方面管理不善，以及工作上采取缺乏成效的官僚作风。20世纪80年代，有人谴责联合国教科文组织向新自由主义妥协，还有人把这种谴责与美国入侵格林纳达相提并论，因为它瞄准的是
197 联合国最弱小的成员国。总干事姆博对“与南方国家脱离关系”的决定提出批评，因为该决定强制“它们采取某些政策和措施，而这必将使许多居民陷入贫困，并且迟早会带来紧张局势和严重的内部危机”。姆博的批评在更大范围内强化了政治影响。[113]美国于1984年做出的这一决定反映出人们对多边主义普遍持怀疑态度，他们确信与其修补关系，不如终止关系。[114]这进一步表明，美国主流政治生活中的国际主义道德思想已经敲响丧钟，而在努比亚行动中成为典范的政治理想主义已经成为蔑视和嘲笑的对象。[115]

如果挽救阿布辛拜勒神庙是对世界遗产外交的第一次尝试，其结果是制定了《1972年公约》；那么伯利恒进入名单则让我们看到，一些分歧以及强大但孤立的国家的不明智的行动，也有可能得到化解。20世纪60年代，援助埃及实现了冷战时期的战略目标，而今天援助巴勒斯坦则是对像法国、德国和美国这样的西方国家提出了一个问题。目前自始至终，关于公约的政治争议无处不在；然而，停止提供资助——美国经常这么做——甚或威胁不再援助，是日本等其他国家现在想要采取的做法，因为其政治目标面临着层层阻挠。这种威胁越发加剧现有冲突，而不是将数十年前在埃及、巴基斯坦和印度尼西亚进行的早期合作推向前进。和平目标似乎不在工作计划之中，危险或许成为新常态。

结 语

不仅是文化遗产面临许多危险,有些人也面临许多危险,他们的生活与历史遗址和古代景观紧密相连,他们当中有很多人的土地被剥夺、被交换,或者在为实现占领目标而燃烧不断的战火中被波及。与其前身国际联盟一样,联合国教科文组织的全球乌托邦计划把保护具有历史意义的文化遗产提升到普遍的高度,这在人类生活的层面也许无法实现,但是全世界也许会为遗产团结起来。今天,“为遗产联合起来”已经成为口号,其目的是挽救遗址,但也是因为在那些地方,人的生存环境很危险,人的境况是残酷的。回望过去,历史在人们离开后继续存在,一代又一代,它将可能得到保护,造福将来,似乎也将弥合并取代始终存在并且彼此不容的政治、宗教和文化差异。当古迹陷入险境, 198
我们中的许多人会意识到,过去和将来都面临着危险。但是在围绕和源于古代遗址的战争行为中还伴随着其他危险,比如,人们为有教养的文化和习俗以及野蛮的文化和习俗制定了评判标准。文明话语本身的再度出现带来了危险,也很可能引发更多的异化和分裂。1925年,法国殖民武装力量对叙利亚城市和平民进行了轰炸,就在前不久,俄罗斯也轰炸了叙利亚,这些都令欧洲的绅士形象面临被颠覆的危险。联合国刚成立时,参加过许多军事战役的扬·斯穆茨将军就曾警告说,现在“世界将与危险共存……别问我谁是敌人。我不知道。也许就是我们自己”。[116]

俄罗斯对叙利亚的干预也是一种文明交易,它为军事技术带来了崭新又广阔的市场,同时在战略上也为将来建立了牢固的政治伙伴关系。这使我们想到与文化遗产相关的许多事情,比如柏威夏寺入选名单时的各种纷扰,还有联合国教科文组织的文化认同、保护或者甚至是入选濒危名单,都可能让越来越多相关国家和企业进行有利可图、精心谋划的经济冒险。现在，这种情况已经扩展至全球范围，而不只是考虑区域利益和区域联盟。像俄罗斯和美国这样的超级大国施加它们的影响，延伸它们的文化外交战线，在多边体制上尽显伪善，小国家对此感受颇深。数十年来，美国在联合国教科文组织政治化的问题上一直直言不讳，而近些年来，美国停止提供经济援助，但是依然让该组织为自己的利益服务。2017年10月，唐纳德·特朗普总统申明美国将退出该组织。从历史的消极一面来看，美国在冷战时期提出阴谋主张，最近又停止提供经济援助，它所做的决定和所持有的态度令联合国教科文组织在实现目标的道路上遭遇极大的险情。

虽然联合国教科文组织可以拥有梦想，但是，全世界的不平等现象、宗教偏见、非法占领以及民族自决等问题挥之不去，它们很难纳入联合国教科文组织的合法运营范围之内。越发高调的安理会决议，或者是与国际刑警组织和其他机构的伙伴关系，都令联合国教科文组织不得不关注战后遗址的实物重建、文物保护员培训、虚拟现实和社交媒
199 体。自相矛盾的是：一方面，人们对修复历史古迹怀有执念，就像我们在马里和伊拉克、叙利亚制图版上看到的那样；另一方面，需要遵守真实和完整的原则，这也一直是世界遗产专家认为的进入名单的标准。反过来说，这反映了欧洲专家长期宣传的筛选标准已经有所缓和。由于应对社会冲突和政治冲突的能力正在衰退，所以不管是哪种情况占据主导地位，都进一步强调了技术统治路径仍旧享有特权。巴勒斯坦就有这样的现象：对历史遗迹的破坏司空见惯，人们习以为常。长久以来，联合国教科文组织尝试对此进行干预，但是其中的一些努力受到那些持反对态度和敌对情绪的国家的阻挠和限制，而这些国家看起来却是中立的、专业的，是在行使管辖权。一些成员国呼吁保护文化遗产，建设世界和平，其具体内容却彼此相异，于是倡议受到压制，因而困窘的情境愈发加剧。最终，我们周遭的一切都陷入紧张局势之中——联合国教科文组织从成立之初直至今日一直身处其中：科学和宗教彼此

对立；文物保护和政治手段互不相容；和平建设和技术统治背道而驰。

总体来看，近些年中东发展迅猛，我们有必要用批判的眼光回望过去七十年中联合国教科文组织思想体系和实际做法的不足和失败。一个从战争的灰烬中站起来的组织是如何又一次陷入文化差异和文化误解的战火之中？确切地说，这次战火是过去的遗迹及其现在所具有的特别价值带来的实质暴力。这种情形也代表着一种危险，而不仅仅是对阿勒颇、尼姆鲁德、萨那或者廷巴克图的毁坏。巴黎联合国教科文组织总部为庆祝该组织成立七十周年举办了许多活动，在其中一次活动中，秘书处的一位成员向一些历史学家提了一个问题：如果联合国教科文组织的工作人员不受制于保密条款，那么他们是否能够谈论该机构的失败之处并且从中获取教训？这个问题令我们想到考古学家威廉·Y.亚当斯在努比亚文物保护运动中的思考，他请人们不要相信神话："现在再看，我们只能从真实的错误和真实的成功中得到教益，而不是从想象出来的错误和成功中获益。"[117] 另一位听众谈到这种具有约束作用的组织结构，并问道：如果没有联合国教科文组织，世界将会怎样？在"世界这个实验室"中，未来的我们还能拥有什么？通常，这类问题都不能被正式播出，人们只是随后在走廊里嘻嘻哈哈地责骂几句。但是，其中的意思很清楚：支持联合国教科文组织完成使命意味着一切。

讨论小组的历史学家们回答说，一开始的时候，在组织章程的序言
中，就有这样庄严的表述：联合国教科文组织着眼未来，追求最崇高的 200
理想。虽然该组织并非事事成功，但是我们必须看到它巨大的创造力和广阔的工作视野。如果列举联合国教科文组织所取得的成就，那么这其中有：全面推进基础教育、保障作为基本人权的言论自由、保护文化多样性、宣传建设和平文化的理念、关注可持续发展和建设发展的文化、普及文化遗产属于全人类的观念。虽然只是世界上某些地方及其观念促成了这些成就，而不是各地都有参与，但是它们的确具有里程碑

意义，而全世界也因为它们取得进步。正如赫兹菲尔德预想，“如果完全抛开欧洲独特的文化语境和历史语境下的成因”，来构造一种普遍的遗产，那么一定会受到当地人的抵制。因为顶着“遗产”的光环，所以这种遗产分布的不均衡被隐藏起来，人们亦未察觉。但是这种措辞本身就与父系社会中继承、财产所有权和个人主义的概念存在某种关联，法语中的patrimoine 和意大利语中的patrimonio 都是如此。它是早期现代欧洲的产物，从未拓展至一个整体的世界遗产的理念。[118]

世界遗产的说法是人类的一个发明创造，类似的全球干预也有其自身的历史，其间有成功者，也有失败者，其重要意义涉及权力、权威和合法性，这些都需要人们给予更密切的关注。由于存在世界观的冲突，所以国际社会和文物保护很可能会受到影响，尤其是有些世界观看问题的视角和实际做法尚未融入“一个世界”的全球模式。其中一个影响便是，越来越多的反乌托邦情形呈现在世界的眼前，它们把目标对准了联合国教科文组织名单上的历史遗址。正如奥威尔在《1984》中所预言的那样，历史“不仅仅被改变，实际上它已经被毁坏。如果除了你自己的记忆之外，毫无其他记载可查询，那么你如何才能确认哪怕是最
201 显而易见的事实呢？”

第八章

反乌托邦

据说，如果你打开这扇门，就将迎来世界末日。

——艾哈迈德·法基·马赫迪，2016年

2016年8月22日，来自廷巴克图的图阿雷格人艾哈迈德·法基·马赫迪出现在海牙国际刑事法院，他创造了历史。他是第一个在海牙国际刑事法院承认自己触犯了《罗马规约》第八条，犯下了战争罪的人。这也是第一次把故意毁坏文化遗产作为主要罪状提交法庭。马赫迪被控于2012年6月至7月的十天时间里在其家乡马里的廷巴克图犯下罪行。2015年9月下旬，他在尼日尔被捕。他对自己所犯罪行供认不讳，在对廷巴克图受人敬仰的伊斯兰圣人的九个陵墓和西迪·雅希亚清真寺的门户实施的破坏行动中，他是赫斯巴的宗教专家和首领，或者是伊斯兰卫士的道德警察。对照规约第八条，他获得的罪名是："在没有正当军事需求的情况下，非法且恶意地大规模破坏和侵吞文化遗产。"这种破坏等同于其他战争罪行，例如：故意谋杀、施以酷刑、野蛮行径、扣留人质以及驱逐出境。[1]

对于马赫迪受到的控诉，公众反响强烈，联合国教科文组织和全世界媒体似乎感到欢欣鼓舞。然而，如果看了庭审过程，研究过文字材料，人们会觉得更烦恼，就如辩护律师让-路易斯·基里森所说的那样：最终，“你们是在对一个人进行宣判”。其他的伊斯兰激进分子都没有受到这样的控告，虽然他们也对马里的平民实施了残暴行为：谋杀、处死、强奸、断肢、抢劫、暴力、恫吓，并且使用童子军。马里安全武
202 装力量用非法扣押和酷刑来应对那些平民和种族团体的暴动。[2]战争双方都对犯下的罪行进行了详细的记录，但是这些罪行的实施者不会出现在海牙国际刑事法院。虽然如此，我们还是成功地把文化遗产变成了失败措施的替罪羊——原本希望那些措施可以让个体对更为严重的罪行负起责任。值得关注的是，马赫迪自己并未参与针对廷巴克图人民的暴力行为，用他自己的话说，他希望人们把他看作“一个迷路的儿子”。基里森的问题是：“比较一下，拆毁墙壁和残害生命，轰炸建筑物和枪杀平民，哪一种罪行更为严重？”他提醒法庭：“严惩战争犯罪必然有其负面影响。罪恶原本已经犯下，而我们再来惩罚犯罪之人，这样做是否会带来更好的结果？的确，这种讨论有其象征意义。”

事实上，不仅仅是那次讨论，整个马赫迪事件使人们看清了许多悬而未决的互相矛盾的方方面面。发生在马里的事情促使我们对宗教教义和物质遗产之间的关系的不同说法及其可能带来的影响进行思考。或许我们也可以将当地居民受到伤害的性质和程度与国际社会的不满进行比对，然后从中寻求答案，而不是推断什么普遍现象。对廷巴克图的人们造成的伤害，是否比对全人类或者国际社会的某些区域造成的伤害更加直接，更加具有影响力？在审判的过程中，人们简短地提出了这其中的一些问题，但是在联合国教科文组织的非正式讨论中并没有人给出详细的解释。然而，现在也许是时候思考，世界文化遗产如何被用来传播人们各自独特的、彼此相异的世界观，包括伊斯兰卫士、伊斯兰国，抑或是联合国教科文组织。为什么在过去的一个世纪里，人们为了实现国际主义的理想，付出努力，落实项目，但是

巨大的分歧依然存在？为什么世界遗产在随后发生的战争中难得幸免？[3]更加令人不安的是，这些问题无可避免地令我们回想到仍然存在于不同国家之间的非常明显的不公平待遇，其中的许多不公平都来自殖民占领、剥削和决策，尤其是像马里那样的国家，还有叙利亚和伊拉克。伊斯兰国真的推倒了伊拉克和叙利亚之间的部分边界，那是将近一个世纪以前，英国和法国官员在奥斯曼帝国坍塌之后强行设立的。[4]马克·赛克斯爵士在阻挠法国反诉的同时，力图扩大英国利益，于是在沙漠中画了一条线作为边界——从阿卡（Acre）的“e”到基尔库克（Kirkuk）的最后一个“k”——这在中东地图上可以找到。[5]这些殖民历史令人联想到国际联盟和联合国教科文组织等国际组织所特有的欧洲渊源以及它们的局限性——它们宣传一种和平文化，并试图将几乎完全相异的世界观融合到一起。最终在海牙，不仅那些产 203
生历史影响的行为被起诉，更重要的是文化遗产的状况亦处于考验之中。

廷巴克图这个名称已然等同于“遥远的地方”或“世界的尽头”，在马里战争中广泛传播的反乌托邦也是如此。[6]国际特赦组织发出警告，虽然轰炸宗教和历史遗产可以摧毁某地人们的文化和特色，但是我们不应该“对事实熟视无睹，2012年马里战争中有数以百计的平民被杀害、强奸和施以酷刑。所以，海牙国际刑事法院应该继续调查各方在战争中犯下的罪行”。[7]大规模的破坏行为已经构成战争罪，这一点表明，虽然联合国教科文组织原本希望通过条款和规约宣传“属于同一个世界的遗产”的共同理念，但是该组织在完善规则方面做得不够，因此不能让不同的人们在世界共存，亦无法建设持久的和平。针对国际名单上列出的历史遗址而发动的敌对行动，现在变成了一种文化清算，联合国教科文组织尤其这么认为。[8]

廷巴克图建于公元5世纪，坐落于尼日尔河边，河流在此处向北流入撒哈拉沙漠的南部边缘。地理位置使得廷巴克图成为不同民族的人们交汇的枢纽，包括桑海人、万加腊人、富拉尼人、阿拉伯人和图阿雷格人，同时廷巴克图也成为黄金、盐、书籍以及其他商品的交易中心。1354年，中世纪探险家穆罕默德·伊本·巴图塔描述了廷巴克图的富足和黄金交易，于是一个来自非洲的黄金国度的神话就此诞生。到15世纪和16世纪，廷巴克图发展成为一个知识和精神世界的都城，也成为整个非洲的伊斯兰中心：那里聚集了很多学者、工程师和建筑师。除了桑科雷大学，还有一百八十所《古兰经》学校和两万五千名学生，这个数字占估算出的人口总数的四分之一。廷巴克图经常被称为拥有三百三十三位圣人的城市，城中许多的泥砖结构、清真寺、陵墓和神庙都沿袭了非洲和阿拉伯的建筑传统。这些都成为1987年廷巴克图受到提名和申请进入《世界遗产名录》的理由。

虽然廷巴克图有着许多的历史建筑，但是国际古迹遗址理事会只同意三座大清真寺（津加里贝尔清真寺、桑科雷清真寺和西迪·雅希亚清真寺）以及十六座陵墓进入名单，这在六页纸的文献中有着简短的概述。[9] 1980年，世界遗产委员会决定延缓考虑马里关于整个廷巴克图进入名单的提案，反而建议马里提交关于宗教遗产的有所限制的申请材
204 料。国际古迹遗址理事会指出，这些“脆弱的建筑物面临着似沙尘般多样的危险和城市发展的威胁”。[10]1988年它进入《世界遗产名录》时，联合国教科文组织认识到：“虽然一直在修复，但是直到今天，这些遗产依然面临着威胁。”[11] 1994年，更多为保护文物而做的尝试偃旗息鼓，包括那些每年进行的涂墙泥的维护行动。评估人员发现，对泥质材料和泥质结构的改变损害了遗址长久的完整性和保护工作。[12]直到2005年，廷巴克图都是《世界濒危遗产名录》中的一员。发生在2012年的武装冲突使得世界遗产委员会把马里的廷巴克图和位于加奥的阿斯基亚陵墓列入《世界濒危遗产名录》。[13]一份关于文物保护状况的报告向人们描述了“廷巴克图陵墓遭到的破坏”和“它所面临的对保护其突出的普遍价值的威胁”。[14]

毁坏陵墓之罪

人们经常称廷巴克图为“沙漠里的珍珠”。在马赫迪审判中，起诉人常常这样表达，以强调该遗址在非洲文化遗产中居于中心地位。这一部分是因为相比较而言，非洲很少有重要的遗址得到认可，尤其是那些具有都市特色的遗址，而进入《世界遗产名录》的就更加少了。一方面，这是因为长期以来，欧洲中心主义一直在遗址列入名单的程序中占据主导地位，前面几章已有论述。另一方面，廷巴克图的地理位置似乎尤为独特，因为英国、法国和其他殖民国家在被称为“对非洲的掠夺”的行动中，对其他主要非洲中心进行了大规模的破坏。[15]此处的“掠夺”指的是1881年到1914年之间的新帝国主义时期，欧洲国家对大部分非洲领土进行了入侵、占领、分割、殖民以及吞并行动。这些入侵行动给那里的人民和那些地方带来了令人震惊的后果：1897年，英国在其讨伐性的远征行动中毁坏了贝宁的城市中心，正如1874年它在阿散蒂地区的首府库马西所做的一样。[16]因此，廷巴克图代表了所有已经消失的遗迹，也代表了所有遭到故意破坏的遗迹——不断有组织通过暴力行动把自己的意识形态强加给那里的人们。

1960年，殖民统治终结，法国人背信弃义，并没有如他们向图阿雷格人承诺的那样建立一个分离的撒哈拉地区，这个决定是灾难性的，而随后马里政府的疏忽则令情况变得更糟。[17]图阿雷格人是半游牧民族，他们大多是柏柏尔人的后裔，信仰伊斯兰教。几个世纪以来，图阿雷格 205
人在从利比亚到布基纳法索的、贯穿撒哈拉地区的各种交易途径中，始终占据主导地位。在最近几十年中，图阿雷格人的生活极为艰难，要面对旱灾、粮食短缺，于是他们在巴马科举行反对国家当权者的起义，也因期盼独立而与伊斯兰极端组织缔结新的联盟。最近一次冲突的缘由是2012年3月发生的军事政变，此次政变是因为腐败的马里政治精英们和他们对国际捐赠基金的处理方法引发了人们的愤怒。随后的政治动荡促使图阿雷格人与其他激进分子联合起来发动叛乱，也就是人们所说的“民族解放阿扎瓦德运动”。2012年4月至2013年1月之间，伊斯兰极端组织伊斯兰卫士和伊斯兰马格里布基地组织占领了廷巴克图，艾哈迈德·马赫迪与他们的首领进行了合作。

在被海牙国际刑事法院首席检察官法图·班索达称为“对廷巴克图‘无可替代的历史遗产’进行的‘残酷袭击’”中，九座陵墓遭到破坏。[18]马赫迪确认目标遗址，确定破坏行动的程序，提供实施方法，有时也参与毁坏行动：这一切都被照片和影像记录了下来，并在全世界媒体上传播。破坏行动开始时，马赫迪发表了旨在摧毁陵墓的布道和公开演讲。[19]班索达在开场白中描述了在那十天的“破坏风暴”中，“人类的遗产是如何被抢夺和洗劫”，而那场“破坏风暴”对“一些人群的信仰、记忆和他们的未来”以及“我们必须保护的普世价值”造成了“深重的灾难”。[20]她告诉人们，廷巴克图人面对“所有一切都变成了灰烬”的场面时，极其无能为力。

例如，位于西迪·莫赫塔尔陵墓的西迪·莫赫塔尔·本·西迪·穆罕默德·卡比尔·库恩特酋长陵墓是受到马里人欢迎的朝圣之地。2012年6月30日，马赫迪对相关人员部署破坏行动，发布指令，同时提供破坏手段。在现场，他对记者说：“如果一座坟墓高出其他的坟墓，那么它必须被夷平……我们将把所有与此处景观格格不入的东西全部清除。”[21]这与人类学家玛丽·道格拉斯的格言不谋而合：玷污景观的东西确实“不合适”。[22]道格拉斯认为，在任何一种社会语境下，始终存在着一种精心安排的关系网络，任何一种违背此安排的行动都可能导致人们对不合适的因素弃之不顾。伊斯兰卫士对伊斯兰教教法的理解中有一项禁忌，陵墓的上部结构若超过某一高度（而且人们对其又
206 是如此尊崇），那么将会引来暴力反应，“如果一种目标或想法可能让人们对其所珍视的等级制度产生疑惑，或可能带来抵触情绪，那么人们就

会以暴力对其进行谴责”。从那个角度看，那些建筑结构必须被铲平，以改正错误；而陵墓本身未受到亵渎。发生在廷巴克图的事件表明，“文化类事务属于公共事件”，这也是道格拉斯的原话。人们“不能忽略违反常规的形式带来的挑战”。[23]因此，对某一群人来说，把所有与景观格格不入的东西全部清除，这是对宗教禁令的一种恰当的回应——禁令反对高调的墓碑。[24]

道格拉斯写道，这种对高度的严格且过度的要求或者施加一种强烈的不适感，或者引发巨大的矛盾，尤其是当“有些令人不舒服的情况无法相融”的时候。[25]从某个层面上说，对陵墓的毁坏证明了在空间限制和社会生活中存在着重大的宗教分歧，目前来看，在很多国家都出现了这种分歧：瓦哈比派主张极端保守主义的束缚原则，而主流逊尼派和什叶派穆斯林崇尚其他形式的伊斯兰教义和习俗。[26]在审判现场展示的录像片段中，马赫迪为袭击西迪·雅希亚清真寺做辩解，该寺庙华美的木质门被人用斧子砍下：“如果你打开这扇门，就将迎来世界末日。我们的任务是与迷信做斗争，所以我们决定摧毁这扇门。”在海牙国际刑事法院，这个从伊斯兰角度做出的特别说明及其类别体系及司法体制和马赫迪本人一起受到审判。瓦哈比派的破坏偶像主义运动拥有悠久的历史，据称，大多数穆斯林对该项运动及其对《古兰经》教义的解释与裁定提出反对意见。世界恐怖活动增多，这一宗教派别饱受指责，但这种说法掩盖了不同历史和地区因素的影响。也正是这些因素催生了像塔利班、“基地”组织、伊斯兰卫士以及伊斯兰国这样的激进团体。

在审判中马赫迪陈述道，虽然他实施了行动，但是廷巴克图的文化遗产不会改变或消失。当法官安托万·凯西亚-姆贝·明杜瓦问他是否改变了他的宗教观念时，马赫迪证实说，他不认为毁坏建筑是正确的行动方案。“比方说，我告诉他们，‘目前我不建议你们这么做，因为这可能……伤害人们的感情’。”[27]但他认为这是一个合法的决定，其依据是：“人们不可以在陵墓上建造任何东西，宗教教义规定陵墓高出地面的部分不得超过一英寸，而那些陵墓则要高出许多。这些问题是否达成共识？那些认为可以这么做的人同意，如果其他人觉得那些建
207 筑物必须被摧毁，那也无可厚非。我采取了行动，是因为我认为陵墓上不可以建造任何东西。”不过，马赫迪认为从法律和政治角度考虑：“如果人们采取的行动带来的破坏比行动本身的作用还要大还要严重，那么就不应该采取行动。”[28]他认为那些陵墓“展现出矛盾的一面，但是并没有到那么有害的程度”，可他还是按照伊斯兰卫士的领袖们的要求实施了袭击行动。马赫迪向法庭详细解释道：伊斯兰教法律规定，有些事情可以做，有些事情不可以做。这里，我们遇到的是一个法学问题。罗马-日耳曼法系亦称大陆法系，欧洲大陆和海牙国际刑事法院采用的都是此种法律体系。人们遵从的是此种法系还是伊斯兰教教法？事实上，该法庭受制于《罗马规约》，采用源自全世界其他法律体系的法律通则，包括“那些通常对犯罪行为实施法律制裁的国家法律”。一些法律专家认为，到目前为止，海牙国际刑事法院完全依赖西方理念，忽略伊斯兰法律，并且发布声明时总是借口这是出于普遍性的需要。[29]

这里还有一个问题，即廷巴克图的神庙究竟属于宗教建筑还是历史遗址，抑或同时具备两者的性质，不同的人群又是如何看待的。阿尔法·莫亚陵墓被摧毁后，伊斯兰卫士的发言人桑德·乌尔德·布玛态度强硬，他说：“我们必须摧毁所有的陵墓，这正是我们目前在做的事情。”来自法国国际电台的记者问道：“可是这些陵墓都属于联合国教科文组织的文化遗产呀？”他明确答复：“那与我们无关。我们已经说过，我们所做的一切不为别的，都是为遵守伊斯兰教教法。我们将召开会议，根据会议精神采取措施，做好一切该做的事情。”[30]他挑衅地问道：“联合国教科文组织是什么组织？”[31]然而，正如我们将看到的那样，联合国教科文组织在整个诉讼过程中起到了极其重要的作用，有一个法官表述得很清楚：由于绝大部分历史遗产得到了联合国教科文组织的

承认，因此“他们的袭击行动似乎具有尤其严重的后果”，而且其目标范围是整个国际社会。[32]

如果从当地居民的角度出发，那么重要的便是考虑廷巴克图居民的反应、他们与历史遗产之间的关系以及所受破坏的严重程度。一个马里目击者证实道：“那些陵墓也是廷巴克图生活的反映，因为它们表明了人们对伊斯兰教的信仰。廷巴克图的人们认为，陵墓是做祷告的地方，它们为人们带来心理上的安全感，人们甚至感觉陵墓是他们的保护神。”他认为，这些陵墓既是举行宗教仪式的地方，也是人类文化遗产。它们是“人们实现社会化的一个组成部分。在每一项人类文化遗 208
产中，我们总能发现一种关系，即当地居民与遗产的关系；当我们发现某个地方的遗产时，总能发现它们与道德体系的某种关联以及与文化身份的某种关联”。但是考察这些遗产的结构、确定这些遗产的种类会带来某种焦虑：“因为列入国家遗产名单和联合国教科文组织《世界遗产名录》，这两者都意味着此建筑保持完好，处于完整状态。如果遗产的一部分遭到破坏，那么整体性也就遭到了破坏，这将令其失去特有的普世价值。而这个价值正是此建筑出现在联合国教科文组织名单上的首要原因。”国际体制不仅改变了文化遗产的状况，而且影响了当地居民对危险、完整性和价值流失的理解。

每一次犯罪都有其受害者，论及“撕裂某一群人的灵魂”时，这些破坏性行为会被反复描述。控方律师马贡布·卡桑戈为八名匿名受害人代理诉讼。卡桑戈说道：“我们无法保护逝去的灵魂，恰恰相反，这些灵魂保佑活着的人们并护他们平安。”他对居住在廷巴克图的人们仍然信奉的万物有灵论进行了叙述。虽然在被伊斯兰教教化的过程中，当地不得不接受伊斯兰教法律，但是那里的人们对先祖的尊崇亦同时存在。他认为，受害者们经历了耻辱、痛苦以及经济损失——廷巴克图的旅游业本就孱弱，现在更是雪上加霜。法官明杜瓦问道：罗马-日耳曼法系究竟带来了什么后果，如何补偿才能挽回他们的损失？他们失去了什么？卡桑戈努力避开“西方对收入的理解”，他解释说，当地人依靠这些历史遗产过活。游人过来参观，当地人就可以“不时挣点零花钱”。自从出现叛乱，马里被认为是不安全的地方，旅游业受到重创，因此谈到“物质损害”必须把“当地的真实状况纳入考虑范围”。2008年5月，我目睹了当地的真实状况。作为考察遗产发展战略团队的一员，我访问了廷巴克图和马里其他历史遗址。一群马里上层官员强烈要求去除法国占领时期遗留下来的殖民遗迹，因此我们面对的那些问题都与历史关系不大。他们关心的是更为紧急的需求：水、卫生设施、医疗保健、就业和基础设施的建设。我发现，廷巴克图的真实状况确实严峻。

2016年，联合国教科文组织做了各种努力重建所有的陵墓，甚至举办了一场“祝圣大典”。这是该组织值得吹嘘的一次胜利，因为当时正急需一种积极的声誉来驱散彼时在叙利亚和伊拉克不断蔓延的反乌托
209 邦潮流。也有人认为这是一场意义重大的失败。卡桑戈的看法则是，由联合国教科文组织赞助的重建陵墓项目并没有能够把廷巴克图的人们团结到圣人的身边。他把该项目称为“重建运动”，这个过程没有能够修复人们的精神创伤。然而，总干事在访问中向那些泥瓦匠表示了敬意。她说道：“现在，这些陵墓又一次呈现在人们眼前，它们用无可辩驳的事实证明了实现团结是可能的，世界甚至比之前更和平。我们成功了，我们可以再来一次。”[33]但是，在不同地区出现了互相矛盾的说法。对于重建泥砖结构的陵墓以及雇用当地居民和专业人员修复清真寺大门的做法，有些人认为其过程和结果应该受到肯定。[34]然而，在海牙国际刑事法院的会议室里，我们听到的观点是：“文化遗产可以修复，但是其内在价值永远无法修复。”修复之后留下来的是“破裂的关系”和无法挽回的偏见。

世界遗产委员会于2016年在伊斯坦布尔举行会议，会上出现了另一幅场景。虽然马里对重建陵墓的投入人所共知，但是该国仍然不能

出具一份廷巴克图文物保护情况报告。这里薄弱的安全保卫措施进一步阻碍了相关评估任务的执行。[35]正如第七章所提及的那样，廷巴克图的遗址管理人员对正在发生的安全问题表示担心。他没有庆祝陵墓得到重建，反而警告人们，任何一个破坏分子都仍能接触到陵墓，这座城市到处都有历史文物，所有的努力可能在很短的时间内再次遭到摧毁。“我们因为缺乏报道而受到责备，最重要的问题是保证遗址安全，这些遗址受制于驻扎在廷巴克图历史废墟所处地区的伊斯兰武装组织——这些地方还有法国武装力量，我们必须保证这些遗址的安全，否则我们将回到2012年。”[36]他警告说，可能会出现针对修复行为的敌对行动。事实证明，联合国教科文组织之前对阿富汗巴米扬大佛和其他冲突地区遗址的修复计划是有争议的：当活着的人们急需帮助时，专项资金却流向文物保护。

艾哈迈德·马赫迪的两侧站着法庭警卫，他向法庭认罪：“我们必须做真实的自己，即使那样会自讨苦吃。进行认罪答辩、承认所有对我的指控都是准确的和正确的，这些都令我深感遗憾和痛苦。我真的很抱歉，真的很懊悔。”[37]他恳求世界各地的穆斯林不要参与此类行动。
此外，他想为廷巴克图走出冲突后的将来做出自己的贡献，这不仅是因 210
为他的家还在那儿，也因为这座城市的所有人都生活在那儿。辩护词表明：“他想通过某种方式帮助我们在马里寻求真相并实现国家和平。”我曾经与一位联合国教科文组织的官员交流过，他认为马赫迪的懊悔很可能具有重要意义，我们可以用它来教育年轻人，用它来建立对话关系，而且可以让它帮助我们在建设世界和平的道路上迈出积极的步伐。这令人想到联合国教科文组织的早期使命：从物质上和精神上实现战后生活的恢复——其中也包括那些战败了的侵略者。在这位官员看来，如果联合国教科文组织仅仅关注最终的胜利和具有历史意义的裁决，而不是潜在的问题和未来发展的方向，那么马里就是一个失败的案例。

针对联合国教科文组织的犯罪

首席检察官提醒海牙国际刑事法院:“现在的问题并不仅仅是围墙和石头。”人们认为那些陵墓承载着重要的历史意义、宗教意义和身份意义。的确,她反复称之为“无可替代的具有历史意义的文化遗产”。八名受害人的律师马贡布·卡桑戈反复强调:这些不仅仅是“一堆堆的石头”,而是早在1988年就已经被列入《世界遗产名录》。它们不只是“一堆石头和坟墓”,它们展示的是“杰出的非洲文明”。卡桑戈提醒法庭,廷巴克图是第一批进入《世界遗产名录》的非洲遗址之一,就像埃菲尔铁塔会让人联想到法兰西民族,并且会有大批游人前来参观。廷巴克图对于伊斯兰教、对于商业往来和国际社会都具有重要意义。联合国教科文组织总干事博科娃在演讲中强调了廷巴克图对于国际社会的意义,她至少在十几个场合呼吁人们保护马里的历史遗产。卡桑戈告诉大家,联合国教科文组织通过信件联系了非洲联盟、西非国家经济共同体、伊斯兰教科文组织、欧洲联盟、联合国秘书长、海牙国际刑事法院以及周边国家。的确,世界文化遗产的整个历史和进入名单的过程在信中都有着极为详细的解说,虽然人们也总结出了遗产对于当地的意义,但是前者的解说要深刻得多。似乎那些罪恶行为不是针对宗教目标,而是针对联合国教科文组织以及相关机构。

海牙国际刑事法院的讨论表明世界遗产如何在国际体制中运作,亦表明联合国教科文组织关于“人类共同的遗产”的愿景如何植根于
211 人心。廷巴克图被列入《世界遗产名录》,这一点始终意义重大。此外,由于马里是《罗马规约》的成员国,而许多国家不是,因此,在廷巴克图发生的事件成为更广泛的遗产破坏的代表。法庭听取了联合国教科文组织的陈述:自从2001年塔利班组织摧毁巴米扬大佛以来,发生于2012年的马里的袭击行动带来的后果最为严重。本苏达指出,从马

里危机到伊斯兰国始于2015年对阿勒颇和帕尔米拉的袭击行动，人们看到更多的是文化遗产在时间和空间维度上均呈下滑的趋势。对马赫迪的判决极具象征意义，怎么强调都不过分。

法庭在起诉书中援引了发生在20世纪90年代初期巴尔干战争中破坏遗产的行为：这是针对斯洛博丹·米洛舍维奇的指控之一。[38]它还援引了1994年的卢旺达大屠杀。虽然方式不同，但是这两次战争都试图毁灭一群人。然而，马赫迪的行动既不是瞄准活着的人们，也不是为了实现种族清洗。[39]实施这些行动的前提条件是对宗教的解释存在着重大分歧，而这些分歧在实质问题和历史意义方面具有令人震惊的作用。但是，与前南斯拉夫相似的是，伊斯兰卫士的意图是禁止某种生活方式和对现有传统的限制，具体说，就是限制人们前往神庙参观和膜拜。卡桑戈引用发明了"大屠杀"(genocide)这一语汇的律师拉斐尔·莱姆金的话说，马赫迪犯下了最严重的国际战争罪行，这关系到一群人的灵魂和种族基因(genos)。这就意味着，这样的行为其实就是文化大屠杀。[40]在阿富汗、叙利亚和伊拉克，国际社会的保护(或起诉)行为从未获得成功，起诉马赫迪的文件对此做了援引，并且把马赫迪的行动定性为"具有历史意义的罪行"。对他的判决同样"具有历史意义"，起诉书要求法庭适当从重对其进行处罚，"既是为了过去，也是为了将来"。卡桑戈认为，对用石头建成的城市而言，无法弥补的伤害已经造成，对全人类而言亦如此。

法官明杜瓦认为需要弄清楚这一点："虽然我们可以说，人类普遍感受到并且经历了此种伤害，但这种伤害的"确切本质究竟是什么？这个问题要从两方面看："历史遗产和建筑受到了保护，或者应该说，联合国教科文组织将其列入了名单。那么你们认为在巴米扬大佛和帕尔米拉的问题上，联合国教科文组织受到了什么样的伤害，人类本身又受到了什么样的伤害？你们是否能够估算出这两种伤害或侵害是否相同？"[41]联合国教科文组织重要的见证人弗朗西斯科·巴达兰提供的回

答颇有启示意义。他说，对文化遗产的破坏“既与联合国教科文组织相
212 关，也与那些信赖遗产保护国际体制的人相关……当遗址被毁坏，我们当然很痛苦，因为这说明我们的体制具有局限性”。[42]这种体制带来的痛苦无疑对人们的理念施加了影响：联合国教科文组织“受到了伤害，因为我们向世界暴露了遗产保护国际体制的短板”。说到帕尔米拉考古遗址的问题，巴达兰强调要重视“全世界的舆论、相关机构和文化机构以及著名博物馆等各方面对于此事的强烈反响”。有些人此时正痛苦万分，因为他们认为“文化遗产是文化，或者说现代文化生活的基本组成部分”。[43]2017年8月，海牙国际刑事法院要求马赫迪象征性地支付马里和联合国教科文组织各一欧元，以示赔偿。据估算，马赫迪需要承担的用于修复的赔偿款总额为二百七十万欧元。[44]

联合国教科文组织的损失是象征性的、抽象的，是一种间接的、知识方面的损失。而廷巴克图的人们遭受的破坏和损失则更多的是看得见摸得着的，它们给个体带来的是直接的负面影响——他们当中的许多人饱受专制政府和社会瓦解带来的痛苦，或者说是反乌托邦政治形态带来的痛苦。[45]一些法律学者认为，面对这种情况，我们不应该采取流行的普遍主义思维方式，而应该从相对主义的角度看待这种破坏的严重性。[46]另一些人则认为，国家保护责任——该原则允许国际社会在遭遇严重人权伤害行为时采取干预措施——应该扩展其范围至对文化遗产的保护，而非仅仅保护生命。[47]这种扩展试图把保护事物提高到保护生命的同等地位，虽然这种观点在像海牙国际刑事法院和联合国教科文组织这样的西方社会受到欢迎，但是无论如何都算不上得到了全世界的赞同。

夏洛特·乔伊对马里世界遗产进行了实地研究，他认为，因为遇到太多类似廷巴克图所遭受的历史性破坏，联合国教科文组织的人道主义愿景逐渐变得不那么宏大。[48]同时，该组织试图保护文化特色免受全球化的影响，但结果常常深陷许多难于处理的矛盾之中。正如本书开

始所说的那样，联合国教科文组织成立的根基是人道主义，其目的是通过不同文化之间的对话和理解实现世界和平，但是这一根基常常受到各国事务安排的影响，这些事务完全不考虑少数人的利益，包括种族、宗教、土著或者其他的少数人群。图阿雷格人追求自主权，他们让我们看清楚那段排外主义历史带来的影响，即最终导致了发生在廷巴克图
的不满情绪以及毁坏文物的行为。当事国马里在联合国教科文组织或 213
者海牙国际刑事法院发表演讲，为自己的民族和文化遗产进行辩护，但是这些演讲并未得到什么回应。

马里是《罗马规约》一百二十三个成员国之一，因而有权在海牙国际刑事法院提出指控。虽然在审判中经常提及叙利亚和伊拉克这些当事国，但它们并不是条约的签署国，莫斯塔尔桥遭到轰炸并得到重建的波黑也并非条约的签署国。[49] 近来，海牙国际刑事法院遭到诟病，人们认为该法院只不过是西方帝国主义的又一个工具而已，其试图惩罚的只是弱小国家的领导人，对富国和强国的领导人犯下的罪行置若罔闻。例如，海牙国际刑事法院发布报告称吞并克里米亚是“强占”行为之后的第二天，俄罗斯便退出条约组织。美国、印度、中国和沙特阿拉伯从未同意《罗马规约》正式生效，因为它们不想担负起这方面的责任。于是，海牙国际刑事法院给人的印象便是，仅仅关注非洲个别的违法行为，却并不理会侵略伊拉克的行动、非法占领克里米亚的行为、沙特阿拉伯在美国和英国的帮助下对也门进行的集中轰炸——这只是几个例子。然而，像在叙利亚的例子中，如果相关当事国没能向海牙国际刑事法庭提出指控，联合国可以（作为受影响区域之外的国家的代表）代为指控。遗憾的是，联合国安理会虽然形成了很多新决议，但是没有能够拿出一个统一且具体的方案来应对叙利亚危机。[50]俄罗斯对安理会的决议具有否决权，且支持其现行政权，未来提出指控几乎是不可能的事。[51]

1998年，也就是廷巴克图入选《世界遗产名录》的那年，沙特阿拉

伯政府推倒并烧毁了穆罕默德的母亲阿米娜的陵墓。对于沙特阿拉伯境内对伊斯兰教文化遗产的大规模破坏，媒体鲜有报道或指责。[52]近年来，因为需要建设摩天大楼和大型购物中心，大量具有历史意义的清真寺、陵墓以及纪念地被夷为平地。[53]即使是麦加圣地也未能幸免，2014年，克尔白周围的奥斯曼帝国和阿拔斯王朝留下来的大理石柱都被拆除了。沙特避开了像联合国教科文组织这样的机构的谴责，因为麦加不是世界文化遗产，其行为就不能算违反《1972年公约》。秘密拆除行为经常发生在夜晚，但人们并不认为它们是战争或冲突的牺牲品。然而，《世界遗产公约》的缔约国都承诺在各自的疆域内保护民族遗产，包括文化遗产和自然遗产。[54]这也证明了像沙特阿拉伯这样的大国总被
214 区别对待，而马赫迪案件则需要放到世界层面进行处理。

现今人们认为，对文化遗产的破坏经常会引发针对某一群人而实施的最令人震惊的行为。人们越来越清楚，对文化遗产的破坏及其引发的后果已经成为全球人道主义危机的一个组成部分。这种大规模毁坏行为被认为是一种战争武器，它的目的是消除人类、社会、传统和历史的痕迹，好像这一切从未存在过。此外，在叙利亚和伊拉克，对文物的广泛掠夺和非法贩运给国际恐怖主义和武装冲突提供了资金支持，并进一步加剧了紧张局势。[55] 2017年4月，伊拉克的哈特拉古城遗址得到解放，总干事重申："联合国教科文组织将在权力允许的范围之内尽一切努力确保类似的犯罪行为受到惩罚。"[56] 国际社会掀起抗议浪潮，这可以理解，因为人们更加关注的是对犯罪行为提起有限指控，而不是针对引发这些罪行的不同思维方式和理由进行审查工作。[57]此处的审查工作要求质询，分别是什么样的历史原因、动机和同谋导致了不同时期的马里伊斯兰卫士和叙利亚伊斯兰国的出现。[58] 这需要人们更加关注也门的大规模毁坏遗产的行动以及人道主义危机，不仅是叛乱者的行动，还要关注沙特阿拉伯在包括美国和英国在内的盟军支持下发动的空中袭击和地面封锁。在2015年《波恩宣言》或总干事的演讲中，联

合国教科文组织把所有这些发生在中东的纷争归结为破坏文物的反乌托邦行为，而并没有认定那些实力强大的成员国犯下了违反国际法的罪行。[59]总体来看，这证明了人们需要更好地反思世界遗产管理体制遇到的新挑战，以及该组织长久以来未能有效协调的遗留问题。

自从战争年代的大规模破坏行为至今，全世界一直面临平民百姓及其文化遗产受到反复威胁的问题，不管是发生在朝鲜、越南、巴尔干半岛和伊拉克的国际冲突，还是在也门发动的“被遗忘的战争”，都存在这样的问题。今天，联合国教科文组织的秘书处常常发现，在谴责恐怖组织和非国家行为者方面，它处境艰难，因为它不愿意与成员国发生冲突。虽然人们试图联合起来谴责激进分子，但这也使得当事国之间
发生冲突，尤其是有些当事国会带来糟糕的影响。从理论上讲，联合国 215
的成员国是彼此平等的，可是有些国家明显更具重要性，也更引人关注。例如，发生在突尼斯和利比亚的后阿拉伯之春的毁灭性行动基本上没有引起世界遗产中心和委员会的任何关注。相比于世界遗产委员会对叙利亚和伊拉克的回应，该组织对也门文化遗产成为攻击目标的回应很能说明问题。

2015年6月，大约在世界遗产委员会的波恩会议前十天，联合国教科文组织《世界遗产名录》中的萨那古城遭到来自沙特阿拉伯的空中轰炸。萨那古城因为其宗教遗产和独特的传统建筑而入选名录，两千五百多年以来，人们一直在此居住。[60]考古学家拉米亚·卡丽迪认为，此次空中袭击是沙特阿拉伯对文化遗址进行的一次有针对性的、系统的破坏行为。2016年，也门古物、博物馆和手稿常规组织列出了大约五十处遭到破坏或摧毁的文化遗址，其中有博物馆和考古营地。也门是1972年《世界遗产公约》和1954年《海牙公约》的缔约国，也已承诺执行这两项规约的所有条款。在战争之初，联合国教科文组织设在多哈的办公室甚至为由沙特阿拉伯领头的联盟提供了一份遗址名单及其
地理位置，用以防止它们在空袭中遭到破坏。[61] 216

在波恩会议上，也门代表团描述了该国极为糟糕的境况：空袭、失去生命、疟疾和饥饿，还有一百万人无家可归。国际古迹遗址理事会在报告中指出，虽然来自文化部的纳比尔·穆纳赛尔呼吁人们提供经济和技术援助，但是该国并没有收到经济援助或者文物保护方面的援助。挪威出钱解决了穆纳赛尔参加会议的费用，否则也门将无人出席会议。他提醒也门的邻国，它们不应该再为盗取文物提供交通运输服务。但是对于违法犯罪的人，无法进行索赔；因为他们受到国际合作和外交政策的庇护，虽然这种国际合作和外交政策只是人们的想象而已。也门的局势非常严重，然而世界遗产委员会的大多数成员国保持沉默，这与它们在叙利亚问题上的充分回应和长久辩论形成鲜明对比。在也门独具特色的当地遗迹遭遇危机的同时，人类共同的基本原则也正遭遇危机。

因为战争始于人们的头脑……

第二次世界大战期间，冲突双方对欧洲丰富的文化遗产进行了大规模轰炸、劫掠以及摧毁，这对联合国教科文组织的成立及其理念有着重要影响。联合国第一任总干事、挪威政治家特里格韦·赖伊认为，这个新成立的组织面临的任务是“对物质形态的灾难予以修复，重建文化遗址……重新建设适宜人类精神生活的环境”。[62]当时人们已经意识到，联合国教科文组织也许没有能力确保实现世界和平，但这个理念对人们拥有和平梦想还是有帮助的。该组织最初的工作任务中有一项便是恢复和重建那些在战争中受到严重损毁的国家。保护文化遗产是一项重要工作，但改变“人们的头脑”将被证明是很难做到的。赖伊称之为“世界上最不可能完成的工作”，的确如此。[63]

联合国教科文组织认为，这项工作的难度不亚于重建人性。包括朱利安·赫胥黎在内的领导人都持有这种观点，不论是科学人文主义观念还是共同遗产的观念，这个机构的所有承诺都源于那个乌托邦理想。[64]成立联合国教科文组织，是因为希望世界能够战胜虚无主义、怀疑主义以及有害于人类尊严的各种学说。[65]该组织的章程做了如下阐述：“人们对彼此一无所知”，且“人们互相猜疑”，这是产生冲突的共同缘由。只有彼此了解、彼此信任，才能保证世界长久的和平与安全；要实现这一目标，最好的方法便是“从教育、科学和文化等方面促进各国之间的合作”。[66]至于究竟应该如何实现这个目标，一直是众说纷纭，本书也一直关注这些问题：国家间合作应当朝什么 217
方向努力；哪些文化会具象化，哪些文化可能遭到诟病；在“保持不同文化的独立、完整和丰富的多样性”时，怎样才能在彼此之间达到平衡。

今天，这些问题依然存在，就像当初赫胥黎憧憬一个世界时要面临这些问题一样。然而，问题的性质出现了变化，在今天全球化的世界中，问题的构成亦不同于以往。什么样的“人性”和“文明”应当受到欢迎、保护和加以有效利用，而不是被扔弃，人们对此事的评论从未间断——各自持有不同的视角：人权、文化多样性、言论自由、非物质文化以及全球遗产。在探寻这些问题时，人们不再局限于历史意义和文物保护这样单一、有限的视角，而是考虑文化遗产更加广泛的、非物质层面的问题，包括访问、利用、参与、权利、责任和利益。擅长考古学、人类学和遗产问题的专家学者对此并不陌生，在过去的几十年中，由于道德规约和共同努力，这些问题越发彰显其重要性。然而，相对来说，这也意味着联合国教科文组织面临着新挑战，即对其成员国来说，改变势在必行，特别是那些在世界遗产委员会这样的决策机构中占有一席之地的国家。

要改变“人们的头脑”绝非易事。现在，联合国教科文组织的任务之一就是要让“全世界的人们都尊重正义，尊重法规，并且尊重……人权”。[67]虽然这个目标值得称颂，但是阿穆德·希丁-拉森在谈到世界遗产的处理流程时认为，基于权利的处理方法应该纳入遗址的提名步骤或者是遗址的管理程序。缺乏当事国对类似倡议的支持成为一个重要的障碍，而这些倡议可以保证各国的少数人群在联合国教科文组织的办事流程中拥有有限的代理机构、相关权力以及参与度。国际古迹遗址理事会这样的机构，尤其是其澳大利亚分部和斯堪的纳维亚分部，避开了世界遗产中心和委员会成员国的约束，正单独寻求和推进与土著居民以及相关人群的紧密磋商。[68]这不仅带来了程序上的改变，而且带来了该组织在观念模式上的改变。最近这些年，国际古迹遗址理事会的代表们在每年世界遗产委员会会议召开时都会举行双边会谈，意在将人权原则渗透进世界遗产工作的所有步骤。[69]虽然参加会议的各
218 国代表人数很少，但是我们应该看到，这些努力也是在纠正挪用和排斥的历史，我们正急需这样的纠正。

联合国教科文组织关于文化和人权的工作构想数十年来一直争议不断，因此，如果能够意识到遗产保护的相关政策也是一个争议话题，其中应当有对话与认同，有时也会有异议，还有重要的否决的权利，那么与这些政策相关的工作进展会更好。在商讨当中，关于遗产的权利和责任有了越来越紧密的联系。对于联合国教科文组织来说，从更加广义的人权角度看，土著居民在世界遗产事务中的参与和专门知识，给其工作带来了极大的困难。安娜・伏尔多雅克清晰地阐明了遗址所在地的代表们是如何，又是为何对《1972年公约》和世界遗产委员会的工作始终持有不满情绪。他们反复强调联合国专门机构必须兑现其人权承诺，尤其是在世界遗产提名事宜的正式程序中。[70]她进一步强调，联合国教科文组织在土著居民的权利上是有亏欠的，虽然“数十年来，人们都在坚持斗争，希冀能够在国际层面上有效参与决策，以保护他们的文化遗产（以及相关的人权），也希望能给国际法律和国际制度带来变革”。《世界遗产公约》和其他联合国条约（如《土著居民权利宣言》）并不和谐一致，这始终令人费解。[71]

2015年，联合国特派调查员詹姆斯·安奈亚致信世界遗产中心负责人。在信中，他表达了不满情绪，要求世界遗产的提名和执行程序应该更加透明，这样才能利益共享，进一步保护土地、资源权力和文化，同时纠正对土著居民权利的冒犯行为。[72]2011年，他敦促联合国教科文组织向国际标准看齐。安奈亚强调，由于没有能够充分征求土著居民的意见，导致了“人们极其不满意、不信任，甚至感到愤怒”。没有任何审核来统计究竟有多少世界遗址对土著居民的生活产生影响。当事国并不一定要提供这方面的信息；它们也无须让土著居民了解申请提名的材料。直到2015年，世界遗产委员会主动停止在决策时让更多的人参与进来。[73]这一点也进一步证明了伏尔多雅克所说的“执行差距”的存在。[74]

直到2016年，《1972年公约》的《行动指南》才做了修改，提及那些自由的、优先的且了解情况的人的同意，尤其是土著居民。此事进展 219
极慢，世界遗产委员会先前拒绝成立由本地专家组成的商谈小组来给世界遗产方面的问题提供建议。[75]像法国和美国这样实力强大的成员国害怕失去身份和主权，又一次否决了这次重要的对土著专家的认可。然而，即便是做了修改的文件，也只是鼓励获得土著居民的同意，而非必须获得他们的同意：“鼓励当事国在申请提名时尽最大可能让利益相关者参与进来，鼓励它们酌情证明自己获得了自由的、优先的且了解情况的土著居民的同意，证明其申请提名的材料已经用恰当的语言，通过公众咨询和听证会向公众通报。”[76]2017年，在克拉科夫举行的世界遗产委员会会议上，事情又有了进展：为了让土著居民更多地参与进来，安哥拉提议设立“世界遗产国际土著居民论坛”。然而，正如我们在本书前几章所看到的那样，在世界遗产保护体制中，处理文件并不意味着采取行动或贯彻执行。由国家主导的管理机制和保护体制引发矛盾和冲突，如果没有积极平等的包容、磋商和合作，那么很可能这些矛盾和冲突将加剧，印度、意大利都是证明。

上文列出的各种挑战与人们对世界遗产精神上的、非物质的以及现存各个层面的认知紧密相关。现在需要的并不是订立全新的条约来认可遗产所在地及其习俗的非物质层面，如同当初制定2003年《保护非物质文化遗产公约》，人们仍需更好地理解遗产的历史以及现在所起的作用。[77]许多当事国的代表，特别是来自非洲、亚洲和拉丁美洲的国家的代表，都向我表达了要把这些内容写进《1972年公约》的意愿，因为这始终是他们在多边关系中最重要的事情，即获得文化认可。法学专家弗朗西斯科·弗朗西奥尼解释说，类似2005年关于文化多样性的公约这样的非物质文化遗产公约的制定，源自人们越来越关心对文化多元主义的保护事宜。[78]其他铭记历史的方法也应该得到认可，也应该成为联合国教科文组织工作任务的组成部分。

弗朗西奥尼认为，非物质文化遗产映射的是一种集合：国际文化遗产法和人权法、少数民族保护法以及新近制定的土著居民权利保护
220 法的集合。[79]从更广泛的意义上来看，保护包含更多的内涵，其范围可以扩大至保护人民、传统、习俗，还有权利。[80]现在，在联合国教科文组织的专家们看来，国家保护责任已经将联合国的职责扩展至文化遗产的保护范畴。[81]然而，这些延展的责任不能只是关注文化遗产的物质结构。亚历山德罗·切奇认为，今天人们对文化遗产的理解已经不再局限于物质意义，还包含非物质视角以及人性视角。因而，对个体和群体来说，文化遗产蕴含多重意义，关系到身份和经历、他们祖先的生活，还关系到他们的社会形态。[82]这些意义都是从文化的角度出发，而不是泛泛而谈，它们令人联想到贯穿本书的，发生在当地人、国家和国际社会三者之间关于遗产管理方面的各种纷争。国际团体、各国政府、当地官方、社会和个人，对如何评价、理解、利用遗址以及如何才能接触它们，各自有着极其不同的看法。正如我们所见，一旦某地被认定为世界遗产，那么其面临的风险立刻增大许多。从威尼斯、巴拿马城、吴哥古迹、亨比遗迹群、巴蒂尔和耶路撒冷越发紧张的局势中，我们可以感受到那

种紧张的情绪，如何接触与利用遗产，它们怎样影响了生活质量，这些都令人烦扰。

不同的宗教习俗始终是一个重要因素，因为遗产名单列出的历史遗迹中很多都是宗教建筑，或者是大教堂、神庙、圣地、陵墓，或者是景观。虽然联合国教科文组织关于“文化景观”的概念的使用可能更加广泛，但是这也表明人们在尝试用另一种方法彰显历史重要性。[83]如果只是关注建筑奇迹，而不是从更宽泛的意义上理解神圣的景观、礼仪习俗、尊敬和朝拜，那么我们将只能有限了解文化遗迹的多重侧面——而事实上，这些遗迹上住满居民且充满生命气息。人类与遗迹彼此关联，该关联性中蕴含着不言而喻的力量，它常常在第一时间驱使人们申请提名进入名录，马里和缅甸都是如此，这点极具讽刺意味。但是，提名申请之后，两者之间的关联情况往往变得很糟，甚或即被阻断。世界遗产管理的本质是主权意识，所以阻断人们与遗迹关联的各种措施是各国政府的意思，而不是普遍认为的联合国教科文组织的意思，土耳其或印度便是例证。各国政府渴望收获全球游客带来的好处（因此获得世界遗产的商标很重要），所以如果当地居民或其他人宣称对遗迹拥有主权，那么许多政府是不会赞同的。

类似泰国大城府历史公园这样的世界遗产允许人们举办仪式活动，这彰显了其丰富的文化意义和传统意义，这些文化和传统使得文化遗产承载了人类生活的价值和卓越品质。文化遗址上的居民经常以保护之名被强制搬迁，随之而来的就是纷乱和敌对情绪，包括佩特拉古 221
城、吴哥古迹、亨比遗迹群或菩提伽耶在内的著名遗迹都是如此。[84]在拯救文化遗产和自然遗产的全球行动中，难民不断涌现。[85]另一个例子是努比亚文物保护运动，国际上的各种保护活动都在很大程度上对当地居民和他们的遗产视而不见，也并不像挽救历史遗产那样对其进行挽救。有些搬迁策略证明，不论是在埃及、阿富汗、叙利亚，还是在巴勒斯坦，长久的殖民历史仍然在影响着当今世界。如果忘记历史，我们将自食其果，那些历史中的许多事件都是20世纪的战争犯罪，其中有占领、毁灭、轰炸以及对平民百姓使用化学武器：法国对叙利亚如此，英国对埃及和巴勒斯坦亦如此。在中东或西非（如马里和图阿雷格人的例子），那些强国瓜分别国领土，这留给人们的是负面遗产，直至今天阴影仍在。

对联合国教科文组织来说，各国的文化、宗教、经济和意识形态彼此异同，要把它们融入一个世界中，始终是一个更大的难题。总干事维托里奥·维罗内塞在努比亚文物保护运动中向国际社会发出呼吁："一件美好的事物，经过分享，变得越来越动人，而不是魅力全失，如果我们失去了这样一件美好的事物，那么我们所有人都是失败者。"[86]《世界遗产公约》对乌托邦理想进行了完整的表述。但同时，由于普遍主义和各国的异同引发的紧张局势也同样得到陈述，公约在两者之间保持中立：一边是现实中的国家财产和实际主权，一边是理念中的国际主义精神和全球管理模式。在担负起保护遗产的国际责任的同时，还要完成国家关于遗产资产化的工作计划，在这两者之间寻求平衡是一件棘手的事情。大约在维罗内塞之后六十年，另一位高级官员在马赫迪案件中表明，联合国教科文组织"阐发了一个非常重要的观念：属于某个社会的遗产也可以属于全世界"。这个观念带来了持续且重要的影响。[87]但是如我们所见，"属于"的说法可以给侵吞披上华丽的外衣，而且常常不需要论及权利和责任。[88]土著居民和少数人群以及其他权利持有者希望在未来的保护世界遗产工作中能够采取改进措施，但是长久以来他们一直受到不公平待遇，因为包容、人权、利益和否决权这类改进工作都需要从组织结构上改起。瑞典女权主义者、联合国教科文组织社会
222 科学领导人阿尔瓦·米达尔早在20世纪40年代就认识到，如果国家之间缺乏文化上的理解，那么世界和平与安全将很难实现。[89]相反，欧洲和殖民国家之间的不平等是早有预设的，今天我们会这样描述：根本的分歧是，前者是**拥有**，而后者是**渴望**。

结 语

在战争创伤中，联合国教科文组织渴望实现一个世界主义和普遍主义，这堪称宏大的抱负，也是清晰的愿景。不管结果怎样，联合国教科文组织在背负承诺的同时，始终相信人类必将进步，对坚持自己的信念始终持乐观主义态度。该组织坚守普遍主义的理念，本质上依然是那个世纪中叶的现代主义组织，拒绝接受外部的批评，态度强硬。[90]马克・阿斯丘认为，今天的遗产保护领域，“由联合国教科文组织提供帮助和拨给专款，拥有悠久的国际主义背景，可以溯源至18世纪末期的浪漫主义、启蒙普遍主义，以及知识分子强烈的使命感，他们希冀通过国际合作创造人类更加美好的未来”。[91]正因为拥有这样的渊源和梦想，当世界遗产项目受到批评时，该组织工作人员及其支持者会感觉受到冒犯并大伤脑筋。拒绝把普遍化当作一种简化策略，使得局外人和高校学者成为麻烦制造者，他们令人们对原本熟悉的知识产生疑惑。[92]

联合国教科文组织是其所处时代的典型产物。作为国际冲突带来的后果，欧洲面临一连串独特的挑战，联合国教科文组织应运而生，从此它必须适应这个不断变化的世界，不论这个世界有多么不完美。国际主义者吉尔伯特・莫雷做了巧妙的预言：这注定是“令人费解的成功与失败的结合体”。[93]正如我在本书中始终阐述的那样，从组织结构上说，该组织想要改变“人类的头脑”的使命被其最初的构成者，即那些成员国的计划所阻碍。在全球化语境中，联合国教科文组织对民族国家的直接依赖一直是个问题，尤其是它缺乏使非常重要的法律工具产生效力的能力，这些法律工具原本服务于普遍化语境下该组织的调整和适应，而不是为了维护一个充满差异的世界。

联合国教科文组织的创办者们的设想是，把该组织建设成为伟大
的政治家聚集的地方，但它很快变成强国的组织。从早期的保护运动 223

到世界遗产的工作事务，民族国家的利益在文物保护中确实唯我独尊。那些强权国家在工作中通过各种方法寻求支持，可以是游说、胁迫，也可以是经济刺激。各国也会通过保护公民权利机制和申请进入世界遗产名单来进一步实现它们在经济、政治、领土甚或军事领域的其他野心，普拉古城、柏威夏寺和旧巴拿马城都是证明。遗址进入《世界遗产名录》之后，渐渐地，人们不再坚守文物保护原则，其动机可能是为发展、基础设施建设考虑，抑或是为经济考虑，就像威尼斯一样。在要求各国承担责任方面，人们似乎无能为力。此外，正如阿尼古城和明治遗址显示的那样，遗址入选的本质是主权意识，这也意味着各国不仅强行扩张领土和试图改写历史，而且对自决权和独特的民族主义的需求非常兴盛。从法律角度看，公约并无调停此类争端的条款。获得世界遗产的名号已经成为一件非常重要的事情，不仅可以让世界认可其曾经的荣耀和富有活力的身份，而且将来亦可获益。蒲甘古城、伯利恒圣地以及巴蒂尔景观都告诉我们，国际社会可能修正过去的政治观点。世界遗产保护工作的每一个阶段都有政治学的身影。

由于遗产承载着不断增多的政治意义和潜在可能性，因而也面临更多发生冲突的威胁。在伊拉克和印度尼西亚，世界文化遗址一直遭遇暴力行径，在历经转变之后，现在的它们常常被认为是激怒当地人和国际社会的手段，比如巴尔干半岛、巴米扬大佛、阿勒颇以及帕尔米拉，都是如此。伊斯兰国和沙特阿拉伯炫耀称，它们为遗迹和平民提供法律保护。国际法也很难对它们进行起诉。廷巴克图的激进分子进一步质疑联合国教科文组织自身的状况，怀疑该组织有无能力应对宗教差异。艾哈迈德·马赫迪作为对廷巴克图陵墓实施袭击的一名罪犯，在海牙国际刑事法院受到了快速而公正的审判。起诉材料宣称，这起犯罪有一个受害者，我们通常称之为“我们必须保护的普世价值”。因此，为马赫迪定罪“给全世界带去一个重要而积极的信息”。[94]这个信息就是，对文化实施破坏构成一种战争犯罪，对物质历史的损坏给后代造成无法弥补的伤害。因此，过去的物质属性不能沦为一段历史或一份名单，相反，应该与有活力的、互相关联的社会生活交融在一起。另一个信息是，有些国家更担心受到来自国际的谴责。于是人们更加相 224
信这样一种虚伪的说法：俄罗斯、沙特阿拉伯和美国免于被起诉是因为它们不是《罗马规约》的缔约国。关于1925年法国轰炸叙利亚，应者寥寥，当时的国际联盟的成员国认为，法国非常文明，不会实施这样的残暴行为。围绕发生在马里、叙利亚和伊拉克的悲剧，社会上流行一种文明说法，这种说法潜藏着危险，令人想起20世纪一些最残暴的犯罪。

在联合国教科文组织成立之前，朱利安·赫胥黎早就计划建设“一个世界”的文明社会，考古亦在计划之中，不论是过去还是将来。在早期及后续发展中，国际联盟努力管理世界考古事宜，由于科技人员在考古领域的合作，人们似乎看到，这门学科将来极有可能实现国际主义。然而，文明社会的标志，以及背负将来的重担的，是文化遗产，而不是考古研究。具有历史意义的文化遗产及其保护活动成为其主权国家和国际社会的一种符号——无论考古研究项目的背后拥有多么庞大的团队、紧密的合作，也无论有多少科学投入和人文投入，抑或是急剧增长的成本。与考古研究项目的不确定性及其漫长的周期形成鲜明对比的是，这些伟大的文化遗产无疑极具潜力——某种发展潜力和旅游潜力。[95]如此看来，这门学问和这一组织都不是赢家。

尽管联合国教科文组织成立时，帝国已走向没落，但它还是为考古学提供了一个学术平台，于是考古学与政治、教育和发展等现实问题产生了关联。作为联合国机构的一个组成部分，联合国教科文组织本可以在考古学的学术研究方面取得更多的成就和进展，而不只是提供技术支持，就像该组织一直以来为该机构中的历史、哲学甚至人类学研究所做的那样。赫胥黎本能地意识到，对联合国教科文组织来说，考古研究的失败意味着一门综合学科的失败——这门学科融科学与文化于一体，本可以使两方面的研究都受益。随着考古学的发展，该学科牵涉到越来越多的内容：国家间的长期合作、学术网络、本土合作、自反性、多义性、伦理学以及基于权利的研究路径，然而，联合国教科文组织没有能够在人们研究历史的理念和方式上做出更多的贡献。虽然考古学不完美，也丝毫不能给今天世界遗产保护工作面临的种种问题提供解决方法，但是考古学的发展变化也许证明了这门学科的启示意义，否则联
225 合国教科文组织的规约、理念、项目以及互动也许就是另外一种构想和作为了。

尽管最初的意图是好的，但是许多国际组织没有能够或者试图能够实施它们的计划，即为世界创造一个更好的未来。不论是在环境和气候变化的问题上、经济发展的问题上、全球健康的问题上，还是在人权问题上，国际组织最可能遭遇的阻碍均来自它们的成员国。因而在保护世界文化遗产的问题上纷争不断也就不足为奇了。文化和遗产应该成为软实力磋商的良好平台，但是事实上，它们与身份、主权、领土以及创造历史息息相关，并将带来从未有过的令人担忧的灾难性后果。世界遗产已然成为联合国教科文组织的王牌项目，也许在引起纷争的同时，它也能够提供解决问题的思路。

有句俗语是这样说的，如果联合国教科文组织并不存在，那么我们必将创造一个这样的组织。该组织在教育、科学和文化领域做出了贡献，否则，一个废墟上的世界将是意料之中的事情。1945年11月，埃伦·威尔金森表达了“对人类未来的担忧和希望”。作为温斯顿·丘吉尔首相和克莱门特·阿特利首相任职期间的教育部长，以及联合国教科文组织成立之初的重要人物，威尔金森号召“那些为人师者、发现者、写作者、用音乐和艺术展示灵感的人”承担起建设新世界的伟大责任。今天，这一理想遭到很多人的诋毁，有学术界、国家代表团，还有世界各地的社会团体，他们从根本上反对联合国教科文组织矢志不渝的基本理念和哲学思想。一个突出的例子是，美国和联合国教科文组织之间一直处于紧张态势，且后果严重。遗产专家也对该组织提出批评，

我却认为，他们的批评常常很肤浅且无知，没有清楚地认识到主要决策者是该组织的成员国。道德评论主要针对大国经纪人，他们的轮番影响，他们在地理政治上的密谋策划，最终带来了遗产交易领域的赢家和输家。

原本属于全世界的联合国教科文组织，现在成了政府间组织，而它当初追求和平与理解的理想也仅剩下一点影子。[96]来自强权国家的政治家及其构想操控了这一理想，于是政府部门肆意染指世界遗产的各个层面，包括委员会、咨询顾问、技术支持以及遗址进入名单的程序。当然还有体制问题，正如本书概述的那样，我们不能仅仅优先考虑技术层 226
面，也应该重温联合国教科文组织早期许下的承诺：建设一个更加美好的世界。联合国秘书长安东尼奥·古特雷斯指出，要想实现目标，联合国也必须做出改变，要关注落实而不是流程，关注人民而不是官僚。[97]这将给世界遗产领域带来变化，不是把遗址列入名单就行了，而是要允许人们做出自己的选择。然而，对联合国教科文组织来说，机构可以做出的选择非常有限，同时由于许多民族国家对它们的少数人群依然采取边缘化和打压的政策，因此仅仅对主权国家做出要求并不能解决问题。世界遗产的相关事务让我们明白国际社会究竟忽略到了什么程度，这一点非常重要。联合国教科文组织曾经与非政府机构、大学以及其他院校有过密切合作，虽然那些组织并不具有联合国教科文组织那样的影响力，也无法调控整个世界，且有着自己的事务安排，但是类似的合作可以进一步展开。鉴于目前合作项目越来越少，也许扩大关联网络和增进协作不失为权宜之计。

也许有一个问题真实存在，人们心照不宣：我们把国际组织想得过于强大，期待它们兑现无法完成的承诺。像那些优秀的乌托邦主义者一样，我们希望这些令人敬畏的组织能够呈献“全球和睦与合作的精灵”。[98]总体来说，我们希望它们能够做得比我们这些个体更好。虽然联合国教科文组织的乌托邦梦想不存在致命的瑕疵，但是它已经被人类历史和政治玷污——该组织曾试图克服这其中的错误之处。这个组织诞生于反乌托邦之中，它在七十年中不断推进自己的使命，这是最好的时代，也是最坏的时代。“一边是章程中无法企及的目标，一边是每日遭遇的糟糕现实”，1945年11月16日在伦敦成立的联合国教科文组织“始终沉着应对，虽然在世界上的绝大部分地区，人们最初看到的是贫穷、饥饿、疾病、愚昧和落后，随后便是两极分化和多边冲突——虽然遥
227 不可及，但在人们心中升腾起来的是希望之光”。[99]

注 释

前 言

1. P. Betts, "Humanity's New Heritage: Unesco and the Rewriting of World History," *Past and Present* 228, no. 1(2015): 252—253.
2. Welcoming Address by the British Prime Minister the Rt. Hon. C. R. Attlee (Prime Minister of Great Britain and Northern Ireland), Conference for the Establishment of the United Nations Educational, Scientific and Cultural Organisation, held at the Institute of Civil Engineers, London, November 1—16, 1945, http://unesdoc.unesco.org/images/0011/001176/117626e.pdf(accessed February 17, 2017).
3. W. H. C. Laves and C. A. Thomson, *UNESCO: Purpose, Progress, Prospects* (Bloomington: University of Indiana Press, 1957), 6.
4. V. Pavone, *From the Labyrinth of the World to the Paradise of the Heart: Science and Humanism in UNESCO's Approach to Globalization* (New York: Lexington, 2008), 1.
5. Opening Address by the President of the Conference, the Rt. Hon. Ellen Wilkinson, M.P. (Minister of Education), Conference for the Establishment of the United Nations Educational, Scientific and Cultural Organisation, held at the Institute of Civil Engineers, London, November 1—16, 1945, http://unesdoc.unesco.org/images/0011/001176/117626e.pdf(accessed February 17, 2017).
6. Pavone, *From the Labyrinth of the World*, 70.
7. Laves and Thomson, *UNESCO*, 345. 联合国教科文组织是联合国下设的、具

有自主权的政府间机构，该机构拥有自己的成员国、立法和执行机构、秘书处以及年度预算。联合国一共有十四个类似的专门机构，包括世界银行、国际货币基金组织、国际劳工组织和世界卫生组织。

8. V. Pavone, "From Intergovernmental to Global: UNESCO's Response to Globalization," *Review of International Organizations* 2, no. 1(2007): 82.
9. P. Duedahl, ed., *A History of UNESCO: Global Actions and Impacts* (New
229 York: Palgrave Macmillan, 2016).
10. 比利时、捷克斯洛伐克、希腊、荷兰、卢森堡、挪威、波兰、南斯拉夫以及法国全国解放委员会。
11. Laves and Thomson, *UNESCO*, 11—13. See also A. Iriye, *Global Community: The Role of International Organizations in the Making of the Contemporary World* (Berkeley: University of California Press, 2002).
12. P. Betts, "The Warden of World Heritage: UNESCO and the Rescue of the Nubian Monuments," *Past and Present* 226, suppl. 10(2015): 107.
13. R.-P. Droit, *Humanity in the Making: Overview of the Intellectual History of UNESCO 1945—2005* (Paris: UNESCO, 2005), 24.
14. Ibid.; Duedahl, *History*; S. Dutt, *The Politicization of the United Nations Specialized Agencies: A Case Study of UNESCO* (Lewiston, ME: Edwin Mellen Press, 1995); R. Hoggart, *An Idea and Its Servants: UNESCO from Within* (Piscataway, NJ: Transaction, 2011); J. Huxley, *UNESCO: Its Purpose and Its Philosophy* (Washington, DC: Public Affairs Press, 1947); Laves and Thomson, *UNESCO*; C. Maurel, *Histoire de l'UNESCO* (Paris: L'Harmattan, 2010); F. Mayor, *The New Page* (Paris: UNESCO, 1999); J. P. Sewell, *UNESCO and World Politics* (Princeton, NJ: Princeton University Press, 1975); J. P. Singh, *United Nations Educational, Scientific and Cultural Organization (UNESCO): Creating Norms for a Complex World* (London: Routledge, 2011); F. Valderrama, *A History of UNESCO* (Paris: UNESCO, 1995).
15. Evaluation of UNESCO's Standard-Setting Work of the Culture Sector Part III—1972 Convention Concerning the Protection of the World Cultural and Natural Heritage, Draft Report 10 March 2014 by F. Francioni, IOS/EVS/PI/132, http://unesdoc.unesco.org/images/0022/002269/226922e.pdf (accessed January 21, 2017).

16. I. Anatole-Gabriel, *La fabrique du patrimoine de l'humanité, L'UNESCO et la protection patrimoniade (1945—1992)* (Paris: FMSH, 2016); M. Batisse and G. Bolla, *The Invention of "World Heritage"* (Paris: Association of Former UNESCO Staff Members, 2005); H. Cleere, "The 1972 UNESCO World Heritage Convention," *Heritage and Society* 4, no. 2 (2011): 173—186; A. E. Gfeller and J. Eisenberg, "UNESCO and the Shaping of Global Heritage," in *A History of UNESCO*, ed. P. Duedahl (New York: Springer, 2016), 279—299; Y. R. Isar, "UNESCO and Heritage: Global Doctrine and Global Practice," in *Cultures and Globalization: Heritage, Memory and Identity*, ed. H. K. Anheier and Y. R. Isar (London: Sage, 2011), 39—52; S. Labadi, *UNESCO, Cultural Heritage and Outstanding Universal Value* (Walnut Creek, CA: AltaMira Press, 2013); S. Labadi and F. Bandarin, *World Heritage: Challenges for the Millennium* (Paris: UNESCO, 2007); L. Pressouyre, *The World Heritage Convention, Twenty Years Later* (Paris: UNESCO Publishing, 1996); C. Brumann, "Shifting Tides of World-Making in the UNESCO World Heritage Convention: Cosmopolitanisms Colliding," *Ethnic and Racial Studies* 37, no. 12 (2014): 2176—2192; S. Ekern et al., *World Heritage Management and Human Rights* (Abingdon: Routledge, 2015); F. Francioni and F. Lenzerini, 230
The 1972 World Heritage Convention: A Commentary (Oxford: Oxford University Press, 2008); B. S. Frey and L. Steiner, "World Heritage List: Does It Make Sense?," *International Journal of Cultural Policy* 17, no. 5 (2011): 555—573; S. Labadi, "The Upstream Process: The Way Forward for the World Heritage Convention?," *Heritage and Society* 7, no. 1 (2014): 57—58; L. M. Meskell, "UNESCO's World Heritage Convention at 40: Challenging the Economic and Political Order of International Heritage Conservation," *Current Anthropology* 54, no. 4 (2013): 483—494; J. Musitelli, "World Heritage, Between Universalism and Globalization," *International Journal of Cultural Property* 11, no. 2 (2002): 323—336; K. Rao, "A New Paradigm for the Identification, Nomination and Inscription of Properties on the World Heritage list," *International Journal of Heritage Studies* 16, no. 3 (2010): 161—172; M. Rössler, "Challenges of World Heritage Interpretation: World Heritage and Associative Values," in *International Conference on World Heritage Interpretation (November 2, 2016)* (Seoul, 2016); P. Strasser,

"'Putting Reform into Action'—Thirty Years of the World Heritage Convention: How to Reform a Convention Without Changing Its Regulations," *International Journal of Cultural Property* 11(2002): 215—266; B. Van der Aa, "Preserving the Heritage of Humanity? Obtaining World Heritage Status and the Impacts of Listing," Ph.D. dissertation, Netherlands Organisation for Scientific Research, 2005; B. von Droste, "The Concept of Outstanding Universal Value and Its Application: 'From the Seven Wonders of the Ancient World to the 1,000 World Heritage Places Today,'" *Journal of Cultural Heritage Management and Sustainable Development* 1, no. 1(2011): 26—41; D. Zacharias, "The UNESCO Regime for the Protection of World Heritage as Prototype of an Autonomy-Gaining International Institution," in *The Exercise of Public Authority by International Institutions*, ed. A. von Bogdandy(Berlin: Springer-Verlag, 2010), 301—336; C. Cameron and M. Rössler, *Many Voices, One Vision: The Early Years of the World Heritage Convention* (Surrey: Ashgate, 2013); J. Jokilehto and C. Cameron, *The World Heritage List: What Is OUV?: Defining the Outstanding Universal Value of Cultural World Heritage Properties*(Berlin: Bässler Verlag, 2008).

17. "Convention Concerning the Protection of the World Cultural and Natural Heritage," 1972, http://whc.unesco.org/en/conventiontext(accessed April 15, 2017).

18. 关于世界遗产的全球战略: J. Turtinen, *Globalising Heritage: On UNESCO and the Transnational Construction of a World Heritage* (Stockholm: Stockholm Center for Organizational Research, 2000); S. Labadi, "Representations of the Nation and Cultural Diversity in Discourses on World Heritage," *Journal of Social Archaeology* 7, no. 2(2007): 147—170; D. Berliner and C. Bortolotto, "Introduction. Le monde selon l'Unesco," *Gradhiva* 2(2013): 4—21; Brumann, "Shifting Tides of World-Making?"。关于管理、外交和官僚主义等方面: C. Brumann, "Heritage Agnosticism: A Third Path for the Study of Cultural Heritage," *Social Anthropology* 22,
231 no. 2(2014): 173—188; T. M. Schmitt, "Global Cultural Governance: Decision-Making Concerning World Heritage Between Politics and Science," *Erdkunde* 63, no. 2(2009): 103—121; T. M. Schmitt, *Cultural Governance: Zur Kulturgeographie Des UNESCO-Welterberegimes* (Wiesbaden: Franz

Steiner Verlag, 2012); L. M. Meskell and C. Brumann, "UNESCO and New World Orders," in *Global Heritage: A Reader*, ed. L. Meskell (Oxford: Wiley Blackwell, 2015), 22—42; M. M. Kersel and C. Luke, "A Crack in the Diplomatic Armor: The United States and the Palestinian Authority's Bid for UNESCO Recognition," *Journal of Field Archaeology* 37, no. 2 (2012): 143—144; M. M. Kersel and C. Luke, "Diplomacy and Neo-Imperialism," in *Global Heritage: A Reader*, ed. L. Meskell (Oxford: Wiley Blackwell, 2015), 70—93; C. Luke and M. M. Kersel, *US Cultural Diplomacy and Archaeology: Soft Power, Hard Heritage* (London: Routledge, 2013)。关于文化和权利的政治经济学: D. Berliner, "Multiple Nostalgias: The Fabric of Heritage in Luang Prabang (Lao PDR)," *Journal of the Royal Anthropological Institute* 18, no. 4 (2012): 769—786; W. Logan, "Closing Pandora's Box: Human Rights Conundrums in Cultural Heritage Protection," in *Cultural Heritage and Human Rights*, ed. H. Silverman and D. Fairchild Ruggles (New York: Springer, 2008), 33—52; W. Logan, "Cultural Diversity, Cultural Heritage and Human Rights: Towards Heritage Management as Human Rights-Based Cultural Practice," *International Journal of Heritage Studies* 18, no. 3 (2012): 231—244; A. Sinding-Larsen, "Lhasa Community, World Heritage and Human Rights," *International Journal of Heritage Studies* 18, no. 3 (2012): 297—306; L. M. Meskell, "From Paris to Pontdrift: UNESCO Meetings, Mapungubwe and Mining," *South African Archaeological Bulletin* 66, no. 194 (2011): 149—156; L. M. Meskell, "UNESCO and the Fate of the World Heritage Indigenous Peoples Council of Experts (WHIPCOE)," *International Journal of Cultural Property* 20, no. 2 (2013): 155—174; C. De Cesari, "World Heritage and the Nation-State," in *Transnational Memory: Circulation, Articulation, Scales*, ed. C. De Cesari and A. Rigney (Berlin: de Gruyter, 2014), 247—270。

19. Schmitt, "Global Cultural Governance"; Schmitt, *Cultural Governance.*
20. 观察员必须向世界遗产中心申请授权，中心将根据委员会的《程序规定》第8.3条确定是否通过他们的申请。一般情况下，观察员是指国际政府组织和国际非政府组织的代表、非政府组织代表、联合国教科文组织永久观察员代表以及非营利机构的代表。
21. 在这里，我要衷心感谢Enrico Bertacchini和Donatella Saccone，特别要感

谢Claudia Liuzza，感谢他们与我的合作。See E. Bertacchini, C. Liuzza, and L. Meskell, “Shifting the Balance of Power in the UNESCO World Heritage Committee: An Empirical Assessment,” *International Journal of Cultural Policy* (2015): 1—21; E. Bertacchini et al., “The Politicization of UNESCO World Heritage Decision Making,” *Public Choice* 167, nos. 1—2 (2016): 1—35; L. M. Meskell et al., “Multilateralism and UNESCO World Heritage:
232 Decision-Making, States Parties and Political Processes,” *International Journal of Heritage Studies* 21, no. 5 (2015): 423—440.

22. Berliner and Bortolotto, “Introduction.”
23. R. Bendix, “The Power of Perseverance: Exploring the Negotiation Dynamics at the World Intellectual Property Organization,” in *The Gloss of Harmony: The Politics of Policy-Making in Multilateral Organisations*, ed. B. Müller (London: Pluto Press, 2013), 23—45; C. Shore, “European Integration in Anthropological Perspective: Studying the ‘Culture’ of the EU Civil Service,” in *Observing Government Elites: Up Close and Personal*, ed. R. A. W. Rhodes, P.’t Hart, and M. Noordegraaf (New York: Palgrave Macmillan, 2007), 180—205; B. Müller, “Lifting the Veil of Harmony: Anthropologists Approach International Organizations,” in *The Gloss of Harmony: The Politics of Policy-Making in Multilateral Organisations*, ed. B. Müller (London: Pluto Press, 2013), 1—20; B. Nielsen, “UNESCO and the ‘Right’ Kind of Culture: Bureaucratic Production and Articulation,” *Critique of Anthropology* 31, no. 4 (2011): 273—292; L. M. Meskell, “Transacting UNESCO World Heritage: Gifts and Exchanges on a Global Stage,” *Social Anthropology/Anthropologie Sociale* 23, no. 1 (2015): 3—21.

第一章

1. J. Huxley, *From an Antique Land: Ancient and Modern in the Middle East* (Boston: Beacon Press, 1966), 80. 该书于1954年面世，1966年重新修订。
2. 笔记现存于Rice University Manuscript collection, Julian S. Huxley Papers, Travel Materials, Box 103, Folders 4 and 7。我很感谢Brett Bennett为我提供手稿复印件。
3. Huxley, *From an Antique Land*, 14.

4. Letter from Julian Huxley to Professor J. B. S. Haldane concerning V. Childe, October 20, 1941, Wellcome Library Archives, Haldane/4/22/1/3, reference b19921950.
5. Telegram no. 1798, March 19, 1945, from Gladwyn Jebb to the Earl of Halifax, 标注“此份电报采用特殊密码”, in the National Archives (United Kingdom) (henceforth TNA), BT11/2540, item 11, page 3。See also E. Rothschild, “The Archives of Universal History,” *Journal of World History* 19, no. 3 (2008): 375—401. 美国早先的援助从七百五十万美元削减至六百五十万美元。J. Toye and R. Toye, “One World, Two Cultures? Alfred Zimmern, Julian Huxley and the Ideological Origins of UNESCO,” *History* 95, no. 319 (2010): 308—331, at 330.
6. 引自一份保密信, from Dr. Grace Morley, Museums Section, to Director-General Julian Huxley, June 11, 1948。这封信的主题是“Protection of Monuments in Palestine, Transjordan, Egypt, etc. Document Reference 069.707.8 (559: 4) MUS”。在信中, 马歇尔很小气地说道:“应该给那些艺术家来点甜头。”他希望能够被委派到预算委员会工作, 给莫利施加了“非常巨大的压力”。UNESCO Archives, file reference 069: 7A 218 (569.4) “48”. 233
7. Huxley, *From an Antique Land*, 131, 202.
8. Ibid., 15.
9. Ibid., 56.
10. UNESCO, *Report of the Director-General on the Activities of the Organization in 1948* (UNESCO: Paris, 1948).
11. R. S. Deese, “Twilight of Utopias: Julian and Aldous Huxley in the Twentieth Century,” *Journal for the Study of Religion, Nature and Culture* 5, no. 2 (2011): 210—240. 赫胥黎认为, 要实现乌托邦梦想, 必须解决一个具有全球意义的问题, 即世界和平, 而解决的办法则是一种前所未有的尝试, 此间, 人们提出大量方案并进行验证。F. Jameson, *Archaeologies of the Future: The Desire Called Utopia and Other Science Fictions* (New York: Verso, 2005).
12. J. Huxley, *UNESCO: Its Purpose and Its Philosophy* (Washington, DC: Public Affairs Press, 1947).
13. 见《1972年公约》第1条。在世界遗产中心和国际古迹遗址理事会, 建筑师越来越占据主导地位, 于是人们逐渐形成了偏狭的观点: 世界遗产就是关于主要建筑结构、周遭环境、各种构造以及保护状况。对此的充分批评，见G. Wijesuriya，“Conservation in Context,” in *Conservation and Preservation Interactions Between Theory and Practice：In Memoriam Alois Riegl（1858—1905）. Proceedings of the International Conference of the ICOMOS International Scientific Committee for the Theory and the Philosophy of Conservation and Restoration*，ed. M. Falser；W. Lipp，and A. Tomaszewski（Florence：Edizioni Polistampa，2010），233—247。2013年，在联合国教科文组织资源手册《管理世界遗产》中，人们试图扩充遗产定义，即“遗产是人类社会曾经存在的证明，对现代社会来说，它们意味着一种归属感和安全感；世界在飞速发展，遗产成为人们的精神支柱。同时，在许多历史阶段，遗产也是定义身份的重要手段。了解过去对解决现在和将来的问题也极为有益”（http：//whc.unesco.org/en/managing-cultural-world-heritage，accessed February 5，2017）。在学术领域，文化遗产越来越成为一个跨学科的研究课题，常常涉及考古学、人类学、社会学、经济学、历史学等；例如，见L. M. Meskell，ed.，*Global Heritage：A Reader*（Oxford：Wiley Blackwell，2015）。

14. 见UNESCO，*Protection of Mankind's Cultural Heritage：Sites and Monuments*（Paris：UNESCO，1970），9的开篇：“人类用历史遗产装饰了地球，它们为全人类所共有，表明人类文明是所有人共同努力的结果，也表明对美的追求
234 始终与技术相伴，对不朽之物的探寻也是尝试新事物的过程。”
15. C. Luke，“The 40th World Heritage Session in Istanbul，Turkey：A Reflection on the Legacies of Heritage Policy and Missed Mega-Heritage,” *Journal of Field Archaeology* 41，no. 6（2016）：641—644；A. F. Vrdoljak，“Self-Determination and Cultural Rights,” in *Cultural Human Rights*，ed. F. Francioni and M. Scheinin（Leiden：Brill，2008），41—78.
16. M. A. Elliott and V. Schmutz，“World Heritage：Constructing a Universal Cultural Order,” *Poetics* 40，no. 3（2012）：256—277，at 264.
17. G. Sluga，*Internationalism in the Age of Nationalism*（Philadelphia：University of Pennsylvania Press，2013），63.
18. 布兰克认为，从本质上说，考古通讯研究所与其他机构相似，都不关注考古发掘，它关注的是收集和发表相关的笔记和文献，其内容关涉考古新发现以及对已知遗产的新阐释。考古通讯研究所也会核对关于艺术作品、古代建筑、地形学、金石学以及钱币学的信息。See H. Blanck，“The

Instituto di Corrispondenza Archeologica," *Fragmenta* 2 (2008): 63—78; A. Schnapp, "Archéologie et tradition académique en Europe aux XVIIIe et XIXe siècles," *Annales. Histoire, Sciences Sociales* 37, nos. 5/6 (1982): 760—777; A. Guidi, "Nationalism Without a Nation: The Italian Case," in *Nationalism and Archaeology in Europe*, ed. M. Díaz-Andreu and T. Champion (London: Routledge, 1996), 108—118; C. Weickert, "Zur Geschichte des Deutschen Archäologischen Institute," *Archäologischer Anzeiger* LXX (1955): 127—156. 我很感谢Alain Schnapp引我进入研究所。

19. "Report of the Committee on the Work of Its Nineteenth Plenary Session," ICIC, League of Nations, Geneva, August 9, 1937, UNESCO Archives, file reference C. 327 M. 220.1937. XII.
20. Sir Arthur Evans的考古发掘笔记。UNESCO Archives, file reference OIM XII 6.
21. Flinders Petrie答复有关考古发掘系统问题的信, August 24, 1937, UNESCO Archives, file reference OIM XII 6。
22. International Museums Office, ed., *Manual on the Technique of Archaeological Excavations* (Paris: International Institute of Intellectual Cooperation, 1940).
23. "Report of the Committee on the Work of Its Nineteenth Plenary Session," 85.
24. International Museums Office, *Manual*, 9.
25. A. F. Vrdoljak, "International Exchange and Trade in Cultural Objects," in *Culture and International Economic Law*, ed. V. Vadi and B. de Witte (London: Routledge, 2015), 124—142.
26. 原始信件提出召开大会的问题, "Archaeology After the War," 1943, UNESCO Archives, file reference OIM XII 6。
27. Quoted in M. Mazower, *Governing the World: The History of an Idea* (London: Penguin, 2012), 128.
28. 塞浦路斯考古学家波菲里奥司·迪开奥斯和研究《死海古卷》的罗兰·德·沃克斯,把很多这样的观点称为乌托邦理念。 235
29. F. Mayor, *The New Page* (Paris: UNESCO, 1999), 9.
30. L. S. Woolf, *International Government* (Westminster: Fabian Society, 1916), 97.
31. T. More, *Utopia* (1516), http: //history-world.org/Utopia_T.pdf, 76, 81, 116.
32. See M. Mazower, *No Enchanted Palace: The End of Empire and the*

Ideological Origins of the United Nations(Princeton: Princeton University Press,2009); Mazower,*Governing the World: The History of an Idea.*

33. Rothschild,"The Archives of Universal History," 392.
34. R. S. Deese, *We Are Amphibians: Julian and Aldous Huxley on the Future of Our Species*(Berkeley: University of California Press,2014).
35. See also V. Pavone, "From Intergovernmental to Global: UNESCO's Response to Globalization," *Review of International Organizations* 2,no. 1(2007): 77—95.
36. P. Duedahl, "Selling Mankind: UNESCO and the Invention of Global History, 1945—1976," *Journal of World History* 22,no. 1(2011): 106—107.
37. http: //www.unesco.org/archives/multimedia/?s=films_details&pg=33&id=4049, accessed December 16,2016.
38. Duedahl,"Selling Mankind," 132.
39. J. Hawkes and L. Woolley,*Prehistory and the Beginnings of Civilization*, vol. 1 (New York: Harper & Row, 1963). 这个计划由赫胥黎负责，他的朋友李约瑟和吕西安·费弗尔也是支持者。赫胥黎正想着给该系列起个名字，彼时他注意到格雷厄姆·克拉克正打算出版一本名为《史前世界》的书(letter to Paulo E. de Berrêdo Carneiro, March 22, 1961, UNESCO Archives, AG 8 Secretariat Records, file reference SCHM 17, Series 2 Implementation of scheme 2.623.3—2.625.1)。
40. Letter from Jacquetta Hawkes to Guy Métraux, August 22, 1954, UNESCO Archives,file reference SCHM/28 C003: H1.
41. Letter from Julian Huxley to Guy Métraux, February 7,1956, UNESCO Archives, AG 8 Secretariat Records, file reference SCHM 17, Series 2 Implementation of scheme 2.623.3—2.625.1. 1956年6月28日，俄罗斯历史学家I. M. 迪亚卡诺夫给伦纳德·伍莱爵士写了一封信，信中说:"我坚持用马克思主义观点看待你所说的城市文明的起源与发展，因为我认为它能够对现存的客观事实给出最充分的解释。" UNESCO Archives, file reference SCHM 19 2.83(3). 赫胥黎原先认为该系列应该脱离联合国教科文组织的直接掌控，他评论道，把它交给那些服从政府意志的管理者是不明智的行为。UNESCO Archives,file reference SCHM/28 C003/H/1.
42. Letter from Julian Huxley to Paulo E. de Berrêdo Carneiro, April 17, 1961, UNESCO Archives, AG 8 Secretariat Records, file reference SCHM 17, Series 2 Implementation of scheme 2.623.3—2.625.1. 对此的充分讨论，见P. Betts,

"Humanity's New Heritage: Unesco and the Rewriting of World History," *Past and Present* 228, no. 1(2015): 249—285。 236

43. UNESCO meeting of experts on the teaching of history held at UNESCO House, December 12—16, 1949, Summary Record, see UNESCO/ED/Conf/SR. Paris, January 12, 1950.
44. S. Amrith and G. Sluga, "New Histories of the United Nations," *Journal of World History* 19, no. 3 (2008): 270. See also Betts, "Humanity's New Heritage."
45. Amrith and Sluga, "New Histories of the United Nations," 271.
46. Mazower, *No Enchanted Palace*. 国际联盟就此问题的讨论，见S. Pedersen, "Empires, States and the League of Nations," in *Internationalisms: A Twentieth-Century History*, ed. G. Sluga and P. Clavin (Cambridge: Cambridge University Press, 2017), 113—138。
47. Deese, "Twilight of Utopias," 216.
48. G. Sluga, "Imagining Internationalism," *Arts: The Journal of the Sydney University Arts Association* 32(2012): 60.
49. J. M. Hodge, *Triumph of the Expert: Agrarian Doctrines of Development and the Legacies of British Colonialism* (Athens: Ohio University Press, 2007), 257.
50. Huxley, *UNESCO*, 17.
51. Hodge, *Triumph of the Expert*, 11.
52. Huxley, *UNESCO*. 虽然这本书最初由筹备委员会负责出版，但是后来，联合国教科文组织表示，这本小册子是个人作品，且在1946年版上，加上了免责声明。该书前言有此阐述："本书为联合国教科文组织筹备委员会执行秘书赫胥黎先生的职务作品，但是其中的观点并不代表该委员会或该组织的官方意愿。"
53. UNESCO, *General Conference, First Session, Held at UNESCO House, Paris, from 20 November to 10 December 1946* (Paris: UNESCO, 1947), 20, 42 (unesdoc.unesco.org/images/0011/001145/114580e.pdf, accessed December 15, 2016).
54. UNESCO Archives, General Conference, Third Session, Programme and Budget Commission, Access to Archaeological Sites, 2C/3 Resolution 4.5. Beirut November 8, 1948. 3C/PRG/ 0.4, p. 166.
55. UNESCO, *Records of the General Conference, Second Session, Mexico 1947*

（Paris：UNESCO，1949）.

56. Sluga，*Internationalism in the Age of Nationalism*，75. 她回忆了1951年斯蒂芬·斯珀德的表述：第一次世界大战以后，国际联盟期待能够实现远大的目标，但是人们“并未准备好放弃国家主权”。相比较而言，第二次世界大战结束时，“到处都有相当多的人愿意牺牲他们曾经紧抓不放的国家地位和财产，然而他们并不信任联合国。要实现改变，最重要的条件是一种广
237 泛的现实主义，此时该条件已经具备”。

57. 国际博物馆协会成立于1946年。这是一个全球性的博物馆组织，这里的专业人员致力于宣传和保护自然遗产和文化遗产。

58. UNESCO Archives，General Conference，Third Session，Programme and Budget Commission，Access to Archaeological Sites，2C/3 Resolution 4.5. Beirut November 8，1948. 3C/PRG/0.4.

59. Motion submitted by the delegations of Brazil and Egypt（Document 3C/53），UNESCO Archives，Records of the General Conference of UNESCO，Third Session，Beirut，1948，Volume I，Proceedings，267.

60. UNESCO，*Report of the Director-General of the Activities of the Organization from October 1949 to March 1950*（Paris：UNESCO，1950），52. See also http：//unesdoc.unesco.org/images/0014/001482/148239eb.pdf，accessed December 15，2016. 关于处于武装冲突中的文化遗产的问题，1954年《海牙公约》给予了最多的关注。中国、埃及、法国、印度、墨西哥、荷兰、秘鲁、波兰、瑞典、英国和美国都收到了邀请函。这个小范围的国家团体由十一个代表团组成。内部文献记录显示，1954年4月5日的专家会议，只有十三位代表或专家有望参加，另外还有五位观察员。1953年，国际古迹、艺术和历史遗址及考古发掘委员会的会议，只有八位代表参加：两位来自法国，还有澳大利亚、印度、伊朗、黎巴嫩、英国和美国各一位。UNESCO Archives，file references 069.707.806.231.063 “54” and 069.707.806.231.063 “53.09”.

61. 丰杜基迪斯是国际博物馆协会的前任总干事。引言出自UNESCO Meeting of Experts on Sites and Monuments of Art and History，UNESCO Archives，UNESCO/MUS/Conf. 1/SR. 1（prov）PARIS，October 17，1949。Provisional Summary Record of the First Meeting held at UNESCO House. See http：//unesdoc.unesco.org/images/0014/001482/148240eb.pdf，accessed December 15，2016.

62. Pavone，“From Intergovernmental to Global”；T. V. Sathyamurthy，*The Politics of International Cooperation：Contrasting Conceptions of Unesco*（Geneva：

Librairie Droz, 1964). See also R. Niebuhr, "The Theory and Practice of UNESCO," *International Organization* 4, no. 1 (1950): 3—11; J. P. Sewell, *UNESCO and World Politics* (Princeton, NJ: Princeton University Press, 1975).

63. See *Cuzco: Reconstruction of the Town and Restoration of its Monuments*, Museums and Monuments III (Paris: UNESCO, 1952). 该三人团队声称,"为了给每一项具有历史、艺术或考古意义的遗产准备一份详细的记录,他们走遍了这座城市的每一栋建筑物"。这个项目在很大程度上是一份调查报告,也为将来给城市分区画出了草图。该城市被划分为四个区域:需要保护和修复的考古和历史区、可以改造的居住区、允许全部重建的区域、未来都市发展的区域。 238

64. 根据《项目决议》第4条第22款,组织技术队伍帮助有需要的成员国保护和修复历史文物和遗址(对成员国的援助金额为一万美元)。UNESCO, *General Conference, 5th Sessions, Florence 1950 for Proposed Programme and Budget for 1951* (UNESCO, Paris, 1950), 187. 第二年,即1952年,拨款数额相同。

65. 坦噶尼喀殖民"托管地"的统治者要求对其岩石艺术的研究提供援助。然而,由于当时的殖民规则以及纽约托管理事会可能带来的困难,该要求未获许可。英国国家委员会和联合国教科文组织通过秘密联络对这件事进行了处理,结果是"因为缺乏资金"匆匆了结。See letter dated February 11, 1954, from J. L. Nevinson, National Commission for the United Kingdom, to J. K. van der Haagen, UNESCO Archives, file reference 069.707.8 (678) 078.31.

66. Pavone, "From Intergovernmental to Global," 80—81. See also W. R. Pendergast, "UNESCO and French Cultural Relations 1945—1970," *International Organization* 30, no. 3 (1976): 453—483.

67. 有些报道称,该文献中心是由法国提议设立的,领头的是克里斯蒂安·德罗斯-诺布尔科特,卢浮宫埃及古物部的埃及学家。在联合国教科文组织努比亚救助行动中,法国人一直很高调,该文献中心亦如此,其实原本他们关注的焦点是底比斯墓葬。另有一些报道称,1954年,埃及政府要求国际组织援助其设立该文献中心。See also P. Betts, "The Warden of World Heritage: UNESCO and the Rescue of the Nubian Monuments," *Past and Present* 226, suppl. 10 (2015): 100—125. 1954年,联合国教科文组织全体大会在蒙得维的亚召开第八次会议,会上明确了文献中心的主要任务,即聚焦努比亚的摄影文件和摄影测量文件；see F. A. Hassan，“The Aswan High Dam and the International Rescue Nubia Campaign,” *African Archaeological Review* 24，nos. 3—4（2007）：73—94。另有 *Museum*，volume 3，issue 1，1950，entitled “Monuments and Sites of History and Art and Archaeological Excavations：Problems of Today”。自始至终，人们主要关注的都是建筑遗产，这其中大部分在欧洲，需要进行战后修复。

68. 三位专家前往黎巴嫩，执行了为期八周的任务，负责人为瑞士考古学家保罗·科勒特，意大利建筑师阿曼多·狄龙一同前往。其成果是 *Suggestions for the Plan of Tripoli and for the surroundings of the Baalbek Acropolis*，Museums and Monuments VI（Paris：UNESCO，1954）。他们还在叙利亚完成了为期十周的任务；联合国教科文组织喜欢一次次派遣相同的专家去执行实地考察任务，关于这一点的批评今天依然适用。叙利亚任务的成果是 *Syria：Problems of Preservation and Presentation of Sites and Monuments*，
239 Museums and Monuments VII（Paris：UNESCO，1954）。

69. UNESCO International Principles Governing Archaeological Excavations，Preliminary Report compiled in accordance with the Provisions of Article 10.1 of the Rules of Procedure concerning Recommendations to Member States and International Conventions covered by the Terms of Article IV，paragraph 4 of the Constitution，UNESCO/CUA/68 Paris，August 9，1955. 1954年，联合国教科文组织博物馆和文物部负责人J.K.范德哈根给J.O.布鲁写信，表达了他对一封国务院信件的关注，那封信要求“压制所有关于内部立法的意见，因为我们担心，如果这么做，我们这幢小小建筑就将全部变成废墟”。他还说道，他们同意该机制应该是一项建议，而非一个公约，但是不“明白为什么美国政府要提出那样的限制”。UNESCO Archives，file reference 069：72 A02/06 IV-069：930.26（436）AHS.

70. 这部分内容总共大约四页纸：http：//unesdoc.unesco.org/images/0011/001145/114585e.pdf#page=40，accessed November 19，2016。

71. UNESCO，*Report of the Director-General of the Activities of the Organization in 1956*（Paris：UNESCO，1958），123—124.

72. Address delivered by the Director-General at the meeting of the International Committee on Monuments，Artistic and Historical Sites and Archaeological Excavations，UNESCO House，May 21，1951，UNESCO Archives，UNESCO/DG/128，file reference 069：A074（94）53.

73. 这些原则针对的是在武装冲突期间如何保护文化遗产的问题，1899年《海牙公约》、1907年《海牙公约》和1935年4月15日的《华盛顿条约》都有这方面的条款。S. Labadi and F. Bandarin, *World Heritage: Challenges for the Millennium* (Paris: UNESCO, 2007), 27.

74. UNESCO, Convention for the Protection of Cultural Property in the Event of Armed Conflict, http://www.unesco.org/new/en/culture/themes/armed-conflict-and-heritage/convention-and-protocols/1954-hague-convention/text/#c284179, accessed February 18, 2017. See also A. F. Vrdoljak, *International Law, Museums, and the Return of Cultural Objects* (Cambridge: Cambridge University Press, 2006); A. F. Vrdoljak, "Challenges for International Cultural Heritage Law," in *Blackwell Companion to the New Heritage Studies*, ed. W. Logan, M. Nic Craith, and U. Kockel (New York: Wiley Blackwell, 2016).

75. J. Hawkes, *Adventures in Archaeology: The Biography of Sir Mortimer Wheeler* (New York: St. Martin's Press, 1982), 259, 262. 惠勒很快明白，人们早就在争抢联合国教科文组织的职位，已经没有剩下的了。

76. Ibid., 6.

77. D. L. Brenneis, "Sand, Stability and Stakeholders," in *Heritage Regimes and the State*, ed. R. Bendix, A. Eggert, and A. Peselmann (Göttingen: Universitätsverlag Göttingen, 2013), 370.

78. See M. Falser, "Cultural Heritage as Civilizing Mission: Methodological Considerations," in *Cultural Heritage as Civilizing Mission*, ed. M. Falser (New York: Springer, 2015), 1—32. 240

79. Mazower, *No Enchanted Palace*. See also G. Sluga, "UNESCO and the (One) World of Julian Huxley," *Journal of World History* 21, no. 3 (2010): 393—418. 1945年，赫胥黎参加了联合国在旧金山举行的会议。虽无官方职位，但他还是建议"设立国际殖民公约、殖民宪章以及国际殖民办公室，以便指导落后的殖民地，使其教育水准与更加现代的国家齐平"(408)。

80. Huxley, *From an Antique Land*, 42.

81. Ibid., 131.

82. Ibid., 202.

83. 在联合国教科文组织总部，阿尔君·阿帕杜莱参与了讨论，议题涉及文化多样性、文化权利、可持续发展和全球化；see R.-P. Droit, *Humanity in the*

Making: Overview of the Intellectual History of UNESCO 1945—2005（Paris：UNESCO，2005），13。最近，霍米·巴巴做了关于人道主义的演讲。在这之前，包括玛格丽特·米德、露丝·本尼迪克特、查尔斯·瓦格利、马文·哈里斯和罗伯特·雷德菲尔德在内的美国人类学家都曾参与该组织的工作。

84. T. H. Eriksen，"Between Universalism and Relativism：A Critique of the UNESCO Concept of Culture，" in *Human Rights：An Anthropological Reader*，ed. M. Goodale（Malden，MA：Wiley-Blackwell，2009），356—371；D. Berliner and C. Bortolotto，"Introduction. Le monde selon l'Unesco，" *Gradhiva* 2（2013）：4—21；M. Herzfeld，*Anthropology：Theoretical Practice in Culture and Society*（Paris：UNESCO，2000）；A. Métraux，"UNESCO and Anthropology，" *American Anthropologist* 53，no. 2（1951）：294—300；L. Arizpe，"The Intellectual History of Culture and Development Institutions，" in *Culture，Diversity and Heritage：Major Studies*，ed. L. Arizpe（New York：Springer，2015），58—81；C. Joy，"'UNESCO Is What?' World Heritage，Militant Islam and the Search for a Common Humanity in Mali，" in *World Heritage on the Ground：Ethnographic Perspectives*，ed. C. Brumann and D. Berliner（Oxford：Berghahn，2016），60—77. 埃里克森描述了列维-斯特劳斯所扮演的角色，还评论了联合国教科文组织授权出版的书，一本关于种族和文化，另一本关于种族和历史。

85. 对此的充分讨论，见Eriksen，"Between Universalism and Relativism"。Also see UNESCO，*Our Creative Diversity. Report of the World Commission on Culture and Development*（Paris：UNESCO，1995）.

86. 关于法国考古学中理论的地位的讨论，见S. Cleuziou et al.，"The Use of Theory in French Archaeology，" in *Archaeological Theory in Europe：The Last Three Decades*，ed. I. Hodder（London：Routledge，1991），91—128；F. Audouze and A. Leroi-Gourhan，"France：A Continental Insularity，" *World Archaeology* 13，no. 2（1981）：170—189。

87. Pendergast，"UNESCO and French Cultural Relations 1945—1970."

88. W. Carruthers，"Multilateral Possibilities：Decolonization，Preservation and the Case of Egypt，" *Future Anterior Journal of Historic Preservation History*
241 *Theory and Criticism* 13，no. 1（2016）：36—48.

89. UNESCO，*Report of the Director-General of the Activities of the Organization in 1956*（Paris：UNESCO，1958），122.

90. Sluga,“UNESCO and the(One)World of Julian Huxley,” 417.
91. Pavone,“From Intergovernmental to Global.”
92. Mazower; *Governing the World*.
93. Elliott and Schmutz,“World Heritage.”
94. K. Marx and J. O’Malley, *Critique of Hegel's “Philosophy of Right”*(Cambridge: Cambridge University Press,1977).
95. Mazower, *Governing the World*. 在国际关系中,功能主义指的是一种在两次世界大战之间兴起的理论,其强烈关注的是国家作为一种社会组织形式,出现跟不上时代发展的情况。现实主义者认为民族国家的自身利益是一种驱动因素,而功能主义者关心的是在全球一体化的进程中,国家和非国家行动者的共同利益和需求;其起因是国家主权受到侵蚀,另一方面,在政策制定的过程中,知识越发显示其重要性,因而科学家和专家也占据越来越重要的地位。B. Rosamond, *Theories of European Integration*(New York: Palgrave Macmillan,2000).
96. 引自功能主义的主要拥护者David Mitrany, in D. Mitrany, *A Working Peace System*(Chicago: Quadrangle Books,1966),28。
97. See http://portal.unesco.org/en/ev.php-URL_ID=15244&URL_DO=DO_TOPIC&URL_SECTION=201.html, accessed December 15, 2016, and S. Dutt, “Striving to Promote Shared Values: UNESCO in the Troubled World of the Twenty-First Century?” *India Quarterly: A Journal of International Affairs* 65,no. 1(2009): 83—95.
98. Letter from Julian Huxley to Vittorino Veronese, February 2, 1960, UNESCO Archives,file reference 069(62)Nubia/PC. 1958年,赫胥黎获封爵士。

第二章

1. R. McNamara, *Britain, Nasser and the Balance of Power in the Middle East, 1952—1977: From the Egyptian Revolution to the Six Day War*(London: Routledge, 2004); R. J. McAlexander, “Couscous Mussolini: US Perceptions of Gamal Abdel Nasser, the 1958 Intervention in Lebanon and the Origins of the US-Israeli Special Relationship,” *Cold War History* 11, no. 3(2011): 363—385; L. Richardson, “Avoiding and Incurring Losses: Decision-Making in the Suez Crisis,” *International Journal* 47, no. 2(1992): 370—401; M. Shemesh

and S. I. Troen, eds., *The Suez-Sinai Crisis: A Retrospective and Reappraisal* (London: Routledge, 2005).

2. 关于第一座阿斯旺大坝的政治与影响的更多讨论，以及考古学方面的讨论，见 F. A. Hassan, "The Aswan High Dam and the International Rescue Nubia Campaign," *African Archaeological Review* 24, nos. 3—4 (2007): 73—94; P. Betts, "The Warden of World Heritage: UNESCO and the Rescue of the Nubian
242 Monuments," *Past and Present* 226, suppl. 10 (2015): 100—125。贝茨认为，技术专家的主导性胜过了文物保护主义者。他还更加详细地叙述了在更广泛的冷战语境下，苏伊士运河危机的形成原因及后续发展。T. Mitchell, *Rule of Experts* (Berkeley: University of California Press, 282), 45 认为：尽管存在着"盐碱化、积水、土壤生产力下降、努比亚人民迁移、考古遗产损失、疾病增多、海湾侵蚀、对大规模渔业的毁坏以及由于蒸发和渗漏导致水源流失等问题，还有早在第一座大坝工程期间就已经显现的其他问题"，阿斯旺大坝依然堪称埃及战后国家建设工程的佼佼者。

3. A. Shokr, "Hydropolitics, Economy and the Aswan High Dam in Mid-Century Egypt," *Arab Studies Journal* 17, no. 1 (2009): 9—31.

4. 美国阻止英国从美国或国际货币基金组织获得贷款，并且拒绝给英国和法国提供石油运输。D. B. Kunz, "When Money Counts and Doesn't: Economic Power and Diplomatic Objectives," *Diplomatic History* 18, no. 4 (1994): 451—462.

5. See also P. B. Heller, *The United Nations Under Dag Hammarskjold, 1953—1961* (Lanham, MD: Scarecrow Press, 2001).

6. G. Sluga, "UNESCO and the (One) World of Julian Huxley," *Journal of World History* 21, no. 3 (2010): 418.

7. T. Scudder, "Aswan High Dam Resettlement of Egyptian Nubians," in *Aswan High Dam Resettlement of Egyptian Nubians* (Singapore: Springer; 2016), 1—52.

8. Quoted in J. P. Sewell, *UNESCO and World Politics* (Princeton, NJ: Princeton University Press, 1975), 266.

9. L. Allais, "The Design of the Nubian Desert: Monuments, Mobility and the Space of Global Culture," in *Governing by Design: Architecture, Economy, and Politics in the Twentieth Century*, ed. Aggregate (Pittsburgh: University of Pittsburgh Press, 2012), 179—215; L. Allais, "Integrities: The Salvage of Abu Simbel," *Grey Room* 50 (2013): 6—45; Betts, "The Warden of World Heritage"; Hassan, "The Aswan High Dam"; C. Maurel, "Le sauvetage des

monuments de Nubie par l'Unesco (1955—1968)," *Égypte/Monde Arabe* 10 (2013); W. Carruthers, "Multilateral Possibilities: Decolonization, Preservation and the Case of Egypt," *Future Anterior: Journal of Historic Preservation History Theory and Criticism* 13, no. 1(2016): 36—48.

10. See J. Toye and R. Toye, "One World, Two Cultures? Alfred Zimmern, Julian Huxley and the Ideological Origins of UNESCO," *History* 95, no. 319(2010): 308—331. C. P.斯诺声称,英国有两种文化,一种是文学学者的文化,还有一种是科学家的文化,两者之间互不理解。斯诺的这一论断人所共知。See also E. H. Carr, *The Twenty Years' Crisis, 1919—1939: An Introduction to the Study of International Relations* (London: Macmillan, 1946).
11. Quoted in M. Mazower, "The End of Eurocentrism," *Critical Inquiry* 40, no. 4 (2014): 298. 243
12. Toye and Toye, "One World, Two Cultures," 324.
13. G. Sluga, "Imagining Internationalism," *Arts: The Journal of the Sydney University Arts Association* 32(2012): 55—68.
14. 1959年5月,埃及提出请求,后来到10月,苏丹也提出请求。萨福-索德伯格认为:"苏丹之所以推迟请求,可能是因为苏丹政府希望抢救洪水泛滥地区的古物的费用包括在埃及支付给苏丹的赔偿金中,因为埃及大坝项目在建设过程中给其带来了损失。" T. Säve-Söderbergh, "International Salvage Archaeology: Some Organizational and Technical Aspects of the Nubian Campaign," *Annals of the Royal Science Academy* 15—16(1972): 120.
15. 在埃及的考古发掘工作于1965年结束,在苏丹的则于1973年结束。阿斯旺大坝工程开始于1960年,1969年完工。重新安置阿布辛拜勒神庙的工作于1968年完成,随之而来的是抢救菲莱神庙的行动。
16. March 8 appeal by Vittorino Veronese, Director-General of Unesco, *UNESCO Courier*, May 1960, 7, cited in Betts, "The Warden of World Heritage," 117.
17. Maheu in *UNESCO Courier*, December 1964.
18. See "Abu Simbel—Now or Never," *UNESCO Courier*, October 1961, 4.
19. Allais, "Integrities."
20. See the cover of *UNESCO Courier*, October 1961. See also Italconsult, "Planning for Saving the Abu Simbel Temple," http://www.italconsult.com/en/projects/projects-delivering-cutting-edge-projects-around-world-projects-planning-saving-abu-simbel-temple, accessed December 10, 2016.

21. Allais, “Integrities,” 19. See statements by US representative Max McCullough in the Executive Committee of the International Campaign to Save the Monuments of Nubia, Meeting of the Bureau, The Hague, June 15,1963, UNESCO/NUBIA/CE/BUR/1.
22. Allais,“Integrities,” 20 n. 41.
23. Report of the 11th Session of the Board of Consultants for the Abu Simbel Projects, June 27, 1966, UNESCO Archives, file reference 069 (62) N/Abu Simbel/A 02.
24. R. Calder, “Jacking Up a Mountain of Stone,” in *UNESCO Courier*, October 1961, 14.
25. Ibid., 10. See also T. Säve-Söderbergh, *Temples and Tombs of Ancient Nubia: The International Rescue Campaign at Abu Simbel, Philae and Other Sites* (London: Thames and Hudson, 1987), 92.
26. 例如，见联合国教科文组织的短片：*Opération Nubie* (1966), http://www.unesco.org/archives/multimedia/?s=films_details&pg=33&id=3841; *The World Saves Abu Simbel* (1967), http://www.unesco.org/archives/multimedia/?s=films_details&pg=33&id=67; and *Victory in Nubia* (1982),
244 http://www.unesco.org/archives/multimedia/?s=films_details&pg=33&id=63, accessed December 10, 2016。
27. Säve-Söderbergh, *Temples and Tombs*, 104.
28. Allais,“Integrities,” 22.
29. Statement by John A. Wilson, Professor of Egyptology, University of Chicago, to the US Senate, Mutual Security Act of 1960, https://catalog.hathitrust.org/Record/101706169, accessed December 10, 2016.
30. 见 UNESCO/SN/IAC/2, International Campaign to Save the Monuments of Nubia, Meeting of the International Action Committee Paris, May 16—17 1960 中列出的目标。“专家建议，在即将被淹没的遗址上进行的发掘行动，必须由考古学家和史前史专家来完成。毫无疑问，政府和有能力的机构希望自己出钱组织具有极大科学意义的考察行动。联合国教科文组织不会为此类行动筹集资金，而只会在组织者和阿拉伯联合共和国政府之间扮演中间人的角色。”
31. Säve-Söderbergh, *Temples and Tombs*, 64. 如同埃及古物部一样，亚历山大大学承担了这项任务。

32. Confidential letter from Ali Vrioni to Louis Christophe, January 30, 1963, UNESCO Archives, file reference 069（62）N/Abu-Simbel Part IV from I/IV/62. 纳赛尔的话引自 Calder,"Jacking Up a Mountain of Stone," 6。
33. 在尼罗河沿线的两个大瀑布之间，不同的国家负责发掘不同的遗址：德波（波兰），德米特（意大利），霍尔、德米特、卡拉巴夏（美国和瑞士），塔法（捷克斯洛伐克），卡拉巴夏、盖尔夫·侯赛因（捷克斯洛伐克），萨巴古拉（意大利），达卡和瓦迪·阿拉尔（苏联），马哈拉卡赫、伊赫明迪（意大利），萨亚拉（奥地利），梅德克（法国），谢赫达乌德（西班牙），阿菲亚（荷兰），安尼巴（埃及），伊布里姆（英国），埃尔门内赫-塔克（美国），塔米特（意大利），阿布辛拜勒，东岸（意大利），杰贝尔·阿达墓地（西德），杰贝尔·阿达要塞（埃及、美国），巴拉纳和库斯特乌尔（美国），埃尔门内赫和苏丹边境（美国），法拉斯西（波兰），阿克沙（法国、阿根廷），塞拉东（美国），阿尔金（西班牙），埃及边境与吉麦之间的地域（斯堪的纳维亚国家联合团队），布亨（英国）。在埃及工作的考古学家来自西德、阿根廷、加拿大、西班牙、丹麦、芬兰、法国、印度、意大利、日本、挪威、波兰、埃及、瑞典、瑞士、捷克斯洛伐克、苏联、英国和美国。在苏丹工作的考古学家来自西德、比利时、西班牙、加纳、荷兰、波兰、苏丹、瑞典、南斯拉夫、英国和美国。
34. Säve-Söderbergh, *Temples and Tombs*, 89.
35. B. B. Lal, "Expeditions Outside India," *Indian Archaeology* 1961—1962（1964）: 64—70. 拉尔受训于莫蒂默·惠勒，后来承担了联合国教科文组织各种不同的工作。 245
36. S. Zuringa, "The Spanish Nubian Salvage Campaign Through the Media and Official Archives," in *The Kushite World: Proceedings of the 11th International Conference for Meroitic Studies*, ed. M. H. Zach（Vienna: Verein der Förderer der Sudanforschung, 2008）, 613—622; X. Ayán Vila and A. González-Ruibal, "Spanish Archaeology Abroad," in *European Archaeology Abroad: Global Settings, Comparative Perspectives*, ed. S. van de Linde et al.（Leiden: Sidestone Press, 2012）, 85—104.
37. J. A. Wilson, "The Nubian Campaign: An Exercise in International Archaeology," *Proceedings of the American Philosophical Society* 111, no. 5（1967）: 268—271. 威尔森认为："由于倡议国际机构来到努比亚，人们对近东国家民族主义的不信任发生了反转，努比亚精神使得考古学家身上的孤傲少了一些。互相合作不仅实现了抢救历史遗产和古物的目标，而且使得

合作中的学者们建立和睦关系。交流渠道变得通畅，相互之间的不信任和差异也变少了。”

38. W. Y. Adams, “The Nubian Archaeological Campaigns of 1959—1969: Myths and Realities, Successes and Failures,” in *Études Nubiennes, Conférence de Genève. Actes du VIIe Congrès International d'Études Nubiennes*, ed. C. Bonnet(Geneva: Sociéte d'Études Nubiennes, 1992), 3.
39. Säve-Söderbergh, *Temples and Tombs*, 201.
40. W. Y. Adams, “Organizational Problems in International Salvage Archaeology,” *Anthropological Quarterly* 41, no. 3(1968): 110—121.
41. 他特别提到，因为原先并没有考古学的位置，所以对努比亚行动的监管责任由文化活动部博物馆和历史遗产分部承担。
42. Adams, “The Nubian Archaeological Campaigns,” 3.
43. Adams, “Organizational Problems.” 亚当斯写道：“许多考古学家抱怨这种优先事项的分配不合理，他们认为，未知的、未开发的遗址比著名的、已经被研究透了的神庙更具重要性。他们忽略了一个基本事实，即从一开始，联合国教科文组织在努比亚运动中的参与，遵循的就是保护文化珍宝的原则，而不是促进知识进步的原则。”(113)这其中有一部分是方法论问题，亚当斯表示：“两个国家展现出不同的解决方法。在埃及，整个受到威胁的地区被划分成差不多同等大小的区域；参与其中的考察队受邀选择一个或多个区域，并对其中每一个时代和种类的古物进行调查研究。那些关注史前遗产的考察队可以在更大范围内选择适合其平时工作策略的遗址。在苏丹，古
246 物管理处自己就准备好积极投入实地考察之中，外国考察队可以选择某些或几组符合其特殊兴趣的遗址，古物管理处负责剩下的遗址。”(114)
44. Adams, “The Nubian Archaeological Campaigns,” 4. 亚当斯声称，联合国教科文组织在努比亚考古运动中没有资金投入。
45. T. Säve-Söderbergh, “The International Nubia Campaign: Two Perspectives,” in *Études Nubiennes, Conférence de Genève. Actes du VIIe Congrès International d'Études Nubiennes*, ed. C. Bonnet(Geneva: Sociéte d'Études Nubiennes, 1992).
46. Maurel, “Le sauvetage des monuments de Nubie.”
47. Letter from G. Knetch to J. K. van der Haagen, June 18, 1960, UNESCO Archives, file reference 069(62)Nubia: 93 A 52(62).
48. Adams, “The Nubian Archaeological Campaigns,” 8.

49. See Report of the Committee, International Campaign to Save the Monuments of Nubia, Executive Committee, Fifth Session, Paris, October 7—9,1963, UNESCO / NUBIA/5, 3.

50. F. Wendorf, *The Prehistory of Nubia* (Dallas, TX: Southern Methodist University Press, 1968). See also Hassan, "The Aswan High Dam," 77.

51. P. L. Shinnie and M. Shinnie, *Debeira West: A Mediaeval Nubian Town* (Warminster: Aris and Phillips, 1978); P. L. Shinnie, *Ancient Nubia* (London: Kegan Paul, 1996).

52. A. J. Mills, "The Reconnaissance Survey from Gemai to Dal: A Preliminary Report for 1963—64," *Kush* 15 (1967—1968): 200—210.

53. See L. Sukova, "Pictures in Place: A Case Study from Korosko (Lower Nubia)," Studies in African Archaeology (Poznan Archaeological Museum) 14 (2015): 119—143.

54. Säve-Söderbergh, "International Salvage Archaeology," 132. 苏丹也是如此，联合国教科文组织还发起了其他救助行动，比如梅洛维大坝救助工程。关于背景及启示，见H. Hafsaas-Tsakos, "Ethical Implications of Salvage Archaeology and Dam Building: The Clash Between Archaeologists and Local People in Dar al-Manasir, Sudan," *Journal of Social Archaeology* 11, no. 1 (2011): 49—76; C. Kleinitz and C. Näser, "The Loss of Innocence: Political and Ethical Dimensions of the Merowe Dam Archaeological Salvage Project at the Fourth Nile Cataract (Sudan)," *Conservation and Management of Archaeological Sites* 13, nos. 2—3 (2011): 253—280; J.-G. Leturcq, "Heritage-Making and Policies of Identity in the 'Post-Conflict Reconstruction' of Sudan," *Égypte/Monde Arabe*, nos. 5—6 (2009): 295—328。

55. Letter from Gerhard Bersu, president of the Union Internationale des Sciences Préhistoriques et Protohistoriques, April 22, 1963, to Ali Vrioni, UNESCO, 信中谈到美国人的搅和令人遗憾, UNESCO Archives, file reference 069 (62) Nubia/A 02 Part III。拉尔夫·索列基(哥伦比亚大学)和弗雷德·温道夫(新墨西哥)起初被允许在苏丹工作，他们要求向北转至埃及；这也使得他们来到了斯堪的纳维亚的地界。查尔斯·瑞德教授在写给路易斯·克里斯托弗的信中说："我传达了他观点中自相矛盾的地方带给你的困惑…… 247
我已经致电索列基教授和史密斯教授，达成友好协议，解决苏丹附近地区的问题；我们将就我们的解决方案征求温道夫博士的意见，希望得到他的支持。因此，这几天我们必定再次写信给你，告知我们对这个难题的解决办法，这也是我们共同商讨的结果。" UNESCO Archives, file reference 069（62）N/ 930.26（624）.

56. F. Wendorf, "The Campaign for Nubian Prehistory," in *Études Nubiennes, Conférence de Genève. Actes du VIIe Congrès International d'Études Nubiennes*, ed. C. Bonnet（Geneva：Sociéte d'Études Nubiennes, 1992）, 44.
57. Maurel, "Le sauvetage des monuments de Nubie," n. 7："这些竞争并不十分具有建设性，联合国教科文组织派到当地的工作人员路易斯·克里斯托弗对此感到沮丧，他表示：'努比亚行动不是一场激烈的竞赛。每一位专家在这里都有工作要做……我们难道不是朝着同一个科学的目标在这里工作吗？'" UNESCO Archives, file reference 069（62）N/Abu Simbel/A 02. CA 120/29, II：Letter from Louis Christophe to Zbynek Zaba, December 18, 1963.
58. 威尔森写道："人们希望能够说服某个拥有力量和声望的美国人来领导该委员会，但是未能找到合适的人选。对努比亚行动进行全方位监管的责任落到联合国教科文组织执行委员会的身上，该委员会已经承担了规划和合作的责任，但是并没有能够促进国际社会提供资金援助。" Wilson, "The Nubian Campaign," 269.
59. 威尔森说，那些决议并非通过投票表决产生，而是通过舆论意见形成，不过如果有不同意见出现，那"也不是A先生投了反对B先生的票，而是法国投了反对德国的票，或者美国投了反对苏联的票"（ibid., 269）。他继续说道："大多数欧洲人和所有埃及人都认为，他们是各自政府的官方代表。英国考古学家不太认同这种情况，而我则认为完全不是那么回事。我不仅不代表任何美国政府机构，甚至都无权为一个学术团体或者我自己的大学代言。七年来，我发现我无法让这些委员会中的同事明白，我只代表我自己，不代表美国。"（270）
60. See Maurel, "Le sauvetage des monuments de Nubie." 莫雷尔记述了1963年2月16日路易斯·克里斯托弗的一份备忘录，上面说，美国考古学家拉尔夫·索列基关于努比亚的研究报告发表在1962年11月《人类》第62卷，而不是发表在原本商定的联合国教科文组织的出版物上。同样，安东尼·米尔斯在1968年11月22日写给路易斯·克里斯托弗的信中问道，联合国教科文组织有些什么打算——"在发掘后的材料研究方面，在地图和记录的完善方面，还有科学研究成果最终发表的问题上……我希望过去五年没有白白浪费掉"。克里斯托弗在1968年12月12日的回信中提醒米尔斯，资金已经全部用光，“你每年花半年在苏丹努比亚参与行动，之后你有时间进行喀土穆遗址的研究工作”。UNESCO Archives, file reference 069(62)N: 930.26(624). 248

61. Säve-Söderbergh, “The International Nubia Campaign,” 42.
62. See the memo from Louis Christophe to J. K. van der Haagen, March 12, 1962, and confidential letter from Ali Vrioni to Louis Christophe, January 30, 1963, UNESCO Archives, file reference 069(62) N/Christophe Nubia—Correspondence with M. Christophe Part II. See also letter from Piero Gazzola to Director-General Vittorino Veronese, September 24, 1960, UNESCO Archives, file reference 069(62) N/ 930.26. 关于斯堪的纳维亚的问题，见1961年10月14日托尔格尼・萨福-索德伯格写给总干事勒内・马厄的信，他提醒总干事：斯堪的纳维亚的努比亚联合项目，被从联合国教科文组织的报告CUA/109中略去，而瑞典国王扮演了主要赞助人的角色。他还要求了解联合国教科文组织的状况以及外交形势，以便于项目领导者协助解决类似车辆登记等实用问题。
63. Letter from Walter Emery to J. K. van der Haagen, 1962, about Sudan, UNESCO Archives, file reference 069(62) Nubia(624) Part I.
64. Letter from J. O. Brew to Director-General René Maheu, August 30, 1961, UNESCO Archives, file reference 069(62) N/ 930.26.
65. Lassalle, UNESCO Archives, file reference 069(62) Nubia/A 02/17.
66. See the Nubia Bibliography up to 2000, UNESCO Archives, CLT/CIH/MCO/2004/RM/H/1, http://www.unesco.org/ulis/cgi-bin/ulis.pl?catno=150176&set=00583ED327_1_425&gp=1&lin=1&ll=i, accessed November 16, 2016. 威廉・亚当斯认为：“即便努力的结果最终没有能够很好地实现联合国教科文组织的公关人员们闪光的诺言，这些工作也仍然是发掘和保护领域前所未有的成就。” W. Y. Adams, *Nubia: Corridor to Africa* (London: Allen Lane, 1977), 81. 亚当斯在报告中说，1960年开始的苏丹努比亚调查研究工作发现了一千多处遗址，这其中有超过三分之一的遗址已经得到了发掘(86)。斯堪的纳维亚人对大约五百处遗址进行了记录，而A.J.米尔斯则列出了八百多处遗址。See also C. Johansson, “Digital Reconstruction of the Archaeological Landscape in the Concession Area of the Scandinavian Joint Expedition to Sudanese Nubia (1961—1964).” M.A. thesis, Uppsala University 2014; H. A. Nordström, *The West Bank Survey from Faras to*

Gemai I: Sites of Early Nubian, Middle Nubian and Pharaonic Age（Oxford: Archaeopress, 2014）.

67. Säve-Söderbergh, "International Salvage Archaeology," 119.
68. Betts, "The Warden of World Heritage."
69. 巴西、厄瓜多尔、法国、西德、印度、意大利、黎巴嫩、荷兰、巴基斯坦、西班牙、苏丹、瑞典、阿拉伯联合共和国、美国和南斯拉夫。
70. Address by M. S. Adiseshiah, Deputy Director-General of UNESCO, Global
249 Meeting of Resident Representatives of the United Nations Development Programme—UNESCO and UNDP, Turin, June 29, 1966, UNESCO Archives, file reference WS/0766.12.ODG see CAB 1/19, 8. 他接着说："联合国教科文组织中那些主张智力合作的人把该组织的运作问题和发展援助功能看作无用的侵扰——是分散了注意力：该组织不再是纯粹意义上的智力宝库，而变成了一个六先令和九便士的商店，一个廉价商店。在联合国教科文组织任职的这些年，我不时因为这个过失而遭到指责。那些主张在实际操作中实施援助的人认为智力合作就是空想，是过时的观点，他们忘了联合国教科文组织发展援助的灵感正是源于智力合作，它在该组织的最高道德目标中的转向也是切实有效的。道德层面的专家认为其他一切都是曲解，他们希望集中注意力，专心做好下面这些工作：实现裁军、禁止使用核武器、消除战争、根除各种歧视、继续反对任何一种违反《世界人权宣言》的行为。联合国教科文组织成员国在全体大会上对这些方面进行了长久且深入的思考，最后决定将团结一致共同面对一切相关事务。正是这种团结一致，使得联合国教科文组织拥有了自身特色，各种工作计划也才能够得以共同完成。"（8—9）
71. André Malraux, "TVA of Archaeology," *UNESCO Courier*, May 1960, 8—11. See also Allais, "The Design of the Nubian Desert."
72. J. Huxley, *TVA: Adventure in Planning*（Surrey: Architectural Press, 1943）. 关于此文献，我很感谢Christina Luke。
73. S. Okasha, "Address by H. E. Dr. Sarwat Okasha, Minister of Culture of the United Arab Republic," in *Abu Simbel: Addresses Delivered at the Ceremony to Mark the Completion of the Operations for Saving the Two Temples*（Paris: UNESCO, 1968）.
74. Shokr, "Hydropolitics."
75. 此处直接引自M. Mazower, *Governing the World: The History of an Idea*（London: Penguin, 2012）, 199。

76. Malraux, "TVA of Archaeology."
77. J. O. Brew, "Emergency Archaeology: Salvage in Advance of Technological Progress," *Proceedings of the American Philosophical Society* 105, no. 1 (1961): 1—10.
78. Adams, *Nubia: Corridor to Africa*. 埃默里和柯万对八十七座陵地和约两千四百座个人墓葬进行了调查研究，时间跨度为史前时期到基督教时期。他们也对库班的中新王国要塞、瓦迪阿拉伯的麦罗埃城镇遗址以及X组皇家陵墓进行了发掘；see 76—77。
79. Säve-Söderbergh, "International Salvage Archaeology," 118.
80. Ibid. See also W. Y. Adams, "A Century of Archaeological Salvage, 1907—2007," *Sudan and Nubia* 11 (2007): 48—56.
81. See Preliminary Report of Archaeological Research of the Yale Prehistoric Expedition to Nubia, Season 1962—1963, UNESCO Archives, file reference 069 (62) Nubia: 93 A 52 (62). 250
82. 亚当斯也觉得基廷发表的文字"与实地真实的场景并不相符"。Adams, "The Nubian Archaeological Campaigns," 3.
83. Letter from Rex Keating, Head of Section, to the Director-General, UNESCO, March 27, 1969, Mission to Nubia (12 January—7 February 1969), COM/OPI/4 Memo.470, March, 27, 1969, UNESCO Archives, file reference 069 (62) N: 930.26 (624).
84. 对于欧洲的这些发展的讨论，见J.-P. Demoule, "Rescue Archaeology: A European view," *Annual Review of Anthropology* 41 (2012): 611—626。德穆勒引用联合国教科文组织的公约时，略去了1968年的建议文件，那才是与文物救助行动和预防考古学最具相关性的信息，这点颇具讽刺意味。
85. UNESCO, "Recommendation Concerning the Preservation of Cultural Property Endangered by Public of Private Works," November 19, 1968, http://portal.unesco.org/en/ev.php-URL_ID=13085&URL_DO=DO_TOPIC&URL_SECTION=201.html, accessed December 10, 2016.
86. Adams, "Organizational Problems," 118—119. 在写作时，亚当斯声称，在这二十一年当中，联合国教科文组织从未在总部层级聘请过一位专业考古学家，不管是在努比亚事务处，还是在其他文物保护行动中。
87. G. Sluga, "Editorial—the Transnational History of International Institutions," *Journal of Global History* 6, no. 2 (2011): 219—222.

88. S. Okasha, "Rameses Recrowned: The International Campaign to Preserve the Monuments of Nubia, 1959—68," in *Offerings to the Discerning Eye*, ed. S. H. D'Auria (Leiden: Brill, 2009), 223—244; Hassan, "The Aswan High Dam."
89. Okasha, "Rameses Recrowned," n. 18.
90. Memo entitled Co-operation with USSR, ODG/DDG Memo. 23.695 May 22, 1961, UNESCO Archives, file reference 069(62) Nubia/A 02 Part III.
91. A. Klimowicz and P. Klimowicz, "The Socio-Political Context of Polish Archaeological Discoveries in Faras, Sudan," in *European Archaeology Abroad: Global Settings, Comparative Perspectives*, ed. S. van de Linde et al. (Leiden: Sidestone Press, 2012), 287. 弗雷德・温道夫和罗毛尔德・席尔德曾经领头组织了由美国、波兰和埃及联合进行的史前遗址考察活动。
92. M. Falser, "Cultural Heritage as Civilizing Mission: Methodological Considerations," in *Cultural Heritage as Civilizing Mission*, ed. M. Falser (New York: Springer, 2015), 1—32, 10.
93. Betts, "The Warden of World Heritage," 22.
94. Speech by André Malraux reproduced in *UNESCO Courier*, September 1997, 4—5.
95. Betts, "The Warden of World Heritage." 关于法国文化外交, 另见 W. H. C. Laves and C. A. Thomson, *UNESCO: Purpose, Progress, Prospects*
251 (Bloomington: University of Indiana Press, 1957)。
96. See W. R. Pendergast, "UNESCO and French Cultural Relations 1945—1970," *International Organization* 30, no. 3 (1976): 453—483; J. Musitelli, "World Heritage, Between Universalism and Globalization," *International Journal of Cultural Property* 11, no. 2 (2002): 323—336.
97. André Malraux, speech delivered at the "Launch of the International Campaign for the Salvage of the Monuments of Nubia, UNESCO House, March 8, 1960," *UNESCO Courier*, May 1960, 8. See also T. Allbeson, "Photographic Diplomacy in the Postwar World: Unesco and the Conception of Photography as a Universal Language, 1946—1956," *Modem Intellectual History* 12, no. 2 (2015): 399—401.
98. 埃及文化部长萨瓦特・奥卡沙博士写了很多文章反对这个观点。
99. Betts, "The Warden of World Heritage," 104. See also Maurel, "Le sauvetage des monuments de Nubie," 其中描述道:"这次考察极大地损害了法埃两国

关系，被联合国教科文组织派到埃及的官员们都被软禁了起来，随后被联合国撤离到克里特岛上。联合国教科文组织在埃及的行动也都被中止了，只有克里斯蒂亚娜·德霍许–诺勃库在开罗继续着她的工作。”

100. D. M. Reid, *Contesting Antiquity in Egypt: Archaeologies, Museums, and the Struggle for Identities from World War I to Nasser*（Cairo: American University in Cairo Press, 2015）.

101. J. Barr, *A Line in the Sand: Britain, France and the Struggle That Shaped the Middle East*（New York: Simon and Schuster; 2011）.

102. D. M. Reid, "Indigenous Egyptology; The Decolonization of a Profession?," *Journal of the American Oriental Society* 105, no. 2（1985）: 243.

103. Parliamentary Debates（Hansard）, House of Commons Official Report, Friday 18th November 1960, Volume 630, No. 14. Adjournment Debate [Col. 718]: Monuments, Nubia（Preservation）.

104. Sir Mortimer Wheeler to J. K. van der Haagen, Director of the Service for the Monuments of Nubia, March 12, 1962, UNESCO Archives, file reference 069（62）N/A 106 Part I.

105. Letter from Shirley Guiton from the UK National Commission to UNESCO and Ministry of Education to Ali Vrioni, Office of the Director-General UNESCO, November 15, 1960, UNESCO Archives, file reference 069（62）N/ A114 Part III—Part V. 1960年10月7日，惠勒这样写道，英国人文和社会科学院筹集了两万英镑，但是明确表示，这笔钱将用于自己在布亨、伊布里姆城堡的研究项目以及在埃及努比亚遗址的调查工作。UNESCO Archives, file reference 069（62）N/A 114/113（437）.

106. J. Hawkes, *Adventures in Archaeology: The Biography of Sir Mortimer Wheeler*（New York: St. Martin's Press, 1982）, 336.

107. UNESCO, *A Common Trust: The Preservation of the Ancient Monuments of Nubia*（Paris: UNESCO, 1960）.

108. Ziada Arbab, minister of education, Republic of the Sudan, quoted in ibid., 4. 252

109. See, for example, J. Cuno, *Who Owns Antiquity? Museums and the Battle over Our Ancient Heritage*（Princeton, NJ: Princeton University Press, 2008）.

110. Letter from Albert Spaulding at NSF to J. K. van der Haagen, UNESCO, re Clement Meighan, October 10, 1960, UNESCO Archives, file reference 069（62）N/ 930.26. 他们“从一开始就很清楚，基金会研究部门的主要功能，是

支持来自大学和其他机构的基础研究项目”。

111. Adams, “The Nubian Archaeological Campaigns,” 3.
112. Betts, “The Warden of World Heritage,” 108.
113. V. Pavone, “From Intergovernmental to Global: UNESCO’s Response to Globalization,” *Review of International Organizations* 2, no. 1(2007): 81.
114. Okasha, “Rameses Recrowned.” 1958年11月，奥卡沙回忆起美国大使雷蒙德·A. 黑尔和纽约大都会艺术博物馆主管詹姆斯·罗里默的来访。他们提议买下“一两座处于被淹没的危险之中的神庙”。奥卡沙承认他“确实被这个打算购买我们祖先遗产的随便提议所冒犯，因为它全然不是为埃及保护遗产提供科学和技术援助”(226—227)。
115. See Wilson, “The Nubian Campaign,” 270:“在实地行动的规模上以及在经济援助上，美国的贡献远远大于其他任何一个国家……美国国家委员会的官员们为保护努比亚历史文物，共举办了两百多场公开讲座，而且……美国声称在援助努比亚行动上支出了一千六百万美元。美国把剩余粮食卖给埃及，其后所得成为这些款项的来源。我们希望，通过相同途径得来的另外六百万美元能够被用来救助菲莱岛上的神庙。”
116. Letter to Louis Christophe, February 19, 1963, entitled “Une porte où frapper Les Universités américaines pourraient encore financer le sauvetage d’Abou Simbel,” UNESCO Archives, file reference 069(62)N/Christophe Nubia—Correspondence with M. Christophe Part II.
117. Letter from William Y. Adams to Ralph Solecki, May 3, 1962, UNESCO Archives, file reference 069(62)N/A 114/113(73), Columbia University. See also Allais, “Integrities,” 21，她说道，美国“掌握着数量巨大的埃及镑，其来源是1955年设立的名为‘为了和平的粮食’的项目，即把小麦和棉花等剩余农产品卖给埃及。一个国家把多余的粮食给予另一个国家饥饿的人们，这似乎很简单，几乎可以说是乐善好施，但是这份‘礼物’经过两次交易：美国政府从农民手中购得小麦，然后把小麦卖给埃及政府，以获得当地购买力……到联合国教科文组织为阿布辛拜勒神庙筹集资金的行动开始实施时，美国手里的埃及镑正在开罗不断积聚，这些钱并未花出去，正面临
253 着贬值的危险。像救助行动这样的文化项目看起来不失为权宜之计，或者，用一个文化专员的说法就是：这样的花费是‘不会引起争议的’”。
118. Senator Hruska, Supplemental Appropriation Bill for 1962, Hearings Before the Committee on Appropriations, United States Senate, 87th Congress, First

Session, 642.

119. Mr. Coombs from the State Department, Supplemental Appropriation Bill for 1962, Hearings Before the Committee on Appropriations, United States Senate, 87th Congress, First Session, 647. 另见更早的1960年《共同安全法案》,更深入地阐释了美国自身的利益: https: //catalog.hathitrust.org/Record/101706169, accessed December 12, 2016。

120. Excerpt from House Report, Supplemental Appropriation Bill for 1962, Hearings Before the Committee on Appropriations, United States Senate, 87th Congress, First Session, 549.

121. President John F. Kennedy's letter quoted in the Supplemental Appropriation Bill for 1962, Hearings Before the Committee on the Appropriations, United States Senate, 87th Congress, First Session, 644.

122. 拉萨尔出生于墨西哥,1935年来到美国哥伦比亚大学就读。他成为一名美国公民,当上了纳尔逊·洛克菲勒的助理,继而成为罗斯福政府成员,后来受聘成为沃尔特·迪士尼公司的欧洲代表,同时也是美国在西班牙的间谍特工。战争结束时,他与第一任妻子离婚,目的是要娶一位德国公主,这位公主的父亲早期曾经追随阿道夫·希特勒。

123. 拉萨尔与美国考古学家和埃及学家反复讨论这些问题,他认为他们意欲敲诈勒索,总体来说,他们是在阻止计划的顺利实施。UNESCO Archives, file reference 069(62)Nubia/A 02/17.

124. Letter from John A. Wilson to Ali Vrioni, August 8, 1963, UNESCO Archives, file reference 069(62)N/Abu Simbel/A 02.

125. Letter from Eugene Socho, Acting Assistant Director, US National Commission for UNESCO, to Edmundo de Lassalle, January 23, 1962, UNESCO Archives, file reference 069(62)Nubia/A 02/17.

126. Confidential memo from Edmundo de Lassalle to Dr. A. Salmamendi, February 1, 1962, UNESCO Archives, file reference 069(62)Nubia/A 02/17.

127. See document by Dr. J. Vercoutter, Commissioner for Archaeology, Sudan Government, "Antiquities in the Northern Sudan. A Preliminary Report on the Sudanese Monuments and Sites Likely to Be Submerged by the Sudd-el-Ali Scheme," UNESCO Archives, file reference 069(62)N/Philae Part IV.

128. Ibid., 4.

129. C. Kleinitz, "Between Valorisation and Devaluation: Making and Unmaking

(World) Heritage in Sudan," *Archaeologies* 9, no. 3 (2013): 427—469;
254 Scudder, "Aswan High Dam Resettlement of Egyptian Nubians"; H. M. Fahim, *Dams, People and Development: The Aswan High Dam Case* (Burlington, VT: Elsevier; 2015); N. S. Hopkins and S. R. Mehanna, *Nubian Encounters: The Story of the Nubian Ethnological Survey 1961—1964* (Oxford: Oxford University Press, 2011).

130. Draft Resolution, Item 15.3, 11/C/DR/7 General Conference, October 18, 1960, UNESCO Archives, file reference 069(62)N: 398 MUS/NUBIA—Folklore.
131. Säve-Söderbergh, *Temples and Tombs*, 57.
132. Betts, "The Warden of World Heritage." See also N. Y. Reynolds, "City of the High Dam: Aswan and the Promise of Postcolonialism in Egypt," *City and Society* 29, no. 1 (2017): 213—235; C. Gilmore, "Speaking Through the Silence," in *Development-Induced Displacement and Resettlement: New Perspectives on Persisting Problems*, ed. I. Satiroglu and N. Choi (Abingdon: Routledge, 2015), 199—211; M. Janmyr, "Human Rights and Nubian Mobilisation in Egypt: Towards Recognition of Indigeneity," *Third World Quarterly* 38, no. 3 (2017): 717—733.
133. Kleinitz, "Between Valorisation and Devaluation," 440—443.
134. Pavone, "From Intergovernmental to Global," 81.
135. Ibid., 82.
136. Adams, "The Nubian Archaeological Campaigns of 1959—1969," 3.
137. See "Preservation and Development of Moenjodaro Archaeological Site, an Updated Master Plan for 1993—2003 by W. Logan," UNDP/PAK/89/031 Assignment Report. 联合国宣布1967年为国际旅游年。
138. W. Preston, E. S. Herman, and H. Schiller, *Hope and Folly: The United States and UNESCO 1945—1985* (Minneapolis: University of Minnesota Press, 1989), 71.
139. Mazower, *Governing the World*, 213.
140. Säve-Söderbergh, *Temples and Tombs*, 93.

第三章

1. 惠勒没有能够把他在摩亨佐达罗的发掘工作全部整理出版。他也被卷入与哈佛和沃尔特·费尔塞维斯的激烈交锋，从而导致所有外国发掘许可暂停。See H. P. Ray, *Colonial Archaeology in South Asia: The Legacy of Sir Mortimer Wheeler*（New Delhi：Oxford University Press，2008）.

2. NEDECO Engineering Consultants, "Pakistan: Desalinization of the Monuments of Mohenjo Daro," July 1968, UNESCO 654/BMS.RD/CLT, http://unesdoc.unesco.org/images/0000/000086/008691eb.pdf, accessed January 24, 2017.
3. Report on Moenjodaro by the UNESCO Mission, October 1968—February 1969, UNESCO Archives, file reference CLT/CH/445, 17.
4. Letter from NEDECO to Gerhard Bolla, Director; Department of Cultural Heritage, UNESCO, March 7, 1973, UNESCO Archives, file reference 069-72 Moenjodaro/4 02. 255
5. W. Logan, "Preservation and Development of Moenjodaro Archaeological Site, an Updated Master Plan for 1993—2003," UNESCO Archives, file reference UNDP/PAK/89/031.
6. Q. U. Shabab, "Address of Welcome," in *Proceedings of International Symposium on Moenjodaro, 1973*, ed. A. N. Khan（Karachi：National Book Foundation，1975）.
7. René Maheu, "Save Moenjodaro," January 11, 1974, http://unesdoc.unesco.org/images/0000/000095/009534eb.pdf, accessed January 24, 2017. 虽然1974年1月便发出呼吁，但是五年多以后，联合国教科文组织才与巴基斯坦成功签约。
8. Ibid. 这种危险不仅来自自然；苏库尔大坝建设工程以及灌溉农业的引进亦令其恶化。
9. Document on Moenjodaro including part of the text by Sir Leonard Woolley headed "How Bronze Age Merchants Built a Civilization by the Indus," UNESCO Archives, file reference 069-72 Moenjodaro/ A II Pt II.
10. Maheu, "Save Moenjodaro." See also memo to Dir/CLT from Chief CLP/OPS Hiroshi Daifuku, "Possibility of Utilizing Chinese Currency—UNDP—Amount Available Amounts to Approximately US$3.9 million," CLP/O2/3/MO/3/99, April 16, 1975, UNESCO Archives, file reference 069-72 Moenjodaro/4 02.
11. Report on Moenjodaro by the UNESCO Mission, October 1968—February 1969, UNESCO Archives, file reference CLT/CH/445, 11—12.

12. 从20世纪80年代早期到该项目实施的新阶段，美国都提供了经济援助。联合国教科文组织认为中国人可以做好摩亨佐达罗这个项目，因为他们有专家、设备和材料，也有能力监管这项工作。这里还有一个问题，即1977年，中国在联合国开发计划署基金的未用余额为5 783 273美元，且为不可兑换货币。中国希望资金可以拨付给中国队伍和转包商，以方便用自己的钱进行支付。Aide-Mémoire，“Possibility of a Chinese Contribution for Moenjodaro,” UNESCO Archives，file reference 069–72 Moenjodaro/ A II Pt II.
13. Logan，“Preservation and Development of Moenjodaro.”
14. Memo from Minya Yang to DIR/WHC（Francesco Bandarin），June 3，2001，UNESCO Archives，file WHC/741418.1.1.1 Moenjodaro General Correspondence. 在WHC/74/418.8/6 71/PAK dated December 12，1997，from Bernd von Droste to the Director of Culture，entitled “Pakistan：Follow-up to the Director-General's Meeting with the Head of Pakistani Delegation to the 29th Session of the General Conference” 中，得到进一步验证。“我们感到很震惊，有一个建议竟然是设立遗址管理的权威机构……如果真是这样，那就有必要在联合国教科文组织给遗址提供任何额外援助之前，先进行严格的战略规划。” UNESCO Archives，file reference 502.7（549）C Moenjodaro.
15. Logan，“Preservation and Development of Moenjodaro,” 83. 从1979年至1987年，
256 亚琛大学在摩亨佐达罗的一项工作就是对先前发掘的遗址重新进行记录；see FIT/536/PAK/71，Assignment Report by M. Jansen，“Pakistan Moenjodaro—Archaeological Preservation and Documentation,” http：//unesdoc.unesco.org/images/0009/000955/095523eo.pdf，accessed January 26，2017.
16. 这些事务关涉的是联合国教科文组织的文化遗产部和世界遗产中心；see UNESCO，“Safeguarding Moenjodaro,” http：//unesco.org.pk/culture/moenjodaro.html，accessed January 24，2017。1972年，拉乌尔·库里尔带领队伍对巴基斯坦政府文物保护计划的最终版本进行了审核。关于遗址的第一份总体计划草拟于1972年，修订于1978年，几乎花费了一万美元。20世纪90年代，拟订一份新的总体计划的任务被委派下去；与20世纪60年代的早期提案一样，这次也由工程师们掌控。
17. “Archaeological Ruins at Moenjodaro,” http：//whc.unesco.org/en/list/138/documents and “State of Conservation：Archaeological Ruins at Moenjodaro（Pakistan），” http：//whc.unesco.org/en/soc/403，accessed January 24，2017.

18. “Borobudur Temple Compounds,” http: //whc.unesco.org/en/list/592, accessed January 24,2017.
19. V. Pavone, “From Intergovernmental to Global: UNESCO’s Response to Globalization,” *Review of International Organizations* 2, no. 1 (2007): 77—95. 关于婆罗浮屠的保护和政治，见M. Bloembergen and M. Eickhoff, “Decolonizing Borobudur: Moral Engagements and the Fear of Loss,” in *Sites, Bodies and Stories: Imagining Indonesian History*, ed. S. Legêne, B. Purwato, and H. Shulte Nordholt (Singapore: NUS Press, 2015), 33—66。
20. J. Musitelli, “World Heritage, Between Universalism and Globalization,” *International Journal of Cultural Property* 11, no. 2 (2002): 323—336.
21. 这种抽象品质的首字母缩写为OUV，在起草文件的最后时刻才被加了进去；它从一开始就在成员国、顾问团和学者之间引发了辩论和争议。S. Labadi, *UNESCO, Cultural Heritage and Outstanding Universal Value* (Walnut Creek, CA: AltaMira Press, 2013); B. von Droste, “The Concept of Outstanding Universal Value and Its Application: ‘From the Seven Wonders of the Ancient World to the 1,000 World Heritage Places Today,’ ” *Journal of Cultural Heritage Management and Sustainable Development* 1, no. 1 (2011): 26—41; H. Cleere, “The 1972 UNESCO World Heritage Convention,” *Heritage and Society* 4, no. 2 (2011): 173—186.
22. 联合国教科文组织全体大会于1972年11月16日在巴黎第十七次会议上通过了《世界遗产公约》；文本请见http: //whc.unesco.org/en/conventiontext, accessed January 9, 2017。第1条规定，“文化遗产”包括：“**文物**：从历史、艺术或科学角度看具有突出的普遍价值的建筑物、碑雕和碑画、具有考古性质成分或结构、铭文、窟洞以及联合体；**建筑群**：从历史、艺术或科学角度看在建筑式样、分布均匀或与环境景色结合方面具有突出的普遍价值的单 257
立或连接的建筑群；**遗址**：从历史、审美、人种学或人类学角度看具有突出的普遍价值的人类工程或自然与人联合工程以及考古地址等地方。”
23. C. Cameron and M. Rössler, *Many Voices, One Vision: The Early Tears of the World Heritage Convention* (Surrey: Ashgate, 2013), 1.
24. 全文见A. Kowalski, “When Cultural Capitalization Became Global Practice,” in *The Cultural Wealth of Nations*, ed. N. Bandelj and F. F. Wherry (Stanford, CA: Stanford University Press, 2011), 73—89。1965年，国家公园管理处组织召开了名为“国家资源、保护和发展”的会议，会上提出并讨论了“为

鉴定、设立和管理世界最杰出的自然景观区和历史遗迹”的世界遗产信托基金项目，“世界遗产”这个词就此产生。对此的详细描述，以及约瑟夫·L.费舍尔所扮演的角色，见Cameron and Rössler, *Many Voices*; P. Stott, “The World Heritage Convention and the National Park Service, 1962—1972,” *George Wright Forum* 28(2011): 279—290。

25. von Droste, “The Concept of Outstanding Universal Value.” 世界遗产中心第一任主任伯恩德·冯·德罗斯特认为，保护努比亚神庙的行动取得了成功，这对订立《世界遗产公约》具有决定性的意义，该行动现在依然被看作成功的典范。1954年订立了《海牙公约》; 1964年《威尼斯章程》取得进展之后，国际古迹遗址理事会于1965年成立。See also Cameron and Rössler, *Many Voices*.

26. Kowalski, “When Cultural Capitalization Became Global Practice,” 81. 她陈述道，1972年4月至7月之间，联合国教科文组织专家组成员见了面，他们把文化项目和环境项目合并到一起。这个做法在斯德哥尔摩被正式提出，并于1972年夏天得到会议签章。除了纳入自然以外，文件只是最低限度地采纳了美国的要求。此外，世界遗产信托基金变成了濒危遗产基金。科瓦尔斯基认为，两方面的活动都拥有各自的组织支撑：一方面是一些西方政府支持的环境机构(美国国家公园管理局和国际自然保护联盟); 另一方面是国际组织(联合国教科文组织)和越来越多的发展中国家支持的、由国际古迹遗址理事会组织的文化专家和学者的国际社群。

27. Taken from M. Weber, *Economy and Society: An Outline of Interpretive Sociology* (Berkeley: University of California Press, 1978), 246. See also D. L. Brenneis, “Sand, Stability and Stakeholders,” in *Heritage Regimes and the State*, ed. R. Bendix, A. Eggert, and A. Peselmann (Göttingen: Universitätsverlag Göttingen, 2013), 370, and M. S. Hull, “Documents and Bureaucracy,” *Annual Review of Anthropology* 41 (2012): 251—267. 韦伯认
258 为，官僚政治是最有效、最理性的组织人类活动的方式; 有体系的程序和有组织的等级制度，对保持秩序、获得最高效率和消除不公平都必不可少。

28. UNESCO, “World Heritage,” http://whc.unesco.org/en/about, accessed January 8, 2017. 对此的出色描述，见F. Francioni and F. Lenzerini, *The 1972 World Heritage Convention: A Commentary* (Oxford: Oxford University Press, 2008)。

29. M. A. Elliott and V Schmutz, “World Heritage: Constructing a Universal

Cultural Order," *Poetics* 40, no. 3 (2012): 261.

30. V. Pavone, *From the Labyrinth of the World to the Paradise of the Heart: Science and Humanism in UNESCO's Approach to Globalization* (New York: Lexington, 2008), 25. 对于官僚政治，赫兹菲尔德有相似的见解，于是将二者带入联合国教科文组织；see M. Herzfeld, *A Place in History: Social and Monumental Time in a Cretan Town* (Princeton, NJ: Princeton University Press, 1991), 20。
31. W. Ndoro and G. Wijesuriya, "Heritage Management and Conservation: From Colonization to Globalization," in *Global Heritage: A Reader*, ed. L. M. Meskell (Oxford: Blackwell, 2015), 131—149. See also G. Wijesuriya, "Conservation in Context," in *Conservation and Preservation: Interactions Between Theory and Practice: In Memoriam Alois Riegl (1858—1905), Proceedings of the International Conference of the ICOMOS International Scientific Committee for the Theory and the Philosophy of Conservation and Restoration*, ed. M. Falser, W. Lipp, and A. Tomaszewski (Florence: Edizioni Polistampa, 2010), 233—247.
32. "Conserving the Temple of the Tooth Relic, Sri Lanka," *Public Archaeology* 1, no. 2 (2000): 99—108. See also INTACH, "Charter for the Conservation of Unprotected Architectural Heritage and Sites in India," Indian National Trust for Art and Cultural Heritage, New Delhi, 2004.
33. M. Askew, "The Rise of 'Moradok' and the Decline of the 'Yarn': Heritage and Cultural Construction in Urban Thailand," *Sojourn: Journal of Social Issues in Southeast Asia* 11, no. 2 (1996): 183—210; P. Krairiksh, "A Brief History of Heritage Protection in Thailand," in *Protecting Siam's Heritage*, ed. C. J. Baker (Chiang Mai: Siam Society Under Royal Patronage, 2013), 15—40. See also M. Peleggi, *The Politics of Ruins and the Business of Nostalgia* (Bangkok: White Lotus Press, 2002); C. J. Baker, *Protecting Siam's Heritage* (Chiang Mai: Siam Society Under Royal Patronage, 2013).
34. D. C. Harvey "Heritage Pasts and Heritage Presents: Temporality, Meaning and the Scope of Heritage Studies," *International Journal of Heritage Studies* 7, no. 4 (2001): 319—338.
35. Elliott and Schmutz, "World Heritage"; A. Swenson, *The Rise of Heritage: Preserving the Past in France, Germany and England, 1789—1914*

(Cambridge: Cambridge University Press, 2013).

36. P. Betts and C. Ross, "Modem Historical Preservation—Towards a Global
259 Perspective," *Past and Present* 226, suppl. 10(2015): 10.

37. N. Heinich, *La fabrique du patrimoine: de la cathédrale à la petite cuillère* (Paris: Les Editions de la MSH, 2009).

38. Swenson, *The Rise of Heritage*, 47.

39. 对此的出色历史描述，见S. Labadi and W. Logan, "Approaches to Urban Heritage, Development and Sustainability," in *Urban Heritage, Development and Sustainability: International Frameworks, National and Local Governance*, ed. S. Labadi and W. Logan (London: Routledge, 2016), 1—20。

40. Elliott and Schmutz, "World Heritage." 关于国际遗产，见A. Swenson, "The First Heritage International(s): Rethinking Global Networks Before UNESCO," *Future Anterior: Journal of Historic Preservation History Theory and Criticism* 13, no. 1(2016): 1—16。

41. Elliott and Schmutz, "World Heritage."

42. I. Anatole-Gabriel, *La fabrique du patrimoine de l'humanité, L'UNESCO et la protection patrimoniale (1945—1992)* (Paris: FMSH Editions, 2016), 53—54.

43. Ibid., 88.

44. Cameron and Rössler, *Many Voices*, 14. See also UNESCO, *Records of the General Conference Fourteenth Session* (Paris: UNESCO, 1967), 61.

45. Cameron and Rössler, *Many Voices*, 15.

46. Ibid.

47. Quoted in F. Lenzerini, "Articles 15—16 World Heritage Fund," in *The 1972 World Heritage Convention: A Commentary*, ed. F. Francioni and F. Lenzerini (Oxford: Oxford University Press, 1972), 274—275. See also Records of the General Conference Seventeenth Session Paris, 17 October to 21 November 1972, Resolutions and Recommendations, http: //unesdoc.unesco.org/images/0011/001140/114044E.pdf, accessed January 20, 2017.

48. Kowalski, "When Cultural Capitalization Became Global Practice," 84. See also Cameron and Rössler, *Many Voices*, 25. 最后，大家一致同意，在公约中额外加上一条：约定的义务捐助不得超过每个成员国对联合国教科文组织常规预算的法定赞助金额的百分之一。

49. R. Hoggart, *An Idea and Its Servants: UNESCO from Within* (Piscataway, NJ:

Transaction, 2011), 40.

50. 第一版《行动指南》形成于1977年，第一批遗址进入《世界遗产名录》是在1978年。
51. UNESCO, "Memphis and Its Necropolis: The Pyramid Fields from Giza to Dahshur," http://whc.unesco.org/en/list/86/documents, accessed February 13, 2017.
52. von Droste, "The Concept of Outstanding Universal Value." See also UNESCO, "Intergovernmental Committee for the Protection of the World Cultural and Natural Heritage, Second Session, Final Report," CC-78/CONF.010/10 Rev., October 9, 1978, http://whc.unesco.org/archive/repcom78.htm, accessed January 13, 2017. 260
53. http://whc.unesco.org/en/conventiontext, accessed January 24, 2017. See especially Article 14.
54. Pavone, "From Intergovernmental to Global," 81.
55. von Droste, "The Concept of Outstanding Universal Value." 关于国际古迹遗址理事会和联合国教科文组织内部专门技术的标准理解的相关评论，见T. Rico, "Technologies, Technocracy, and the Promise of 'Alternative' Heritage Values," in *Heritage in Action*, ed. H. Silverman, E. Waterton, and S. Watson (New York: Springer, 2017), 217—230; "Stakeholder in Practice: 'Us,' 'Them,' and the Problem of Expertise," in *Archaeologies of "Us" and "Them": Debating History, Heritage and Indigeneity*, ed. C. Hillerdal, A. Karlström, and C.-G. Ojala (London: Routledge, 2017); K. Lafrenz Samuels, "Trajectories of Development: International Heritage Management of Archaeology in the Middle East and North Africa," *Archaeologies* 5, no. 1 (2009): 68—91。
56. UNESCO, "Nubian Monuments from Abu Simbel to Philae," http://whc.unesco.org/en/list/88, accessed January 26, 2017.
57. von Droste, "The Concept of Outstanding Universal Value," 31—32. 记录显示，来自巴西、保加利亚、几内亚和突尼斯的代表认为，应该推荐耶路撒冷旧城及其防御工事进入《世界濒危遗产名录》，但是德意志联邦共和国和尼泊尔认为缺乏相关信息的支撑。
58. 讲话全文见W. Preston, E. S. Herman, and H. Schiller, *Hope and Folly: The United States and UNESCO 1945—1985* (Minneapolis: University of Minnesota

Press,1989),Appendix IV。

59. Cable from Makaminan Makiagansar to Director-General M'Bow, September 13, 1982, ADG/CLT, copying notes from Ralph A. Slayter, Chairman of the World Heritage Committee, CLT/CH/01/7.3/027/1084, September 15, 1982, UNESCO Archives, file reference CLT 1982—83 CAB 4/69.

60. F. Valderrama, *A History of UNESCO*(Paris: UNESCO, 1995), 294.

61. Preston, Herman, and Schiller, *Hope and Folly*, 198.

62. Pavone, "From Intergovernmental to Global," 87. 世界遗产中心在联合国教科文组织内部,就所有与公约相关的事务,扮演着秘书和协调人的角色。该中心组织世界遗产委员会的年度会议,并为当事国申请提名遗址的准备工作提供建议。

63. Pavone, "From Intergovernmental to Global," 87. 1987年,西班牙科学家和诗人费德里科·马约尔被选为联合国教科文组织总干事,于是该组织短时间内好像回到了赫胥黎原先的愿景。马约尔认为,不同文化的对话与文化复兴有助于传播世界和平的独特理念。在实际操作层面,他做了如下区分:文化遗产完全属于文化事务,和平文化的问题则是跨学科的问题。

261 64. von Droste, "The Concept of Outstanding Universal Value."

65. L. Prott, "From Admonition to Action: UNESCO's Role in the Protection of Cultural Heritage," *Nature and Resources* 28, no. 3(1992): 4—11.

66. UNESCO, "Global Strategy," http: //whc.unesco.org/en/globalstrategy, accessed January 9, 2017. 当时,名单中大约列出了410处遗产:其中304处文化遗产,只有90处自然遗产,还有16处是混合遗产,大部分都在欧洲境内。See also S. Labadi, "Representations of the Nation and Cultural Diversity in Discourses on World Heritage," *Journal of Archaeology* 7, no. 2(2007): 147—170; S. Labadi, "A Review of the Global Strategy for a Balanced, Representative and Credible World Heritage List 1994—2004," *Conservation and Management of Archaeological Sites* 7, no. 2(2005): 89—102. 关于2011年全球战略审计的结果,见UNESCO, "INF 9.A: Final Report of the Audit of the Global Strategy and the PACT Initiative," May 27, 2011, http: //whc.unesco.org/archive/2011/whc11-35com-INF9Ae.pdf, accessed January 11, 2017。今天,《世界遗产名录》中几乎一半的遗产仍在欧洲和北美; see L. M. Meskell, C. Liuzza, and N. Brown, "World Heritage Regionalism: UNESCO from Europe to Asia," *International Journal of Cultural Property*(2015)。截

至2018年2月,《世界遗产名录》上出现最多的地区是欧洲和北美,全部1 073处遗产中的506处来自这两个地区。

67. von Droste,"The Concept of Outstanding Universal Value," 33.

68. 对此的充分讨论,见L. M. Meskell,"Negative Heritage and Past Mastering in Archaeology," *Anthropological Quarterly* 75,no. 3(2002):557—574。

69. UNESCO,*Protection of Mankind's Cultural Heritage:Sites and Monuments*(Paris:UNESCO,1970).

70. A. A. Yusuf,"Article 1:Definition of Cultural Heritage," in *The 1972 World Heritage Convention:A Commentary*, ed. F. Francioni and F. Lenzerini(Oxford:Oxford University Press, 2008), 23—50; L. Pressouyre, *The World Heritage Convention, Twenty Years Later*(Paris:UNESCO,1996).

71. UNESCO,"Status of Contributions to the Regular Budget as at 14 December 2017," http://www.unesco.org/new/fileadmin/MUITIMEDIA/HQ/BFM/MemberStates-Status-of-Contributions.pdf,accessed May 10,2017.

72. See UNESCO,"Key Facts and Figures on the US-UNESCO Cooperation," October 19,2016,http://www.unesco.org/eri/cp/factsheets/USA_facts_figures.pdf,accessed January 21,2017. 科瓦尔斯基认为,在世界遗产领域,资金的再分配体制始终是个问题。最初,为濒危遗产预留的预算有几百万美元。可是与努比亚文物保护运动中总干事马厄筹集的资金相比,这实在太少,因为那些强国拒绝援助它们无法直接掌控的项目。Kowalski,"When Cultural Capitalization Became Global Practice." See also R. E. Wanner, *UNESCO's Origins, Achievements, Problems and Promises:An Inside/Outside Perspective from the US*(Hong Kong:Comparative Education Research Center,2015). 262

73. K. Hüfner, *What Can Save UNESCO?*(Berlin:Frank & Timme,2015),69.

74. Ibid.,80. 赫夫纳称,由于国会的反对,奥巴马政府未能成功支付款项。把预估款项的上限从22%降至10%,或许能使美国国会放弃政治上已经过时的1990年和1994年法规。

75. J. P. Sewell, *UNESCO and World Politics*(Princeton, NJ:Princeton University Press,1975); Hüfner, *What Can Save UNESCO?*

76. L. M. Meskell,"The Rush to Inscribe:Reflections on the 35th Session of the World Heritage Committee, UNESCO Paris, 2011," *Journal of Field Archaeology* 37,no. 2(2012):145—151.

77. B. Müller,"Lifting the Veil of Harmony:Anthropologists Approach

International Organizations," in *The Gloss of Harmony: The Politics of Policy-Making in Multilateral Organisations*, ed. B, Müller (London: Pluto Press, 2013), 1—20; M. Askew, "The Magic List of Global Status: UNESCO, World Heritage and the Agendas of States," in *Heritage and Globalisation*, ed. S. Labadi and C. Long (London: Routledge, 2010), 19—44.

78. M. Herzfeld, *The Social Production of Indifference* (Chicago: University of Chicago Press, 1993); C. Shore, "European Integration in Anthropological Perspective: Studying the 'Culture' of the EU Civil Service," in *Observing Government Elites: Up Close and Personal*, ed. R. A. W. Rhodes, P.'t Hart, and M. Noordegraaf (New York: Palgrave Macmillan, 2007), 180—205; R. Bendix, "The Power of Perseverance: Exploring the Negotiation Dynamics at the World Intellectual Property Organization," in *The Gloss of Harmony: The Politics of Policy-Making in Multilateral Organisations*, ed. B. Müller (London: Pluto Press, 2013), 23—45; C. Brumann, "Heritage Agnosticism: A Third Path for the Study of Cultural Heritage," *Social Anthropology* 22, no. 2 (2014): 173—188; D. Mosse, "Politics and Ethics: Ethnographies of Expert Knowledge and Professional Identities," in *Policy Worlds: Anthropology and the Analysis of Contemporary Power*, ed. C. Shore, S. Wright, and D. Però (Oxford: Berghan, 2011), 50—67.

79. B. Nielsen, "UNESCO and the 'Right' Kind of Culture: Bureaucratic Production and Articulation," *Critique of Anthropology* 31, no. 4 (2011): 281. See also B. Nielsen, "L'Unesco et le culturellement correct," Gradhiva 2 (2013): 74—97.

80. L. M. Meskell, "Transacting UNESCO World Heritage: Gifts and Exchanges on a Global Stage," *Social Anthropology/Anthropologie Sociale* 23, no. 1 (2015): 3—21. 霍加特称，"联合国教科文组织的做事风格具有鲜明的法国特色，人们似乎都能感觉到这种风格从巴黎的土地上穿过地板，慢慢爬了过来，或者从附近的奥赛码头一路过来……该东道国实际上提供了所有的服务人员——那些非国家指派人员，看门人、招待、安保人员等——他们从根本上定好了基调"; Hoggart, *An Idea and Its Servants*, 19。2010年，
263 在一次外部审核中，人们发现："在世界遗产中心，法国人(61个席位中有17人，即28%)，或者更普遍地说，来自欧洲和北美的个人总是占多数(共38席，占全员总数的62%)。来自东道国的人员在一般事务中通常颇为引

人注目。在所有专业职位中，法国人占总数的17.6%，这个比例很高，因为世界遗产中心处理的是全球事务，而且《世界遗产名录》也应覆盖全球各地。成员国大会呼吁‘对人事安排提出更高的要求，要考虑到世界各地的人都能够参与’。” See External Auditor's Report, Part III, Audit Report on the World Heritage Center, UNESCO Executive Board 184 EX/INF.8. 联合国教科文组织中，占比过高的欧洲国家，除了法国之外，还有意大利、西班牙、比利时和荷兰；see https：//en.unesco.org/careers/sites/careers/files/Geographical_Distribution.pdf, accessed January 13, 2017。

81. Herzfeld, *A Place in History*, 47.
82. Hoggart, *An Idea and Its Servants*, 57; Preston, Herman, and Schiller, *Hope and Folly*, 11. 近期对此的一项分析，见英国2016年的一份政府报告，Department for International Development（DFID），“Raising the Standard：The Multilateral Development Review 2016,” https：//www.gov.uk/government/uploads/system/uploads/attachment_data/file/573900/Multilateral-Development-Review-Dec2016.pdf, accessed January 20, 2017。
83. F. Mayor, *The New Page*（Paris：UNESCO, 1999）, 80. 在维基解密发布的电文中，美国发表了自己的看法，我们做个比较：“据我们所知，没有任何一个其他组织像联合国教科文组织这样关注自己，并且浪费太多的时间讨论其存在的意义。”后面又接着说道：“美国的反对意见中还有一些其他令人困扰之处，那就是语言表达，使用的措辞是‘分享’知识，而不是‘传播’，强调的是‘和平文化’，突出联合国教科文组织深谋远虑的功能，推动文化产业的发展，要求持续开展道德建设。（评论：在美国缺席的十九年中，联合国教科文组织采用了许多毫无意义的流行语，通过了许多毫无意义的建设项目……）” From a cable headed “Medium Term Strategy at UNESCO 175th Executive Board（Fall 2006）,” October 26, 2006, https：//search.wikileaks.org/plusd/cables/06PARIS7095_a.html, accessed January 20, 2017.
84. Hoggart, *An Idea and Its Servants*, 52.
85. Musitelli, “World Heritage.”
86. Meskell, Liuzza, and Brown, “World Heritage Regionalism.” 关于资金和各国优先事项的内部视角，见WikiLeaks cable from Ambassador David Killion to the Secretary of State entitled “US Opportunities at UNESCO, December 9, 2009”。基利昂说道：“如果我们希望重要项目能够按照我们的意愿尽快完成，那么，在许多情况下，我们都必须为联合国教科文组织提供足够的人力

资源。因此，我们需要与联合国教科文组织达成一致，为其提供助理专家，
264 用我们的预算外资金为他们支付报酬。（例如，意大利作为联合国教科文组织预算外资金的最大捐助者，广泛应用了这个机制，把意大利人派到对其来说具有重要战略意义的位置上。）" Retrieved from https：//wikileaks.org/plusd/cables/09UNESCOPARISFR1666_a.html，accessed January 21，2017.

87. UNESCO，"The World Heritage Committee，" http：//whc.unesco.org/en/committee，accessed January 21，2017. See also L. M. Meskell，"UNESCO's World Heritage Convention at 40：Challenging the Economic and Political Order of International Heritage Conservation，" *Current Anthropology* 54，no. 4（2013）：483—494；L. M. Meskell et al.，"Multilateralism and UNESCO World Heritage：Decision-Making，States Parties and Political Processes，" *International Journal of Heritage Studies* 21，no. 5（2015）：423—440.

88. 2006年，这个比例降至16.7%，2008年升至25%，2010年又升至42.9%，2012年则降至27%。Meskell et al.，"Multilateralism and UNESCO World Heritage"；Meskell，Liuzza，and Brown，"World Heritage Regionalism"；E. Bertacchini，C. Liuzza，and L. Meskell，"Shifting the Balance of Power in the UNESCO World Heritage Committee：An Empirical Assessment，" *International Journal of Cultural Policy*（2015）：1—21；E. Bertacchini et al.，"The Politicization of UNESCO World Heritage Decision Making，" *Public Choice* 167，nos. 1—2（2016）：1—35；E. Bertacchini and D. Saccone，"Toward a Political Economy of World Heritage，" *Journal of Cultural Economics 36*，no. 4（2012）：327—352.

89. V. Hafstein，"Intangible Heritage as a List：From Masterpieces to Representation，" in *Intangible Heritage*，ed. L.-J. Smith and N. Akagawa（London：Routledge，2009），93—111；C. Brumann，"Multilateral Ethnography：Entering the World Heritage Arena，" Max Planck Institute for Social Anthropology，Working Paper 136，2012；L. M. Meskell and C. Brumann，"UNESCO and New World Orders，" in *Global Heritage：A Reader*（Oxford：Wiley Blackwell，2015），22—42；M. Fresia，"The Making of Global Consensus：Constructing Norms on Refugee Protection at UNHCR，" in *The Gloss of Harmony：The Politics of Policy-Making in Multilateral Organisations*，ed. B. Müller（London：Pluto Press，2013）；J. Turtinen，*Globalising Heritage：On UNESCO and the Transnational Construction of a*

World Heritage（Stockholm：Stockholm Center for Organizational Research，2000）.

90. M. Foucault，"The Subject and Power，" *Critical Inquiry* 8，no. 4（1982）：777—795.
91. B. Latour，*The Making of Law：An Ethnography of the Conseil d'Etat*（Cambridge，MA：Polity，2010），265.
92. Hull，"Documents and Bureaucracy"；A. Riles，"Infinity Within the Brackets，" *American Ethnologist* 25，no. 3（1998）：378—398.
93. Valderrama，*A History of UNESCO*，16.
94. Hoggart，*An Idea and Its Servants*，97—98.
95. See "Evaluation of UNESCO's Standard-setting Work of the Culture Sector Part III—1972 Convention Concerning the Protection of the World Cultural and 265 Natural Heritage Draft Report 10 March 2014，" by Francesco Francioni with the assistance of Christine Bakker and Federico Lenzerini，IOS/EVS/PI/132.
96. 引自他为 Valderrama，*A History of UNESCO* 所作的序言，ix。
97. Hoggart，*An Idea and Its Servants*，35. Preston，Herman，and Schiller，*Hope and Folly*："联合国教科文组织自身不得不成为'万事通'：发起行动、提供服务、具体实施、搜集情报、保存资料、发表报告、储存信息以及分析评论。该组织也必须扮演下面所有的角色：世界教育家、图书管理员、科学家、历史学家、艺术顾问、考古学家、社会科学家、交流使者、外交家、协商人员、人才发掘者。"
98. Mayor，*The New Page*，xv.
99. Latour，*The Making of Law*，226.
100. Labadi，*UNESCO, Cultural Heritage and Outstanding Universal Value*. See also Francioni and Lenzerini，*The 1972 World Heritage Convention：A Commentary*.
101. UNESCO，"Operational Guidelines for the Implementation of the World Heritage Convention，" WHC. 12/01，July 2012，http：//whc.unesco.org/archive/opguide12-en.pdf，accessed January 11，2017.
102. UNESCO，"Amami-Oshima Island，Tokunoshima Island，the Northern Part of Okinawa Island and Iriomote Island，" http：//whc.unesco.org/en/tentativelists/6160，accessed January 26，2017.
103. 委员会在第二十五次会议（赫尔辛基，2001年）上通过了事务处第二十五次会议（巴黎，2001年6月）的建议："推迟对这次提名申请的进一步考虑，除非大家一致认可耶路撒冷城的情况，且达到国际法的要求，或者除非相关各方提交一份联合提名申请。”我们应该注意到，在32C/39和33C/50两份决议中，联合国教科文组织全体会议确认：“目前的决定针对的是耶路撒冷旧城文化遗产的保护问题，其中的一切并不影响与此相关的联合国决议和决定，尤其是安理会关于耶路撒冷法律地位的相关决议。”See UNESCO, “Jerusalem,” http://whc.unesco.org/en/tentativelists/1483, accessed January 26, 2017.

104. See UNESCO, “Item 9 of the Provisional Agenda: Evaluation of the Global Strategy and the PACT Initiative,” WHC-11/35.COM/9A, May 27, 2011, http://whc.unesco.org/archive/2011/whc11-35com-9Ae1.pdf, accessed January 12, 2017. 瑞士大使罗道夫·伊姆霍夫负责这次审核，他在2011年的公开信中写道：“正如我在巴西利亚所做的那样，我想在这里首先谴责签名表的做法，因为签名表自动清空了我们讨论的内容。即使后面对机制、程序和咨询意见有条有理地提出质疑，亦无助于国际合作和联合国教科文组织，更无助于应该得到我们支持的遗址管理人员和地方社区。”

266 105. Hoggart, *An Idea and Its Servants*, 99.

106. Nielsen, “UNESCO and the ‘Right’ Kind of Culture,” 284. See also Riles, “Infinity Within the Brackets,” and Herzfeld, *A Place in History*, 21.

107. 引自他为Valderrama, *A History of UNESCO*, ix所作的序言。

108. P. B. Larsen, “The Politics of Technicality: Guidance Culture in Environmental Governance,” in *The Gloss of Harmony: The Politics of Policymaking in Multilateral Organisations*, ed. B. Müller (London: Pluto Press, 2013), 75—100.

109. L. M. Meskell, “Gridlock: UNESCO, Global Conflict and Failed Ambitions,” *World Archaeology*, 2015.

110. Letter from Sir Mortimer Wheeler to Dr F. A. Khan, Director of Archaeology in Pakistan, November 20, 1968 and another letter from Wheeler to Dr. Harold Plenderleith, International Study Center for the Conservation of Cultural Objects, Rome, December 23, 1968, UCL Archives, File Wheeler F/1/2, Mohenjodaro UNESCO Mission 1968—9.

111. Letter from Sir Mortimer Wheeler to Professor J. O. Brew, Harvard University, November 12, 1968, UCL Archives, File Wheeler F/1/2,

Mohenjodaro UNESCO Mission 1968—9.

112. Ibid.

113. M. Mazower, *Governing the World: The History of an Idea* (London: Penguin, 2012), 416.

114. Ibid., 416—417.

115. Turtinen, *Globalising Heritage*.

116. 对此的出色讨论,见Turtinen, *Globalising Heritage*; Askew, "The Magic List"。

117. Larsen, "The Politics of Technicality," 88.

118. http://old.theartnewspaper.com/features/unesco-at-70-fit-for-a-purpose/, accessed January 10, 2018.

119. "Reform for Innovation @ UNESCO," http://en.unesco.org/reform, accessed February 1, 2017. 英国的报告,见Department for International Development, "Multilateral Aid Review: UN Education, Scientific and Cultural Organisation (UNESCO)," last updated December 5, 2013, https://www.gov.uk/govemment/publications/multilateral-aid-review-un-education-scientific-and-cultural-organisation-unesco, and "UNESCO Rejects Findings of the 2016 UK Multilateral Development Review," December 1, 2016, http://en.unesco.org/news/unesco-rejects-findings-2016-uk-multilateral-development-review, accessed February 1, 2017。

120. Address by Federico Mayor, Director-General UNESCO, at the opening of the European Meeting on the Historical and Artistic Heritage and Pollution, Madrid (Spain), November 19, 1992, DG/92/54, http://unesdoc.unesco.org/images/0009/000941/094161e.pdf, accessed February 2, 2017.

121. Hoggart, *An Idea and Its Servants*, 162.

122. 关于拉卡,见http://whc.unesco.org/en/tentativelists/1302, accessed May 22, 2017。关于叙利亚境内幼发拉底河上游的救助项目,见M. El-Khatib, 267 "The Syrian Tabqa Dam: Its Development and Impact," *Geographical Bulletin* 26 (1984): 19; A. Bahnassi, "Le sauvetage des vestiges de la zone de submersion du barrage de tabqa sur l'euphrate," Monumentum 17 (1978): 57—70; T. Wilkinson et al., *On the Margin of the Euphrates: Settlement and Land Use at Tell es-Sweyhat and in the Upper Lake Assad Area, Syria* (Chicago: Oriental Institute, 2004)。

第四章

1. M. Vianello, "The No Grandi Navi Campaign," in *Protest and Resistance in the Tourist City*, ed. C. Colomb and J. Novy (London: Routledge, 2016), 171—190; C. Fletcher and J. Da Mosto, *The Science of Saving Venice* (Turin: Umberto Allenamandi, 2004); P. Gasparoli and F. Trovo, *Fragile Venice* (Venice: Altralinea Edizioni, 2014); S. Settis, *If Venice Dies* (New York: New Vessel Press, 2015).
2. 关于这次运动中的欧美文明方面、联合国教科文组织对道德权威的运用以及提升自身形象的尝试，见D. Standish, *Venice in Environmental Peril? Myth and Reality* (Lanham, MD: University Press of America, 2011)。佛罗伦萨也受到了洪水的影响; see UNESCO, *Protection of Mankind's Cultural Heritage: Sites and Monuments* (Paris: UNESCO, 1970)。
3. G. Palewski, "The Struggle to Save Venice," address, October 25, 1972, in the *International Campaign for the Safeguarding of Venice Information Bulletin 1* (1973), UNESCO Archives, file reference 069.72 Venice Part II.
4. Ibid.
5. Europa Nostra website, http://www.europanostra.org; see also Europa Nostra, "Venice Lagoon, Italy" December 10, 2015, http://7mostendangered.eu/2015/12/10/venice-lagoon-italy, accessed January 27, 2017.
6. UNESCO, "State of Conservation: Venice and Its Lagoon (Italy)," http://whc.unesco.org/en/soc/2830, accessed January 27, 2017.
7. 全文见https://dstandish.com/2016/07/15/unesco-committee-undemocratically-calls-for-blocking-of-projects-backed-by-venices-elected-city-council-and-funded-by-italys-govemment/, accessed February 5, 2017。
8. UNESCO, "Success Stories," http://whc.unesco.org/en/107, accessed February 6, 2017. 它也受到1965年《威尼斯章程》的影响; see https://www.icomos.org/charters/venice_e.pdf, accessed February 5, 2017。
9. See particularly Articles 4 and 5 of the 1972 Convention, http://whc.unesco.org/en/conventiontext, accessed January 6, 2017.
10. M. Mauss, *The Gift: The Form and Reason for Exchange in Archaic Societies*, trans. W. D. Halls (New York: W. W. Norton, 1990).

11. 关于联合国教科文组织保护哲学中的危险概念，见T. Rico，“The Limits of a ‘Heritage at Risk’ Framework: The Construction of Post-Disaster Cultural Heritage in Banda Aceh, Indonesia,” *Journal of Social Archaeology* 14, no. 2 (2014): 157—176; T. Rico, “Heritage at Risk: The Authority and Autonomy of a Dominant Preservation Framework,” in *Heritage Keywords: Rhetoric and Redescription in Cultural Heritage*, ed. K. Lafrenz Samuels and T. Rico (Boulder, CO: University Press of Colorado, 2015), 147—162。世界遗产中心解释称：“国际范围的保护运动规模要大得多，技术方面也复杂得多，并且要花费数百万美元。比如埃及阿布辛拜勒神庙项目的花费超过八千万美元。这么多年来，我们组织了二十六次国际保护行动，总花费将近十亿美元。” UNESCO, “Working Together,” http://whc.unesco.org/en/107/#international, accessed February 5, 2017. 268
12. 当事国有责任定期准备汇报文物保护情况以及在遗址上采取的各种保护措施。同时，还有一种定期汇报机制，要求当事国对《世界遗产公约》的执行情况做出评估。这些汇报都是分区域进行的，每六年一次，由世界遗产委员会按照事先准备好的日程安排进行审查; see UNESCO, “Reporting and Monitoring,” http://whc.unesco.org/en/118, accessed February 5, 2017。
13. https://ifacca.org/en/news/2016/05/16/italy-squanders-150m-eu-grants/, accessed January 27, 2017.
14. http://theartnewspaper.com/news/conservation/how-italy-stopped-venice-being-put-on-unesco-s-heritage-in-danger-list, accessed January 28, 2017.
15. Ibid. See also M. N. Topi, “UNESCO, Created in Rome the First ‘Blue Helmets of Culture,’ ” ItalyUN, February 16, 2016, http://www.onuitalia.com/eng/2016/02/16/unesco-created-in-rome-the-first-blue-helmets-of-culture, accessed January 28, 2017.
16. Address by René Maheu, UNESCO Director-General, at the opening of the Third Session of the International Advisory Committee for Venice, Paris, January 25, 1973, DG/73/2, http://unesdoc.unesco.org/images/0000/000030/003063EB.pdf, accessed January 27, 2017, 4—5.
17. Ibid., 6.
18. Ibid.
19. Report by the Director-General on the International Campaign for Venice, Item 4.3.5 of the Provisional Agenda, 83 EX/29 Paris, September 4, 1969, http://

unesdoc.unesco.org/images/0000/000010/001041EB.pdf, accessed January 27, 2017.

20. T. Mann, *Death in Venice*（Mineola, NY：Dover Publications, 1995 [1912]）, 45.

21. "Flood of 1966," Venipedia, http：//www.venipedia.org/wiki/index.php?title=Flood_of_1966, accessed January 28, 2017.

22. Palewski, "The Struggle to Save Venice."

23. 玛丽·比尔德的完整叙述，见https：//www.the-tls.co.uk/more-news-from-pompeii；加拿大广播报道英国和德国士兵在第二次世界大战中的庞贝
269 之战，见M. Halton, "Canadians Fight Around the Ruins of Pompeii," CBC, October 5, 1943, http：//www.cbc.ca/archives/entry/the-italian-campaign-fighting-around-the-ruins-of-pompeii, accessed March 8, 2017。See also L. García y García, *Danni di guerra a Pompei：una dolorosa vicenda quasi dimenticata：con numerose notizie sul "museo Pompeiano" distrutto nel 1943*（Rome：L'Erma di Bretschneider, 2006）.

24. J. Hammer, "The Fall and Rise and Fall of Pompeii," *Smithsonian Magazine*, July 2015；J. Jones, "Pompeii：Is This the Best They Can Do with €105m?," *Guardian*, April 19, 2016. 马西莫·奥萨纳是庞贝古城的新一任管理者，这一职位牵涉到工会、敲诈和阻挠等各种问题，见A. Arachi, "Vi racconto tutti i ricatti di due sindicati：si vendicano di Pompei," *Corriere della Sera*, January 30, 2017。

25. UNESCO, "Report on the Joint WHC/ICOMOS Reactive Monitoring Mission to the Archaeological Areas of Pompei, Herculaneum and Torre Annunziata（Italy）, 8—12 November 2014," http：//whc.unesco.org/en/documents/135426, accessed January 28, 2017. 关于庞贝保护问题，亦可见于S. Bentura, *Patrimoine：La face cachée des 1000 merveilles du monde*（Paris：Galaxie, 2014）。

26. L. M. Meskell, C. Liuzza, and N. Brown, "World Heritage Regionalism：UNESCO from Europe to Asia," *International Journal of Cultural Property*, 2015；E. Bertacchini, C. Liuzza, and L. Meskell, "Shifting the Balance of Power in the UNESCO World Heritage Committee：An Empirical Assessment," *International Journal of Cultural Policy*, 2015, 1—21.

27. V Reyes, "The Production of Cultural and Natural Wealth：An Examination of World Heritage Sites," *Poetics* 44（2014）：42—63. 补充分析，见Meskell,

Liuzza, and Brown, "World Heritage Regionalism"。

28. Quoted in L. M. Meskell, "Transacting UNESCO World Heritage: Gifts and Exchanges on a Global Stage," *Social Anthropology/Anthropologie Sociale* 23, no. 1 (2015): 8.

29. 关于金砖国家在世界遗产领域和其他联合国论坛中的政治契约的完整解读，见 Bertacchini, Liuzza, and Meskell, "Shifting the Balance of Power"; E. Bertacchini et al., "The Politicization of UNESCO World Heritage Decision Making," *Public Choice* 167, nos. 1—2 (2016): 1—35。See also I. B. Claudi, "The New Kids on the Block: BRICs in the World Heritage Committee," M.A. thesis, Department of Political Science, University of Oslo, Norway, 2011, 53.

30. 在世界遗产会议上，中国出席的代表人数最多，每次会议平均有二十九位官员出席，而南非和俄罗斯联邦每年出席的人数平均为二十人。L. M. Meskell et al., "Multilateralism and UNESCO World Heritage: Decision-Making, States Parties and Political Processes," *International Journal of Heritage Studies* 21, no. 5 (2015): 423—440.

31. Ibid., 432. 270

32. Bertacchini, Liuzza, and Meskell, "Shifting the Balance of Power"; V. Pavone, *From the Labyrinth of the World to the Paradise of the Heart: Science and Humanism in UNESCO's Approach to Globalization* (New York: Lexington, 2008).

33. J. M. Fritz and G. Michell, "Living Heritage at Risk: Searching for a New Approach to Development, Tourism, and Local Needs at the Grand Medieval City of Vijayanagara," *Archaeology* 65 no. 6 (2012): 55—62. 亨比综合管理计划由纳里尼·塔库为印度考古调查局起草。她认为，印度的宪法允许当地拥有管理权，即实行权力分散，这使得当地居民的参与行动合乎法规、得到认可、更有成效。如果称之为"遗产管理过程中的伙伴关系"，则更为恰切。

34. N. Bloch, "Evicting Heritage: Spatial Cleansing and Cultural Legacy at the Hampi UNESCO Site in India," *Critical Asian Studies* 48, no. 4 (2016): 560. 布洛赫描述道，各方管理者在亨比遗迹群周围建了一道道边界，用以管理遗迹保护区，于是将村民迁至原先并不存在的区域。

35. M. Herzfeld, "Spatial Cleansing: Monumental Vacuity and the Idea of the West," *Journal of Material Culture* 11, nos. 1—2 (2006): 127—149; M. Herzfeld, *Siege of the Spirits: Community and Polity in Bangkok* (Chicago:

University of Chicago Press, 2016).

36. UNESCO, "Bridge Collapses at Hampi World Heritage Site (India)," February 13, 2009, http://whc.unesco.org/en/news/487, accessed January 31, 2017.

37. 根据联合国教科文组织的定义，反应性监控指的是"世界遗产中心、联合国教科文组织的其他部门以及世界遗产委员会顾问团对某些受威胁的世界遗产的保护状况的汇报工作。反应性监控要求在遗产被移出《世界遗产名录》、收入《世界濒危遗产名录》时做出预测"。UNESCO, "Reactive Monitoring Process," http://whc.unesco.org/en/reactive-monitoring, accessed February 3, 2017.

38. UNESCO Decision 37 COM 7 B.61, "Group of Monuments at Hampi (India) (C241)," http://whc.unesco.org/en/decisions/5073, accessed January 31, 2017.

39. WHC-13/37.COM/7B, "State of Conservation of World Heritage Properties Inscribed on the World Heritage list, World Heritage Committee, Phnom Penh, Cambodia, 2013," http://whc.unesco.org/archive/2013/whc13-37com-7B-en.pdf, 116, accessed January 31, 2017.

40. 历史区域列入名单遵循的是文化标准(ii)、(iv)、(vi); see UNESCO, "Archaeological Site of Panamá Viejo and Historic District of Panamá," http://whc.unesco.org/en/list/790, accessed January 30, 2017。巴拿马历史区域与太平洋的发现、西班牙的扩张和海盗历史密切相关，它是跨洋交流和全球互动的结果。根据Executive National Decree No. 51 of April 22, 2004,
271 according to the Procedures for the Restoration and Rehabilitation of Old Panama City and Law No. 16 of May 22, 2007, 该遗址应该受到保护; UNESCO, "State of Conservation: Archaeological Site of Panamá Viejo and Historic District of Panamá (Panama)," http://whc.unesco.org/en/soc/151, accessed January 31, 2017。因其符合标准(ii)、(iii)、(iv)和(vi)，老巴拿马城考古遗址于2003年进入《世界遗产名录》；人们认为，该遗址具有其历史时期的出众的城市规划、楼宇技术以及建筑特色。J. G. Martín and B. Rovira, "The Panamá Viejo Archaeological Project: More than a Decade of Research and Management of Heritage Resources," *Historical Archaeology* 46, no. 3 (2012): 16—26; S. I. Arroyo, "El plan maestro del Conjunto monumental de Panamá Viejo: Diez años después," *Canto Rodado* 5 (2011): 185— 212; J. de Arango, "El sitio de Panamá Viejo. Un ejemplo de gestión patrimonial," *Canto Rodado* 1 (2006): 1—15.

41. 2013年的保护状况报告称:“目前来看,高架桥的建设和建筑材料的保护状况给该遗址突出的普遍价值带来了不利影响,世界遗产界和顾问团建议世界遗产委员会考虑把该遗址列入《世界濒危遗产名录》。” See WHC-13/37.COM/7B.Add,189.
42. Newsroom Panama, “Concerns Linger over Route of Third Stage of Cinta Costera,” 2011.
43. 在2012年的保护状况报告中,联合国教科文组织称,虽然巴拿马“发现这个项目有问题……但是这件事不能拖延,因为地理因素限制了首都的发展。巴拿马运河升级改造是一个新的建设项目,也被认为是一个重要的基础设施发展项目,这就需要与政府建立更加精准的交流机制。当事国要求仅对此提议做出评估,不愿意就可能的解决方案进行对话”。See http://whc.unesco.org/en/soc/151,accessed January 31,2017.
44. R. Jelmayer, “Odebrecht to Pay $59 Million, Panama Official Says,” Wall Street Journal, January 17, 2017. 近期的其他丑闻, 见“Odebrecht Group Ready to Return $5 Billion Pipeline Contract to Peru,” Reuters, January 20, 2017; A. Rodriguez, “Odebrecht to Pay US $184mn in Dominican Republic Fine,” BN Americas, January 23, 2017。
45. 早在几年之前,如果缔约国出钱请委员会代表飞赴当事国家,公开寻求国际支持,那么将被认为很不合规范。而且,企业官员将不会被认为是某个国家代表团的合法成员,也不能参加世界遗产委员会的会议。
46. 塞尔维亚、俄罗斯联邦、南非、阿联酋、印度、马来西亚、卡塔尔、马里、阿尔及利亚、爱沙尼亚和柬埔寨等缔约国接受了巴拿马的邀请。2012年圣彼得堡会议前,马蒂内利总统私下里与哥伦比亚总统和墨西哥总统进行了会谈,希望他们支持高架桥的建设。世界遗产委员会会议开始前,巴西奥德 272
布雷希特公司的职员也飞到俄罗斯和柬埔寨进行游说,希望得到支持。
47. 2012年9月12日,巴拿马代表在巴黎总部做了演讲,“Impact Study of the Cinta Costera III Maritime Viaduct to its Outstanding Universal Value Under the Currently Inscribed Criteria of C790 Property, Archaeological Site of Panama Viejo and Historic District of Panama”; see WHC-13/37.COM/7B.Add,187。
48. S. Labadi, “The Impacts of Culture and Heritage-Led Development Programmes: The Cases of Liverpool (UK) and Lille (France),” in *Urban Heritage, Development and Sustainability: International Frameworks, National and Local Governance*, ed. S. Labadi and W. Logan (Abingdon:

Routledge, 2016), 137—150. See UNESCO, "Liverpool—Maritime Mercantile City," http://whc.unesco.org/en/list/1150, accessed May 28, 2017.

49. 许多争论关涉到世界文化遗址与海洋之间的历史渊源，具有讽刺意味的是，这其实是巴拿马在1997年提出的列入联合国教科文组织遗产名单的原初标准之一。2002年，巴拿马对标准（vi）进行了强调和说明："这与太平洋的发现、西班牙的扩张和海盗历史以及欧洲黄金生命线紧密相关。" See K. Osorio Ugarte, "Los atributos del valor universal excepcional de una propiedad considerada Patrimonio Mundial," *Canto Rodado* 7(2012): 1—27.

50. L. M. Meskell, "States of Conservation: Protection, Politics and Pacting Within UNESCO's World Heritage Committee," *Anthropological Quarterly* 87, no. 1(2014): 267—292.

51. UNESCO, "State of Conservation: Archaeological Site of Panamá Viejo and Historic District of Panamá (Panama)," http://whc.unesco.org/en/soc/1975, accessed January 30, 2017.

52. 引自南非大使多拉娜·姆西曼。

53. Meskell, "States of Conservation: Protection, Politics and Pacting Within UNESCO's World Heritage Committee."

54. A. Weiner, *Inalienable Possessions: The Paradox of Keeping-While-Giving* (Berkeley: University of California Press, 1992).

55. 报告可见于http://whc.unesco.org/en/soc/?action=list'id_threats=71,8,72,74,73, http://whc.unesco.org/en/soc/?action=list'id_threats=76,79,75,77,78, and http://whc.unesco.org/en/soc/?action=list'id_threats=82,83,81,80,10, accessed February 1, 2017。

56. UNESCO, "Pyu Ancient Cities," http://whc.unesco.org/en/list/1444, accessed February 3, 2017.

57. UNESCO, "Pyu Ancient Cities: Documents," http://whc.unesco.org/en/list/1444/documents, accessed February 1, 2017.

58. 关于亚洲宗教和遗产保护的问题，见D. Byrne, "Western Hegemony in
273 Archaeological Heritage Management," *History and Anthropology* 5(1991): 269—276; D. Byrne, "Buddhist Stupa and Thai Social Practice," *World Archaeology* 27, no. 2(1995): 266—281; D. Byrne, *Surface Collection: Archaeological Travels in Southeast Asia* (Walnut Creek, CA: AltaMira, 2007); D. Byrne, *Counterheritage: Critical Perspectives on Heritage*

Conservation in Asia(London: Routledge, 2014)。See also E. H. Moore and W. Maung, "The Social Dynamics of Pagoda Repair in Upper Myanmar," *Journal of Burma Studies* 20, no. 1 (2016): 149—198; P. Pichard, "Today's Pagan: Conservation Under the Generals," in *"Archaeologizing" Heritage?*, ed. M. Falser and M. Juneja (Berlin: Springer, 2013), 235—249.

59. J. Liljeblad, "The Pyu Ancient Cities World Heritage Application: Lessons from Myanmar on Transnational Advocacy Networks," *Journal of Civil Society*, 2016, 1—17.
60. 洛根形容国际古迹遗址理事会对骠国古城的报道是"一团糟"。See W. Logan, "Ethnicity, Heritage, Human Rights and Governance in the Union of Myanmar," in *Cultural Contestation: Heritage, Identity and the Role of Government*, ed. J. Rodenberg and P. Wagenaar (New York: Palgrave Macmillan, forthcoming).
61. UNESCO, "Italy's Support Strengthens Safeguarding of Myanmar Heritage," February 4, 2015, http: //fr.unesco.org/node/240019, accessed February 1, 2017.
62. Liljeblad, "The Pyu Ancient Cities World Heritage Application."
63. Meskell, Liuzza, and Brown, "World Heritage Regionalism."
64. B. Hudson, "Restoration and Reconstruction of Monuments at Bagan (Pagan), Myanmar (Burma)," *World Archaeology* 40, no. 4 (2008): 553—571; M. Falser, M. Juneja, and P. Pichard, "Today's Pagan: Conservation Under the Generals," in *"Archaeologizing" Heritage?*, ed. M. Falser and M. Juneja (Berlin: Springer; 2013), 235—249; J. Philp, "The Political Appropriation of Burma, Cultural Heritage and Its Implications for Human Rights," in *Cultural Diversity, Heritage, and Human Rights: Intersections in Theory and Practice*, ed. M. Langfield, W. Logan, and M. N. Craith (London: Routledge, 2009), 83—100.
65. W. Logan, "Heritage in Times of Rapid Transformation: A Tale of Two Cities—Yangon and Hanoi," in *Asian Cities: Colonial to Global*, ed. G. Bracken (Amsterdam: Amsterdam University Press, 2015), 279—300; W. Logan, "Cultural Contestation."
66. 弗雷泽认为，联合国教科文组织对待普遍主义的态度是一种新殖民主义救助模式，根据其中强加的、评定文明程度的标准，人们推断，今天的文化遗产将属于全人类；see M. Falser, "Cultural Heritage as Civilizing Mission:

Methodological Considerations," in *Cultural Heritage as Civilizing Mission*, ed. M. Falser（New York：Springer 2015）, 17。

67. Address by Federico Mayor Director-General of UNESCO, at the opening of the European Meeting on the Historical and Artistic Heritage and Pollution, Madrid（Spain）, November 19, 1992. DG/92/54, http：//unesdoc.unesco.org/
274 images/0009/000941/094161e.pdf, accessed February 2, 2017.
68. Falser, "Representing Heritage Without Territory：The Khmer Rouge at the UNESCO in Paris During the 1980s and Their Political Strategy for Angkor," in *Cultural Heritage as Civilizing Mission*, ed. M. Falser（New York：Springer, 2015）.
69. Letter from Anton Prohaska to Director-General Amadou M'Bow, September 28, 1982, UNESCO Archives, file reference CLT 1982—83, CAB 4/69.
70. H. Locard, "The Myth of Angkor as an Essential Component of the Khmer Rouge Utopia," in *Cultural Heritage as Civilizing Mission*, ed. M. Falser（New York：Springer, 2015）, 203.
71. Ibid., 201. 格兰特·罗斯为柬埔寨的政治体制做了一个简短的梳理：1970年，朗·诺将军接管政权；军事独裁、内战和大规模美军轰炸（1970—1975）；社会分崩离析以及红色高棉实施的大屠杀行动（1975—1779）；越南入侵、国际封港令，还有持续内战（1979—1999）。H. Grant Ross, "The Civilizing Vision of an Enlightened Dictator Norodom Sihanouk and the Cambodian Post-Independence Experiment（1953—1970）," in *Cultural Heritage as Civilizing Mission*, ed. M. Falser（New York：Springer 2015）, 150.
72. 弗雷泽叙述了印度如何在越南政权下，因为外交原因而得到好处，即印度考古调查局获准修复吴哥窟遗址。这非常符合印度的意愿，最主要的是印度因此得以在其修复计划中重新使用"大印度"这种更为古老的表达方式。Falser, "Representing Heritage Without Territory," 225—249. See also M. Falser, "Epilogue：Clearing the Path Towards Civilization：150 Years of 'Saving Angkor,' " in *Cultural Heritage as Civilizing Mission*, ed. M. Falser（New York：Springer, 2015）.
73. Falser, "Representing Heritage Without Territory," 240—242.
74. UNESCO, *Safeguarding and Development of Angkor. Prepared for the Intergovernmental Conference on Angkor, Tokyo, Japan October 12—13, 1993*（Paris：UNESCO, 1993）.

75. Falser,“Representing Heritage Without Territory,” 26.“王子认为,吴哥窟‘不仅是高棉人的遗产,而且是全人类的遗产’,他同联合国教科文组织达成一致,‘抛开一切政治因素’,承担起与国际社会协调合作的责任。他还同意为高棉人和国际专家就以下问题组织一次技术圆桌会议:吴哥历史遗产的修复、联合国教科文组织参与调查、吴哥遗址综合设施以及国家博物馆文物清单、对国际(即印度和波兰)文物保护队伍的援助,还有对高棉人进行文物保护技术的培训。”(246注释15)
76. M. Mazower, *No Enchanted Palace: The End of Empire and the Ideological Origins of the United Nations* (Princeton, NJ; Princeton University Press, 2009).
77. UNESCO, World Heritage Committee, Sixteenth Session, Item 10 of the Provisional Agenda, November 18, 1992, http://whc.unesco.org/archive/1992/whc-92-conf002-7reve.pdf, accessed February 2, 2017; K. Miura, “Discourses and Practices Between Traditions and World Heritage Making in Angkor After 275
1990,” in *Cultural Heritage as Civilizing Mission: From Decay to Recovery*, ed. M. Falser (New York: Springer, 2015), 251—278.
78. P. Peycam, “The International Coordinating Committee for Angkor: A World Heritage Site as an Arena of Competition, Connivance and State(s) Legitimation,” *SOJOURN: Journal of Social Issues in Southeast Asia* 31, no. 3 (2016): 744. See the Report by the Director-General on the Conservation of the Monuments of Angkor Executive Board, 141st Session, 141 EX/33 Paris, March 24, 1993, http://unesdoc.unesco.org/images/0009/000939/093904eo.pdf, accessed February 2, 2017.
79. Miura, “Discourses and Practices”; K. Miura, “World Heritage Making in Angkor. Global, Regional, National and Local Actors, Interplays and Implications,” in *World Heritage Angkor and Beyond: Circumstances and Implications of UNESCO Listings in Cambodia*, ed. B. Hauser-Schäublin (Göttingen: Universitätsverlag Göttingen, 2011), 9—33; Peycam, “The International Coordinating Committee for Angkor.”
80. Peycam, “The International Coordinating Committee for Angkor,” 760—762.
81. Miura, “Discourses and Practices.” See papers in B. Hauser-Schäublin, ed., *World Heritage Angkor and Beyond: Circumstances and Implications of UNESCO Listings in Cambodia* (Göttingen: Universitätsverlag Göttingen,

2011).

82. J. P. Singh, "Global Institutions and Deliberations: Is the World Trade Organization More Participatory than UNESCO?," in *Deliberation and Development: Rethinking the Role of Voice and Collective Action in Unequal Societies*, ed. P. Heller and V. Rao (Washington DC: World Bank Group, 2015), 210.

83. Sir Mortimer Wheeler presenting *Armchair Voyage: Hellenic Cruise Episode 1: Mycenae to Venice*, first aired July 21, 1958. Available at http://www.bbc.co.uk/iplayer/episode/po17horz/armchair-voyage-hellenic-cruise-1-venice-to-mycenae#group=p018818x, accessed April 19, 2017.

84. Quoted in W. H. C. Laves and C. A. Thomson, *UNESCO: Purpose, Progress, Prospects* (Bloomington: University of Indiana Press, 1957), 295.

第五章

1. 关于法律分析，见S. Chesterman, "The International Court of Justice in Asia: Interpreting the Temple of Preah Vihear Case," *Asian Journal of International Law* 5, no. 1 (2015): 1—6; M. Barnett, "Cambodia v. Thailand: A Case Study on the Use of Provisional Measures to Protect Human Rights in International Border Disputes," *Brooklyn Journal of International Law* 38: 269; A. F. Vrdoljak, "Challenges for International Cultural Heritage Law," in *Blackwell Companion to the New Heritage Studies*, ed. W. Logan, M. N. Craith, and U. Kockel (New York: Wiley Blackwell, 2016); J. D. Ciorciari, "Request
276 for Interpretation of the Judgment of 15 June 1962 in the Case Concerning the Temple of Preah Vihear (Cambodia v. Thailand)," *American Journal of International Law* 108, no. 2 (2014): 288—295。关于柏威夏寺的研究，见B. Hauser-Schäublin, "Preah Vihear: From Object of Colonial Desire to a Contested World Heritage site," in *World Heritage Angkor and Beyond: Circumstances and Implications of UNESCO Listings in Cambodia*, ed. B. Hauser-Schäublin (Göttingen: Universitätsverlag Göttingen, 2011), 33—56; B. Hauser-Schäublin and S. Missling, "The Enduring Agency of Borderland Regimes: The Aftermath of Serial Regulations with Different Scopes and Temporal Scales at Preah Vihear, Cambodia," *Journal of Legal Pluralism and*

Unofficial Law 46, no. 1 (2014): 79—98; S. K. Lee, "Siam Mismapped: Revisiting the Territorial Dispute over the Preah Vihear Temple," *South East Asia Research* 22, no. 1 (2014): 39—55; U. Yoosuk, "The Preah Vihear Temple: Roots of Thailand-Cambodia Border Dispute," *International Journal of Asian Social Science* 3, no. 4; 921—929; C. Kasetsiri, P. Sothirak, and P. Chachavalpongpun, *Preah Vihear: A Guide to the Thai-Cambodian Conflict and Its Solutions* (Bangkok: White Lotus Press, 2013); P. Chachavalpongpun, "Temple of Doom: Hysteria About the Preah Vihear Temple in the Thai Nationalist Discourse," in *Legitimacy and Crisis in Thailand*, ed. M. Askew (Chiang Mai: Silkworm Books, 2010), 83—118。

2. Leaked cable entitled "World Heritage Bandarin Debrief" dated April 10, 2008. 此处，世界遗产中心主任称"柏威夏寺是一个'完全的僵局'，柬埔寨人就是'在文字和事实上做文章'。他声称，虽然存在很多技术问题，但其实，这就是泰国和柬埔寨之间的政治问题"。https://search.wikileaks.org/plusd/cables/08PARIS669_a.html, accessed February 18, 2017.
3. Public Library of US Diplomacy, https://wikileaks.org/plusd, accessed February 8, 2017.
4. Cable dated May 6, 2008, https://search.wikileaks.org/plusd/cables/8PHNOMPENH372_a.html, accessed February 8, 2017.
5. "Chevron Announces First Gas from Platong II Project in Gulf of Thailand," press release, October 24, 2011, http://www.chevron.com/chevron/pressreleases/article/10242011_chevronannouncesfirstgasfromplatongiiprojectingulfofthailand.news, accessed February 8, 2017.
6. "2009 Investment Climate Statement—Cambodia," cable dated January 28, 2009, https://search.wikileaks.org/plusd/cables/09PHNOMPENH71_a.html, accessed February 8, 2017.
7. "Preah Vihear for Koh Kong and Natural Gas/Oil," Thai Political Facts Info, October 16, 2008, https://antithaksin.wordpress.com/2008/10/16/preah-vihear-for-koh-kong-and-natuaral-gasoil; "Preah Vihear Temple: Thais Continue to Support Inscription," cable dated May 15, 2008, https://search.wikileaks.org/plusd/cables/08BANGKOK1486_a.html, accessed February 8, 2017; S. Strate, "A Pile of Stones? Preah Vihear as a Thai Symbol of National Humiliation," *South East Asia Research* 21, no. 1 (2013): 41—68. 277

8. “2009 Investment Climate Statement—Cambodia.”乌塔保基地早先曾经为美军在飞往阿富汗的途中提供添加燃油的服务。
9. 在一些电文中，明显可以看出美国对中国的关注：其在柬埔寨的双边投资、公路和铁路的基础设施项目、两国之间越发紧密的关联。2008年12月25日，美国驻柬埔寨大使表达了她对中国的关切，她担心当下的“‘中国年’似乎要变成‘中国世纪’”。她谈到皇家宴会、不断增多的援助项目以及进一步的贸易和投资合作。2009年，中国承诺两亿五千六百万美元的援助；相比之下，美国很可能只能为柬埔寨提供五千万美元。中国的援助资金常常被用来服务于能够给中国公司带来利益的项目，可能是石油项目、矿产勘探或基础设施项目。See https：//search.wikileaks.org/plusd/cables/08PHNOMPENH1027_a.html，accessed February 8，2017.
10. “Scenesetter for General Casey's Meeting with Thai Army Commander General Anupong,” cable dated July 16，2009，https：//search.wikileaks.org/plusd/cables/09BANGKOK1720_a.html，accessed February 8，2017. 对此的充分讨论，见L. M. Meskell，“World Heritage and WikiLeaks：Territory，Trade and Temples on the Thai-Cambodian Border,” *Current Anthropology* 57，no. 1（2016）：72—95。
11. L. Pressouyre，*The World Heritage Convention, Twenty Years Later*（Paris：UNESCO Publishing，1996）.
12. S. Sassen，*Territory, Authority, Rights：From Medieval to Global Assemblages*（Princeton，NJ：Princeton University Press，2006）.
13. 重要的是，世界遗产中心曾经有二十年的时间，限制人们查阅遗址申请提名材料以及相关信件。
14. “Preah Vihear：Tension Unlikely to Dissipate Without Change in Bilateral Dynamic,” cable dated July 18，2008，https：//search.wikileaks.org/plusd/cables/08PHNOMPENH581_a.html，accessed February 8，2017.
15. 泰国曾经想过在2010年争取一下，但是最终放弃了。关于柬埔寨，见Ministry of Foreign Affairs and International Cooperation，“Cambodia：Candidate for the United Nations Security Council，2013—2014,” http：//www.cambodianembassy.org.uk/downloads/Cambodia%20UN%20Brochure%20BLUE.pdf，accessed February 8，2017。
16. M. Kleine，“Trading Control：National Fiefdoms in International Organizations,” *International Theory* 5，no. 3（2013）：321—346；J. C. Morse

and R. O. Keohane, "Contested Multilateralism," *Review of International Organizations* 9, no. 4: 385—412.

17. 见H. P. Ray, ed., *Mausam: Maritime Cultural Landscapes Across the Indian Ocean*（New Delhi: Aryan Books International, 2014）中的讨论。印度媒体中也出现了"季风计划"这样的表达, "Project 'Mausam' by Ministry of Culture," Simply Decoded, June 22, 2014, http://www.simplydecoded.com/2014/06/22/project-mausam-ministry-culture, and P. Shastri and P. John, "Mausam to link 10 Gujarat Sites to Indian Ocean World," *Times of India*, July 24, 2014, http://www.unesco.org/new/fileadmin/MULTIMEDIA/FIELD/New_Delhi/images/timesofindia_35 .pdf, accessed February 12, 2017。 278

18. B. K. Sharma and A. Rasheed, eds., *Indian Ocean Region: Emerging Strategic Cooperation, Competition and Conflict Scenarios*（New Delhi: Vij Books India, 2015）. 关于中国的努力, 见T. Winter, "One Belt, One Road, One Heritage: Cultural Diplomacy and the Silk Road," *The Diplomat* 29（2016）: 1—5。

19. 近期就有这样一个例子, 见 UNESCO, "International Spice Route Culinary Festival and Competition," 2016, http://en.unesco.org/events/international-spice-route-culinary-festival-and-competition, accessed February 12, 2017。

20. L. M. Meskell, "Transacting UNESCO World Heritage: Gifts and Exchanges on a Global Stage," *Social Anthropology/Anthropologie Sociale* 23, no. 1（2015）: 3—21; Meskell, "World Heritage and WikiLeaks." 关于资源概念, 尤其是遗产作为一种不可再生资源的讨论, 见T. Brattli, "Managing the Archaeological World Cultural Heritage: Consensus or Rhetoric?," *Norwegian Archaeological Review* 42, no. 1（2009）: 24—39。

21. 关于牙买加: "$13M Allocated Towards Designating Two Local Mountains World Heritage Sites," *Gleaner*, May 25, 2015。关于日本: "Envoys Bound for UNESCO Events to Counter Opposition Toward World Heritage Listings," *Japan Times*, May 15, 2015; Mizuho Aoki, "World Heritage Listing Has Its Price," *Japan Times*, October 4, 2011。

22. UNESCO, "World Heritage List Nominations," http://whc.unesco.org/en/nominations, accessed February 8, 2017.

23. 混合遗产因其自然价值和文化价值而被收入名单。《行动指南》第18段声明: "当事国必须尽可能在其提名申请中列入这样的遗产: 它们的文化特色和自然特色显著地结合在一起，具有突出的普遍价值。”

24. B. Latour, *The Making of Law: An Ethnography of the Conseil d'Etat* (Cambridge, MA: Polity, 2010), 241.

25. S. Labadi, *UNESCO, Cultural Heritage and Outstanding Universal Value* (Walnut Creek, CA: AltaMira Press, 2013). 尼克松的演讲，见：“48—Special Message to the Congress Proposing the 1971 Environmental Program,” February 8, 1971, American Presidency Project, http://www.presidency.ucsb.edu/ws/?pid=3294, accessed February 8, 2017。尼克松接着说：“我们面临着人口和发展的压力，而且整个世界改变环境的能力正飞速增长，所以我们现在必须联合起来，为将来的人们留下最杰出的自然景观，为他们留下那
279 些对人类来说具有独特历史、考古、建筑和文化价值的遗产。”

26. L. M. Meskell et al., “Multilateralism and UNESCO World Heritage: Decision-Making, States Parties and Political Processes,” *International Journal of Heritage Studies* 21, no. 5 (2015): 423—440.

27. H. Hølleland, “Practicing World Heritage: Approaching the Changing Faces of the World Heritage Convention,” Ph.D. dissertation, University of Oslo, 2013; L. M. Meskell, “The Rush to Inscribe: Reflections on the 35th Session of the World Heritage Committee, UNESCO Paris, 2011,” *Journal of Field Archaeology* 37, no. 2 (2012): 145—151.

28. A. F. Vrdoljak, “Article 14: The Secretariat and Support of the World Heritage Committee,” in *The 1972 World Heritage Convention: A Commentary*, ed. F. Francioni and F. Lenzerini (Oxford: Oxford University Press, 2008), 96.

29. Ibid.; J. Tabet, *Review of ICOMOS' Working Methods and Procedures for the Evaluation of Cultural and Mixed Properties Nominated for Inscription on the UNESCO World Heritage List* (Paris: ICOMOS, 2010); L. M. Meskell, “UNESCO's World Heritage Convention at 40: Challenging the Economic and Political Order of International Heritage Conservation,” *Current Anthropology* 54, no. 4 (2013): 483—494; T. M. Schmitt, “Global Cultural Governance: Decision-Making Concerning World Heritage Between Politics and Science,” *Erdkunde* 63, no. 2 (2009): 103—121.

30. Cited in Meskell et al., “Multilateralism and UNESCO World Heritage,” 427.

31. Ibid.; L. M. Meskell, C. Liuzza, and N. Brown, “World Heritage Regionalism: UNESCO from Europe to Asia,” *International Journal of Cultural Property*,

2015; E. Bertacchini, C. Liuzza, and L. Meskell, "Shifting the Balance of Power in the UNESCO World Heritage Committee: An Empirical Assessment," *International Journal of Cultural Policy*, 2015: 1—21; J. Jokilehto, "World Heritage: Observations on Decisions Related to Cultural Heritage," *Journal of Cultural Heritage Management and Sustainable Development* 1, no. 1(2011): 61—74.

32. Meskell et al., "Multilateralism and UNESCO World Heritage."
33. Ibid.
34. W. Preston, E. S. Herman, and H. Schiller, *Hope and Folly: The United States and UNESCO 1945—1985* (Minneapolis: University of Minnesota Press, 1989), 193.
35. "UNESCO's World Heritage Sites: A Danger List in Danger," *Economist*, August 26, 2010.
36. Report by the Norwegian Delegation, "Report to the UNESCO World Heritage Committee 34th Session," Brasilia, July 25—August 3, 2010.
37. S. Bentura, "Patrimoine: La face cachée des 1000 merveilles du monde" (Paris: Galaxie Presse, 2014). 为了把博尔加尔遗址收入《世界遗产名录》, 俄罗斯做出了各种努力, 见 "Bolgar Historical and Archaeological Complex," http://whc.unesco.org/en/list/981, accessed March 2, 2017, and 280 Meskell et al., "Multilateralism and UNESCO World Heritage"; G. Plets, "Ethno-Nationalism, Asymmetric Federalism and Soviet Perceptions of the Past: (World) Heritage Activism in the Russian Federation," *Journal of Social Archaeology* 15, no. 1: 67—93。
38. T. Hale and D. Held, "Editor's Introduction," in *Handbook of Transnational Governance: Institutions and Innovations*, ed. T. Hale and D. Held (Cambridge: Polity, 2011), 1—36.
39. 结果见E. Bertacchini et al., "The Politicization of UNESCO World Heritage Decision Making," *Public Choice* 167, nos. 1—2(2016): 1—35。
40. I. Bokova, "Address by Ms Irina Bokova, UNESCO Director-General, on the Occasion of the Opening of the 36th Session of the World Heritage Committee," St. Petersburg, Russian Federation, 2012.
41. M. Batisse and G. Bolla, *The Invention of "World Heritage"* (Paris: Association of Former UNESCO Staff Members, 2005), 39. See also F.

Choay, *L'allégorie du patrimoine*, vol. 271 (Paris: Seuil, 1992); F. Choay, *The Invention of the Historic Monument* (Cambridge: Cambridge University Press, 2001).

42. Y. Poria, A. Reichel, and R. Cohen, "World Heritage Site: Is It an Effective Brand Name? A Case Study of a Religious Heritage Site," *Journal of Travel Research* 50, no. 5 (2011): 482—495; C. M. Hall and R. Piggin, "World Heritage Sites: Managing the Brand," *Managing Visitor Attractions: New Directions*, 2003, 203—219; J. Ryan and S. Silvanto, "The World Heritage List: The Making and Management of a Brand," *Place Branding and Public Diplomacy* 5, no. 4 (2009): 290—300; F. Starr, *Corporate Responsibility for Cultural Heritage* (New York: Routledge, 2013).
43. UNESCO, "The Causses and the Cévennes, Mediterranean Agro-Pastoral Cultural Landscape," http://whc.unesco.org/en/list/1153, accessed February 9, 2017.
44. UNESCO, "Priority Africa," http://www.unesco.org/new/en/africa/priority-africa, accessed February 11, 2017.
45. Meskell, Liuzza, and Brown, "World Heritage Regionalism." 联合国教科文组织的其他规约也实施了这种体制，比如2003年关于非物质文化遗产的条约。
46. Bertacchini et al., "The Politicization of UNESCO World Heritage Decision Making." 关于世界遗产计量经济学的相关文献，见B. S. Frey, P. Pamini, and L. Steiner, "Explaining the World Heritage List: An Empirical Study," *International Review of Economics* 60, no. 1 (2013): 1—19; B. S. Frey and L. Steiner, "World Heritage List: Does It Make Sense?," *International Journal of Cultural Policy* 17, no. 5 (2011): 555—573; Ryan and Silvanto, "The World Heritage List"; J. Ryan and S. Silvanto, "A Study of the Key Strategic Drivers of the Use of the World Heritage Site Designation as a Destination Brand," *Journal of Travel and Tourism Marketing* 31, no. 3 (2014): 327—343; B.
281 Parenti and E. De Simone, "Explaining Determinants of National UNESCO Tentative lists: An Empirical Study," *Applied Economics Letters* 22, no. 15 (2015): 1193—1198。
47. E. Bertacchini and D. Saccone, "Toward a Political Economy of World Heritage," *Journal of Cultural Economics* 36, no. 4 (2012): 327—352. 2002年至2013年，就申请提名遗址而言，在世界遗产领域最为活跃和最为引人

注目的国家是：中国（十七个），伊朗（十四个），印度和意大利（十二个），德国（十一个），墨西哥和俄罗斯联邦（十个），还有法国和以色列（九个）。

48. Frey, Pamini, and Steiner, "Explaining the World Heritage List."
49. UNESCO, "Decision: 33 COM 8B.24. Cultural Properties—New Nominations—A Prince Elector's Summer Residence—Garden Design and Freemasonic Allusions (Germany)," 2009, http://whc.unesco.org/en/decisions/1967, accessed February 9, 2017.
50. 感谢Claudia Liuzza提醒我关注这一点。
51. 完整辩论可见于http://whc.unesco.org/en/sessions/36COM/records/?day=2012-07-01#tEo89tABEVog810, accessed February 9, 2017。人们提到了此处遗址，但是在随后的几年中再未提及，它似乎从此陷入沉寂。
52. Bertacchini et al., "The Politicization of UNESCO World Heritage Decision Making."
53. UNESCO, "Frank Lloyd Wright Buildings," January 30, 2008, http://whc.unesco.org/en/tentativelists/5249, accessed February 20, 2017.
54. M. Herzfeld, *A Place in History: Social and Monumental Time in a Cretan Town* (Princeton, NJ: Princeton University Press, 1991), 66—67.
55. Bertacchini et al., "The Politicization of UNESCO World Heritage Decision Making."
56. 我们发现中国出席会议的人数是最多的，平均每次会议都有二十九位官方代表参加，而南非和俄罗斯联邦平均每年派出二十位代表。中国的遗产进入《世界遗产名录》的成功率达到94%。
57. 关于委员会的程序规则，见whc.unesco.org/document/125492, accessed February 9, 2017。
58. 讨论中的规则是22.5、22.6和22.7，他还引用了《世界遗产公约》11.6的段落。此次会议的记录，见http://whc.unesco.org/en/sessions/37COM/records/?day=2013-06-18, accessed February 11, 2017。
59. http://whc.unesco.org/en/sessions/37COM/records/?day=2013-06-24#tcyIpRz7vCJM0, accessed February 11, 2017. 爱沙尼亚称，在柬埔寨会议中，"有人甚至问当事国是愿意当时提交还是延迟，这种管理方式可不好"。
60. UNESCO, "Neolithic Site of Çatalhöyük," http://whc.unesco.org/en/list/1405, accessed February 13, 2017.
61. UNESCO, "Executive Summary: The Neolithic Site of Çatalhöyük," http://

282 whc.unesco.org/uploads/nominations/1405.pdf, accessed February 13, 2017.

62. H. Human, "Democratising World Heritage: The Policies and Practices of Community Involvement in Turkey," *Journal of Social Archaeology* 15, no. 2 (2015): 160—183.
63. Ibid., 170.
64. L. M. Meskell, "UNESCO and the Fate of the World Heritage Indigenous Peoples Council of Experts (WHIPCOE)," *International Journal of Cultural Property* 20, no. 2 (2013): 155—174; W. Logan, "Australia, Indigenous Peoples and World Heritage from Kakadu to Cape York: State Party Behaviour under the World Heritage Convention," *Journal of Social Archaeology* 13, no. 2 (2013): 153—176. 关于城市环境，见S. Labadi and W. Logan, "Approaches to Urban Heritage, Development and Sustainability," in *Urban Heritage, Development and Sustainability: International Frameworks, National and Local Governance*, ed. S. Labadi and W. Logan (London: Routledge, 2016), 1—20，以及此书中的其他文献。
65. 关于世界范围内对这个现象的研究，见M. H. van den Dries, "Social Involvement as a Buzz Word in World Heritage Nominations," in *Proceedings of the 2nd International Conference on Best Practices in World Heritage: People and Communities Menorca, Spain, 29—30 April, 1—2 May 2015*, ed. A. R. Castillo Mena (Madrid: Universidad Complutense de Madrid, Servicio de Publicaciones, 2015), 668—686。
66. Quoted in Human, "Democratising World Heritage," 171.
67. http://whc.unesco.org/en/sessions/36COM/records/?day=2012-07-01#tQb6x15dIskU7747, accessed February 13, 2017.
68. Human, "Democratising World Heritage," 175. 土耳其确认，它已经弄清楚谁是主要利益相关者；根据《土耳其宪法》第63条，国家将保证长期资金安全。
69. 见该项目从开始到最后所发表的文章，包括L. Doughty, "Training, Education, Management and Prehistory in the Mediterranean: Work in Progress on a European Union Research Project," *Conservation and Management of Archaeological Sites* 6.1 (2003): 49—53。A. Bartu Candan, G. Sert, and M. Bagdatli, "Developing Educational Programs for Prehistoric Sites: The Çatalhöyük Case," in *Mediterranean Prehistoric Herbage: Training, Education and Management*, ed. I. Hodder and L. Doughty

（Cambridge：McDonald Institute for Archaeology，2007），95—104；I. Hodder，"Cultural Heritage Rights：From Ownership and Descent to Justice and Well-Being，" *Anthropological Quarterly* 83，no. 4（2010）：861—882；I. Hodder，"Archaeological Reflexivity and the 'Local' Voice，" *Anthropological Quarterly* 76，no. 1（2003）：55—69. 有一个相似的情况，即越南在遗产进入《世界遗产名录》后的管理的政治学，见 W. Logan，"Making the Most of Heritage in Hanoi，Vietnam，" *Historic Environment* 26，no. 3（2014）：62—72。

70. 考古学家和社区居民之间的工作，见 C. Colwell and C. Joy，"Communities and Ethics in Heritage Debates，" in *Global Heritage：A Reader*，ed. L. M. Meskell 283
（Oxford：Blackwell，2015），112—129；C. Colwell-Chanthaphonh and T. J. Ferguson，eds.，*The Collaborative Continuum：Archaeological Engagements with Descendent Communities*（Thousand Oaks，CA：AltaMira Press，2007）；S. Moser et al.，"Transforming Archaeology Through Practice：Strategies for Collaborative Archaeology and the Community Archaeology Project at Quseir，Egypt，" *World Archaeology* 34，no. 2（2002）：220—248；S. Chirikure and G. Pwiti，"Community Involvement in Archaeology and Cultural Heritage Management：An Assessment from Case Studies in Southern Africa and Elsewhere，" *Current Anthropology* 49，no. 3（2008）：467—485；P. R. Schmidt，ed. *Postcolonial Archaeologies in Africa*（Santa Fe：SAR Press，2009）。

71. C. Luke，"The 40th World Heritage Session in Istanbul，Turkey：A Reflection on the Legacies of Heritage Policy and missed Mega-Heritage，" *Journal of Field Archaeology* 41，no. 6（2016）：641—644.

72. See Kleine，"Trading Control"；Morse and Keohane，"Contested Multilateralism"；Bertacchini，Liuzza，and Meskell，"Shifting the Balance of Power in the UNESCO World Heritage Committee：An Empirical Assessment"；Bertacchini et al.，"The Politicization of UNESCO World Heritage Decision Making."

73. J. Tabet，"Some Thoughts on the Sidelines of the World Heritage Committee Meeting in Doha，" unpublished paper，2014.

第六章

1. C. Luke，"The 40th World Heritage Session in Istanbul，Turkey：A Reflection on

the Legacies of Heritage Policy and Missed Mega-Heritage," *Journal of Field Archaeology* no. 6 (2016): 643.

2. 引文译自土耳其语; see UNESCO, "40th Session of the Committee, Istanbul, Turkey, 10—20 July, UNESCO's Headquarters, 24—26 October 2016," http://whc.unesco.org/en/sessions/40com/records/?day=2016-07-17#tTf6V5Nik8-40, accessed February 19, 2017。

3. UNESCO, "Archaeological Site of Ani," http://whc.unesco.org/en/list/1518, accessed February 19, 2017. 2008年,伊朗将其境内的亚美尼亚教会修道院群遗址收入《世界遗产名录》,因为它"是几个世纪以来亚美尼亚教会传统的生动见证"; UNESCO, "Armenian Monastic Ensembles of Iran," http://whc.unesco.org/en/list/1262, accessed September 5, 2017。

4. See P. Balakian, "Raphael Lemkin, Cultural Destruction, and the Armenian Genocide," *Holocaust and Genocide Studies* 27, no. 1 (2013): 57—89; G. Balakian, *Armenian Golgotha: A Memoir of the Armenian Genocide*, trans. P. Balakian and A. Sevag (New York: Alfred A. Knopf, 2009); H. Morgenthau, *Ambassador Morgenthau's Story* (New York: Doubleday, 1919); F. M. Goçek, *Denial of Violence: Ottoman Past, Turkish Present, and Collective Violence Against the Armenians, 1789—2009* (Oxford: Oxford University Press, 2014). 关于《塞夫勒条约》和土耳其,见Luke, "The 40th World Heritage Session in
284 Istanbul, Turkey"。

5. 进入名单以后,下午的会议可以在联合国教科文组织网站以及YouTube视频网站观看; see http://whc.unesco.org/en/sessions/40COM/records/?day=2016-07-15#tlfx9iuOGj9U0, accessed February 20, 2017。

6. H. Z. Watenpaugh, "Preserving the Medieval City of Ani: Cultural Heritage Between Contest and Reconciliation," *Journal of the Society of Architectural Historians* 73, no. 4 (2014): 528—555. 巴格拉蒂王朝也称巴格拉蒂王国,是亚美尼亚今天疆域范围内的最后一个王朝。

7. 国际古迹遗址理事会协调人称,书面材料审查多达十八次。

8. Watenpaugh, "Preserving the Medieval City of Ani," 538.

9. Ibid., 543. See also A. Bilgin and S. Hakyemez, "The AKP's Engagement with Turkey's Past Crimes: An Analysis of PM Erdogan's 'Dersim Apology,' " *Dialectical Anthropology* 37, no. 1 (2013): 131—143; B. Ayata, "The Kurds in the Turkish-Armenian Reconciliation Process: Double-Bind or Double-

Blind?," *International Journal of Middle East Studies* 47, no. 4 (2015): 807—812; A. Erbal, "Lost in Translation: The Monument's Deconstruction," in *The Armenian Genocide Legacy*, ed. A. Demirdjian (London: Palgrave Macmillan, 2016), 212—226. 艾尔巴尔还谈到了大屠杀和库尔德人残害行动之间的关系，他认为这是互相关联的国家犯罪。我感谢Sabrina Papazian引我关注这方面的文献。关于亚美尼亚人离散的纪念，见S. Papazian, "The Cost of Memorializing: Analyzing Armenian Genocide Memorials and Commemorations in the Republic of Armenia and in the Diaspora," *International Journal of History, Culture and Modernity* (forthcoming)。

10. Watenpaugh, "Preserving the Medieval City of Ani."
11. 《土耳其刑法》第301条规定，侮辱土耳其、土耳其民族或者土耳其政府机构都是违法行为。See also K. DerGhougassian, "Genocide and Identity (Geo) Politics: Bridging State Reasoning and Diaspora Activism," *Genocide Studies International* 8, no. 2 (2014): 193—207. 关于谋杀著名编辑和记者赫兰特·丁克的事件，见M. Freely, "Why They Killed Hrant Dink," *Index on Censorship* 36, no. 2 (2007): 15—29。
12. Morgenthau, *Ambassador Morgenthau's Story*, 307—309, 321—323.
13. 瓦滕堡确认，列入名单分别出现在1996年、1998年、2000年以及2002年。See the website of the World Monuments Fund, https://www.wmf.org, and Global Heritage Fund, *Saving Our Vanishing Heritage: Safeguarding Endangered Cultural Heritage Sites in the Developing World*, http://globalheritagefund.org/images/uploads/docs/GHFVanishingGlobalHeritageSitesinPeril102010.pdf, accessed May 10, 2017.
14. 在提名申请文件中，当事国宣称："对于土耳其历史来说，阿尼古城也具有重要意义。1064年，阿尼被大塞尔柱帝国征服，安纳托利亚很快接受了土耳其文化。大塞尔柱传统第一次传入阿尼，并且从这里传播到安纳 285
托利亚。" Ministry of Culture and Tourism (Turkey), *Ani Cultural Landscape: World Heritage Nomination File*, 2015, http://whc.unesco.org/uploads/nominations/1518.pdf, 2, accessed February 22, 2017.
15. 关于"得到负面评价的遗产"及其含义，见L. M. Meskell, "Negative Heritage and Past Mastering in Archaeology," *Anthropological Quarterly* 75, no. 3 (2002): 557—574。
16. J. Röttjer, "Safeguarding 'Negative Historical Values' for the Future?

Appropriating the Past in the UNESCO Cultural World Heritage Site Auschwitz-Birkenau," *Ab Imperio* 2015, no. 4(2015): 130—165. 吕特耶尔描述道,1979年5月,米歇尔·帕朗撰写了一份联合国教科文组织报告,其中强调了将要被收入《世界遗产名录》的遗址可能具有"正面"或"负面"历史价值。帕朗在国际古迹遗址理事会和联合国教科文组织中都曾负责重要事务,也曾在法国担任历史文物的总督察。帕朗意识到奥斯威辛比克瑙集中营意义重大,但是它比戈雷岛还要难以进入名单,因为在他看来,它没有值得保护的建筑遗产。此外,吕特耶尔向人们表明,对于联合国教科文组织的专家来说,奥斯威辛集中营有它的问题,因为它不包含具有独立艺术价值的建筑遗迹。值得注意的是,广岛进入名单的时候,中国持保留意见,美国代表团表示不参与表决。中国称,把日本遗址收入名单,很可能弱化第二次世界大战时期其他亚洲国家和人民遭受的最为深重的苦难;see A. Galis, "UNESCO Documents and Procedure: The Need to Account for Political Conflict When Designating World Heritage Sites," *Georgia Journal of International and Comparative Law* 38, no. 1(2009): 205—236, p.205。

17. UNESCO, "The Criteria for Selection," http: //whc.unesco.org/en/criteria, accessed February 18, 2017. 近期的讨论,见M. Rössler, "Challenges of World Heritage Interpretation: World Heritage and Associative Values," in *International Conference on World Heritage Interpretation* (*November 2, 2016*)(Seoul, 2016)。这一点之前在2001年就已经做了陈述; see UNESCO, "Report of the Rapporteur," World Heritage Committee, Twenty-Fifth Session, August 17, 2001, http: //whc.unesco.org/archive/repburo1.htm, accessed March 8, 2017。米歇尔·帕朗在1979年的报告中说,"奥斯威辛集中营似乎应该保持其独立性……我们只有把最杰出的遗产塑造成独特的符号,那些反映人类历史正面和负面内容的遗址才能具有真正的效力,每一处是整个系列的相似情况的代表。从这一原则看,奥斯威辛集中营应该进入名单,但是之后就不要再收入该系列的、相似的遗址"(21)。See UNESCO, "Principles and Criteria for Inclusion of Properties on World Heritage List," http: //whc.unesco.org/archive/1979/cc-79-conf003-11e.pdf, accessed March 6, 2017.

18. A. Witcomb, "Cross-Cultural Encounters and 'Difficult Heritage' on the Thai-Burma Railway: An Ethics of Cosmopolitanism Rather than Practices of Exclusion," in *A Companion to Heritage Studies*, ed. W. Logan, M. N. Craith, and U. Kockel (Oxford: Blackwell, 2015), 461—478; J. Beaumont

and A. Witcomb, "The Thai-Burma Railway: Asymmetrical and Transitional Memories," in *The Pacific War Aftermaths, Remembrance and Culture*, ed. C. Twomey and E. Koh (Abingdon: Routledge, 2015), 67—88; A. B. Arrunnapaporn, "Atrocity Heritage Tourism at Thailand's 'Death Railway,'" in *Contemporary Issues in Cultural Heritage Tourism*, ed. J. Kaminski, A. M. Benson, and D. Arnold (Abingdon: Routledge, 2014), 151—164.

19. Röttjer, "Safeguarding 'Negative Historical Values.'"
20. 殖民期间，超过十万韩国人被迫服务于日本帝国军队。韩国妇女被迫到战争前线为军队充当性奴，她们被称作"慰安妇"。
21. UNESCO, "Sites of Japan's Meiji Industrial Revolution: Iron and Steel, Shipbuilding and Coal Mining," http: //whc.unesco.org/en/list/1484, accessed February 22, 2017. 标准(ii)指的是在一段时间内或者在世界的某一个文化区域，进行人类价值的重要交换；而标准(iv)指的是某种楼宇、建筑或技术整体、景观的杰出案例。
22. 中国代表团的一份书面声明写道："中国已经向委员会成员国表明了态度，即反对日本申请提名那些遗址，因为它们与强迫劳工相关，置事实与责任于不顾。共有2 316名中国公民被迫在恶劣的环境中工作数年，其中323人在日本失去了生命。强迫劳工是一种反人类罪行，是违反人权的行为。今天，日本仍然有人试图否认事实，这种做法令人无法容忍。"
23. Ministry of Foreign Affairs of Japan, "Extraordinary Press Conference by Foreign Minister Fumio Kishida," July 5, 2015, http: //www.mofa.go.jp/press/kaiken/kaiken4e_000181.html; M. Penn, "Japan: 'Forced to Work' Isn't 'Forced Labor,'" SNA Japan, July 7, 2015, http: //shingetsunewsagency.com/tokyo/?p=1383; G. Yun-hyung, "S. Korea and Japan Debate Comments About Being 'Forced to Work,'" *Hankyoreh*, July 7, 2015, http: //english.hani.co.kr/arti/english_edition/e_international/699205.html, accessed February 23, 2017. 这个问题依然没有得到解决，在2017年世界遗产委员会会议上又被提起。
24. 围绕进入名单问题，出现了大量的政治阴谋，包括对其他团体道歉，见"Conflict Zones: A New Spat over Japan's Wartime History Draws in the United Nations," *Economist*, May 28, 2015。
25. A. D. Smith, *Nationalism* (Cambridge: Polity, 2010), 142.
26. Ibid., 148.
27. Ibid., 150.

287

28. “UNESCO—World Heritage Bandarin Debrief,” cable dated April 10, 2008, https://search.wikileaks.org/plusd/cables/08PARIS669_a.html, accessed February 18, 2017. 这是世界遗产中心负责人的原话。
29. UNESCO, World Heritage Committee, “Item 7B of the Provisional Agenda: State of Conservation of World Heritage Properties Inscribed on the World Heritage list,” May 29, 2009, http://whc.unesco.org/archive/2009/whc09-33com-7B-Adde.pdf, accessed March 8, 2017.
30. P. Sothirak, “Cambodia’s Border Conflict with Thailand,” *Southeast Asian Affairs*, no. 1 (2013): 87.
31. UNESCO, “UNESCO Director-General Irina Bokova Convenes Meeting Between Cambodia and Thailand to Discuss Conservation Measures for Temple of Preah Vihear World Heritage Site,” press release, May 27, 2011, http://www.unesco.org/new/en/media-services/single-view/news/unesco_director_general_irina_bokova_convenes_meeting_between_cambodia_and_thailand_to_discuss_conservation_measures_for_temple_of_preah_vihear_world_heritage_site/#.VO30vbOsV9s, accessed February 18, 2017.
32. B. Hauser-Schäublin and S. Missling, “The Enduring Agency of Borderland Regimes: The Aftermath of Serial Regulations with Different Scopes and Temporal Scales at Preah Vihear, Cambodia,” *Journal of Legal Pluralism and Unofficial Law* 46, no. 1 (2014): 79—98, p. 89.
33. T. Williams, “The Curious Tale of Preah Vihear: The Process and Value of World Heritage Nomination,” *Conservation and Management of Archaeological Sites* 13, no. 1 (2011): 1—7.
34. F. Francioni, “Enforcing International Cultural Heritage Law,” in *Cultural Heritage Law and Policy*, ed. F. Francioni and J. Gordley (Oxford: Oxford University Press, 2013), 17.
35. 中国提交的文件是关于1937年末，日本在中国东南城市进行的血腥入侵的；see J. McCurry, “Japan Threatens to Halt Unesco Funding over Nanjing Massacre Listing,” *Guardian*, October 13, 2015。
36. Agence France-Presse, “Japan Halts Unesco Funding Following Nanjing Massacre Row,” *Guardian*, October 14, 2016; “Japan Pays Funds for UNESCO After Halt over Nanjing Row with China,” Reuters, December 21, 2016.
37. UNESCO, “Amami-Oshima Island, Tokunoshima Island, the Northern

Part of Okinawa Island and Iriomote Island," http://whc.unesco.org/en/tentativelists/6160, accessed February 23, 2017.

38. Letter from the Chinese Delegation circulated at the Fortieth World Heritage Committee meeting in Paris, October 25, 2016. See also Ministry of Foreign Affairs of the People's Republic of China, "Foreign Ministry Spokesman Geng Shuang's Regular Press Conference on November 15, 2016," http://www.fmprc.gov.cn/mfa_eng/xwfw_665399/S2510_665401/t1415634.shtml, accessed February 23, 2017.

39. UNESCO, "Medium-Term Strategy, 2014—2021," 37 C/4, 2014, http://unesdoc.unesco.org/images/0022/002278/227860e.pdf, accessed February 23, 2017. 288

40. Galis, "UNESCO Documents and Procedure."

41. UNESCO, "Convention Concerning the Protection of the World Cultural and Natural Heritage," http://whc.unesco.org/archive/convention-en.pdf, accessed March 8, 2017.

42. Galis, "UNESCO Documents and Procedure," n. 26.

43. Ibid. 加利斯也探讨了对缔约国问责的机制问题。他认为，对违约行为实施处罚是不现实的，因为"这需要国际监督部门来决定是否违约，然后执行某种处罚措施。很多时候，这种执行所付出的代价大过所得到的益处。在世界遗产的问题上，本就存在着国家主权和共同遗产之间的矛盾，这种问责很可能加剧现有的紧张局势"（231）。

44. 这就是国际刑事法院的强制司法权依然得不到普遍认同的原因，A. Chechi, "Evaluating the Establishment of an International Cultural Heritage Court," *Art, Antiquity and Law* 18（2013）：31—57。他认为，这"也是条约经常设立监管机制、委员会和报告责任等'软性'执行程序的原因"（40）。See also R. O'Keefe, "World Cultural Heritage: Obligations to the International Community as a Whole?," *International and Comparative Law Quarterly* 53, no. 1（2004）：189—209.

45. W. W. Burke-White, "Crimea and the International Legal Order," *Survival* 56, no. 4（2014）：65—80, p.65.

46. UNESCO Executive Board, "Follow-up by UNESCO of the Situation in the Autonomous Republic of Crimea（Ukraine）," 194 EX/32, April 3, 2014, http://unesdoc.unesco.org/images/0022/002272/227294e.pdf, accessed March 8, 2017.

47. UNESCO, "Ancient City of Tauric Chersonese and Its Chora," http://whc.

unesco.org/en/list/1411,accessed March 8,2017.

48. “Full Text of Putin’s Speech on Crimea,” *Prague Post*, March 19, 2014, http://praguepost.com/eu-news/37854-full-text-of-putin-s-speech-on-crimea, accessed March 8, 2017. 普京称:“克里米亚的一切都表明我们具有共同的历史和荣耀。这里是古代赫尔松人的领地,是弗拉基米尔王子接受洗礼的地方。他在精神上采纳了正教观念,这奠定了俄罗斯人、乌克兰人、白俄罗斯人统一的文化、文明和人类价值的总体基础。”

49. President of Russia, “Meeting with Young Academics and History Teachers,” November 5, 2014, http://en.kremlin.ru/events/president/news/46951, accessed March 12,2017. 克里姆林宫宣称,合并克里米亚以后,推动了那里的考古学和博物馆事业的发展,对此的详细讨论,见G. Plets, “Violins and Trowels for Palmyra: Post-Conflict Heritage Politics,” *Anthropology Today*
289 33,no. 4(2017): 18—22。

50. 对于乌克兰围绕世界遗产、转移文物,还有所谓的“黑暗考古学”或者非法发掘所做的声明,俄罗斯进行了反驳,见Commission of the Russian Federation,“Comment by the Information and Press Department of the Russian Ministry of Foreign Affairs Regarding the Results of the Discussion of the Decision on Crimea by UNESCO’s Executive Board,” 2014, http://www.unesco.ru/en/?module=news&action=print&id=556, and UNESCO Executive Board,“Follow-up of the Situation in the Autonomous Republic of Crimea”。

51. UNESCO, “State of Conservation: Ancient City of Tauric Chersonese and Its Chora (Ukraine),” 2016, http://whc.unesco.org/en/soc/3483, accessed March 8,2017.

52. 4月,俄罗斯外交部长谢尔盖·拉夫罗夫利用俄罗斯加入联合国教科文组织六十周年的契机,向该组织致敬,称其是一个“普遍接受的、保护传统价值和文化遗产及环境的权威平台,其实现途径是在彼此尊重的基础上加深文明和文化之间的对话”。进一步讨论,见L. M. Meskell, “Gridlock: UNESCO,Global Conflict and Failed Ambitions,” *World Archaeology*,2015。

53. See UNESCO Executive Board, “Part 1, Follow-up to Decisions and Resolutions Adopted by the Executive Board and the General Conference at Their Previous Sessions,” 199 EX/5, March 4, 2016, http://unesdoc.unesco.org/images/0024/002439/243925e.pdf, accessed March 8, 2017. 在许多的声明中,有一份声明称,2015年11月,联合国教科文组织《世界遗产暂定名

录》中的苏达克城堡（克里米亚苏达克城）的19号贝济门那塔遭到毁坏。关于克里米亚黄金展的命运，见R. van der Laarse，“Who Owns the Crimean Past? Conflicted Heritage and Ukrainian Identities,” in *A Critical Biographical Approach of Europe's Past*, ed. D. Callebaut（Ghent：Provincie Oost-Vlaanderen, 2014），16—53；M. Nudelman，“Who Owns the Scythian Gold：The Legal and Moral Implications of Ukraine and Crimea's Cultural Dispute,” *Fordham International Law Journal* 38（2015）：1261。

54. 在三页纸的报告中，类似“能力范围”或“能力所及”这样的表达出现了十多次。

55. Commission of the Russian Federation，“Mitrofanova：UNESCO Properly Recognizes Russia's Stand,” http：//www.unesco.ru/en/?module=news&action=print&id=690, accessed March 8, 2017. 关于俄罗斯的遗产政治学，包括该国在联合国教科文组织中的立场，见G. Plets，“Ethno-nationalism, Asymmetric Federalism and Soviet Perceptions of the Past：（World）Heritage Activism in the Russian Federation,” *Journal of Social Archaeology* 15, no. 1（2015）：67—93。

56. J. Turtinen, *Globalising Heritage：On UNESCO and the Transnational Construction of a World Heritage*（Stockholm：Stockholm Center for Organizational Research, 2000）. 290

57. R. Mazza, *Jerusalem：From the Ottomans to the British*（London：IB Tauris, 2009）, 136.

58. Text of the Decree of Surrender of Jerusalem into British Control, http：//www.firstworldwar.com/source/jerusalemdecree.htm, accessed March 13, 2017.

59. H. Bazian，“Revisiting the British Conquest of Jerusalem,” Al Jazeera, December 14, 2014, http：//www.aljazeera.com/indepth/opinion/2014/12/revisiting-british-conquest-je-201412138124388 1138.html, accessed March 12, 2017.“耶路撒冷行动”也包括雅法和内比·萨姆维尔战斗。

60. S. C. Tucker, *A Global Chronology of Conflict：From the Ancient World to the Modern Middle East*（Santa Barbara, CA：ABC-Clio, 2010）, quoted on 1651. See also Bazian，“Revisiting the British Conquest of Jerusalem”；E. Bai-Yosef，“The Last Crusade? British Propaganda and the Palestine Campaign, 1917—18,” *Journal of Contemporary History* 36, no. 1（2001）：87—109；J. E. Kitchen，“‘Khaki Crusaders’：Crusading Rhetoric and the British

Imperial Soldier During the Egypt and Palestine Campaigns, 1916—18," *First World War Studies* 1, no. 2(2010): 141—160.

61. W. Preston, E. S. Herman, and H. Schiller, *Hope and Folly: The United States and UNESCO 1945—1985* (Minneapolis: University of Minnesota Press, 1989), 198. 拉金和邓普尔认为, "联合国教科文组织最早介入耶路撒冷旧城, 是1967年, 当时阿拉伯人越来越关注以色列人拆除穆格拉比区的行动, 以及在犹太人区和穆斯林圣所南部边界进行的大规模发掘和'神秘挖掘'"。C. Larkin and M. Dumper, "UNESCO and Jerusalem: Constraints, Challenges and Opportunities," *Jerusalem Quarterly* 39(2009): 17.

62. C. De Cesari, "World Heritage and Mosaic Universalism," *Journal of Social Archaeology* 10, no. 3(2010): 299—324. 正如德·塞萨里所说, "以色列阻止联合国教科文组织巴勒斯坦事务处在东耶路撒冷采取行动; 为保护该城市濒危文化遗产而提出的新倡议都由巴黎总部处理, 无法照顾到耶路撒冷复杂的现实状况"(301)。

63. 类似的后果包括美国于1977年和2011年两次停止提供经济援助; see L. M. Meskell, "UNESCO's World Heritage Convention at 40: Challenging the Economic and Political Order of International Heritage Conservation," *Current Anthropology* 54, no. 4(2013): 483—494; see also R. Hoggart, *An Idea and Its Servants: UNESCO from Within* (Piscataway, NJ: Transaction, 2011); Preston, Herman, and Schiller, *Hope and Folly*; L. Blanchfield and M. Browne, *The United Nations Educational, Scientific, and Cultural Organization (UNESCO)* (Washington, DC: Congressional Research Service, 2013); J. P. Singh, "A 21st-Century UNESCO: Ideals and Politics in an Era of (Interrupted) US Re-Engagement," Briefing 23, Future United Nations Development System, Ralph Bunche Institute for International Studies, CUNY
291 Graduate Center, New York, 2014。

64. See Galis, "UNESCO Documents and Procedure." 加利斯称: "如果我们希望联合国教科文组织为就耶路撒冷遗址问题产生的巴以纷争提供解决方案, 那么根本问题是要弄清楚, 纷争并不局限于遗址问题, 其背后是更为严重的历史争端。虽然以色列试图将遗址列入名单已经是八年以前的事情了, 但是今天, 巴以之间的暴力行动依然存在。在这种情况下, 解决争端的方案的重要性, 远远超过联合国教科文组织《世界遗产公约》和《行动指南》所能涉及的范围。这些文件旨在保护具有文化和自然意义的遗址, 而不是

为战争区域带来和平。因此，希望这些文件和程序能够解决这样一种纷争是不现实的。”（225）

65. Quoted in Preston, Herman, and Schiller, *Hope and Folly*, 198.
66. UNESCO, “Statement by the Director-General of UNESCO on the Old City of Jerusalem and Its Walls, a UNESCO World Heritage Site,” October 14, 2016, http://whc.unesco.org/en/news/1568, accessed March 15, 2017.
67. UNESCO, “Old City of Jerusalem and Its Walls: Documents,” http://whc.unesco.org/en/list/148/documents, accessed March 13, 2017. 见提交给耶路撒冷的《海牙公约》主任专员的大量报告，他们是荷兰的雷宁克先生和瑞士的布伦纳先生，两人都是1967年10月24日获得委任的：UNESCO Archives, Dossiers par Matière du Directeur du Cabinet, 32, Cultural Property: Jerusalem（Rapport du Prof. Lemaire），1971—1974, CAB 7/8。
68. R. Hoggart, “UNESCO in Crisis—the Israel Resolutions,” *Higher Education Quarterly* 30, no. 1（1975）: 15—23.
69. 15 C/Resolution 3.342 and 3.343, 82 EX/Decision 4.4.2, 83 EX/Decision 4.3.1, 88 EX/Decision 4.3.1, 89 EX/Decision 4.4.1, 17 C/Resolution 3.422, 18 C/Resolution 3.427 and 19 C/Resolution 4.129, all noted in the document entitled “Jerusalem and the Implementation of 20 C/Resolution 4/7.6/13.” See Executive Board 107 Ex/15 Paris, 27 April 1979, unesdoc.unesco.org/images/0003/000357/035771eb.pdf, accessed March 13, 2017. 作为背景，1947年11月29日通过的联合国大会第181号（II）决议，规定了耶路撒冷的全部领土属于国际领土：“耶路撒冷城将被设立为由国际特别政权领导的独立个体，由联合国管理。”1948年阿拉伯-以色列战争之后，联合国大会第303号决议（IV）对此决定做了重新声明（自1949年起）。
70. Resolution 4/7.6/13 107 EX/15 Annex adopted by the General Conference at its 20th Session（1978）; see http://unesdoc.unesco.org/images/0011/001140/114032E.pdf, 97, accessed March 8, 2017.
71. S. Ricca, *Reinventing Jerusalem: Israel's Reconstruction of the Jewish Quarter After 1967*（London: IB Tauris, 2007）, 134. 292
72. UN Resolution 298, September 25, 1971, http://www.un.org/en/ga/search/view_doc.asp?symbol=S/RES/298（1971）, accessed March 14, 2017.
73. L. M. Meskell, C. Liuzza, and N. Brown, “World Heritage Regionalism: UNESCO from Europe to Asia,” *International Journal of Cultural Property*, 2015.

74. 理查德·霍加特声称:“以色列对该城市的所作所为有着更为令人不安的问题,即改变城市景观,尤其是高层建筑。这点为什么没有能够成为讨论的中心议题?也许是因为与考古事宜关联更多的是联合国教科文组织。也许是因为相较于大多数其他诱因而言,对宗教遗址可能的威胁更容易激发人们愤怒的情绪。或者是因为,如果对某处历史遗迹的损害升级成国际事件,那么几乎没有一个国家可以逃脱责罚。还可能是因为,对耶路撒冷天际线的破坏从1967年以前就已经开始;彼时,这座城市处于约旦的统治之下,在得到当权者的许可之后,人们建成了耸立于橄榄山之上的洲际酒店。” Hoggart,“UNESCO in Crisis,” 17—18.
75. Letter dated October 7, 1971, from Professor R. M. Lemaire to Director-General René Maheu, UNESCO Archives, Dossiers par Matière du Directeur du Cabinet, 32, Cultural Property: Jerusalem(Rapport du Prof Lemaire), 1971—1974, CAB 7/8.
76. Ricca, *Reinventing Jerusalem*, 136. 勒梅尔参与撰写了《威尼斯章程》,同时也是国际古迹遗址理事会的创始人之一。
77. Quoted in ibid., 143. See also the report by R. Lemaire entitled “Rapport Confidentiel a Monsieur R. Maheu Directeur General de L'UNESCO sur la Conservation des Biens Culturels à Jerusalem,” UNESCO Archives, Dossiers par Matière du Directeur du Cabinet, 32, Cultural Property: Jerusalem (Rapport du Prof. Lemaire), 1971—1974, CAB 7/8. See also the Confidential Memo to the Director-General from Gérard Bolla, Department for the Cultural Heritage(CLP), June 24, 1974, Jerusalem. 关于发掘行动根本性质的更多信息,见88 EX/46, “A Memorandum to be Attached to the Jordanian Report Concerning the Violations of the Hague Convention and the Resolutions Taken by UNESCO under the Numbers 15 C/Resolutions 3.343, 3.342, 83 EX/Decisions, 4.3.1 and 82 EX/Decisions, 4.4.2,” 3, http: //unesdoc.unesco.org/images/0011/001131/113195E.pdf, accessed March 14, 2017。
78. Quoted in Ricca, *Reinventing Jerusalem*, 143, 145.
79. Quoted in ibid., 143.
80. 想要全方位了解以色列和巴勒斯坦在考古上的过往和现今,两者关系如何,见A. A. Rjoob, “The Impact of Israeli Occupation on the Conservation of Cultural Heritage sites in the Occupied Palestinian Territories: The Case of ‘Salvage Excavations,’ ” *Conservation and Management of Archaeological*

Sites 11, nos. 3—4 (2009): 214—235; C. Larkin and M. Dumper, "In Defense of Al-Aqsa: The Islamic Movement Inside Israel and the Battle for Jerusalem," *Middle East Journal* 66, no. 1 (2012): 31—52; M. Dumper and C. Larkin, "The Politics of Heritage and the Limitations of International Agency in Contested Cities: A Study of the Role of UNESCO in Jerusalem's Old City," *Review of International Studies* 38, no. 1 (2012): 25—52; Larkin and Dumper, "UNESCO and Jerusalem"; C. De Cesari, "World Heritage and the Nation-State," in *Transnational Memory: Circulation, Articulation, Scales*, ed. C. De Cesari and A. Rigney (Berlin: de Gruyter, 2014), 247—270; N. Abu el-Haj, *Facts on the Ground: Archaeological Practice and Territorial Self-Fashioning in Israeli Society* (Chicago: University of Chicago Press, 2001); A. E. Gfeller, "Culture at the Crossroad of International Politics: UNESCO, World Heritage, and the Holy Land," *Papiers d'Actualité/Current Affairs in Perspective: Fondation Pierre du Bois* 3 (2013): 1—11。完成于20世纪80年代的一份报告详细讨论了遗产及城市规划的长期问题，见W. Logan, "Planning the Palestinian Towns Under Occupation," Working Paper 12, Australasian Middle Eastern Studies Association, Christchurch, 1989。 293

81. UNESCO, "Decision: 40 COM 7A.13, Old City of Jerusalem and Its Walls (Site Proposed by Jordan) (C 148 Rev)," 2016, http://whc.unesco.org/en/decisions/6818, accessed March 14, 2017.
82. Ibid.
83. UNESCO, "State of Conservation: Old City of Jerusalem and Its Walls (Jerusalem (Site Proposed by Jordan))," http://whc.unesco.org/en/soc/3342, accessed March 14, 2017. 这些多年以来的独立评估，可与以色列、约旦和巴勒斯坦撰写的报告相比照，可见于联合国教科文组织网站同一页。在某种程度上，相关报告飞速增多是因为，"2002年，以色列重新占领了一些巴勒斯坦主要城市，接下来发生了对文化遗产的大规模破坏——狙击手瞄准伯利恒基督诞生教堂事件，成为这类破坏的标志性事件"; see De Cesari, "World Heritage and Mosaic Universalism," 303。
84. 邓普尔和拉金认为："国际政治学在联合国教科文组织行动中的渗透带来的一个结果是，主要参与国将施加影响，同时联合国教科文组织巴黎总部更想与其主要投资者处好关系。这样一来，结果常常是理事会的决定和监察队给予耶路撒冷的建议很难得到很好的落实。" Dumper and Larkin, "The

Politics of Heritage," 27.

85. G. Murray, *From the League to the U.N.* (London: Oxford University Press, 1948), 39.

86. Ibid., 68.

87. Hoggart, "UNESCO in Crisis."

88. M. Mazower, *Governing the World: The History of an Idea* (London: Penguin, 2012), 256.

89. Ibid., 402.

90. 其他队员说我们是生活在"狮子的巢穴"之中。在一次袭击中，安全顾问告诉我们，我们必须接受有些人会失去生命，但他的工作是努力把那个数字降到最低，以及在当地警察到来之前为我们争取仅仅二十分钟的时间。我们不能聚集，不能走大路，我们必须跑到野外，躲进混凝土灌溉渠道，然后等待。

294

91. M. Herzfeld, "Mere Symbols," *Anthropologica* 50, no. 1 (2008): 146.

92. N. Michell, *Ruins of Many Lands: A Descriptive Poem* (London: John K. Chapman, 1849).

第七章

1. Q. Wright, "The Bombardment of Damascus," *American Journal of International Law* 20, no. 2 (1926): 263—280. 详细描述见P. S. Khoury, *Syria and the French Mandate: The Politics of Arab Nationalism, 1920—1945* (Princeton, NJ: Princeton University Press, 2014); C. Glass, *Syria Burning: A Short History of a Catastrophe* (New York: Verso Books, 2016); G. Antonius, "Syria and the French Mandate," *International Affairs* (*Royal Institute of International Affairs 1931—1939*) 13, no. 4 (1934): 523—539; M. Provence, The Great Syrian Revolt and the Rise of Arab Nationalism (Austin: University of Texas Press, 2005)。

2. "The Shelling of Damascus," *Advocate of Peace Through Justice* 87, no. 12 (1925): 661.

3. S. Pedersen, *The Guardians: The League of Nations and the Crisis of Empire* (Oxford: Oxford University Press, 2015), 149.

4. Wright, "The Bombardment of Damascus," 273, 275.

5. Pedersen, *The Guardians*, 166.
6. E. Colby, "How to Fight Savage Tribes," *American Journal of International Law* 21, no. 2(1927): 287.
7. "Russia, Syria Accused of 'War Crimes' in Aleppo Bombardment," France 24, September 26, 2016, http://www.france24.com/en/20160926-russia-syria-accused-war-crimes-aleppo-bombardment, accessed April 4, 2017; J. Borger and K. Shaheen, "Russia Accused of War Crimes in Syria at UN Security Council Session," *Guardian*, September 26, 2016.
8. J. Barr, *A Line in the Sand: Britain, France and the Struggle That Shaped the Middle East*(New York: Simon and Schuster, 2011).
9. A. Swenson, "Crusader Heritages and Imperial Preservation," *Past and Present* 226, suppl. 10(2015): 47.
10. T. E. Lawrence, *Crusader Castles*(Oxford: Oxford University Press, 1988).
11. Editorial, "To Save Our Heritage in Stone," *UNESCO Courier* 7, (1954): 3.
12. "Praying for Palmyra: Russian Orchestra Performs Concert Honoring Victims of Syria War," YouTube, posted May 5, 2016, https://www.youtube.com/watch?v=9bohFIfz4Zaw, accessed March 20, 2017.
13. Ibid. 295
14. A. E. Kramer and A. Higgins, "In Syria, Russia Plays Bach Where ISIS Executed 25," *New York Times*, May 5, 2016; J. Caffrey, "Shostakovich's Symphony Played by a Starving Orchestra," BBC News, January 2, 2016.
15. UNESCO, "World Heritage in Danger," http://whc.unesco.org/en/158, accessed March 20, 2017.
16. UNESCO, "The 1954 Hague Convention for the Protection of Cultural Property in the Event of Armed Conflict and Its Two(1954 and 1999)Protocols: Basic Texts," http://unesdoc.unesco.org/images/818/81875/187580e.pdf, accessed March 20, 2017.
17. 在这点上，我很感激Ana Vrdoljak。See F. A. Boyle, *Foundations of World Order: The Legalist Approach to International Relations (1898—1922)* (Durham, NC: Duke University Press, 1999); G. Best, "Peace Conferences and the Century of Total War: The 1899 Hague Conference and What Came After," *International Affairs* 75, no. 3(1999): 619—634; A. P. Higgins, *The Hague Peace Conferences*(Cambridge: Cambridge University Press, 1909).

18. L. M. Meskell,“States of Conservation：Protection, Politics and Pacting Within UNESCO’s World Heritage Committee,” *Anthropological Quarterly* 87, no. 1(2014)：267—292.
19. Quoted in S. Rosenberg,“Why Russia Sells Syria Arms,” BBC News, June 29, 2012.
20. D. Trenin,“Why Russia Supports Assad,” *New York Times*, February 9, 2012；H. Amos,“News Analysis：Russia Damages Image in Arab Spring,” *Moscow Times*, August 25, 2011.
21. M. Mirovalev,“Syria’s War：A Showroom for Russian Arms Sales,” Al Jazeera, April 6, 2016.
22. B. Isakhan and J. A. González Zarandona,“Layers of Religious and Political Iconoclasm Under the Islamic State：Symbolic Sectarianism and Pre-monotheistic Iconoclasm,” *International Journal of Heritage Studies*(2017)：1—16. 作者写道:“2015年3月,联合国教科文组织博科娃针对伊斯兰国摧毁历史遗址的行为发表声明,称其是‘战争犯罪’……4月,伊斯兰国在已经被列入《世界遗产名录》的哈特拉古城录制《生活报》影像,展示了对这种谴责的蔑视。该影像不仅记录了激进分子用重锤和突击步枪摧毁刻在这座古堡城市墙壁上的无价之宝——浮雕,还展示了他们对博科娃的大胆反驳,‘一些异教徒组织说,摧毁这些所谓的工艺品是战争犯罪。我们将摧毁你们所有的工艺品和神像,伊斯兰国将成为你们领土上的统治者’。”(10—11)
23. I. Bokova,“Preservation of Cultural Heritage：Challenges and Strategies,” address at the Global Colloquium of University Presidents,“University Culture in Crisis：Diversity, Sustainability and Teaching,” Yale University, New Haven, April 11, 2016, http：//unesdoc.unesco.org/images/824/82448/244824e.
296 pdf, accessed March 23, 2017.
24. I. Bokova,“Cultural Diversity Under Attack：Protecting Heritage as a Force for Peace,” The Hague, June 13, 2016, http：//unesdoc.unesco.org/images/824/002451/245151E.pdf, accessed March 29, 2017.
25. Bokova,“Preservation of Cultural Heritage.”
26. Barr, *A Line in the Sand*, 18.
27. “The Bonn Declaration on World Heritage.” http：//whc.unesco.org/document/147735, accessed January 7, 2018.
28. “Hatra Destruction ‘War Crime,’ Says UN Chief in Wake of ISIL Destruction

of Heritage Site," UN News Centre, March 7, 2015, http: //www.un.org/apps/news/story.asp?NewsID=50273#.WNotLRKGPsk, accessed March 27, 2017.

29. I. Bokova, "Cultural Cleansing—the Imperative of Protecting Cultural Heritage and Diversity," MacCormick European Lecture, Royal Society of Edinburgh, November 30, 2016, http: //unesdoc.unesco.org/images/824/82466/246668E.pdf, accessed March 20, 2017.
30. Ibid.
31. Quoted in A. M. M'Bow, "An Age of Solidarity or an Age of Barbarism?," http: //unesdoc.unesco.org/images/0004/08496/049648eo.pdf#nameddest=49643, accessed March 23, 2017.
32. 沙特阿拉伯承诺提供两千万美元，阿拉伯联合酋长国一千五百万美元，科威特五百万美元，卢森堡三百万美元，还有摩洛哥一百五十万美元。
33. http: //www.latimes.com/world/la-fg-heritage-sites-war-zones-20170320-story.html, accessed March 23, 2017.
34. UNESCO, "People Protecting Places" website, www.peopleprotectingplaces.org, accessed March 20, 2017.
35. I. Bokova, speech at the Conference internationale de Haut Niveau sur le Patrimoine et la Diversité culturelil en péril en Iraq et en Syrie, UNESCO, December 3, 2014, http: //unesdoc.unesco.org/images/0023/002310/231070M.pdf, accessed March 20, 2017.
36. I. Bokova, speech at the opening of the Expert Meeting on Syrian Heritage, Berlin, June 2, 2016, http: //unesdoc.unesco.org/images/824/82449/244994E.pdf, accessed March 28, 2017.
37. I. Bokova, "Cultural Heritage: Extremism's New Target," speech at the Royal Institute of International Affairs, London, July 1, 2015, http: //unesdoc.unesco.org/images/0023/002336/233661E.pdf, accessed March 23, 2017.
38. Bokova, "Preservation of Cultural Heritage."
39. I. Bokova, "The Protection of Cultural Heritage in Times of Conflict: Challenges and Threats," speech to the Forum for New Diplomacy, Ismaili Centre, London, October 27, 2015, http: //unesdoc.unesco.org/images/0023/002351/2351586.pdf, accessed March 23, 2017.
40. UNESCO, "Eternal Sites—From Bamiyan to Palmyra, Journey to the Heart of World Heritage Sites," 2016, http: //en.unesco.org/events/eternal-sites-bamiyan- 297

palmyra-journey-heart-world-heritage-sites-0, accessed March 29, 2017.

41. 凯旋门仿制品也在佛罗伦萨的首次七国集团文化部长级会议上进行了展示，原本希望它为会议增光添彩，但似乎它的亮相乏善可陈；see Ministero dei Beni e delle Attavità Culturali e del Turismo, "G7 Culture: The First G7 Ministerial Meeting on Culture," 2017, http://www.beniculturali.it/mibac/export/MiBAC/sito-MiBAC/Contenuti/visualizza_asset.html_1657915625.html, accessed May 3, 2017。
42. C. Voon, "Slick Replica of Palmyra's Triumphal Arch Arrives in New York, Prompting Questions [Updated]," *Hyperallergic*, September 21, 2016, https://hyperallergic.com/323978/slick-replica-of-palmyras-triumphal-arch-arrives-in-new-york-prompting-questions, accessed March 29, 2017.
43. S. Eastaugh, "Palmyra's Ancient Triumphal Arch Resurrected in London's Trafalgar Square," CNN, April 19, 2016. http://edition.cnn.com/2016/04/19/architecture/palmyra-triumphal-arch-replica-london, accessed March 29, 2017.
44. UNESCO, "International Conference 'World Heritage and Museums,'" October 24, 2016, http://en.unesco.org/news/intemational-conference-world-heritage-and-museums, accessed March 29, 2017.
45. B. Latour, *We Have Never Been Modern*, trans. C. Porter (Cambridge, MA: Harvard University Press, 1991), 70.
46. Ibid.
47. T. Allbeson, "Photographic Diplomacy in the Postwar World: Unesco and the Conception of Photography as a Universal Language, 1946—1956," *Modern Intellectual History* 12, no. 2 (2015): 383—415.
48. UNESCO, "Old City of Sana'a," http://whc.unesco.org/en/list/385; "Archaeological Site of Marib," http://whc.unesco.org/en/tentativelists/1717; and "Historic City of Saada," http://whc.unesco.org/en/tentativelists/1718, accessed May 7, 2017.
49. http://old.theartnewspaper.com/news/news/yemen-battles-to-save-ancient-heritage-from-destruction/, accessed December 21, 2017；关于考古、博物馆以及世界遗产的视角，见 L. Khalidi, "Yemeni Heritage, Saudi Vandalism," *New York Times*, June 26, 2015。
50. M. bin Nawaf bin Abdulaziz, "Saudi Arabia Is Bombing in Yemen to Bring Peace and Stability," *Telegraph*, February 29, 2016.

51. UNESCO, "#Unite4Heritage Campaign Launched by UNESCO Director-General in Baghdad," March 28, 2015, http://whc.unesco.org/en/news/1254, accessed March 29, 2017.
52. UNESCO, "#Unite4Heritage: United Nations University Joins UNESCO Campaign to Protect Heritage in Danger," May 6, 2015, http://whc.unesco.org/en/news/1272, accessed April 1, 2017.
53. Isakhan and González Zarandona, "Layers of Religious and Political Iconoclasm."
54. Ibid. 298
55. C. De Cesari, "Post-colonial Ruins: Archaeologies of Political Violence and IS," *Anthropology Today* 31, no. 6 (2015): 22—26; B. Isakhan, "Targeting the Symbolic Dimension of Baathist Iraq: Cultural Destruction, Historical Memory, and National Identity," *Middle East Journal of Culture and Communication* 4, no. 3 (2011): 257—281.
56. V. Azam, "Middle East Cultural Liaison Office Proposed," *UNESCO Courier*, November 1948, 2, http://unesdoc.unesco.org/images/0007/000738/073867eo.pdf#nameddest=73867, accessed March 30, 2017.
57. J. Huxley, "The Advance of World Civilization," *UNESCO Courier*, November 1948, 1, http://unesdoc.unesco.org/images/0007/000728/073867eo.pdf#nameddest=73867, accessed March 30, 2017.
58. M. Hojjat, "Cultural Identity in Danger," in *The Iran-Iraq War: The Politics of Aggression*, ed. F. Rajaee (Gainesville: University Press of Florida, 1993), 41—46; "Iran's Cultural Heritages Destroyed by Iraqi Invasion," IRIB World Service, September 23, 2013, http://english.irib.ir/radioculture/iran/history/item/151069-iran%E2%80%99s-cultural-heritages-destroyed-by-iraqi-invasion, accessed April 4, 2017.
59. See I. D. Putra and M. Hitchcock, "Pura Besakih: A World Heritage Site Contested," *Indonesia and the Malay World* 33, no. 96 (2005): 225—238; M. Bloembergen and M. Eickhoff, "Decolonizing Borobudur: Moral Engagements and the Fear of Loss," in *Sites, Bodies and Stories: Imagining Indonesian History*, ed. S. Legêne, B. Purwato, and H. Shulte Nordholt (Singapore: NUS Press, 2015), 33—66; M. Nagaoka, "'European' and 'Asian' Approaches to Cultural Landscapes Management at Borobudur, Indonesia in the 1970s,"

International Journal of Heritage Studies 21, no. 3 (2014): 232—249; T. Rico, "The Heritage of Aftermath: Making 'Heritage at Risk' in Post-Tsnumai Banda Aceh," Ph.D. dissertation, Department of Anthropology, Stanford University, 2011.

60. D. A. Tanudirjo, "Changing Perspectives on the Relationship Between Heritage Landscape and Local Communities: A Lesson from Borobudur," in *Transcending the Culture-Nature Divide in Cultural Heritage: Views from the Asia-Pacific Region*, ed. S. Brockwell, S. O'Connor, and D. Byrne (Canberra: ANU Press, 2013), 65—81.

61. A. F. Vrdoljak, "Intentional Destruction of Cultural Heritage and International Law," in *Multiculturalism and International Law, XXXV Thesaurus Acroasium*, ed. K. Koufa (Thessaloniki: Sakkoulas Publications, 2007), 377—396.

62. See also S. Barakat, J. Calame, and E. Charlesworth, eds., *Urban Triumph or Urban Disaster? Dilemmas of Contemporary Post-war Reconstruction* (York: University of York Press, 1998).

63. H. Walasek, *Bosnia and the Destruction of Cultural Heritage* (Abingdon: Routledge, 2016). 奥斯曼桥也称莫斯塔尔古桥，最初建于16世纪。瓦拉塞克记录了当地官员对联合国教科文组织的负面情绪，出于安全考虑，该组织的要求或被忽略，或被拒绝。1995年4月，联合国教科文组
299 织在莫斯塔尔当地设立了办事处，双方的关系似乎得到了改善。See also "The Situation of the Cultural and Architectural Heritage as Well as of Educational and Cultural Institutions in Bosnia and Herzegovina," UNESCO Executive Board, 144 ex/34, Paris, April 19, 1994, http://unesdoc.unesco.org/images/0009/000969/096973eo.pdf, accessed April 12, 2017. 提交提案的国家有埃及、巴基斯坦和土耳其。

64. UNESCO, "Old Bridge Area of the Old City of Mostar," http://whc.unesco.org/en/list/946, accessed April 4, 2017.

65. 该遗址进入名单是基于标准(vi); see ibid。在2010年的一次演讲中，联合国教科文组织总干事伊琳娜·博科娃这样说道："得益于联合国教科文组织在波黑的管理，莫斯塔尔古桥得到重建，于是曾经的交战国重启对话；2005年，埃塞俄比亚返还了阿克苏姆方尖碑，此碑被重新安置好；耶路撒冷旧城得到保护——联合国教科文组织领导实施的所有这些行动，都是为了让人们更好地靠近彼此。" See I. Bokova, "A New

Humanism for the 21st Century," October 7, 2010, http://unesdoc.unesco.org/images/0018/001897/189775e.pdf, accessed April 4, 2017.

66. M. B. Ulengin and O. Ulengin, "A New Layer in a World Heritage Site: The Post-War Reconstruction of Mostar's Historic Core," *Megaron* 10, no. 3 (2015): 332—342; S. Forde, "The Bridge on the Neretva: Stari Most as a Stage of Memory in Post-Conflict Mostar Bosnia-Herzegovina," *Cooperation and Conflict* 51, no. 4 (2016): 467—483; A. Connor, "Heritage in an Expanded Field: Reconstructing Bridge-ness in Mostar," in *A Companion to Heritage Studies*, ed. W. Logan, M. N. Craith, and U. Kockel (New York: John Wiley & Sons, 2016), 254—267. See also I. Traynor, "Bridge Opens but Mostar Remains a Divided City," *Guardian*, July 4, 2006. 我很感谢Sophia Labadi引我注意到这篇文章。
67. UNESCO, "Sacred City of Kandy," http://whc.unesco.org/en/list/450, accessed April 4, 2017. See also R. Coningham and N. Lewer, "Paradise Lost: The Bombing of the Temple of the Tooth—a UNESCO World Heritage site in Sri Lanka," *Antiquity* 73, no. 282 (1999): 857—866.
68. G. Wijesuriya, "Conserving the Temple of the Tooth Relic, Sri Lanka," *Public Archaeology* 1, no. 2 (2000): 99—108; G. Wijesuriya, "Conservation in Context," in *Conservation and Preservation Interactions Between Theory and Practice: in Memoriam Alois Riegl (1858—1905). Proceedings of the International Conference of the ICOMOS International Scientific Committee for the Theory and the Philosophy of Conservation and Restoration*, ed. M. Falser, W. Lipp, and A. Tomaszewski (Florence: Edizioni Polistampa, 2010), 233—247.
69. Coningham and Lewer, "Paradise Lost"; A. Pieris, "From Colombo to Sri Jayewardenepura: National Heritage and the Capricious Subjectivities of Postcolonial Capitals," *Historic Environment* 26, no. 3 (2014): 74—85.
70. UNESCO, *Protection of Mankind's Cultural Heritage: Sites and Monuments* (Paris: UNESCO, 1970). 300
71. L. M. Meskell, "Negative Heritage and Past Mastering in Archaeology," *Anthropological Quarterly* 75, no. 3 (2002): 557—574. See also D. Gamboni, "World Heritage: Shield or Target?," *Getty Conservation Institute Newsletter* 16, no. 2 (2001): 5—11; C. Colwell-Chanthaphonh, "Dismembering/

Disremembering the Buddhas: Renderings on the Internet During the Afghan Purge of the Past," *Journal of Social Archaeology* 3, no. 1 (2003): 75—98; M. Lostal, *International Cultural Heritage Law in Armed Conflict: Case-Studies of Syria, Libya, Mali, the Invasion of Iraq, and the Buddhas of Bamiyan* (Cambridge: Cambridge University Press, 2017); S. Reza Husseini, "Destruction of Bamiyan Buddhas: Taliban Iconoclasm and Hazara Response," *Himalayan and Central Asian Studies* 16, no. 2 (2012): 15—50.

72. Meskell, "Negative Heritage and Past Mastering in Archaeology."
73. F. Francioni and F. Lenzerini, "The Destruction of the Buddhas of Bamiyan and International Law," *European Journal of International Law* 14, no. 4 (2003): 619—651. See also K. Kornegay, "Destroying the Shrines of Unbelievers: The Challenge of Iconoclasm to the International Framework for the Protection of Cultural Property," *Military Law Review* 221 (2014): 153—182.
74. Francioni and Lenzerini, "The Destruction of the Buddhas of Bamiyan and International Law."
75. Isakhan, "Targeting the Symbolic Dimension of Baathist Iraq," 270. See also P. Stone, "Protecting Cultural Heritage in Times of Conflict: Lessons from Iraq," *Archaeologies* 5, no. 1 (2009): 32—38; P. G. Stone and J. F. Bajjaly, eds., *The Destruction of Cultural Heritage in Iraq* (Woodbridge: Boydell & Brewer, 2008).
76. B. Isakhan, "Heritage Destruction and Spikes in Violence: The Case of Iraq," in *Cultural Heritage in the Crosshairs: Protecting Cultural Property during Conflict*, ed. J. D. Kila and J. A. Zeidler (Leiden: Brill, 2013), 232.
77. B. Isakhan, "The Iraq Legacies and the Roots of the 'Islamic State,' " in *The Legacy of Iraq: From the 2003 War to the "Islamic State,"* ed. B. Isakhan (Edinburgh: Edinburgh University Press, 2015), 228. See also Isakhan, "Targeting the Symbolic Dimension of Baathist Iraq"; Isakhan, "Heritage Destruction and Spikes in Violence."
78. UNESCO, "Iraq," http://whc.unesco.org/en/statesparties/iq, accessed May 22, 2017.
79. Isakhan, "Heritage Destruction and Spikes in Violence," 239. 写作本书时,"伊拉克死亡人数"——一个记录2003年入侵行动发生以来的死亡人数的网站,记录下268 000人的死亡,其中包括参战人员。然而,几乎二十万人都是平民;see https://www.iraqbodycount.org, accessed May 22, 2017。

80. UNESCO, "Timbuktu," http://whc.unesco.org/en/list/119; UNESCO, "Tomb of Askia," http://whc.unesco.org/en/list/1139, accessed April 5, 2017. See also A. O. Sidi, "Maintaining Timbuktu's Unique Tangible and Intangible Heritage," *International Journal of Heritage Studies* 18, no. 3 (2012): 324—331. 301
81. UNESCO, "International Experts and Decision Makers Gathered at UNESCO Adopt Action Plan for Mali's Cultural Heritage and Manuscripts," February 19, 2013, http://whc.unesco.org/en/news/987, accessed May 28, 2014.
82. C. Joy, "'UNESCO Is What?' World Heritage, Militant Islam and the Search for a Common Humanity in Mali," in *World Heritage on the Ground: Ethnographic Perspectives*, ed. C. Brumann and D. Berliner (Oxford: Berghahn, 2016), 69.
83. "Timbuktu Shrines Damaged by Mali Ansar Dine Islamists," BBC News, June 30, 2012, cited in L. M. Meskell, "Gridlock: UNESCO, Global Conflict and Failed Ambitions," *World Archaeology*, 2015.
84. Joy, "'UNESCO Is What?'"
85. UNESCO, "State of Conservation: Hatra (Iraq)," http://whc.unesco.org/en/soc/3328; "Samarra Archaeological City," http://whc.unesco.org/en/list/276; "State of Conservation: Samarra Archaeological City (Iraq)," http://whc.unesco.org/en/soc/3340, accessed April 5, 2017. See specifically the report of the Republic of Iraq, Ministry of Culture State Board of Antiquities and Heritage, World Heritage Department, The High Commission for Managing World Heritage Sites in Iraq (Hatra-Ashur-Samarra), "State of Conservation Report 2016," prepared by Abdul Razzak Aboudi and Dr. Ayad Kadhum Dawood. See also Isakhan, "Targeting the Symbolic Dimension of Baathist Iraq."
86. Republic of Iraq, "State of Conservation Report 2016," 21.
87. H. Z. Watenpaugh, "Cultural Heritage and the Arab Spring: War over Culture, Culture of War and Culture War," *International Journal of Islamic Architecture* 5, no. 2 (2016): 245—263; N. Rabbat, "Heritage as a Right: Heritage and the Arab Spring," *International Journal of Islamic Architecture* 5, no. 2 (2016): 267—278.
88. 对于1954年《海牙公约》的深入研究，见S. Van der Auwera, "'Culture for Development' and the UNESCO Policy on the Protection of Cultural Property During Armed Conflict," *International Journal of Cultural Policy* 20, no. 3

(2014): 245—260; S. Van der Auwera, "UNESCO and the Protection of Cultural Property During Armed Conflict," *International Journal of Cultural Policy* 19, no. 1(2013): 1—19; A. F. Vrdoljak, "Challenges for International Cultural Heritage Law," in *Blackwell Companion to the New Heritage Studies*, ed. W. Logan, M. N. Craith, and U. Kockel (New York: Wiley Blackwell, 2016); M. Frulli, "The Criminalization of Offences Against Cultural Heritage in Times of Armed Conflict: The Quest for Consistency," *European Journal of International Law* 22, no. 1(2011): 203—217; P. Gerstenblith, "Beyond the 1954 Hague Convention," in *Cultural Awareness in the Military: Developments and Implications for Future Humanitarian Cooperation*, ed. R. Albro and B. Ivey (New York: Palgrave Macmillan, 2014), 83—98。

89. C54/16/11.Com/5 Paris, 22 November 2016, Committee for the Protection of Cultural Property in the Event of Armed Conflict, Eleventh Meeting, UNESCO
302 Headquarters, Paris 8—9 December 2016.

90. UNESCO, "Tomb of Askia," http://whc.unesco.org/en/list/1139, accessed April 3, 2017.

91. 关于更早的事件，见F. Valderrama, *A History of UNESCO* (Paris: UNESCO, 1995), 246。2011年，在决定是否同意巴勒斯坦成为联合国教科文组织成员国的投票中，有107票赞成，14票反对，还有52票弃权。

92. C. De Cesari, "World Heritage and the Nation-State," in *Transnational Memory: Circulation, Articulation, Scales*, ed. C. De Cesari and A. Rigney (Berlin: de Gruyter, 2014), 252.

93. UNESCO, "Birthplace of Jesus: Church of the Nativity and the Pilgrimage Route, Bethlehem," http://whc.unesco.org/en/list/1433, accessed April 3, 2017. 进入两个名单可以确保濒危遗产得到更直接的国际技术和经济援助。与此相类似的还有柬埔寨吴哥窟、阿富汗贾穆宣礼塔和考古遗迹、阿富汗巴米扬山谷的文化景观和考古遗迹，以及伊朗巴姆城及其文化景观。

94. Palestine ICOMOS, "Palestine: Destruction in the West Bank, April 2002," *Heritage at Risk* 2002/2003 (2015): 157—160.

95. 1997年至2000年之间，伯利恒是一项重要文物修复计划的重心所在，该项目名称为"伯利恒2000"。十余个国家，世界银行、联合国开发计划署等国际组织，以及其他援助者，总共投入了一亿多美元，用于整修建筑物、修复考古遗址、铺设街道和广场、改善水管线路和污水处理系统，还用于发展旅游业。

96. De Cesari,"World Heritage and the Nation-State," 248.
97. UNESCO Office in Ramallah, "Cultural Heritage," http://www.unesco.org/new/en/ramallah/culture/cultural-heritage, accessed April 2, 2017.
98. Jerusalem Southern Terraced Landscape World Heritage Site Emergency Nomination, Ministry of Tourism and Antiquities, Department of Antiquities and Cultural Heritage, Palestine, 2012.
99. W. Logan, "Planning the Palestinian Towns Under Occupation," Working Paper 12, Australasian Middle Eastern Studies Association, Christchurch, 1989.
100. R. Barnard and H. Muamer, "Ongoing Dispossession and a Heritage of Resistance," in *The Politics and Power of Tourism in Palestine*, ed. R. K. Isaac, C. M. Hall, and F. Higgins-Desbiolles (Abingdon: Routledge, 2015), 63; K. Reynolds, "Palestinian Agriculture and the Israeli Separation Barrier: The Mismatch of Biopolitics and Chronopolitics with the Environment and Human Survival," *International Journal of Environmental Studies* 72, no. 2 (2015): 237—255.
101. De Cesari, "World Heritage and the Nation-State," 250—251.
102. 在报告中,国际古迹遗址理事会一开始称其为墙或隔离墙,后来称其为"墙/围栏",再后来常常称其为"围栏"。围栏这个词出现了三十二
次。国际古迹遗址理事会认为:"大家都觉得,挡在中间的是一道围栏而 303
不是一堵墙。" See the Advisory Body evaluation, http://whc.unesco.org/en/list/1492/documents, accessed May 21, 2017.
103. UNESCO, "38th Session of the Committee, Doha, Qatar, 15—25 June 2014," http://whc.unesco.org/en/sessions/38COM/records/?day=2014-06-20#tr9DHtAPostU4876, accessed April 2, 2017.
104. UNESCO, "Palestine: Land of Olives and Vines—Cultural Landscape of Southern Jerusalem, Battir," http://whc.unesco.org/en/list/1492, accessed April 2, 2017.
105. M. T. Obidallah, "Saving the Roman Water System and the Terraced Landscape of Battir, Palestine," in *The UNESCO World Heritage and the Role of Civil Society. Proceedings of the International Conference Bonn 2015*, ed. S. Doempke (Berlin: World Heritage Watch, 2015), 136—139.
106. Letter from the Delegation of Palestine to the Director-General of the World

Heritage Center, March 9, 2017, Hebron/Al-Khalil Old Town (Palestine), 要求改变提交申请提名相关文件的程序。

107. "UNESCO Chief Regrets United States Decision to Withhold Funding," UN News Centre, November 2, 2011, http: //www.un.org/apps/news/story.asp?NewsID=40286#.WOJiFhJ97sk, accessed April 2, 2017. 她引用美国国务院的话,回忆道:"美国与联合国教科文组织的约定在很大范围内服务于我们的国家利益,包括教育、科学、文化和交流等各个领域……我们将与国会商讨方案,确认美国的利益和影响得到保障。"

108. 联邦法律两方面的内容迫使国务院终止其对联合国教科文组织的经济援助。其一是1990年的法律,该法律规定,禁止拨款"给联合国或其他专门机构,如果它们承认巴勒斯坦解放组织拥有成员国身份"。其二是1994年的法律,该法律规定,禁止国会拨款"给任何一个联合国的附属组织,如果它们给予某个没有得到国际认可其国家身份的组织或团体完整的成员国身份"。

109. W. H. C. Laves and C. A. Thomson, *UNESCO: Purpose, Progress, Prospects* (Bloomington: University of Indiana Press, 1957), 330.

110. 1947年,美国中央情报局秘密调查联合国教科文组织的行动。1947年2月7日的一份绝密文件记录道,中情局声称,来自英国的联合国教科文组织官员约瑟夫·尼德姆教授(赫胥黎在剑桥的同事)正在努力尝试设立"监听站",用以记录"关于核科学发展状况"的秘密讨论。See C. Dorn and K. Ghodsee, "The Cold War Politicization of Literacy: Communism, UNESCO, and the World Bank," *Journal of the Society for Historians of American Foreign Relations* 36, no. 2 (2012): 373—398. 详细描述可见于 W. Preston, E. S. Herman, and H. Schiller, *Hope and Folly: The United States and UNESCO 1945—1985* (Minneapolis: University of Minnesota Press,
304 1989)。

111. Valderrama, *A History of UNESCO*, 294.

112. Preston, Herman, and Schiller, *Hope and Folly*, 198.

113. Address by Amadou-Mahtar M'Bow at the ceremony for the award of the Insignia of Grand Cross of the Ordre du Mérite Diplomatique by the Institut des Relations Diplomatiques, Brussels, 12 June 1987, UNESCO DG/87/21, http: //unesdoc.unesco.org/images/0007/000752/075278eb.pdf, accessed January 14, 2017.

114. B. Hocking, “Words and Deeds: Why America Left Unesco,” *The World Today* 41, no. 4(1985): 75—78. 原先的美国报告，见Committee on Foreign Affairs, *Assessment of US-UNESCO Relations, 1984: Report of a Staff Study Mission to Paris-UNESCO to the Committee on Foreign Affairs House of Representatives*(Washington: GPO, 1985)。
115. T. L. Hughes, “The Twilight of Internationalism,” *Foreign Policy*, no. 61 (1985): 25—48, p. 25.
116. 1945年旧金山会议之后，斯穆茨将军对记者做了此番评论。那次会议上，四十六个国家共同签署了《联合国宣言》; cited in G. Murray, *From the League to the U.N.*(London: Oxford University Press, 1948), 160。
117. W. Y. Adams, “The Nubian Archaeological Campaigns of 1959—1969: Myths and Realities, Successes and Failures,” in *Etudes nubiennes. Conférence de Geneve. Ades du VIIe Congres International d’Etudes Nubiennes*(Geneva, 1992), 4. 亚当斯认为，我们必须“抛开精心打造的公众形象，忘掉偶然造成的误解，想一想1959年至1969年之间究竟发生了什么；为什么会发生，怎么发生的”。
118. M. Herzfeld, “Mere Symbols,” *Anthropologica* 50, no. 1(2008): 141—155. 日本关于文化遗产的理念就与联合国教科文组织背道而驰，例如见J. Sand, “Japan’s Monument Problem: Ise Shrine as Metaphor,” *Past and Present* 226, suppl. 10(2015): 126—152。

第八章

1. Rome Statute of the International Criminal Court, http: //legal.un.org/icc/statute/99_corr/cstatute.htm, accessed April 25, 2017.
2. Human Rights Watch, “Mali: Abuses Spread South,” February 19, 2016, https://www.hrw.org/news/2016/02/19/mali-abuses-spread-south; FIDH, “War Crimes in North Mali,” https: //www.fidh.org/IMG/pdf/mali592ang.pdf, accessed April 26, 2017.
3. 对此的讨论，见F. Francioni and F. Lenzerini, “The Destruction of the Buddhas of Bamiyan and International Law,” *European Journal of International Law* 14, no. 4(2003): 619—651; F. Lenzerini, “The UNESCO Declaration Concerning the Intentional Destruction of Cultural Heritage: One Step Forward and Two

305 Steps Back," *Italian Yearbook of International Law* 13 (2003): 131—145; J. Brosché et al., "Heritage Under Attack: Motives for Targeting Cultural Property During Armed Conflict," *International Journal of Heritage Studies* 23, no. 3 (2017): 248—260; B. Drazewska, "The Human Dimension of the Protection of the Cultural Heritage from Destruction During Armed Conflicts," *International Journal of Cultural Property* 22, nos. 2—3 (2015): 205—228; A. F. Vrdoljak, "Challenges for International Cultural Heritage Law," in *Blackwell Companion to the New Heritage Studies*, ed. W. Logan, M. N. Craith, and U. Kockel (New York: Wiley Blackwell, 2015); P. Gerstenblith, "The Destruction of Cultural Heritage: A Crime Against Property or a Crime Against People?," *John Marshall Review of Intellectual Property Law* 15, no. 3 (2016): 337—393。

4. B. Isakhan, "The Iraq Legacies and the Roots of the 'Islamic State,' " in *The Legacy of Iraq: From the 2003 War to the "Islamic State,"* ed. B. Isakhan (Edinburgh: Edinburgh University Press, 2015), 223.
5. J. Barr, *A Line in the Sand: Britain, France and the Struggle that Shaped the Middle East* (New York: Simon and Schuster 2011), 12. 关于伊斯兰国及其历史的出色叙述，见F. A. Gerges, *Isis: A History* (Princeton, NJ: Princeton University Press, 2017)。
6. T. A. Benjaminsen and G. Berge, "Myths of Timbuktu: From African El Dorado to Desertification," *International Journal of Political Economy* 34, no. 1 (2004): 31—59.
7. 引自国际特赦组织高级法律顾问埃里卡·伯西；see Amnesty International UK, "Landmark ICC Verdict Must Be First Step to Broader Justice in Mali Conflict," September 26, 2016, https://www.amnesty.org.uk/press-releases/landmark-icc-verdict-must-be-first-step-broader-justice-mali-conflict, accessed April 23, 2017。
8. 见联合国教科文组织总干事伊琳娜·博科娃的众多演讲："Cultural Heritage: Extremism's New Target," London, July 1, 2015; "Culture and Countering Violent Extremism," New York, September 28, 2015; "Protecting Cultural Heritage in Times of Conflict," The Hague, June 13, 2016; "Preservation of Cultural Heritage: Challenges and Strategies," New Haven, CT, April 11, 2016。
9. UNESCO, "Timbuktu," http://whc.unesco.org/en/list/119, accessed April 23, 2017.

10. UNESCO, "Timbuktu: Documents," esp. Document 119rev-ICOMOS-131-en.pdf, at http://whc.unesco.org/en/list/119/documents, accessed April 23, 2017.
11. 关于建筑、拆除和重建更加详细的描述，见联合国教科文组织遗址提名的相关记录，例如："如同津加理贝尔清真寺一样，建于14世纪的桑科雷清真寺于1578年至1582年之间由伊玛目阿奇布整修。他拆除了神殿，然后按照麦加克尔白的规模进行了重建。" 306
12. 有一位顾问这样说道："实行志愿者机制使得传统技术迅速退化。每年预备的建筑材料都是劣质泥浆（'banco'，意为'土坯'），再由外行们实施操作，于是建筑物出现渗水现象，并且遭到微生物腐蚀。他们试图为建筑物建造保护层，却也削弱了其结构。"当地居民从建造清真寺开始就负责其维修，因此，报告建议他们参与到保护行动中，由此保持一种鲜活的宗教文化。See UNESCO, "Decision: CONF 001 VI.B, Timbuktu (Mali)," 1994, http://whc.unesco.org/en/decisions/5439, accessed April 27, 2017.
13. UNESCO, "Tomb of Askia," http://whc.unesco.org/en/list/1139, accessed April 27, 2017.
14. UNESCO, "Decision: 36 COM 7B.106, Mali World Heritage Properties (Mali)," 2012, http://whc.unesco.org/en/decisions/4767, accessed April 27, 2017.
15. T. Pakenham, *The Scramble for Africa* (New York: Avon Books, 1992).
16. 1970年，联合国教科文组织开始其全球"遗产项目"时，把这种情况纳入考量范围，当时只确认了三个非洲项目：喀麦隆两个，埃塞俄比亚一个。See UNESCO, *Protection of Mankind's Cultural Heritage: Sites and Monuments* (Paris: UNESCO, 1970).
17. M. Lostal, *International Cultural Heritage Law in Armed Conflict: Case-Studies of Syria, Libya, Mali, the Invasion of Iraq, and the Buddhas of Bamiyan* (Cambridge: Cambridge University Press, 2017).
18. 作为直接同谋犯，他触犯了第25(3)(a)条；教唆和引诱人们犯罪，触犯了第25(3)(b)条；为犯罪行为提供帮助，怂恿或者参与，触犯了第25(3)(c)条；帮助一群具有共同目标的人实施犯罪，触犯了第25(3)(d)条。那些历史遗址包括：西迪·马哈茂德·本·奥马尔·穆罕默德·阿奎特陵墓，穆罕默德·马哈茂德·阿拉瓦尼酋长陵墓，西迪·莫赫塔尔·本·西迪·穆罕默德·卡比尔·库恩特酋长陵墓，阿尔法·莫亚陵墓，穆罕默德·米奇酋长陵墓，阿布杜尔·卡西姆·阿图阿蒂酋长陵墓，西迪·艾哈迈德·本·阿玛尔·阿拉加迪酋长陵墓，西迪·雅希亚清真寺（大门），以及巴哈伯·巴巴迪陵墓和艾哈迈德·富拉尼陵墓，这两座陵墓都毗邻津加理贝尔清真寺。ICC-01/12-01/15, Trial Chamber VIII, "Situation in the Republic of Mali in the Case of the Prosecutor v. Ahmad Al Faqi Al Mahdi."

19. ICC, "Summary of the Judgment and Sentence in the Case of the Prosecutor v. Ahmad Al Faqi Al Mahdi," https://www.icc-cpi.int/itemsDocuments/160926Al-MahdiSummary.pdf, accessed April 27, 2017.

20. ICC, "Al Mahdi Case: Opening Statement, ICC Prosecutor Fatou Bensouda, 22 August 2016," YouTube, posted August 22, 2016, https://www.
307 youtube.com/watch?v=b69iOzQ0FBY&index=23&list=PLz3-Py_E3klC-PQD5bevpop6kgwvaYn-Q, accessed April 22, 2017.

21. Agreement, ICC-01/12-01/15-78-Anx1-tENG-Red, paras. 66—72; ICC-01/12-01/15, Trial Chamber VIII, "Situation in the Republic of Mali in the Case of the Prosecutor v. Ahmad Al Faqi Al Mahdi: Public Judgment and Sentence," September 27, 2016, https://www.icc-cpi.int/CourtRecords/CR2016-07244.pdf, accessed April 23, 2017.

22. M. Douglas, *Purity and Danger: An Analysis of the Concepts of Pollution and Taboo* (London: Routledge, 1966), 36. 关于这些与空间和建筑相关的理念，见B. Campkin, "Placing 'Matter Out of Place': Purity and Danger as Evidence for Architecture and Urbanism," *Architectural Theory Review* 18, no. 1 (2013): 46—61。

23. Douglas, *Purity and Danger*, 40.

24. 关于人们的不同反应，见A. O. Sidi, "Maintaining Timbuktu's Unique Tangible and Intangible Heritage," *International Journal of Heritage Studies* 18, no. 3 (2012): 324—331。

25. Douglas, *Purity and Danger*, 38, 164.

26. 伊萨卡汉和冈萨雷斯·扎兰多纳认为，瓦哈比派赞同更广泛的一神论(tawhid)伊斯兰教义。经过最为极端的反复强调，该信仰可以被用作瞄准不信者(kuffar)的理由，即那些崇拜偶像(shirk)的人，或者是那些被指责为多神论(mushrikin)的人(他们信仰别人如同信仰神)。一些极端主义沙拉菲/瓦哈比派行动试图根除伊斯兰教内部所有的敌对派系(苏非派、什叶派)，其他宗教或前一神论崇拜者。当这种信仰涉及对形象或建筑的积极崇拜时，形势则更加严峻，如同廷巴克图的例子，神的独一性被损害，最终导向严重的偶像崇拜罪行。B. Isakhan and J. A. González Zarandona, "Layers

of Religious and Political Iconoclasm Under the Islamic State: Symbolic Sectarianism and Pre-monotheistic Iconoclasm," *International Journal of Heritage Studies*(2017): 1—16.

27. 摘自文字记录第274行至第275行。August 23,2016,CR2016_ 05772.
28. Taken from transcript ICC-01/12-01/15, August 22, 2016, Trial Chamber VIII, "Situation in the Republic of Mali in the Case of the Prosecutor v. Ahmad Al Faqi Al Mahdi," https://www.icc-cpi.int/Transcripts/CR2016_05767.pdf, accessed April 26,2017.
29. M. E. Badar, "Islamic Law (Shari'a) and the Jurisdiction of the International Criminal Court," *Leiden Journal of International Law* 24, no. 2 (2011): 411. See also A. E. Nassau, "The International Criminal Court and the Applicability of International Jurisdiction Under Islamic Law," *Chicago Journal of International Law* 4, no. 2 (283): 587—596; D. J. Veintimilla, "Islamic Law and War Crimes Trials: The Possibility and Challenges of a War Crimes 308 Tribunal Against the Assad Regime and ISIL," *Cornell International Law Journal* 49(2016): 497—519.
30. ICC-01/12-01/15, Trial Chamber VIII, "Situation in the Republic of Mali in the Case of the Prosecutor v. Ahmad Al Faqi Al Mahdi," August 22, 2016, https://www.icc-cpi.int/Transcripts/CR2016_05767.pdf, accessed April 26,2017.
31. Cited in L. M. Meskell, "Gridlock: UNESCO, Global Conflict and Failed Ambitions," *World Archaeology*(2015); C. Joy, "'UNESCO Is What?' World Heritage, Militant Islam and the Search for a Common Humanity in Mali," in *World Heritage on the Ground: Ethnographic Perspectives*, ed. C. Brumann and D. Berliner (Oxford: Berghahn, 2016), 60—77. See also "Timbuktu Shrines Damaged by Mali Ansar Dine Islamists," BBC News, June 30, 2012, http://www.bbc.co.uk/news/world-africa-18657463, accessed April 26, 2017.
32. 卡塞利称,检察官办公室从四个角度(规模、性质、犯罪手段以及产生的影响)分析这些犯罪的严重性,三个部分都提到了廷巴克图的遗址作为世界遗产的地位,展示了一种普遍的做法; see P. Casaly, "Al Mahdi Before the ICC: Cultural Property and World Heritage in International Criminal Law," *Journal of International Criminal Justice* 14, no. 5(2016): 1199—1220。
33. UNESCO, "900-Year-Old Consecration Ceremony Held for the Timbuktu Mausoleums," press release, February 4, 2016, http://whc.unesco.org/en/

news/1430, accessed April 27, 2017.

34. See the Unite4Heritage booklet *UNESCO's Response to Protect Culture in Crises*（Paris：UNESCO，2016），http：//unesdoc.unesco.org/images/0024/002449/244984e.pdf, accessed April 28, 2017.

35. 马里代表的确做了解释：法国非政府组织国际土建中心具有土质建筑方面的专长，每隔两个月会来遗址察访一次。

36. See UNESCO，"40th World Heritage Committee in Istanbul，Tuesday 12 July，9h30—13h，" YouTube，posted July 12，2016，https：//www.youtube.com/watch?v=1TNiUlj3U3Q, accessed May 6, 2017.

37. 该罪行最高可判三十年监禁。然而，控辩双方达成一致，刑期会在九年至十一年之间，所有的一切都显示，此类犯罪不同于其他战争犯罪：检察官法图・班索达称，针对文化遗产的犯罪没有针对人类的犯罪那么严重。

38. A. Herscher and A. J. Riedlmayer，"The Destruction of Cultural Heritage in Kosovo，1998—1999：A Post-War Survey Prosecution Submission，" in Prosecutor v. Slobodan Milosevic，case no. IT-02-54-T，International Criminal Tribunal for the Former Yugoslavia, February 28, 2002.

39. 法图・班索达还提到了塞尔维亚人毁坏波斯尼亚清真寺的问题，此事后来很快导致修正论的观点：这里历史上从未有过任何清真寺——其结果便是
309 进一步加剧宗教和族裔矛盾。

40. 海牙国际刑事法院对"大屠杀"的定义是，以完全或部分地毁灭某个民族、族裔、种族或宗教团体为目标的犯罪行为。"反人类罪"是指任何针对平民实施的大规模或有组织的袭击行为，并且明了此种袭击的性质。"战争犯罪"是指违反1949年8月12日颁布的《日内瓦公约》的内容，其行为对象是受到该公约相关条款保护的人或财产。

41. 切齐认为："论及阻止争执、解决纷争的问题，人类真是难以应对的物种。""一般认为，这是一种正当利益，它超出了某个国家或超国家的权力机构。" A. Chechi，*The Settlement of International Cultural Heritage Disputes*（Oxford：Oxford University Press, 2014），37.

42. ICC-01/12-01/15，Trial Chamber VIII，Situation in the Republic of Mali in the Case of the Prosecutor v. Ahmad Al Faqi Al Mahdi，Testimony from Witness：MLI-OTP-P-0151，60—61，August 23，2016，https：//www.icc-cpi.int/Transcripts/CR2016_05772.pdf, accessed August 27, 2017.

43. Ibid.

44. ICC-01/12-01/15, Trial Chamber VIII, Situation in the Republic of Mali in the Case of the Prosecutor v. Ahmad Al Faqi Al Mahdi, Public Reparations Order, August 17, 2017, https: //www. icc-cpi.int/CourtRecords/CR2017_05117.pdf, accessed August 27,2017.
45. 切齐认为,共同的人类的概念是有用的,但"它传达的只是某种纯粹的哲学或政治意义:它只是强调,在保护和欣赏文化遗产方面,国际社会具有普遍利益……这种概念可能仅在防止破坏、掠夺和腐坏的时候是有用的"; see Chechi, *The Settlement of International Cultural Heritage Disputes*。
46. Casaly, "Al Mahdi Before the ICC," 1200.
47. J. Petrovic, "What Next for Endangered Cultural Treasures: The Timbuktu Crisis and the Responsibility to Protect," *New Zealand Journal of Public and International Law* 11(2013): 381—426. 她甚至认为:"文化遗产属于每一个人,而不属于某一个人,我们都只是遗产的保护人,因此国际社会应该抛却国界观念,承担起保护遗产的责任。"(425)
48. C. Joy, *The Politics of Heritage Management in Mali: From UNESCO to Djenné*(Walnut Creek: Left Coast Press, 2012), 64. 关于这项综合阐述,见C. Joy, "Negotiating Material Identities: Young Men and Modernity in Djenné," *Journal of Material Culture* 16, no. 4(2011): 389—400。
49. E. Cunliffe, N. Muhesen, and M. Lostal, "The Destruction of Cultural Property in the Syrian Conflict: Legal Implications and Obligations," *International Journal of Cultural Property* 23, no. 1(2016): 1—31. 此处,作者认为,由于叙利亚没有签署《罗马规约》,所以"只有当联合国安理会指示应对此事时,海牙国际刑事法院才具有审判权(或者除非叙利亚承认海牙国际刑事法院的审判权)。由于联合国安理会内部对叙利亚问题有不同的看法,这样的统一行动几乎不可能。2013年,五十八个国家联名写信给联合国安理会,要求海牙国际刑事法院开始对叙利亚境内的战争犯罪展开调查(此处是指违反人权,而不是指文化战争犯罪)。一些安理会成员国则持反对态度,认为这样做可能会失去和平解决问题的机会"(18)。 310
50. Resolution 2347(2017) adopted by the Security Council at its 7907th meeting, on March 24, 2017.
51. Cunliffe, Muhesen, and Lostal, "The Destruction of Cultural Property in the Syrian Conflict," 19.
52. C. Power, "Saudi Arabia Bulldozes over Its Heritage," *Time*, November 14,

2014; O. Beranek and P. Tupek, "From Visiting Graves to Their Destruction: The Question of Ziyara Through the Eyes of Salafis," Crown Paper 2, Crown Center for Middle East Studies, 2009, http://www.islamicpluralism.org/documents/1374.pdf; Islamic Human Rights Commission, "Whose Hajj Is It Anyway?," IHRC, 2016, http://www.ihrc.org.uk/publications/briefings/11763-whose-hajj-is-it-anyway.

53. http://old.theartnewspaper.com/comment/why-is-saudi-arabia-destroying-the-cultural-heritage-of-mecca-and-medina, accessed December 21, 2017; "Making Way for Pilgrims: The Destruction of Mecca," *Economist*, March 2, 2017.

54. UNESCO, "Convention Concerning the Protection of the World Cultural and Natural Heritage: Complete Text," 1972, http://whc.unesco.org/en/conventiontext, accessed May 23, 2017.

55. Drazewska, "The Human Dimension of the Protection of the Cultural Heritage."

56. UNESCO, "UNESCO Director-General Welcomes the Liberation of Hatra and Will Send Emergency Assessment Mission 'As Soon as Possible,' " press release, April 28, 2017, http://whc.unesco.org/en/news/1658, accessed May 7, 2017.

57. Petrovic, "What Next for Endangered Cultural Treasures: The Timbuktu Crisis and the Responsibility to Protect."

58. C. De Cesari, "Post-Colonial Ruins: Archaeologies of Political Violence and IS," *Anthropology Today* 31, no. 6 (2015): 22—26; O. Harmansah, "ISIS, Heritage, and the Spectacles of Destruction in the Global Media," *Near Eastern Archaeology* 78, no. 3 (2015): 170—177; L. M. Meskell, "Negative Heritage and Past Mastering in Archaeology," *Anthropological Quarterly* 75, no. 3 (2002): 557—574; "Gridlock: UNESCO, Global Conflict and Failed Ambitions."

59. See the address by Irina Bokova on the occasion of the opening of the 39th Session of the World Heritage Committee, Bonn, June 28, 2015; also the Bonn Declaration on World Heritage, http://www.39whcbonn2015.de/fileadmin/media/Dateien/Bonn_Declaration_on_World_Heritage_REV.en.pdf, accessed
311 May 7, 2017.

60. M. Lamprakos, *Building a World Heritage City: Sanaa, Yemen* (Farnham: Ashgate, 2015).

61. http://old.theartnewspaper.com/news/news/yemen-battles-to-save-ancient-heritage-from-destruction, accessed May 8, 2017.
62. 特里格韦·赖伊的信，在Item 8: Authorisation of the Executive Secretary and his staff to perform the function of the Director-General, acting as Secretary-General of the Conference, and of the Secretariat, pending the appointment of the Director-General中被读到。UNESCO General Conference, First Session, held at UNESCO House, Paris, from 20 November to 10 December 1946.
63. B. Urquhart, "Character Sketches: Trygve Lie," UN News Centre, http://www.un.org/apps/news/infocus/trygvie-lie.asp#. WRGOk7zyvsk, accessed May 9, 2017.
64. R.-P. Droit, *Humanity in the Making: Overview of the Intellectual History of UNESCO 1945—2005*(Paris: UNESCO, 2005), 21.
65. Ibid., 23.
66. 关于《联合国宪章》，见http://portal.unesco.org/en/ev.php-URL_ID=15244&URL_DO=DO_TOPIC&URL_SECTION=201.html, accessed May 7, 2017。
67. UNESCO, "The Constitution," http://www.unesco.org/new/en/unesco/about-us/who-we-are/history/constitution, accessed May 10, 2017.
68. See ICOMOS Norge, "World Heritage and Rights-Based Approaches," last updated March 15, 2017, www.icomos.no/whrba/whrba, accessed May 8, 2017. See also M. H. van den Dries, "Social Involvement as a Buzz Word in World Heritage Nominations," in *Proceedings of the 2nd International Conference on Best Practices in World Heritage: People and Communities Menorca, Spain, 29—30 April, 1—2 May 2015*, ed. A. R. Castillo Mena (Madrid: Universidad Complutense de Madrid, Servicio de Publicaciones, 2015), 668—686. 国际自然保护联盟也启动了类似项目，欲与国际古迹遗址理事会一起探寻基于权利的方法。
69. ICOMOS, "Human Rights and World Heritage," http://www.icomos.org/en/what-we-do/image-what-we-do/154-human-rights-and-world-heritage. See also S. Ekern et al., "Human Rights and World Heritage: Preserving Our Common Dignity Through Rights-Based Approaches to Site Management," *International Journal of Heritage Studies* 18, no. 3 (2012): 213—225; S. Ekern et al., eds., *World Heritage Management and Human Rights* (Abingdon: Routledge, 2015); S. Disko and H. Tugendhat, *World Heritage Sites and Indigenous*

Peoples' Rights(Copenhagen: IWGIA, 2014).

70. A. F. Vrdoljak, "Indigenous Peoples and Protection of Cultural Heritage in International Law"(in press).

71. UN, Division for Social Policy and Development, Indigenous Peoples, "United Nations Declaration on the Rights of Indigenous Peoples," A/RES/61/295, 2007, https: //www.un.org/development/desa/indigenouspeoples/declaration-
312 on-the-rights-of-indigenous-peoples.html, accessed May 10, 2017.

72. See A/HRC/30/53, "Promotion and Protection of the Rights of Indigenous Peoples with Respect to their Cultural Heritage," Human Rights Council, Thirtieth Session, Agenda Item 5, "Human Rights Bodies and Mechanisms," August 9, 2015.

73. Vrdoljak, "Indigenous Peoples and Protection of Cultural Heritage in International Law." See WHC-15/39.COM/13A, "Working Methods of the Evaluation and Decision-making Process of Nomination: Report of the Ad-hoc Working Group," http: //whc.unesco.org/en/sessions/39com/documents, accessed May 10, 2017.

74. Vrdoljak, "Indigenous Peoples and Protection of Cultural Heritage in International Law", 可见详细讨论, 她说道:"作为联合国在文化领域的专门机构, 联合国教科文组织必须与原住民代表及联合国机制紧密合作, 以便帮助这些原则和指南得到确认和接纳。"

75. W. Logan, "Australia, Indigenous Peoples and World Heritage from Kakadu to Cape York: State Party Behaviour Under the World Heritage Convention," *Journal of Social Archaeology* 13, no. 2(2013): 153—176; L. M. Meskell, "UNESCO and the Fate of the World Heritage Indigenous Peoples Council of Experts(WHIPCOE)," *International Journal of Cultural Property* 20, no. 2(2013): 155—174.

76. See WHC.16/01, Operational Guidelines for the Implementation of the World Heritage Convention, October 26, 2016, http: //whc.unesco.org/document/156250, accessed May 8, 2017. 尤见第123段:"在申请提名的过程中, 当地居民、原住民, 政府、非政府和私人组织, 以及其他利益相关者的参与是必不可少的, 这会令其与当事国一起承担责任, 保护遗产。"

77. 见以下研究: I. Anatole-Gabriel, *La fabrique du patrimoine de l'humanité, L'UNESCO et la protection patrimoniale(1945—1992)*(Paris: FMSH

Editions, 2016); D. Berliner and C. Bortolotto, "Introduction. Le monde selon l'Unesco," *Gradhiva*, no. 2 (2013): 4—21; S. Disko, "World Heritage Sites in Indigenous Peoples' Territories; Ways of Ensuring Respect for Indigenous Cultures, Values and Human Rights," in *World Heritage and Cultural Diversity*, ed. D. Offenhäußer, W. Zimmerli, and M.-T. Alberts (Cottbus: German Commission for UNESCO, 2010), 167—177; S. Labadi, *UNESCO, Cultural Heritage and Outstanding Universal Value* (Walnut Creek, CA: AltaMira Press, 2013); V Hafstein, "Intangible Heritage as a List: From Masterpieces to Representation," in *Intangible Heritage*, ed. L.-J. Smith and N. Akagawa (London: Routledge, 2009), 93—111; W. Logan, "Playing the Devil's Advocate: Protecting Intangible Cultural Heritage and the Infringement of Human Rights," *Historic Environment* 22, no. 3 (2009): 14—18; P. J. M. Nas, "Masterpieces of Oral and Intangible Culture," *Current Anthropology* 43, no. 1 (2002): 139—148; T. M. Schmitt, "The UNESCO Concept of Safeguarding Intangible Cultural Heritage: Its Background and *Marrakchi* Roots," *International Journal of Heritage Studies* 14, no. 2 (2008): 95—111; 313
L.-J. Smith and N. Akagawa, eds., *Intangible Heritage* (London: Routledge, 2009).

78. UNESCO, "Convention on the Protection and Promotion of the Diversity of Cultural Expressions 2005," http://portal.unesco.org/en/ev.php-URL_ID=31038&URL_DO=DO_TOPIC&URL_SECTION=201.html, accessed May 7, 2017.

79. F. Francioni, "Enforcing International Cultural Heritage Law," in *Cultural Heritage Law and Policy*, ed. F. Francioni and J. Gordley (Oxford: Oxford University Press, 2013), 16.

80. 彼得洛维奇认为，原本"国家保护责任这个概念是对围绕人道主义干涉概念的法律分歧的回应。1999年，北约干涉科索沃冲突，这令人们质疑，是否存在一种人道主义干涉的标准，如果存在，那么是不是只有安理会能提出干涉，还是说某个国家也可以提出。举例说，人们担心强国可能利用这种概念来获得利益，也担心在弱小国家的干涉行动可能导向新帝国主义，但还是必须这么做，因为这样才能把人们从压迫和无限的痛苦中解救出来"。Petrovic, "What Next for Endangered Cultural Treasures," 407.

81. See A/HRC/31/59, Report of the Special Rapporteur in the Field of Cultural Rights, Human Rights Council, Thirty-First Session, Agenda Item 3, "Promotion

and Protection of All Human Rights, Civil, Political, Economic, Social and Cultural Rights, Including the Right to Development," February 3, 2016.

82. Chechi, *The Settlement of International Cultural Heritage Disputes*, 15.

83. M. Rössler, "Applying Authenticity to Cultural Landscapes," *Association for Preservation Technology International Bulletin* 39, nos. 2—3 (2008): 47—52; G. Aplin, "World Heritage Cultural Landscapes," *International Journal of Heritage Studies* 13, no. 6 (2007): 427—446; P. J. Fowler, *World Heritage Cultural Landscapes 1992—2002: World Heritage Papers 6* (Paris: UNESCO World Heritage Centre, 2003).

84. J. Rodriguez, "Cleaning up Bodhgaya: Conflicts over Development and the Worlding of Buddhism," *City and Society* 29, no. 1 (2017): 59—81; J. Kinnard, "The Ambiguities of Preservation: Bodhgaya, UNESCO, and the Making of a World Heritage Site," in *Religious Representation in Place*, ed. M. K. George and D. Pezzoli-Olgiati (New York: Springer, 2014), 235—250.

85. P. West, J. Igoe, and D. Brockington, "Parks and People: The Social Impacts of Protected Areas," *Annual Review of Anthropology* 35 (2006): 251—277; D. Brockington, *Fortress Conservation: The Preservation of the Mkomazi Game Reserve, Tanzania* (Bloomington: Indiana University Press, 2004); D. Brockington and J. Igoe, "Eviction for Conservation: A Global Overview," *Conservation and Society* 4 (2006): 424—470; L. M. Meskell, *The Nature of Heritage: The New South Africa* (Oxford: Blackwell, 2011); M. Dowie, *Conservation Refugees: The Hundred-Year Conflict between Global*
314 *Conservation and Native Peoples* (Cambridge, MA: MIT Press, 2009).

86. Appeal by Vittorino Veronese, Director-General of UNESCO, cited in T. Säve-Söderbergh, *Temples and Tombs of Ancient Nubia: The International Rescue Campaign at Abu Simbel, Philae and Other Sites* (London: Thames and Hudson, 1987), 76.

87. Testimony given by Francesco Bandarin, Assistant Director-General for Culture at UNESCO; see ICC-01/12-01/15, Trial Chamber VIII, Situation in the Republic of Mali in the Case of the Prosecutor v. Ahmad Al Faqi Al Mahdi, Testimony from witness, MLI-OTP-P-0151, 60—61, August 23, 2016, https://www.icc-cpi.int/Transcripts/CR2016_05772.pdf, accessed May 7, 2017.

88. 一些最近的案例，包括俄罗斯博尔加尔遗址，见G. Plets, "Ethno-

nationalism, Asymmetric Federalism and Soviet Perceptions of the Past:(World) Heritage Activism in the Russian Federation," *Journal of Social Archaeology* 15, no. 1(2015): 67—93; L. M. Meskell et al., "Multilateralism and UNESCO World Heritage: Decision-making, States Parties and Political Processes," *International Journal of Heritage Studies* 21, no. 5(2015): 423—440。关于中国，见R. Shepherd, "UNESCO and the Politics of Cultural Heritage in Tibet," *Journal of Contemporary Asia* 36, no. 2(2006): 243—257;"Cultural Heritage, UNESCO, and the Chinese State," *Heritage Management* 2, no. 1(2009): 55—79; A. Sinding-Larsen, "Lhasa Community, World Heritage and Human Rights," *International Journal of Heritage Studies* 18, no. 3(2012): 297—306。关于巴西，见J. Collins, "'But What if I Should Need to Defecate in Your Neighborhood, Madame?' Empire, Redemption, and the 'Tradition of the Oppressed' in a Brazilian World Heritage Site," *Cultural Anthropology* 23, no. 2(2008): 279—328。关于印度尼西亚，见M. Bloembergen and M. Eickhoff, "Decolonizing Borobudur: Moral Engagements and the Fear of Loss," in *Sites, Bodies and Stories: Imagining Indonesian History*, ed. S. Legêne, B. Purwato, and H. Shulte Nordholt(Singapore: NUS Press, 2015), 33—66; M. Nagaoka, "'European' and 'Asian' Approaches to Cultural Landscapes Management at Borobudur, Indonesia in the 1970s," *International Journal of Heritage Studies* 21, no. 3(2014): 232—249; D. A. Tanudirjo, "Changing Perspectives on the Relationship Between Heritage Landscape and Local Communities: A Lesson from Borobudur," in *Transcending the Culture-Nature Divide in Cultural Heritage: Views from the Asia-Pacific Region*, ed. S. Brockwell, S. O'Connor, and D. Byrne(Canberra: ANU Press, 2013), 65—81。

89. G. Sluga, *Internationalism in the Age of Nationalism*(Philadelphia: University of Pennsylvania Press, 2013), 111.

90. UK Government, "Key to the MDR One Page Assessment Summaries," https://www.gov.uk/government/uploads/system/uploads/attachment_data/file/573494/United-Nations-Educational-Scientific-Cultural-Org-Review.pdf followed by UNESCO, "UNESCO Rejects Findings of the 2016 UK Multilateral Development Review," December 1, 2016, http://en.unesco.org/news/unesco-rejects-findings-2016-uk-multilateral-development-review, 315

accessed May 7, 2017. 关于联合国教科文组织与现代主义的早期研究，见 W. Logan, "Globalizing Heritage: World Heritage as a Manifestation of Modernism, and Challenges from the Periphery," paper presented at the Twentieth Century Heritage: Our Recent Cultural Legacy, Australia ICOMOS National Conference, 2001, University of Adelaide, Adelaide。

91. M. Askew, "The Magic List of Global Status: UNESCO, World Heritage and the Agendas of States," in *Heritage and Globalisation*, ed. S. Labadi and C. Long (London: Routledge, 2010), 20.

92. M. Herzfeld, "Mere Symbols," *Anthropologica* 50, no. 1 (2008): 141—155.

93. G. Murray, *From the League to the U.N.* (London: Oxford University Press, 1948), 2.

94. 引自法图·班索达，马赫迪案件的检察长。

95. UNESCO, "Protection of Mankind's Cultural Heritage: Sites and Monuments."

96. V. Pavone, "From Intergovernmental to Global: UNESCO's Response to globalization," *Review of International Organizations* 2, no. 1 (2007): 77—95.

97. A. Guterres, "U.N. Secretary-General Antonio Guterres: My Vision for Revitalizing the United Nations," *Newsweek*, January 9, 2017.

98. W. Preston, E. S. Herman, and H. Schiller, *Hope and Folly: The United States and UNESCO 1945—1985* (Minneapolis: University of Minnesota Press, 1989), 5. See also L. Fasulo, *An Insider's Guide to the UN* (New Haven, CT: Yale University Press, 2009).

316 99. Preston, Herman, and Schiller, *Hope and Folly*, 5.

参考文献

Abu el-Haj, N. *Facts on the Ground: Archaeological Practice and Territorial Self-Fashioning in Israeli Society*. Chicago: University of Chicago Press, 2001.

Adams, W. Y. "A Century of Archaeological Salvage, 1907–2007." *Sudan and Nubia* 11 (2007): 48–56.

———. *Nubia: Corridor to Africa*. London: Allen Lane, 1977.

———. "The Nubian Archaeological Campaigns of 1959–1969: Myths and Realities, Successes and Failures." *Actes du VIIe Congrès International d'Études Nubiennes* (Geneva: Société d'Études Nubiennes, 1992).

———. "Organizational Problems in International Salvage Archaeology." *Anthropological Quarterly* 41, no. 3 (1968): 110–21.

Allais, L. "The Design of the Nubian Desert: Monuments, Mobility, and the Space of Global Culture." In *Governing by Design: Architecture, Economy, and Politics in the Twentieth Century*, edited by Aggregate, 179–215. Pittsburgh: University of Pittsburgh Press, 2012.

———. "Integrities: The Salvage of Abu Simbel." *Grey Room* 50 (2013): 6–45.

Allbeson, T. "Photographic Diplomacy in the Postwar World: Unesco and the Conception of Photography as a Universal Language, 1946–1956." *Modern Intellectual History* 12, no. 2 (2015): 383–415.

Amrith, S., and G. Sluga. "New Histories of the United Nations." *Journal of World History* 19, no. 3 (2008): 251–74.

Anatole-Gabriel, I. *La fabrique du patrimoine de l'humanité, L'UNESCO et la protection patrimoniale (1945–1992)*. Paris: FMSH Editions, 2016.

Antonius, G. "Syria and the French Mandate." *International Affairs (Royal Institute of International Affairs 1931–1939)* 13, no. 4 (1934): 523–39.
Aplin, G. "World Heritage Cultural Landscapes." *International Journal of Heritage Studies* 13, no. 6 (2007): 427–46.
Arizpe, L. "The Intellectual History of Culture and Development Institutions." In *Culture, Diversity and Heritage: Major Studies*, edited by L. Arizpe, 58–81. New York: Springer, 2015.
Arroyo, S. I. "El plan maestro del Conjunto monumental de Panamá Viejo: Diez años después." *Canto Rodado* 5 (2011): 185–212.
Arrunnapaporn, A. B. "Atrocity Heritage Tourism at Thailand's 'Death Railway.'" In *Contemporary Issues in Cultural Heritage Tourism*, edited by J. Kaminski, A. M. Benson, and D. Arnold, 151–64. Abingdon: Routledge, 2014.
Askew, M. "The Magic List of Global Status: UNESCO, World Heritage and the Agendas of States." In *Heritage and Globalisation*, edited by S. Labadi and C. Long, 19–44. London: Routledge, 2010.
———. "The Rise of 'Moradok' and the Decline of the 'Yarn': Heritage and Cultural Construction in Urban Thailand." *Sojourn: Journal of Social Issues in Southeast Asia* 11, no. 2 (1996): 183–210.
Audouze, F., and A. Leroi-Gourhan. "France: A Continental Insularity." *World Archaeology* 13, no. 2 (1981): 170–89.
Ayán Vila, X., and A. González-Ruibal. "Spanish Archaeology Abroad." In *European Archaeology Abroad: Global Settings, Comparative Perspectives*, edited by S. van de Linde, M. H. van de Dries, N. Schlanger, and C. G. Slappendel, 85–104. Leiden: Sidestone Press, 2012.
Ayata, B. "The Kurds in the Turkish-Armenian Reconciliation Process: Double-Bind or Double-Blind?" *International Journal of Middle East Studies* 47, no. 4 (2015): 807–12.
Badar, M. E. "Islamic Law (Shari'a) and the Jurisdiction of the International Criminal Court." *Leiden Journal of International Law* 24, no. 2 (2011): 411–33.
Bahnassi, A. "Le sauvetage des vestiges de la zone de submersion du barrage de tabqa sur l'euphrate." *Monumentum* 17 (1978): 57–70.
Baker, C. J. *Protecting Siam's Heritage*. Chiang Mai: Siam Society Under Royal Patronage, 2013.
Balakian, G. *Armenian Golgotha: A Memoir of the Armenian Genocide*, translated by P. Balakian and A. Sevag. New York: Alfred A. Knopf, 2009.

Balakian, P. "Raphael Lemkin, Cultural Destruction, and the Armenian Genocide." *Holocaust and Genocide Studies* 27, no. 1 (2013): 57–89.

Bar-Yosef, E. "The Last Crusade? British Propaganda and the Palestine Campaign, 1917–18." *Journal of Contemporary History* 36, no. 1 (2001): 87–109.

Barakat, S., J. Calame, and E. Charlesworth, eds. *Urban Triumph or Urban Disaster? Dilemmas of Contemporary Post-war Reconstruction.* York: University of York Press, 1998.

Barnard, R., and H. Muamer. "Ongoing Dispossession and a Heritage of Resistance." In *The Politics and Power of Tourism in Palestine,* edited by R. K. Isaac, C. M. Hall, and F. Higgins-Desbiolles, 63. Abingdon: Routledge, 2015.

Barnett, M. "Cambodia v. Thailand: A Case Study on the Use of Provisional Measures to Protect Human Rights in International Border Disputes." *Brooklyn Journal of International Law* 38 (2012): 269.

Barr, J. *A Line in the Sand: Britain, France and the Struggle That Shaped the Middle East.* New York: Simon and Schuster, 2011.

Bartu Candan, A., G. Sert, and M. Bagdatli. "Developing Educational Programs for Prehistoric Sites: The Çatalhöyük Case." In *Mediterranean Prehistoric Heritage: Training, Education and Management,* edited by I. Hodder and L. Doughty, 95–104. Cambridge: McDonald Institute for Archaeology, 2007.

Batisse, M., and G. Bolla. *The Invention of "World Heritage."* Paris: Association of Former UNESCO Staff Members, 2005.

Beaumont, J., and A. Witcomb. "The Thai-Burma Railway: Asymmetrical and Transitional Memories." In *The Pacific War: Aftermaths, Remembrance and Culture,* edited by C. Twomey and E. Koh, 67–88. Abingdon: Routledge, 2015.

Bendix, R. "The Power of Perseverance: Exploring the Negotiation Dynamics at the World Intellectual Property Organization." In *The Gloss of Harmony: The Politics of Policy-Making in Multilateral Organisations,* edited by B. Müller, 23–45. London: Pluto Press, 2013.

Benjaminsen, T. A., and G. Berge. "Myths of Timbuktu: From African El Dorado to Desertification." *International Journal of Political Economy* 34, no. 1 (2004): 31–59.

Bentura, S. "Patrimoine: La face cachée des 1000 merveilles du monde." Paris: Galaxie Presse, 2014.

Beranek, O., and P. Tupek. "From Visiting Graves to Their Destruction: The Question of Ziyara Through the Eyes of Salafis." Crown Paper 2, Crown Center for Middle

East Studies, 2009.
Berliner, D. "Multiple Nostalgias: The Fabric of Heritage in Luang Prabang (Lao PDR)." *Journal of the Royal Anthropological Institute* 18, no. 4 (2012): 769–86.
Berliner, D., and C. Bortolotto. "Introduction. Le monde selon l'Unesco." *Gradhiva* 2 (2013): 4–21.
Bertacchini, E., C. Liuzza, and L. M. Meskell. "Shifting the Balance of Power in the UNESCO World Heritage Committee: An Empirical Assessment." *International Journal of Cultural Policy* (2015): 1–21.
Bertacchini, E., C. Liuzza, L. M. Meskell, and D. Saccone. "The Politicization of UNESCO World Heritage Decision Making." *Public Choice* 167, nos. 1–2 (2016): 1–35.
Bertacchini, E., and D. Saccone. "Toward a Political Economy of World Heritage." *Journal of Cultural Economics* 36, no. 4 (2012): 327–52.
Best, G. "Peace Conferences and the Century of Total War: The 1899 Hague Conference and What Came After." *International Affairs* 75, no. 3 (1999): 619–34.
Betts, P. "Humanity's New Heritage: Unesco and the Rewriting of World History." *Past and Present* 228, no. 1 (2015): 249–85.
———. "The Warden of World Heritage: UNESCO and the Rescue of the Nubian Monuments." *Past and Present* 226, suppl. 10 (2015): 100–25.
Betts, P., and C. Ross. "Modern Historical Preservation—Towards a Global Perspective." *Past and Present* 226, suppl 10. (2015): 7–26.
Bilgin, A., and S. Hakyemez. "The AKP's Engagement with Turkey's Past Crimes: An Analysis of PM Erdogan's 'Dersim Apology.'" *Dialectical Anthropology* 37, no. 1 (2013): 131–43.
Blanchfield, L., and M. Browne. *The United Nations Educational, Scientific, and Cultural Organization (UNESCO)*. Washington, DC: Congressional Research Service, 2013.
Blanck, H. "The Instituto di Corrispondenza Archeologica." *Fragmenta* 2 (2008): 63–78.
Bloch, N. "Evicting Heritage: Spatial Cleansing and Cultural Legacy at the Hampi UNESCO Site in India." *Critical Asian Studies* 48, no. 4 (2016): 556–78.
Bloembergen, M., and M. Eickhoff. "Decolonizing Borobudur: Moral Engagements and the Fear of Loss." In *Sites, Bodies and Stories: Imagining Indonesian History*, edited by S. Legêne, B. Purwato, and H. Shulte Nordholt, 33–66. Singapore: NUS Press, 2015.

Bokova, I. "Address by Ms. Irina Bokova, UNESCO Director-General, on the Occasion of the Opening of the 36th Session of the World Heritage Committee." St. Petersburg, Russian Federation, June 24, 2012.

Boyle, F. A. *Foundations of World Order: The Legalist Approach to International Relations (1898–1922)*. Durham, NC: Duke University Press, 1999.

Brattli, T. "Managing the Archaeological World Cultural Heritage: Consensus or Rhetoric?" *Norweigian Archaeological Review* 42, no. 1 (2009): 24–39.

Brenneis, D. L. "Sand, Stability and Stakeholders." In *Heritage Regimes and the State*, edited by R. Bendix, A. Eggert, and A. Peselmann, 376–74. Göttingen: Universitätsverlag Göttingen, 2013.

Brew, J. O. "Emergency Archaeology: Salvage in Advance of Technological Progress." *Proceedings of the American Philosophical Society* 105, no. 1 (1961): 1–10.

Brockington, D. *Fortress Conservation: The Preservation of the Mkomazi Game Reserve, Tanzania*. Bloomington: Indiana University Press, 2004.

Brockington, D., and J. Igoe. "Eviction for Conservation: A Global Overview." *Conservation and Society* 4 (2006): 424–70.

Brosché, J., M. Legnér, J. Kreutz, and A. Ijla. "Heritage Under Attack: Motives for Targeting Cultural Property During Armed Conflict." *International Journal of Heritage Studies* 23, no. 3 (2017): 248–60.

Brumann, C. "Heritage Agnosticism: A Third Path for the Study of Cultural Heritage." *Social Anthropology* 22, no. 2 (2014): 173–88.

———. "Multilateral Ethnography: Entering the World Heritage Arena." Max Planck Institute for Social Anthropology, Working Paper 136, 2012.

———. "Shifting Tides of World-Making in the UNESCO World Heritage Convention: Cosmopolitanisms Colliding." *Ethnic and Racial Studies* 37, no. 12 (2014): 2176–92.

Burke-White, W. W. "Crimea and the International Legal Order." *Survival* 56, no. 4 (2014): 65–80.

Byrne, D. "Buddhist Stupa and Thai Social Practice." *World Archaeology* 27, no. 2 (1995): 266–81.

———. *Counterheritage: Critical Perspectives on Heritage Conservation in Asia*. London: Routledge, 2014.

———. *Surface Collection: Archaeological Travels in Southeast Asia*. Walnut Creek, CA: AltaMira, 2007.

———. "Western Hegemony in Archaeological Heritage Management." *History and*

Anthropology 5 (1991): 269–76.

Cameron, C., and M. Rössler. *Many Voices, One Vision: The Early Years of the World Heritage Convention*. Surrey: Ashgate, 2013.

Campkin, B. "Placing 'Matter Out of Place': Purity and Danger as Evidence for Architecture and Urbanism." *Architectural Theory Review* 18, no. 1 (2013): 46–61.

Carr, E. H. *The Twenty Years' Crisis, 1919–1939: An Introduction to the Study of International Relations*. London: Macmillan, 1946.

Carruthers, W. "Multilateral Possibilities: Decolonization, Preservation and the Case of Egypt." *Future Anterior: Journal of Historic Preservation History Theory and Criticism* 13, no. 1 (2016): 36–48.

Casaly, P. "Al Mahdi Before the ICC: Cultural Property and World Heritage in International Criminal Law." *Journal of International Criminal Justice* 14, no. 5 (2016): 1199–220.

Chachavalpongpun, P. "Temple of Doom: Hysteria About the Preah Vihear Temple in the Thai Nationalist Discourse." In *Legitimacy and Crisis in Thailand*, edited by M. Askew, 83–118. Chiang Mai: Silkworm Books, 2010.

Chechi, A. "Evaluating the Establishment of an International Cultural Heritage Court." *Art, Antiquity and Law* 18 (2013): 31–57.

———. *The Settlement of International Cultural Heritage Disputes*. Oxford: Oxford University Press, 2014.

Chesterman, S. "The International Court of Justice in Asia: Interpreting the Temple of Preah Vihear Case." *Asian Journal of International Law* 5, no. 1 (2015): 1–6.

Chirikure, Shadreck, and Gilbert Pwiti. "Community Involvement in Archaeology and Cultural Heritage Management: An Assessment from Case Studies in Southern Africa and Elsewhere." *Current Anthropology* 49, no. 3 (2008): 467–85.

Choay, F. *The Invention of the Historic Monument*. Cambridge: Cambridge University Press, 2001.

———. *L'allégorie du patrimoine*. Vol. 271. Paris: Seuil, 1992.

Ciorciari, J. D. "Request for Interpretation of the Judgment of 15 June 1962 in the Case Concerning the Temple of Preah Vihear (Cambodia v. Thailand)." *American Journal of International Law* 108, no. 2 (2014): 288–95.

Claudi, I. B. "The New Kids on the Block: BRICs in the World Heritage Committee." M.A. thesis, Department of Political Science, University of Oslo, Norway, 2011.

Cleere, H. "The 1972 UNESCO World Heritage Convention." *Heritage and Society* 4, no. 2 (2011): 173–86.

Cleuziou, S., A. Coudart, J.-P. Demoule, and A. Schnapp. "The Use of Theory in French Archaeology." In *Archaeological Theory in Europe: The Last Three Decades*, edited by I. Hodder, 91–128. London: Routledge, 1991.

Colby, E. "How to Fight Savage Tribes." *American Journal of International Law* 21, no. 2 (1927): 279–88.

Collins, J. " 'But What if I Should Need to Defecate In Your Neighborhood, Madame? Empire, Redemption, and the 'Tradition of the Oppressed' in a Brazilian World Heritage Site." *Cultural Anthropology* 23, no. 2 (2008): 279–328.

Colwell, C., and C. Joy. "Communities and Ethics in Heritage Debates." In *Global Heritage: A Reader*, edited by L. M. Meskell, 112–29. Oxford: Blackwell, 2015.

Colwell-Chanthaphonh, C. "Dismembering/Disremembering the Buddhas: Renderings on the Internet During the Afghan Purge of the Past." *Journal of Social Archaeology* 3, no. 1 (2003): 75–98.

Colwell-Chanthaphonh, C., and T. J. Ferguson, eds. *The Collaborative Continuum: Archaeological Engagements with Descendent Communities*. Thousand Oaks, CA: Altamira Press, 2007.

Committee on Foreign Affairs. "Assessment of U.S.-UNESCO Relations, 1984. Report of a Staff Study Mission to Paris-UNESCO to the Committee on Foreign Affairs House of Representatives." Washington, DC: GPO, 1985.

Coningham, R., and N. Lewer. "Paradise Lost: The Bombing of the Temple of the Tooth—a UNESCO World Heritage Site in Sri Lanka." *Antiquity* 73, no. 282 (1999): 857–66.

Connor, A. "Heritage in an Expanded Field: Reconstructing Bridge-ness in Mostar." In *A Companion to Heritage Studies*, edited by W. Logan, M. N. Craith, and U. Kockel, 254–67. New York: John Wiley & Sons, 2016.

Cunliffe, E., N. Muhesen, and M. Lostal. "The Destruction of Cultural Property in the Syrian Conflict: Legal Implications and Obligations." *International Journal of Cultural Property* 23, no. 1 (2016): 1–31.

Cuno, J. *Who Owns Antiquity? Museums and the Battle over Our Ancient Heritage*. New Jersey: Princeton, 2008.

de Arango, J. "El sitio de Panamá Viejo. Un ejemplo de gestión patrimonial." *Canto Rodado* 1 (2006): 1–15.

De Cesari, C. "Post-Colonial Ruins: Archaeologies of Political Violence and IS." *Anthropology Today* 31, no. 6 (2015): 22–26.

———. "World Heritage and Mosaic Universalism." *Journal of Social Archaeology* 10, no. 3 (2010): 299–324.

———. "World Heritage and the Nation-State." In *Transnational Memory: Circulation, Articulation, Scales*, edited by C. De Cesari and A. Rigney, 247–70. Berlin: de Gruyter, 2014.

Deese, R. S. "Twilight of Utopias: Julian and Aldous Huxley in the Twentieth Century." *Journal for the Study of Religion, Nature and Culture* 5, no. 2 (2011): 210–40.

———. *We Are Amphibians: Julian and Aldous Huxley on the Future of Our Species.* Berkeley: University of California Press, 2014.

Demoule, J.-P. "Rescue Archaeology: A European View." *Annual Review of Anthropology* 41 (2012): 611–26.

DerGhougassian, K. "Genocide and Identity (Geo) Politics: Bridging State Reasoning and Diaspora Activism." *Genocide Studies International* 8, no. 2 (2014): 193–207.

Disko, S. "World Heritage Sites in Indigenous Peoples' Territories: Ways of Ensuring Respect for Indigenous Cultures, Values and Human Rights." In *World Heritage and Cultural Diversity*, edited by D. Offenhäußer, W. Zimmerli and M.-T. Alberts, 167–77. Cottbus: German Commission for UNESCO, 2010.

Disko, S., and H. Tugendhat. *World Heritage Sites and Indigenous Peoples' Rights.* Copenhagen: IWGIA, 2014.

Dorn, C., and K. Ghodsee. "The Cold War Politicization of Literacy: Communism, UNESCO, and the World Bank." *The Journal of the Society for Historians of American Foreign Relations* 36, no. 2 (2012): 373–98.

Doughty, L. "Training, Education, Management and Prehistory in the Mediterranean: Work in Progress on a European Union Research Project." *Conservation and Management of Archaeological Sites* 6.1 (2003): 49–53.

Douglas, M. *Purity and Danger: An Analysis of the Concepts of Pollution and Taboo.* London: Routledge, 1966.

Dowie, M. *Conservation Refugees: The Hundred-Year Conflict between Global Conservation and Native Peoples* Cambridge: MIT Press, 2009.

Drazewska, B. "The Human Dimension of the Protection of the Cultural Heritage from Destruction During Armed Conflicts." *International Journal of Cultural Property* 22, no. 2–3 (2015): 205–28.

Droit, R.-P. *Humanity in the Making: Overview of the Intellectual History of UNESCO 1945–2005.* Paris: UNESCO, 2005.

Duedahl, P., ed. *A History of UNESCO: Global Actions and Impacts.* New York: Palgrave Macmillan, 2016.

———. "Selling Mankind: UNESCO and the Invention of Global History, 1945–1976." *Journal of World History* 22, no. 1 (2011): 101–33.

Dumper, M., and C. Larkin. "The Politics of Heritage and the Limitations of International Agency in Contested Cities: A Study of the Role of UNESCO in Jerusalem's Old City." *Review of International Studies* 38, no. 1 (2012): 25–52.

Dutt, S. *The Politicization of the United Nations Specialized Agencies: A Case Study of UNESCO*. Lewiston, ME: Edwin Mellen Press, 1995.

———. "Striving to Promote Shared Values UNESCO in the Troubled World of the Twenty-First Century." *India Quarterly: A Journal of International Affairs* 65, no. 1 (2009): 83–95.

The Economist. "UNESCO's World Heritage Sites: A Danger List in Danger." August 26, 2010.

Ekern, S., W. Logan, B. Sauge, and A. Sinding-Larsen. "Human Rights and World Heritage: Preserving Our Common Dignity Through Rights-Based Approaches to Site Management." *International Journal of Heritage Studies* 18, no. 3 (2012): 213–25.

———. *World Heritage Management and Human Rights*. Abingdon: Routledge, 2015.

El-Khatib, M. "The Syrian Tabqa Dam: Its Development and Impact." *The Geographical Bulletin* 26 (1984): 19.

Elliott, M. A., and V. Schmutz. "World Heritage: Constructing a Universal Cultural Order." *Poetics* 40, no. 3 (2012): 256–77.

Erbal, A. "Lost in Translation: The Monument's Deconstruction." In *The Armenian Genocide Legacy*, edited by A. Demirdjian, 212–26. London: Palgrave Macmillan UK, 2016.

Eriksen, T. H. "Between Universalism and Relativism: A Critique of the UNESCO Concept of Culture." In *Human Rights: An Anthropological Reader*, edited by M. Goodale, 356–71. Malden: Wiley-Blackwell, 2009.

Fahim, H. M. *Dams, People and Development: The Aswan High Dam Case*. Burlington, VT: Elsevier, 2015.

Falser, M. "Cultural Heritage as Civilizing Mission: Methodological Considerations." In *Cultural Heritage as Civilizing Mission*, edited by M. Falser, 1–32. New York: Springer, 2015.

———. "Epilogue: Clearing the Path Towards Civilization: 150 Years of 'Saving Angkor.'" In *Cultural Heritage as Civilizing Mission*, edited by M. Falser, 279–346. New York: Springer, 2015.

———. "Representing Heritage Without Territory: The Khmer Rouge at the UNESCO in Paris During the 1980s and Their Political Strategy for Angkor." In *Cultural Heritage as Civilizing Mission*, edited by M. Falser, 225–49. New York: Springer, 2015.

Falser, M., M. Juneja, and P. Pichard. "Today's Pagan: Conservation Under the Generals." In *"Archaeologizing" Heritage?*, edited by M. Falser and M. Juneja., 235–49. Berlin: Springer, 2013.

Fasulo, L. *An Insider's Guide to the UN*. New Haven, CT: Yale University Press, 2009.

Fletcher, C., and J. Da Mosto. *The Science of Saving Venice*. Turin: Umberto Allenamandi, 2004.

Forde, S. "The Bridge on the Neretva: Stari Most as a Stage of Memory in Post-Conflict Mostar, Bosnia-Herzegovina." *Cooperation and Conflict* 51, no. 4 (2016): 467–83.

Foucault, M. "The Subject and Power." *Critical Inquiry* 8, no. 4 (1982): 777–95.

Fowler, P. J. *World Heritage Cultural Landscapes 1992–2002: World Heritage Papers 6*. Paris: UNESCO World Heritage Centre, 2003.

Francioni, F. "Enforcing International Cultural Heritage Law." In *Cultural Heritage Law and Policy*, edited by F. Francioni and J. Gordley, 9–21. Oxford: Oxford University Press, 2013.

Francioni, F., and F. Lenzerini. *The 1972 World Heritage Convention: A Commentary*. Oxford: Oxford University Press, 2008.

———. "The Destruction of the Buddhas of Bamiyan and International Law." *European Journal of International Law* 14, no. 4 (2003): 619–51.

Freely, M. "Why They Killed Hrant Dink." *Index on Censorship* 36, no. 2 (2007): 15–29.

Fresia, M. "The Making of Global Consensus: Constructing Norms on Refugee Protection at UNHCR." In *The Gloss of Harmony: The Politics of Policy-Making in Multilateral Organisations*, edited by B. Müller. London: Pluto Press, 2013.

Frey, B. S., P. Pamini, and L. Steiner. "Explaining the World Heritage List: An Empirical Study." *International Review of Economics* 60, no. 1 (2013): 1–19.

Frey, B. S., and L. Steiner. "World Heritage List: Does It Make Sense?" *International Journal of Cultural Policy* 17, no. 5 (2011): 555–73.

Fritz, J. M., and G. Michell. "Living Heritage at Risk: Searching for a New Approach to Development, Tourism, and Local Needs at the Grand Medieval City of Vijayanagara." *Archaeology* 65, no. 6 (2012): 55–62.

Frulli, M. "The Criminalization of Offences Against Cultural Heritage in Times of Armed Conflict: The Quest for Consistency." *European Journal of International Law* 22, no. 1 (2011): 203–17.

Galis, A. "UNESCO Documents and Procedure: The Need to Account for Political Conflict When Designating World Heritage Sites." *Georgia Journal of International and Comparative Law* 38, no. 1 (2009): 205–36.

Gamboni, D. "World Heritage: Shield or Target?" *Getty Conservation Institute Newsletter* 16, no. 2 (2001): 5–11.

García y García, L. "Danni di guerra a Pompei: una dolorosa vicenda quasi dimenticata: con numerose notizie sul 'museo Pompeiano' distrutto nel 1943." Rome: L'Erma di Bretschneider, 2006.

Gasparoli, P., and F. Trovo. *Fragile Venice*. Venice: Altralinea Edizioni, 2014.

Gerges, F. A. *ISIS: A History*. Princeton, NJ: Princeton University Press, 2017.

Gerstenblith, P. "Beyond the 1954 Hague Convention." In *Cultural Awareness in the Military: Developments and Implications for Future Humanitarian Cooperation*, edited by R. Albro and B. Ivey, 83–98. New York: Palgrave Macmillan, 2014.

———. "The Destruction of Cultural Heritage: A Crime Against Property or a Crime Against People?" *John Marshall Review of Intellectual Property Law* 15, no. 3 (2016): 337–93.

Gfeller, A. E. "Culture at the Crossroad of International Politics: UNESCO, World Heritage, and the Holy Land." *Papiers d'Actualité/Current Affairs in Perspective: Fondation Pierre du Bois* 3 (2013): 1–11.

Gfeller, A. E., and J. Eisenberg. "UNESCO and the Shaping of Global Heritage." In *A History of UNESCO*, edited by P. Duedahl, 279–99. New York: Springer, 2016.

Gilmore, C. "Speaking Through the Silence." In *Development-Induced Displacement and Resettlement: New Perspectives on Persisting Problems*, edited by I. Satı oglu and N. Choi, 199–211. Abingdon: Routledge, 2015.

Glass, C. *Syria Burning: A Short History of a Catastrophe*. New York: Verso Books,

Goçek, F. M. *Denial of Violence: Ottoman Past, Turkish Present, and Collective Violence Against the Armenians, 1789–2009*. Oxford: Oxford University Press, 2014.

Grant Ross, H. "The Civilizing Vision of an Enlightened Dictator: Norodom Sihanouk and the Cambodian Post-Independence Experiment (1953 1970)." In *Cultural Heritage as Civilizing Mission*, edited by M. Falser, 149–78 New York: Springer, 2015.

Guidi, A. "Nationalism Without a Nation: The Italian Case." In *Nationalism an*

Archaeology in Europe, edited by M. Díaz-Andreu and T. Champion, 108–18. London: Routledge, 1996.

Guitton, J. "N'en déplaise à quelques tenants de l'esprit pur . . ." In *L'UNESCO racontée par ses anciens*, 29–31. Paris: UNESCO, 2006.

Hafsaas-Tsakos, H. "Ethical Implications of Salvage Archaeology and Dam Building: The Clash Between Archaeologists and Local People in Dar al-Manasir, Sudan." *Journal of Social Archaeology* 11, no. 1 (2011): 49–76.

Hafstein, V. "Intangible Heritage as a List: From Masterpieces to Representation." In *Intangible Heritage*, edited by L.-J. Smith and N. Akagawa, 93–111. London: Routledge, 2009.

Hale, T., and D. Held. "Editor's Introduction." In *Handbook of Transnational Governance: Institutions and Innovations*, edited by T. Hale and D. Held, 1–36. Cambridge: Polity, 2011.

Hall, C. M., and R. Piggin. "World Heritage Sites: Managing the Brand." *Managing Visitor Attractions: New Directions*, 2003, 203–19.

Harmanşah, Ö. "ISIS, Heritage, and the Spectacles of Destruction in the Global Media." *Near Eastern Archaeology* 78, no. 3 (2015): 170–77.

Harvey, D. C. "Heritage Pasts and Heritage Presents: Temporality, Meaning and the Scope of Heritage Studies." *International Journal of Heritage Studies* 7, no. 4 (2001): 319–38.

Hassan, F. A. "The Aswan High Dam and the International Rescue Nubia Campaign." *African Archaeological Review* 24, nos. 3–4 (2007): 73–94.

Hauser-Schäublin, B. "Preah Vihear: From Object of Colonial Desire to a Contested World Heritage Site." In *World Heritage Angkor and Beyond: Circumstances and Implications of UNESCO Listings in Cambodia*, edited by B. Hauser-Schäublin, 33–56. Göttingen: Göttingen Studies in Cultural Property, 2011.

———, ed. *World Heritage Angkor and Beyond: Circumstances and Implications of UNESCO Listings in Cambodia*. Göttingen: Universitätsverlag Göttingen, 2011.

Hauser-Schäublin, B., and S. Missling. "The Enduring Agency of Borderland Regimes: The Aftermath of Serial Regulations with Different Scopes and Temporal Scales at Preah Vihear, Cambodia." *Journal of Legal Pluralism and Unofficial Law* 46, no. 1 (2014): 79–98.

Hawkes, J. "Adventures in Archaeology: The Biography of Sir Mortimer Wheeler." New York: St. Martins Press, 1982.

Hawkes, J., and L. Woolley. *Prehistory and the Beginnings of Civilization*. Vol.

1. New York: Harper & Row, 1963.

Heinich, N. *La fabrique du patrimoine: de la cathédrale à la petite cuillère*. Paris: Éditions de la MSH, 2009.

Heller, P. B. *The United Nations Under Dag Hammarskjold, 1953–1961*. Lanham, MD: Scarecrow Press, 2001.

Herscher, A., and A. J. Riedlmayer. "The Destruction of Cultural Heritage in Kosovo, 1998–1999: A Post-War Survey, Prosecution Submission." In *Prosecutor v. Slobodan Milosevic*, case no. IT-02-54-T. International Criminal Tribunal for the Former Yugloslavia, February 28, 2002.

Herzfeld, M. *Anthropology: Theoretical Practice in Culture and Society*. Paris: UNESCO, 2000.

———. "Mere Symbols." *Anthropologica* 50, no. 1 (2008): 141–55.

———. *A Place in History: Social and Monumental Time in a Cretan Town*. Princeton, NJ: Princeton University Press, 1991.

———. *Siege of the Spirits: Community and Polity in Bangkok*. Chicago: University of Chicago Press, 2016.

———. *The Social Production of Indifference*. Chicago: University of Chicago Press, 1993.

———. "Spatial Cleansing: Monumental Vacuity and the Idea of the West." *Journal of Material Culture* 11, nos. 1–2 (2006): 127–49.

Higgins, A. P. *The Hague Peace Conferences*. Cambridge: Cambridge University Press, 1909.

Hocking, B. "Words and Deeds: Why America Left Unesco." *The World Today* 41, no. 4 (1985): 75–78.

Hodder, I. "Archaeological Reflexivity and the 'Local' Voice." *Anthropological Quarterly* 76, no. 1 (2003): 55–69.

———. "Cultural Heritage Rights: From Ownership and Descent to Justice and Well-being." *Anthropological Quarterly* 83, no. 4 (2010): 861–82.

Hodge, J. M. *Triumph of the Expert: Agrarian Doctrines of Development and the Legacies of British Colonialism*. Athens: Ohio University Press, 2007.

Hoggart, R. *An Idea and Its Servants: UNESCO from Within*. Piscataway, NJ: Transaction, 2011.

———. "UNESCO in Crisis—the Israel Resolutions." *Higher Education Quarterly* 30, no. 1 (1975): 15–23.

Hojjat, M. "Cultural Identity in Danger." In *The Iran-Iraq War: The Politics of Aggression*, edited by F. Rajaee, 41–46. Gainesville: University Press of Florida, 1993.

Hølleland, H. "Practicing World Heritage. Approaching the Changing Faces of the World Heritage Convention." Ph.D. dissertation, University of Oslo, 2013.

Hopkins, N. S., and S. R. Mehanna. *Nubian Encounters: The Story of the Nubian Ethnological Survey 1961–1964*. Oxford: Oxford University Press, 2011.

Hudson, B. "Restoration and Reconstruction of Monuments at Bagan (Pagan), Myanmar (Burma)." *World Archaeology* 40, no. 4 (2008): 553–71.

Hüfner, K. *What Can Save UNESCO?* Berlin: Frank & Timme, 2015.

Hughes, T. L. "The Twilight of Internationalism." *Foreign Policy*, no. 61 (1985): 25–48.

Hull, M. S. "Documents and Bureaucracy." *Annual Review of Anthropology* 41 (2012): 251–67.

Human, H. "Democratising World Heritage: The Policies and Practices of Community Involvement in Turkey." *Journal of Social Archaeology* 15, no. 2 (2015): 160–83.

Huxley, J. *From an Antique Land: Ancient and Modern in the Middle East*. Boston: Beacon Press, 1966.

———. *TVA: Adventure in Planning*. Surrey: Architectural Press, 1943.

———. *UNESCO: Its Purpose and Its Philosophy*. Washington, DC: Public Affairs Press, 1947.

INTACH. "Charter for the Conservation of Unprotected Architectural Heritage and Sites in India." Indian National Trust for Art and Cultural Heritage, New Delhi, 2004.

International Museums Office, ed. *Manual on the Technique of Archaeological Excavations*. Paris: International Institute of Intellectual Cooperation, 1940.

Iriye, A. *Global Community: The Role of International Organizations in the Making of the Contemporary World*. Berkeley: University of California Press, 2002.

Isakhan, B. "Heritage Destruction and Spikes in Violence: The Case of Iraq." In *Cultural Heritage in the Crosshairs: Protecting Cultural Property During Conflict*, edited by J. D. Kila and J. A. Zeidler, 219–47. Leiden: Brill, 2013.

———. "Targeting the Symbolic Dimension of Baathist Iraq: Cultural Destruction, Historical Memory, and National Identity." *Middle East Journal of Culture and Communication* 4, no. 3 (2011): 257–81.

Isakhan, B., and J. A. González Zarandona. "Layers of Religious and Political Iconoclasm Under the Islamic State: Symbolic Sectarianism and Pre-monotheistic Iconoclasm." *International Journal of Heritage Studies* (2017): 1–16.

Isakhan, B. "The Iraq Legacies and the Roots of the 'Islamic State.'" In *The Legacy of Iraq: From the 2003 War to the "Islamic State,"* edited by B. Isakhan, 223–35. Edinburgh: Edinburgh University Press, 2015.

Isar, Y. R. "UNESCO and Heritage: Global Doctrine and Global Practice." In *Cultures and Globalization: Heritage, Memory and Identity*, edited by H. K. Anheier and Y. R. Isar, 39–52. London: Sage, 2011.

Islamic Human Rights Commission. "Whose Hajj Is It Anyway?" IHRC, 2016.

Jameson, F. *Archaeologies of the Future: The Desire called Utopia and Other Science Fictions*. New York: Verso, 2005.

Janmyr, M. "Human Rights and Nubian Mobilisation in Egypt: Towards Recognition of Indigeneity." *Third World Quarterly* 38, no. 3 (2017): 717–33.

Johansson, C. "Digital Reconstruction of the Archaeological Landscape in the Concession Area of the Scandinavian Joint Expedition to Sudanese Nubia (1961–1964)." M.A. thesis, Uppsala University, 2014.

Jokilehto, J. "World Heritage: Observations on Decisions Related to Cultural Heritage." *Journal of Cultural Heritage Management and Sustainable Development* 1, no. 1 (2011): 61–74.

Jokilehto, J., and C. Cameron. *The World Heritage List: What Is OUV? Defining the Outstanding Universal Value of Cultural World Heritage Properties*. Berlin: Bässler Verlag, 2008.

Joy, C. "Negotiating Material Identities: Young Men and Modernity in Djenné." *Journal of Material Culture* 16, no. 4 (2011): 389–400.

———. *The Politics of Heritage Management in Mali: From UNESCO to Djenné*. Walnut Creek, CA: Left Coast Press, 2012.

———. "'UNESCO Is What?' World Heritage, Militant Islam and the Search for a Common Humanity in Mali." In *World Heritage on the Ground: Ethnographic Perspectives*, edited by C. Brumann and D. Berliner, 60–77. Oxford: Berghahn, 2016.

Källén, A. "The Invisible Archaeologist: Letters from the UNESCO Secretariat 1946–1947." *Journal of Social Archaeology* 14, no. 3 (2014): 383–405.

Kasetsiri, C., P. Sothirak, and P. Chachavalpongpun. *Preah Vihear: A Guide to the Thai-Cambodian Conflict and its Solutions*. Bangkok: White Lotus Press, 2013.

Kersel, M. M., and C. Luke. "Diplomacy and Neo-imperialism." In *Global Heritage: A Reader*, edited by L. Meskell, 70–93. Oxford: Wiley Blackwell, 2015

Kersel, M. M., and C. Luke. "A Crack in the Diplomatic Armor: The United States and the Palestinian Authority's Bid for UNESCO Recognition." *Journal of Field*

Archaeology 37, no. 2 (2012): 143–44.

Khoury, P. S. *Syria and the French Mandate: The Politics of Arab Nationalism, 1920–1945*. Princeton, NJ: Princeton University Press, 2014.

Kinnard, J. "The Ambiguities of Preservation: Bodhgayā, UNESCO, and the Making of a World Heritage Site." In *Religious Representation in Place*, edited by M. K. George and D. Pezzoli-Olgiati, 235–50. New York: Springer, 2014.

Kitchen, J. E. "'Khaki Crusaders': Crusading Rhetoric and the British Imperial Soldier During the Egypt and Palestine Campaigns, 1916–18." *First World War Studies* 1, no. 2 (2010): 141–60.

Kleine, M. "Trading Control: National Fiefdoms in International Organizations." *International Theory* 5, no. 3 (2013): 321–46.

Kleinitz, C. "Between Valorisation and Devaluation: Making and Unmaking (World) Heritage in Sudan." *Archaeologies* 9, no. 3 (2013): 427–69.

Kleinitz, C., and C. Näser. "The Loss of Innocence: Political and Ethical Dimensions of the Merowe Dam Archaeological Salvage Project at the Fourth Nile Cataract (Sudan)." *Conservation and Management of Archaeological Sites* 13, no. 2–3 (2011): 253–80.

Klimowicz, A., and P. Klimowicz. "The Socio-political Context of Polish Archaeological Discoveries in Faras, Sudan." In *European Archaeology Abroad: Global Settings, Comparative Perspectives*, edited by S. van de Linde, M. H. van de Dries, N. Schlanger, and C. G. Slappendel, 287. Leiden: Sidestone Press, 2012.

Kornegay, K. "Destroying the Shrines of Unbelievers: The Challenge of Iconoclasm to the International Framework for the Protection of Cultural Property." *Military Law Review* 221 (2014): 153–82.

Kowalski, A. "When Cultural Capitalization Became Global Practice." In *The Cultural Wealth of Nations*, edited by N. Bandelj and F. F. Wherry, 73–89. Stanford: Stanford University Press, 2011.

Krairiksh, P. "A Brief History of Heritage Protection in Thailand." In *Protecting Siam's Heritage*, edited by C. Baker, 15–40. Chiang Mai: Siam Society under Royal Patronage, 2013.

Kunz, D. B. "When Money Counts and Doesn't: Economic Power and Diplomatic Objectives." *Diplomatic History* 18, no. 4 (1994): 451–62.

Labadi, S. "The Impacts of Culture and Heritage-Led Development Programmes: The Cases of Liverpool (UK) and Lille (France)." In *Urban Heritage, Development and Sustainability: International Frameworks, National and Local Governance*, edited by

S. Labadi and W. Logan, 137–50. Abingdon: Routledge, 2016.
———. "Representations of the Nation and Cultural Diversity in Discourses on World Heritage." *Journal of Social Archaeology* 7, no. 2 (2007): 147–70.
———. "A Review of the Global Strategy for a Balanced, Representative and Credible World Heritage List 1994–2004." *Conservation and Management of Archaeological Sites* 7, no. 2 (2005): 89–102.
———. *UNESCO, Cultural Heritage and Outstanding Universal Value.* Walnut Creek, CA: AltaMira Press, 2013.
———. "The Upstream Process: The Way Forward for the World Heritage Convention?" *Heritage and Society* 7, no. 1 (2014): 57–58.
Labadi, S., and F. Bandarin. *World Heritage: Challenges for the Millennium.* Paris: UNESCO, 2007.
Labadi, S., and W. Logan. "Approaches to Urban Heritage, Development and Sustainability." In *Urban Heritage, Development and Sustainability: International Frameworks, National and Local Governance*, edited by S. Labadi and W. Logan, 1–20. London: Routledge, 2016.
Lafrenz Samuels, K. "Trajectories of Development: International Heritage Management of Archaeology in the Middle East and North Africa." *Archaeologies* 5, no. 1 (2009): 68–91.
Lal, B. B. "Expeditions Outside India." *Indian Archaeology* 1961–2 (1964): 64–70.
Lamprakos, M. *Building a World Heritage City: Sanaa, Yemen.* Farnham: Ashgate, 2015.
Larkin, C., and M. Dumper. "In Defense of Al-Aqsa: The Islamic Movement Inside Israel and the Battle for Jerusalem." *Middle East Journal* 66, no. 1 (2012): 31–52.
———. "UNESCO and Jerusalem: Constraints, Challenges and Opportunities." *Jerusalem Quarterly* 39 (2009): 16–28.
Larsen, P. B. "The Politics of Technicality: Guidance Culture in Environmental Governance." In *The Gloss of Harmony: The Politics of Policymaking in Multilateral Organisations*, edited by B. Müller, 75–100. London: Pluto Press, 2013.
Latour, B. *The Making of Law: An Ethnography of the Conseil d'Etat.* Cambridge, MA: Polity, 2010.
———. *We Have Never Been Modern.* Translated by C. Porter. Cambridge, MA: Harvard University Press, 1991.
Laves, W. H. C., and C. A. Thomson. *UNESCO: Purpose, Progress, Prospects.* Bloomington: University of Indiana Press, 1957.
Lawrence, T. E. *Crusader Castles.* Oxford: Oxford University Press, 1988.

Lee, S. K. "Siam Mismapped: Revisiting the Territorial Dispute over the Preah Vihear Temple." *South East Asia Research* 22, no. 1 (2014): 39–55.

Lenzerini, F. "Articles 15–16 World Heritage Fund." In *The 1972 World Heritage Convention: A Commentary*, edited by F. Francioni and F. Lenzerini, 269–88. Oxford: Oxford University Press, 1972.

———. "The UNESCO Declaration Concerning the Intentional Destruction of Cultural Heritage: One Step Forward and Two Steps Back." *Italian Yearbook of International Law* 13 (2003): 131–45.

Leturcq, J.-G. "Heritage-Making and Policies of Identity in the 'Post-Conflict Reconstruction' of Sudan." *Égypte/Monde Arabe*, nos. 5–6 (2009): 295–328.

Liljeblad, J. "The Pyu Ancient Cities World Heritage Application: Lessons from Myanmar on Transnational Advocacy Networks." *Journal of Civil Society* (2016): 1–17.

Locard, H. "The Myth of Angkor as an Essential Component of the Khmer Rouge Utopia." In *Cultural Heritage as Civilizing Mission*, edited by M. Falser, 201–22. New York: Springer, 2015.

Logan, W. "Australia, Indigenous Peoples and World Heritage from Kakadu to Cape York: State Party Behaviour Under the World Heritage Convention." *Journal of Social Archaeology* 13, no. 2 (2013): 153–76

———. "Closing Pandora's Box: Human Rights Conudrums in Cultural Heritage Protection." In *Cultural Heritage and Human Rights*, edited by H. Silverman and Fairchild Ruggles, 33–52. New York: Springer, 2008.

———. "Cultural Diversity, Cultural Heritage and Human Rights: Towards Heritage Management as Human Rights-Based Cultural Practice." *International Journal of Heritage Studies* 18, no. 3 (2012/04/29 2012): 231–44.

———. "Ethnicity, Heritage, Human Rights and Governance in the Union of Myanmar." In Cultural Contestation: Heritage, Identity and the Role of Government, edited by J. Rodenberg and P. Wagenaar, New York: Palgrave-Macmillan, forthcoming.

———. "Globalizing Heritage: World Heritage as a Manifestation of Modernism, and Challenges from the Periphery." In *Proceedings of the Australia ICOMOS National Conference*, 51–57. Adelaide: University of Adelaide/ICOMOS, 2002.

———. "Heritage in Times of Rapid Transformation: A Tale of Two Cities—Yangon and Hanoi." In *Asian Cities: Colonial to Global*, edited by G. Bracken, 279–300. Amsterdam: Amsterdam University Press, 2015.

———. "Making the Most of Heritage in Hanoi, Vietnam." *Historic Environment* 26, no. 3 (2014): 62–72.

———. "Planning the Palestinian Towns Under Occupation." Working Paper 12. Australasian Midde Eastern Studies Association, Christchurch, 1989.

———. "Playing the Devil's Advocate: Protecting Intangible Cultural Heritage and the Infringement of Human Rights." *Historic Environment* 22, no. 3 (2009): 14–18.

Lostal, M. *International Cultural Heritage Law in Armed Conflict: Case-Studies of Syria, Libya, Mali, the Invasion of Iraq, and the Buddhas of Bamiyan*. Cambridge: Cambridge University Press, 2017.

Luke, C. "The 40th World Heritage Session in Istanbul, Turkey: A Reflection on the Legacies of Heritage Policy and Missed Mega-Heritage." *Journal of Field Archaeology* 41, no. 6 (2016): 641–44.

Luke, C., and M. M. Kersel. *U.S. Cultural Diplomacy and Archaeology: Soft Power, Hard Heritage*. London: Routledge, 2013.

Mann, T. *Death in Venice*. Mineola, NY: Dover Publications, 1995 [1912].

Martín, J. G., and B. Rovira. "The Panamá Viejo Archaeological Project: More than a Decade of Research and Management of Heritage Resources." *Historical Archaeology* 46, no. 3 (2012): 16–26.

Marx, K., and J. O'Malley. *Critique of Hegel's "Philosophy of Right."* Cambridge: Cambridge University Press, 1977.

Maurel, C. *Histoire de l'UNESCO*. Paris: Editions L'Harmattan, 2010.

———. "Le sauvetage des monuments de Nubie par l'Unesco (1955–1968)." *Égypte/Monde arabe*, no. 10 (2013).

Mauss, M. *The Gift: The Form and Reason for Exchange in Archaic Societies*. Translated by W. D. Halls. New York: W. W. Norton, 1990.

Mayor, F. *The New Page*. Paris: UNESCO, 1999.

Mazower, M. "The End of Eurocentrism." *Critical Inquiry* 40, no. 4 (2014): 298–313.

———. *Governing the World: The History of an Idea*. London: Penguin, 2012.

———. *No Enchanted Palace: The End of Empire and the Ideological Origins of the United Nations*. Princeton, NJ: Princeton University Press, 2009.

Mazza, R. *Jerusalem: From the Ottomans to the British*. London: IB Tauris, 2009.

McAlexander, R. J. "Couscous Mussolini: US Perceptions of Gamal Abdel Nasser, the 1958 Intervention in Lebanon and the Origins of the US–Israeli Special Relationship." *Cold War History* 11, no. 3 (2011): 363–85.

McNamara, R. *Britain, Nasser and the Balance of Power in the Middle East, 1952–1977: From the Egyptian Revolution to the Six Day War*. London: Routledge, 2004.

Meskell, L. M. "From Paris to Pontdrift: UNESCO Meetings, Mapungubwe and

Mining." *South African Archaeological Bulletin* 66, no. 194 (2011): 149–56.
———, ed. *Global Heritage: A Reader*. Oxford: Wiley Blackwell, 2015.
———. "Gridlock: UNESCO, Global Conflict and Failed Ambitions." *World Archaeology* 47, no. 2 (2015): 225–238.
———. *The Nature of Heritage: The New South Africa*. Oxford: Blackwell, 2011.
———. "Negative Heritage and Past Mastering in Archaeology." *Anthropological Quarterly* 75, no. 3 (2002): 557–74.
———. "The Rush to Inscribe: Reflections on the 35th Session of the World Heritage Committee, UNESCO Paris, 2011." *Journal of Field Archaeology* 37, no. 2 (2012): 145–51.
———. "States of Conservation: Protection, Politics and Pacting Within UNESCO's World Heritage Committee." *Anthropological Quarterly* 87, no. 1 (2014): 267–92.
———. "Transacting UNESCO World Heritage: Gifts and Exchanges on a Global Stage." *Social Anthropology/Anthropologie Sociale* 23, no. 1 (2015): 3–21
———. "UNESCO and the Fate of the World Heritage Indigenous Peoples Council of Experts (WHIPCOE)." *International Journal of Cultural Property* 20, no. 2 (2013): 155–74.
———. "UNESCO's World Heritage Convention at 40: Challenging the Economic and Political Order of International Heritage Conservation." *Current Anthropology* 54, no. 4 (2013): 483–94.
———. "World Heritage and WikiLeaks: Territory, Trade and Temples on the Thai-Cambodian Border." *Current Anthropology* 57, no. 1 (2016): 72–95.
Meskell, L. M., and C. Brumann. "UNESCO and New World Orders." In *Global Heritage: A Reader*, 22–42. Oxford: Wiley Blackwell, 2015.
Meskell, L. M., C. Liuzza, E. Bertacchini, and D. Saccone. "Multilateralism and UNESCO World Heritage: Decision-Making, States Parties and Political Processes." *International Journal of Heritage Studies* 21, no. 5 (2015): 423–40.
Meskell, L. M., C. Liuzza, and N. Brown. "World Heritage Regionalism: UNESCO from Europe to Asia." *International Journal of Cultural Property* (2015).
Métraux, A. "UNESCO and Anthropology." *American Anthropologist* 53, no. 2 (1951): 294–300.
Michell, N. *Ruins of Many Lands: A Descriptive Poem*. London: John K. Chapman, 1849.
Mills, A. J. "The Reconnaissance Survey from Gemai to Dal: A Preliminary Report for 1963–64." *Kush* 15 (1967–68): 200–210.
Mitchell, T. *Rule of Experts*. Berkeley: University of California Press, 2002.

Mitrany, D. *A Working Peace System*. Chicago: Quadrangle Books, 1966.

Miura, K. "Discourses and Practices Between Traditions and World Heritage Making in Angkor After 1990." In *Cultural Heritage as Civilizing Mission: From Decay to Recovery.*, edited by M. Falser, 251–78. New York: Springer, 2015.

———. "World Heritage Making in Angkor. Global, Regional, National and Local Actors, Interplays and Implications." In *World Heritage Angkor and Beyond: Circumstances and Implications of UNESCO Listings in Cambodia*, edited by B. Hauser-Schäublin, 9–33. Göttingen: Universitätsverlag Göttingen, 2011.

Moore, E. H., and W. Maung. "The Social Dynamics of Pagoda Repair in Upper Myanmar." *Journal of Burma Studies* 20, no. 1 (2016): 149–98.

More, T. *Utopia*. http://history-world.org/Utopia_T.pdf, [1516].

Morgenthau, H. *Ambassador Morgenthau's Story*. New York: Doubleday, 1919.

Morse, J. C., and R. O. Keohane. "Contested Multilateralism." *The Review of International Organizations* 9, no. 4 (2014): 385–412.

Moser, S., D. Glazier, S. Ballard, J. Phillips, L. N. el Nemer, M. S. Mousa, S. Richardson, A. Conner, and M. Seymour. "Transforming Archaeology Through Practice: Strategies for Collaborative Archaeology and the Community Archaeology Project at Quseir, Egypt." *World Archaeology* 34, no. 2 (2002): 220–48.

Mosse, D. "Politics and Ethics: Ethnographies of Expert Knowledge and Professional Identities." In *Policy Worlds: Anthropology and the Analysis of Contemporary Power*, edited by C. Shore, S. Wright, and D. Però, 50–67. Oxford: Berghahn, 2011.

Müller, B. "Lifting the Veil of Harmony: Anthropologists Approach International Organizations." In *The Gloss of Harmony: The Politics of Policy-Making in Multilateral Organisations*, edited by B. Müller, 1–20. London: Pluto Press, 2013.

Murray, G. *From the League to the U.N.* London: Oxford University Press, 1948.

Musitelli, J. "World Heritage, Between Universalism and Globalization." *International Journal of Cultural Property* 11, no. 2 (2002): 323–36.

Nagaoka, M. "'European' and 'Asian' Approaches to Cultural Landscapes Management at Borobudur, Indonesia in the 1970s." *International Journal of Heritage Studies* 21, no. 3 (2014): 232–49.

Nas, P. J. M. "Masterpieces of Oral and Intangible Culture." *Current Anthropology* 43, no. 1 (2002): 139–48.

Nassar, A. E. "The International Criminal Court and the Applicability of International Jurisdiction Under Islamic Law." *Chicago Journal of International Law* 4, no. 2

(2003): 587–96.

Ndoro, W., and G. Wijesuriya. "Heritage Management and Conservation: From Colonization to Globalization." In *Global Heritage: A Reader*, edited by L. M. Meskell, 131–49. Oxford: Blackwell, 2015.

Newsroom Panama. "Concerns Linger over Route of Third Stage of Cinta Costera." Newsroom Panama, 2011.

Niebuhr, R. "The Theory and Practice of UNESCO." *International Organization* 4, no. 1 (1950): 3–11.

Nielsen, B. "L'Unesco et le culturellement correct." *Gradhiva* 2 (2013): 74–97.

———. "UNESCO and the 'Right' Kind of Culture: Bureaucratic Production and Articulation." *Critique of Anthropology* 31, no. 4 (2011): 273–92.

Nordström, H.-Å. *The West Bank Survey from Faras to Gemai I: Sites of Early Nubian, Middle Nubian and Pharaonic Age*. Oxford: Archaeopress, 2014.

Nudelman, M. "Who Owns the Scythian Gold—The Legal and Moral Implications of Ukraine and Crimea's Cultural Dispute." *Fordham International Law Journal* 38 (2015): 1261.

O'Keefe, R. "World Cultural Heritage: Obligations to the International Community as a Whole?" *International and Comparative Law Quarterly* 53, no. 1 (2004): 189–209.

Obidallah, M. T. "Saving the Roman Water System and the Terraced Landscape of Battir, Palestine." In *The UNESCO World Heritage and the Role of Civil Society. Proceedings of the International Conference Bonn 2015*, edited by S. Doempke, 136–39. Berlin: World Heritage Watch, 2015.

Okasha, S. "Address by H. E. Dr. Sarwat Okasha, Minister of Culture of the United Arab Republic." In *Abu Simbel: Addresses Delivered at the Ceremony to Mark the Completion of the Operations for Saving the Two Temples*, 7–19. Paris: UNESCO, 1968.

———. "Rameses Recrowned: The International Campaign to Preserve the Monuments of Nubia, 1959–68." In *Offerings to the Discerning Eye*, edited by S. H. D'Auria, 223–44. Leiden: Brill, 2009.

Osorio Ugarte, K. "Los atributos del Valor Universal Excepcional de una propiedad considerada Patrimonio Mundial." *Canto Rodado* 7 (2012): 1–27.

Pakenham, T. *The Scramble for Africa*. New York: Avon Books, 1992.

Palestine ICOMOS. "Palestine: Destruction in the West Bank, April 2002." *Heritage at Risk* 2002/2003 (2015): 157–60.

Papazian, S. "The Cost of Memorializing: Analyzing Armenian Genocide Memorials and Commemorations in the Republic of Armenia and in the

Diaspora." *International Journal of History, Culture and Modernity* (forthcoming).

Parenti, B., and E. De Simone. "Explaining Determinants of National UNESCO Tentative Lists: An Empirical Study." *Applied Economics Letters* 22, no. 15 (2015): 1193–98.

Pavone, V. "From Intergovernmental to Global: UNESCO's Response to Globalization." *Review of International Organizations* 2, no. 1 (2007): 77–95.

———. *From the Labyrinth of the World to the Paradise of the Heart: Science and Humanism in UNESCO's Approach to Globalization.* New York: Lexington, 2008.

Pedersen, S. "Empires, States and the League of Nations." In *Internationalisms: A Twentieth-Century History*, edited by G. Sluga and P. Clavin, 113–38. Cambridge: Cambridge University Press, 2017.

———. *The Guardians: The League of Nations and the Crisis of Empire.* Oxford: Oxford University Press, 2015.

Peleggi, M. *The Politics of Ruins and the Business of Nostalgia.* Bangkok: White Lotus Press, 2002.

Pendergast, W. R. "UNESCO and French Cultural Relations 1945–1970." *International Organization* 30, no. 3 (1976): 453–83.

Petrovic, J. "What Next for Endangered Cultural Treasures: The Timbuktu Crisis and the Responsibility to Protect." *New Zealand Journal of Public and International Law* 11 (2013): 381–426.

Peycam, P. "The International Coordinating Committee for Angkor: A World Heritage Site as an Arena of Competition, Connivance and State(s) Legitimation." *SOJOURN: Journal of Social Issues in Southeast Asia* 31, no. 3 (2016): 743–85.

Philp, J. "The Political Appropriation of Burma, Cultural Heritage and Its Implications for Human Rights." In *Cultural Diversity, Heritage, and Human Rights: Intersections in Theory and Practice*, edited by M. Langfield, W. Logan, and M. N. Craith, 83–100. London: Routledge, 2009.

Pichard, P. "Today's Pagan: Conservation Under the Generals." In *"Archaeologizing" Heritage?*, edited by M. Falser and M. Juneja, 235–49. Berlin: Springer, 2013.

Pieris, A. "From Colombo to Sri Jayewardenepura: National Heritage and the Capricious Subjectivities of Postcolonial Capitals." *Historic Environment* 26, no. 3 (2014): 74–85.

Plets, G. "Ethno-nationalism, Asymmetric Federalism and Soviet Perceptions of the Past: (World) Heritage Activism in the Russian Federation." *Journal of Social Archaeology* 15, no. 1 (2015): 67–93.

———. "Violins and Trowels for Palmyra: Post-conflict Heritage Politics." *Anthropology Today* 33, no. 4 (2017): 18–22.

Poria, Y., A. Reichel, and R. Cohen. "World Heritage Site: Is It an Effective Brand Name? A Case Study of a Religious Heritage Site." *Journal of Travel Research* 50, no. 5 (2011): 482–95.

Power, C. "Saudi Arabia Bulldozes over Its Heritage." *Time*, November 14, 2014.

Pressouyre, L. *The World Heritage Convention, Twenty Years Later*. Paris: UNESCO Publishing, 1996.

Preston, W., E. S. Herman, and H. Schiller. *Hope and Folly: The United States and UNESCO 1945–1985*. Minneapolis: University of Minnesota Press, 1989.

Prott, L. "From Admonition to Action: UNESCO's Role in the Protection of Cultural Heritage." *Nature and Resources* 28, no. 3 (1992): 4–11.

Provence, M. *The Great Syrian Revolt and the Rise of Arab Nationalism*. Austin: University of Texas Press, 2005.

Putra, I. D., and M. Hitchcock. "Pura Besakih: A World Heritage Site Contested." *Indonesia and the Malay World* 33, no. 96 (2005): 225–38.

Rabbat, N. "Heritage as a Right: Heritage and the Arab Spring." *International Journal of Islamic Architecture* 5, no. 2 (2016): 267–78.

Rao, K. "A New Paradigm for the Identification, Nomination and Inscription of Properties on the World Heritage List." *International Journal of Heritage Studies* 16, no. 3 (2010): 161–72.

Ray, H. P. *Colonial Archaeology in South Asia: The Legacy of Sir Mortimer Wheeler*. New Delhi: Oxford University Press, 2008.

Ray, H. P., ed. *Mausam: Maritime Cultural Landscapes Across the Indian Ocean*. New Delhi: Aryan Books International, 2014.

Reid, D. M. *Contesting Antiquity in Egypt: Archaeologies, Museums, and the Struggle for Identities from World War I to Nasser*. Cairo: American University in Cairo Press, 2015.

———. "Indigenous Egyptology: The Decolonization of a Profession?" *Journal of the American Oriental Society* 105, no. 2 (1985): 233–46.

Report by the Norwegian Delegation. "Report to the UNESCO World Heritage Committee 34th Session." Brasilia July 25–August 3, 2010.

Reyes, V. "The Production of Cultural and Natural Wealth: An Examination of World Heritage Sites." *Poetics* 44 (2014): 42–63.

Reynolds, K. "Palestinian Agriculture and the Israeli Separation Barrier: The

Mismatch of Biopolitics and Chronopolitics with the Environment and Human Survival." *International Journal of Environmental Studies* 72, no. 2 (2015): 237–55.
Reynolds, N. Y. "City of the High Dam: Aswan and the Promise of Postcolonialism in Egypt." *City and Society* 29, no. 1 (2017): 213–35.
Reza Husseini, S. "Destruction of Bamiyan Buddhas: Taliban Iconoclasm and Hazara Response." *Himalayan and Central Asian Studies* 16, no. 2 (2012): 15–50.
Ricca, S. *Reinventing Jerusalem: Israel's Reconstruction of the Jewish Quarter After 1967*. London: IB Tauris, 2007.
Richardson, L. "Avoiding and Incurring Losses: Decision-making in the Suez Crisis." *International Journal* 47, no. 2 (1992): 370–401.
Rico, T. "Heritage at Risk: The Authority and Autonomy of a Dominant Preservation Framework." In *Heritage Keywords: Rhetoric and Redescription in Cultural Heritage*, edited by K. Lafrenz Samuels and T. Rico, 147–62. Boulder: University Press of Colorado, 2015.
———. "The Heritage of Aftermath: Making 'Heritage at Risk' in Post-Tsnumai Banda Aceh." Ph.D. dissertation, Department of Anthropology, Stanford University, 2011.
———. "The Limits of a 'Heritage at Risk' Framework: The Construction of Post-Disaster Cultural Heritage in Banda Aceh, Indonesia." *Journal of Social Archaeology* 14, no. 2 (2014): 157–76.
———. "Stakeholder in Practice: 'Us,' 'Them' and the Problem of Expertise." In *Archaeologies of "Us" and "Them": Debating History, Heritage and Indigeneity*, edited by C. Hillerdal, A. Karlström, and C.-G. Ojala. London: Routledge, 2017.
———. "Technologies, Technocracy, and the Promise of 'Alternative' Heritage Values." In *Heritage in Action*, edited by H. Silverman, E. Waterton, and S. Watson, 217–30. New York: Springer, 2017.
Riles, A. "Infinity Within the Brackets." *American Ethnologist* 25, no. 3 (1998): 378–98.
Rjoob, A. A. "The Impact of Israeli Occupation on the Conservation of Cultural Heritage Sites in the Occupied Palestinian Territories: The Case of 'Salvage Excavations.'" *Conservation and Management of Archaeological Sites* 11, nos. 3–4 (2009): 214–35.
Rodriguez, J. "Cleaning up Bodhgaya: Conflicts over Development and the Worlding of Buddhism." *City and Society* 29, no. 1 (2017): 59–81.
Rosamond, B. *Theories of European Integration*. New York: Palgrave Macmillan, 2000.
Rössler, M. "Applying Authenticity to Cultural Landscapes." *Association for*

Preservation Technology International Bulletin 39, no. 2/3 (2008): 47–52.
———. "Challenges of World Heritage Interpretation: World Heritage and Associative Values." In *International Conference on World Heritage Interpretation (November 2, 2016)*. Seoul, 2016.
Rothschild, E. "The Archives of Universal History." *Journal of World History* 19, no. 3 (2008): 375–401.
Röttjer, J. "Safeguarding 'Negative Historical Values' for the Future? Appropriating the Past in the UNESCO Cultural World Heritage Site Auschwitz-Birkenau." *Ab Imperio* 2015, no. 4 (2015): 130–65.
Ryan, J., and S. Silvanto. "The World Heritage List: The Making and Management of a Brand." *Place Branding and Public Diplomacy* 5, no. 4 (2009): 290–300.
———. "A Study of the Key Strategic Drivers of the Use of the World Heritage Site Designation as a Destination Brand." *Journal of Travel and Tourism Marketing* 31, no. 3 (2014): 327–43.
Sand, J. "Japan's Monument Problem: Ise Shrine as Metaphor." *Past and Present* 226, suppl. 10 (2015): 126–52.
Sassen, S. *Territory, Authority, Rights: From Medieval to Global Assemblages*. Princeton, NJ: Princeton University Press, 2006.
Sathyamurthy, T. V. *The Politics of International Cooperation: Contrasting Conceptions of UNESCO*. Geneva: Librairie Droz, 1964.
Säve-Söderbergh, T. "The International Nubia Campaign: Two Perspectives." *Actes du VIIe Congres International d'Etudes Nubiennes*. Geneva: Sociéte d'Etudes Nubiennes, 1992.
———. "International Salvage Archaeology: Some Organizational and Technical Aspects of the Nubian Campaign." *Annals of the Royal Science Academy* 15–16 (1972): 116–40.
———. *Temples and Tombs of Ancient Nubia: The International Rescue Campaign at Abu Simbel, Philae and Other Sites*. London: Thames and Hudson, 1987.
Schmidt, P. R., ed. *Postcolonial Archaeologies in Africa*. Santa Fe: SAR Press, 2009.
Schmitt, T. M. *Cultural Governance: Zur Kulturgeographie Des UNESCO-Welterberegimes*. Wiesbaden: Franz Steiner Verlag, 2012.
———. "Global Cultural Governance: Decision-Making Concerning World Heritage Between Politics and Science." *Erdkunde* 63, no. 2 (2009): 103–21.
———. "The UNESCO Concept of Safeguarding Intangible Cultural Heritage: Its Background and Marrakchi Roots." *International Journal of Heritage Studies* 14,

no. 2 (2008): 95–111.
Schnapp, A. "Archéologie et tradition académique en Europe aux XVIIIe et XIXe siècles." *Annales, Histoire, Sciences Sociales* 37, nos. 5–6 (1982): 760–77.
Schofield, C. H., and M. Tan-Mullins. "Maritime Claims, Conflicts and Cooperation in the Gulf of Thailand." *Ocean Yearbook Online* 22, no. 1 (2008): 75–116.
Scudder, T. "Aswan High Dam Resettlement of Egyptian Nubians." In *Aswan High Dam Resettlement of Egyptian Nubians*, 1–52. Singapore: Springer, 2016.
Settis, S. *If Venice Dies*. New York: New Vessel Press, 2015.
Sewell, J. P. *UNESCO and World Politics*. Princeton, NJ: Princeton University Press, 1975.
Shabab, Q. U. "Address of Welcome." In *Proceedings of International Symposium on Moenjodaro, 1973*, edited by A. N. Khan. Karachi: National Book Foundation, 1975.
Sharma, B. K., and A. Rasheed, eds. *Indian Ocean Region: Emerging Strategic Coooperation, Competition and Conflict Scenarios*. New Delhi: Vij Books India, 2015.
"The Shelling of Damascus." *Advocate of Peace Through Justice* 87, no. 12 (1925): 659–62.
Shemesh, M., and S. I. Troen, eds. *The Suez-Sinai Crisis: A Retrospective and Reappraisal*. London: Routledge, 2005.
Shepherd, R. "Cultural Heritage, UNESCO, and the Chinese State." *Heritage Management* 2, no. 1 (2009): 55–79.
———. "UNESCO and the Politics of Cultural Heritage in Tibet." *Journal of Contemporary Asia* 36, no. 2 (2006): 243–57.
Shinnie, P. L. *Ancient Nubia*. London: Kegan Paul, 1996.
Shinnie, P. L., and M. Shinnie. *Debeira West. A Mediaeval Nubian Town*. Warminster: Aris and Phillips, 1978.
Shokr, A. "Hydropolitics, Economy, and the Aswan High Dam in Mid-Century Egypt." *Arab Studies Journal* 17, no. 1 (2009): 9–31.
Shore, C. "European Integration in Anthropological Perspective: Studying the 'Culture' of the EU Civil Service." In *Observing Government Elites: Up Close and Personal*, edited by R. A. W. Rhodes, P. 't Hart, and M. Noordegraaf, 180–205. New York: Palgrave Macmillan, 2007.
Sidi, A. O. "Maintaining Timbuktu's Unique Tangible and Intangible Heritage." *International Journal of Heritage Studies* 18, no. 3 (2012): 324–31.
Sinding-Larsen, A. "Lhasa Community, World Heritage and Human Rights."

International Journal of Heritage Studies 18, no. 3 (2012): 297–306.

Singh, J. P. *United Nations Educational, Scientific and Cultural Organization (UNESCO): Creating Norms for a Complex World*. London: Routledge, 2011.

———. "A 21st-Century UNESCO: Ideals and Politics in an Era of (Interrupted) US Re-engagement." Briefing 23, Future United Nations Development System, Ralph Bunche Institute for International Studies, CUNY Graduate Center, New York, 2014.

———. "Global Institutions and Deliberations: Is the World Trade Organization More Participatory than UNESCO?" In *Deliberation and Development: Rethinking the Role of Voice and Collective Action in Unequal Societies*, edited by P. Heller and V. Rao, 193–222. Washington, DC: World Bank Group, 2015.

Sluga, G. "Editorial—The Transnational History of International Institutions." *Journal of Global History* 6, no. 2 (2011): 219–22.

———. "Imagining Internationalism." *Arts: The Journal of the Sydney University Arts Association* 32 (2012): 55–68.

———. *Internationalism in the Age of Nationalism*. University of Pennsylvania Press, 2013.

———. "UNESCO and the (One) World of Julian Huxley." *Journal of World History* 21, no. 3 (2010): 393–418.

Smith, A. D. *Nationalism*. Cambridge: Polity, 2010.

Smith, L.-J., and N. Akagawa, eds. *Intangible Heritage*. London: Routledge, 2009.

Sothirak, P. "Cambodia's Border Conflict with Thailand." *Southeast Asian Affairs* 2013, no. 1 (2013): 87–100.

Standish, D. *Venice in Environmental Peril? Myth and Reality*. Lanham, MD: University Press of America, 2011.

Starr, F. *Corporate Responsibility for Cultural Heritage*. New York: Routledge, 2013.

Stone, P. "Protecting Cultural Heritage in Times of Conflict: Lessons from Iraq." *Archaeologies* 5, no. 1 (2009): 32–38.

Stone, P. and J. F. Bajjaly, eds. *The Destruction of Cultural Heritage in Iraq*. Woodbridge: Boydell & Brewer, 2008.

Stott, P. "The World Heritage Convention and the National Park Service, 1962–1972." *George Wright Forum* 28 (2011): 279–90.

Strasser, P. "'Putting Reform into Action'—Thirty Years of the World Heritage Convention: How to Reform a Convention Without Changing Its Regulations." *International Journal of Cultural Property* 11 (2002): 215–66.

Strate, S. "A Pile of Stones? Preah Vihear as a Thai Symbol of National Humiliation." *South East Asia Research* 21, no. 1 (2013): 41–68.

Suková, L. "Pictures in Place: A Case Study from Korosko (Lower Nubia)." *Studies in African Archaeology (Poznań Archaeological Museum)* 14 (2015): 119–43.

Swenson, A. "Crusader Heritages and Imperial Preservation." *Past and Present* 226, suppl. 10 (2015): 27–56.

———. "The First Heritage International(s): Rethinking Global Networks Before UNESCO." *Future Anterior: Journal of Historic Preservation History Theory and Criticism* 13, no. 1 (2016): 1–16.

———. *The Rise of Heritage: Preserving the Past in France, Germany and England, 1789–1914*. Cambridge: Cambridge University Press, 2013.

Tabet, J. *Review of ICOMOS' Working Methods and Procedures for the Evaluation of Cultural and Mixed Properties Nominated for Inscription on the UNESCO World Heritage List*. Paris: ICOMOS, 2010.

———. "Some Thoughts on the Sidelines of the World Heritage Committee Meeting in Doha." Unpublished paper, 2014.

Tanudirjo, D. A. "Changing Perspectives on the Relationship Between Heritage Landscape and Local Communities: A Lesson from Borobudur." In *Transcending the Culture-Nature Divide in Cultural Heritage: Views from the Asia-Pacific Region*, edited by S. Brockwell, S. O'Connor, and D. Byrne, 65–81. Canberra: ANU Press, 2013.

Toye, J., and R. Toye. "One World, Two Cultures? Alfred Zimmern, Julian Huxley and the Ideological Origins of UNESCO." *History* 95, no. 319 (2010): 308–31.

Tucker, S. C. *A Global Chronology of Conflict: From the Ancient World to the Modern Middle East: From the Ancient World to the Modern Middle East*. Santa Barbara, CA: ABC-Clio, 2010.

Turtinen, J. *Globalising Heritage: On UNESCO and the Transnational Construction of a World Heritage*. Stockholm: Stockholm Center for Organizational Research, 2000.

Ulengin, M. B., and Ö. Ulengin. "A New Layer in a World Heritage Site: The Post-war Reconstruction of Mostar's Historic Core." *Megaron* 10, no. 3 (2015): 332–42.

UNESCO. *A Common Trust: The Preservation of the Ancient Monuments of Nubia*. Paris: UNESCO 1960.

———. "Our Creative Diversity. Report of the World Commission on Culture and Development." Paris: UNESCO, 1995.

———. "Protection of Mankind's Cultural Heritage: Sites and Monuments." Paris: UNESCO, 1970.

Valderrama, F. *A History of UNESCO*. Paris: UNESCO, 1995.

van den Dries, M. H. "Social Involvement as a Buzz Word in World Heritage Nominations." In *Proceedings of the 2nd International Conference on Best Practices in World Heritage: People and Communities Menorca, Spain, 29–30 April, 1–2 May 2015*, edited by A. R. Castillo Mena, 668–86. Madrid: Universidad Complutense de Madrid, Servicio de Publicaciones, 2015.

Van der Aa, B. "Preserving the Heritage of Humanity? Obtaining World Heritage Status and the Impacts of Listing." Ph.D. dissertation, Netherlands Organisation for Scientific Research, 2005.

Van der Auwera, S. "'Culture for Development' and the UNESCO Policy on the Protection of Cultural Property During Armed Conflict." *International Journal of Cultural Policy* 20, no. 3 (2014): 245–60.

———. "UNESCO and the Protection of Cultural Property During Armed Conflict." *International Journal of Cultural Policy* 19, no. 1 (2013): 1–19.

van der Laarse, R. "Who Owns the Crimean Past? Conflicted Heritage and Ukrainian Identities." In *A Critical Biographical Approach of Europe's Past*, edited by D. Callebaut, 16–53. Ghent: Provincie Oost-Vlaanderen, 2014.

Veintimilla, D. J. "Islamic Law and War Crimes Trials: The Possibility and Challenges of a War Crimes Tribunal Against the Assad Regime and ISIL." *Cornell International Law Journal* 49 (2016): 497–519.

Vianello, M. "The No Grandi Navi Campaign." In *Protest and Resistance in the Tourist City*, edited by C. Colomb and J. Novy, 171–90. London: Routledge, 2016.

von Droste, B. "The Concept of Outstanding Universal Value and Its Application: 'From the Seven Wonders of the Ancient World to the 1,000 World Heritage Places Today.'" *Journal of Cultural Heritage Management and Sustainable Development* 1, no. 1 (2011): 26–41.

Vrdoljak, A. F. "Article 14: The Secretariat and Support of the World Heritage Committee." In *The 1972 World Heritage Convention: A Commentary*, edited by F. Francioni and F. Lenzerini, 243–68. Oxford: Oxford University Press, 2008.

———. "Challenges for International Cultural Heritage Law." In *Blackwell Companion to the New Heritage Studies*, edited by W. Logan, M. N. Craith, and U. Kockel, 541–556. New York: Wiley Blackwell, 2015.

———. "Indigenous Peoples and Protection of Cultural Heritage in International

Law." (in press).

———. "Intentional Destruction of Cultural Heritage and International Law." In *Multiculturalism and International Law, XXXV Thesaurus Acroasium*, edited by K. Koufa, 377–96. Thessaloniki: Sakkoulas Publications, 2007.

———. "International Exchange and Trade in Cultural Objects." In *Culture and International Economic Law*, edited by V. Vadi and B. de Witte, 124–42. London: Routledge, 2015.

———. *International Law, Museums, and the Return of Cultural Objects*. Cambridge: Cambridge University Press, 2006.

———. "Self-Determination and Cultural Rights." In *Cultural Human Rights*, edited by F. Francioni and M. Scheinin, 41–78. Leiden: Brill, 2008.

Walasek, H. *Bosnia and the Destruction of Cultural Heritage*. Abingdon: Routledge, 2016.

Wanner, R. E. *UNESCO's Origins, Achievements, Problems and Promises: An Inside/Outside Perspective from the US*. Hong Kong: Comparative Education Research Center, 2015.

Watenpaugh, H. Z. "Cultural Heritage and the Arab Spring: War over Culture, Culture of War and Culture War." *International Journal of Islamic Architecture* 5, no. 2 (2016): 245–63.

———. "Preserving the Medieval City of Ani: Cultural Heritage Between Contest and Reconciliation." *Journal of the Society of Architectural Historians* 73, no. 4 (2014): 528–55.

Weber, M. *Economy and Society: An Outline of Interpretive Sociology*. Berkeley: University of California Press, 1978.

Weickert, C. "Zur Geschichte des Deutschen Archäologischen Institute." *Archäologischer Anzeiger* 70 (1955): 127–56.

Weiner, A. *Inalienable Possessions: The Paradox of Keeping-While-Giving*. Berkeley: University of California Press, 1992.

Wendorf, F. "The Campaign for Nubian Prehistory." In *Etudes Nubiennes: Conférence de Geneve. Actes du VIIe Congres International d'Etudes Nubiennes*, edited by C. Bonnet, 43–54. Geneva: J. G. Cecconi, 1992.

———. *The Prehistory of Nubia*. Dallas: Southern Methodist University Press, 1968.

West, P., J. Igoe, and D. Brockington. "Parks and People: The Social Impacts of Protected Areas." *Annual Review of Anthropology* 35 (2006): 251–77.

Wijesuriya, G. "Conservation in Context." In *Conservation and Preservation Interactions Between Theory and Practice: In Memoriam Alois Riegl (1858–1905). Proceedings of the International Conference of the ICOMOS International Scientific Committee for the Theory and the Philosophy of Conservation and Restoration*, edited by M. Falser, W. Lipp, and A. Tomaszewski, 233–47. Florence: Edizioni Polistampa, 2010.

———. "Conserving the Temple of the Tooth Relic, Sri Lanka." *Public Archaeology* 1, no. 2 (2000): 99–108.

Wilkinson, T., N. Miller, C. Reichel, and D. Whitcomb. *On the Margin of the Euphrates: Settlement and Land Use at Tell es-Sweyhat and in the Upper Lake Assad Area, Syria*. Chicago: Oriental Institute, 2004.

Williams, T. "The Curious Tale of Preah Vihear: The Process and Value of World Heritage Nomination." *Conservation and Management of Archaeological Sites* 13, no. 1 (2011): 1–7.

Wilson, J. A. "The Nubian Campaign: An Exercise in International Archaeology." *Proceedings of the American Philosophical Society* 111, no. 5 (1967): 268–71.

Winter, T. "One Belt, One Road, One Heritage: Cultural Diplomacy and the Silk Road." *The Diplomat* 29 (2016): 1–5.

Witcomb, A. "Cross-Cultural Encounters and 'Difficult Heritage' on the Thai-Burma Railway: An Ethics of Cosmopolitanism Rather than Practices of Exclusion." In *A Companion to Heritage Studies*, edited by W. Logan, M. N. Craith, and U. Kockel, 461–78. Oxford: Blackwell, 2015.

Woolf, L. S. *International Government* Westminster: Fabian Society, 1916.

Wright, Q. "The Bombardment of Damascus." *American Journal of International Law* 20, no. 2 (1926): 263–80.

Yoosuk, U. "The Preah Vihear Temple: Roots of Thailand-Cambodia Border Dispute." *International Journal of Asian Social Science* 3, no. 4 (2013): 921–29.

Yusuf, A. A. "Article 1: Definition of Cultural Heritage." In *The 1972 World Heritage Convention: A Commentary*, edited by F. Francioni and F. Lenzerini, 23–50. Oxford: Oxford University Press, 2008.

Zacharias, D. "The UNESCO Regime for the Protection of World Heritage as Prototype of an Autonomy-Gaining International Institution." In *The Exercise of Public Authority by International Institutions*, edited by A. von Bogdandy, 301–36. Berlin: Springer, 2010.

Zuringa, S. "The Spanish Nubian Salvage Campaign Through the Media and Official Archives." In *The Kushite World: Proceeedings of the 11th International Conference for Meroitic Studies*, edited by M. H. Zach, 613–22. Vienna: Verein der Förderer der Sudanforschung, 2008.

索　引

（条目后的数字为原书页码，见本书边码）

1984(Orwell)《1984》(奥威尔)　201

Abadan(Iran)阿巴丹岛(伊朗)　187
Abdelkarim, Maamoun 阿卜杜勒卡里姆，马曼　184
Abe, Shinzo 安倍晋三　124,150,152
Abu Simbel Temple preservation (Egypt)对阿布辛拜勒神庙(埃及)的保护
　考古发掘　55,60
　古埃及研究与文献中心　24
　冷战　107
　对古代文物的毁坏　35
　纪录片　36
　经济花费　33,269注释11
　工程专业技术　31,33—34
　阿布辛拜勒合资企业　34,36
　马尔罗　44—45
　准备工作　32
　联合国教科文组织强调的技术援助　94
　美国的介入　52—54
　惠勒　30
　《世界遗产名录》　72,198
Acropolis of Athens 雅典卫城　59
Adams, William Y. 亚当斯，威廉·Y.
　缺乏埃及考古经验　38
　学习努比亚文物保护运动的经验　200,249注释66
　田纳西河流域管理局　45
　联合国教科文组织关于努比亚行动考古发掘的设想　40,46,246—247注释43
　努比亚文物保护运动中的美方人员　52—53
Adiseshiah, Malcolm 阿迪赛西亚，马尔科姆　43,249—250注释70
Afghanistan 阿富汗
　巴米扬大佛　52,74,170,190,210,212
　遗迹修复过程中原住民的搬迁行动　222
　联合国教科文组织早期的交流　18,76

《世界遗产名录》的筛选程序 137
African Union 非洲联盟 211
Aleppo(Syria)阿勒颇(叙利亚)
遭到袭击的文化遗址 173,181,200,212,224
《世界濒危遗产名录》 177
叙利亚冲突(21世纪10年代) 175,179,185
叙利亚叛乱(1925—1927) 172,174
联合国教科文组织的早期调查(20世纪50年代) 19
Algeria 阿尔及利亚
亨比保护行动(印度) 102
耶路撒冷遗址 165
施韦青根遗址(德国) 132
西岸遗址 196
世界遗产委员会 134,196
《世界遗产公约》 71,75
Allais,Lucia 阿莱,露西亚 33,36
Allenby,Edmund 艾伦比,埃德蒙德 161
Alpha Moya mausoleum(Timbuktu)阿尔法·莫亚陵墓(廷巴克图) 208
Al Qaeda 基地组织 207
Al Qaeda in the Islamic Maghreb (AQIM)伊斯兰马格里布基地组织 206
Amada Temple(Nubian Monuments Campaign)阿玛达神庙(努比亚文物保护运动) 31,35
Amami-Oshima Island(Japan)奄美大岛(日本) 155
Amenophis IV(Egyptian king)阿米诺菲斯四世(埃及国王) 51,53
Aminah(mother of Mohammad)阿米娜(穆罕默德的母亲) 214
Amnesty International 国际特赦组织 159,204
Anatole-Gabriel,Isabelle 阿纳托尔-加布里埃尔,伊莎贝尔 70
Anaya,James 安奈亚,詹姆斯 219
Ancient City of Tauric Chersonese and Its Chora(Ukraine)陶立克·克森尼索古城及乔拉镇(乌克兰) 158
Ancient Villages of Northern Syria (World Heritage site)叙利亚北方古村落(世界遗址) 177
Angkor(Cambodia)吴哥窟(柬埔寨)
由中国承建的铁路 121
红色高棉的袭击 xvii
《世界濒危遗产名录》现状 112
因为文物保护行动而搬迁、放逐的原住民 113,117,221—222
作为民族主义的标志 111
保护行动 xvii,110—113,123,140
对原住民的限制 113
联合国教科文组织优先提供的技术援助 94
旅游 114
《世界遗产名录》现状 112,114,221

Anglo-French entente agreement (1904)《英法协约》(1904年) 50
Angola 安哥拉 220
Ani heritage site (Turkey) 阿尼古城遗迹(土耳其)
亚美尼亚教堂 145—147
更大范围的地理政治冲突 147—148,154,167,170,224
确立土耳其控制地位的《洛桑条约》(1923年) 145
应对方案 146
忽略 148
《世界遗产名录》的筛选程序 145—148,224,285—286注释14
Ansar Dine (militant Islamic group in Mali) 伊斯兰卫士(马里伊斯兰军事组织)
海牙国际刑事法院 202
对沙拉菲主义和伊斯兰教法的解释 206—208
遭到袭击的廷巴克图世界文化遗址 85,191,202—203,206,208,212
联合国教科文组织 191—192,208
Anuradhapura (Sri Lanka) 阿努拉德普勒(斯里兰卡) 189—190
appellation d'origine controlée label (France)"产地认证"的标志(法国) 129
Al-Aqsa Mosque (Jerusalem) 阿克萨清真寺(耶路撒冷) 166
Arbab, Ziada 阿巴卜,吉安达 55
archaeology 考古学
殖民统治及欧洲中心主义遗产带来的影响 9—10,14,20
社会参与 138—139
赫胥黎 3—4,14,16,23,25,76,225
两次大战之间的国际学术合作 6—10
耶路撒冷 73,162—168,197
国际联盟 xvii,xix,4—6,15,20,22,25,31—32,225
摩亨佐达罗遗址(巴基斯坦) 4,57,60—61,65
历史文物的保护 30
多学科交叉的特质 xx,4
努比亚文物保护运动 4,9,37—50,55,57—58,62
"一个世界考古学" 8,37—38
巴拿马 103—106
联合国教科文组织 xix—xxi,4—5,15—16,18—23,25—26,29—31,41—42,46—47,60,76,225
Archaeology After the War (Glueck, Vaux, and Sukenik)《战后考古学》(格卢克、沃克斯、苏克尼克) 8—9
Armenia 亚美尼亚 145—148,154
Ashka cemetery (Nubia) 阿沙卡古墓(努比亚) 41
Ashur (Iraq) 亚述(伊拉克) 191—192

Asia-Pacific Economic Cooperation (APEC)亚太经合组织 123
Askew, Marc 阿斯丘,马克 223
Askia (Mali) 阿斯基亚(马里) 85, 191, 193, 205
al-Assad, Bashar 阿萨德,巴沙尔 176—179
Association of Southeast Asian Nations (ASEAN)东南亚国家联盟 154
Aswan Dam (Egypt)阿斯旺大坝(埃及)
  埃及经济发展 28—29, 243注释2
  环境问题 243注释2
  初建(1907年) 45
  纳赛尔 28—29, 48, 55
  受到威胁的努比亚考古遗址 xix, 24, 32, 37, 45, 57, 243注释2
  苏联 28, 32—33, 48, 53
  田纳西河流域管理局 44—45
  美国及世界银行撤销援助 28
Athens Charter for the Restoration of Historic Monuments《雅典古迹保护宣言》 6
Athens Conference (1931) 雅典会议(1931年) 69
Atlas construction company (Egypt)阿特拉斯建筑公司(埃及) 34
Attlee, Clement 艾德礼,克莱蒙特 xv, 26
Auschwitz Birkenau German Nazi Concentration and Extermination Camp (Poland)奥斯威辛比克瑙德国纳粹集中营和灭绝营(波兰) 149—150, 286注释16—17
Australia 澳大利亚
  考古文物的国际交流 20
  极端组织伊斯兰国 192
  保护摩亨佐达罗行动 64
  保护威尼斯行动 96
  世界遗产委员会 143
  《世界遗产名录》的筛选程序 137
Austria 奥地利 56
Authority of the Protection and Management of Angkor and the Region of Siem Reap (APSARA) 吴哥遗迹及暹粒地区保护管理局 113
Avcı, Nabi 阿夫奇,纳比 144
Ayutthaya (Thailand)大城(泰国) 221
Azem Palace (Damascus) 阿兹姆宫(大马士革) 172—173
Azerbaijan 阿塞拜疆 95

Baalbek (Lebanon) 巴勒贝克(黎巴嫩) 19
Bagan (Myanmar)蒲甘(缅甸) 109—110, 224
Bahrain 巴林 64
Balkan Wars (1990s) 巴尔干战争(20世纪90年代) 73, 188—189, 212, 215, 224, 参见波斯尼亚;南斯拉夫
Bamiyan Buddhas (Afghanistan) 巴米扬大佛(阿富汗)

保护行动 52,190
塔利班的破坏 74,170,190,212
联合国教科文组织 74,190,210,212
Bandarin, Francesco 巴达兰, 弗朗西斯科 92—93,153,178,212—213
Banerjee,R.D. 班纳吉,R.D. 59
Bank of America 美国银行 54
Barnett,Richard 巴奈特,理查德 9
Basra(Syria)巴士拉(叙利亚) 19
Bates,Oric 贝茨,奥立克 45
Battir(West Bank) 巴蒂尔(西岸) 195—196,221,224
Battleship Island(Japan) 军舰岛(日本) 150—151
Beard,Mary 比尔德,玛丽 97
Beikthano 毗湿奴(缅甸) 107
Belgium 比利时 19—20,52
Bell,Gertrude 贝尔,格特鲁德 2
Benin 贝宁 75,205
Bensouda, Fatou 班索达, 法图 206,212
Bernot,Lucien 贝尔诺,吕西安 23
Bertacchini, Enrico 博塔基尼, 恩里科 131
Bessaignet, Pierre 贝萨涅, 皮埃尔 23
Bethlehem(West Bank) 伯利恒(西岸) 194—195,198,224
Betts,Paul 贝茨,保罗 43,49
Biddle,Francis 比德尔,弗朗西斯 2
Blackman, Aylward 布莱克曼, 艾尔沃德 45
Bodhgaya(India) 菩提伽耶(印度) 222
Bokova,Irina 博科娃,伊琳娜
呼吁提供紧急资金援助 75
关于破坏文化遗产是一种战争犯罪 180
关于伊拉克的文化遗址 181—182,296 注释 22
关于马里的文化遗址 180,191,211
关于帕尔米拉及国际社会 180
柏威夏寺引发的冲突 154
季风计划 123
联合国教科文组织项目中为创新而实施的改革行动 88
关于叙利亚的文化遗址 181—183
关于联合国教科文组织在冲突区域的职责 183
关于美国撤回对联合国教科文组织提供经济援助的决定 197
关于“为遗产联合起来”的全球行动 186
世界遗产委员会《耶路撒冷决议》 163
关于《世界遗产名录》的评估程序 128
Bolgar Historical and Archaeological Complex(Russia) 博尔加尔历史和考古建筑群(俄罗斯) 127
Bolla,Gerard 博拉,杰拉德 71
Bonn Declaration on World Heritage《世界遗产波恩宣言》 181

Borobudur（Indonesia）婆罗浮屠（印度尼西亚）
考古学 4
环境问题 65—66
伊斯兰教徒发动的袭击（1985年） 188,224
日本 65
联合国教科文组织强调的技术援助 57,59,65—66
Bosnia 波斯尼亚 188—189,193,214,299—300注释63
Bosra（Syria）波斯拉（叙利亚） 177
Bothmer, Bernard von 波斯默，伯纳德·冯 42—43
Botsalı, Huseyin 博萨勒，侯赛因 145—146,148
Boumama, Sanda Ould 布玛，桑德·乌尔德 208
Braidwood, Robert 布雷德伍德，罗伯特 13
Brazil 巴西 17,99,106,126,131，参见金砖国家
Breasted, James Henry 布雷斯特德，詹姆斯·亨利 2
Brew, J.O. 布鲁，J.O. 20,42,45,55—56,60,86
Briand, Aristide 白里安，阿里斯蒂德 173
BRICS countries（Brazil, Russia, India, China, South Africa）金砖国家（巴西、俄罗斯、印度、中国、南非）
亨比遗址（印度） 102
巴拿马保护行动 105—106
叙利亚世界文化遗址 178—179
世界遗产委员会 99—100,102,105—106,116,178—179
Brow, Frank 布朗，弗兰克 9
Buhen（Sudan）布亨（苏丹） 41,51
Bulgaria 保加利亚 88
Burma-Siam Railway（“Death Railway”）缅暹铁路（“死亡铁路”） 149
Burton, Richard 伯顿，理查德 55
Burujerd（Iran）博鲁杰尔德（伊朗） 187
Byblos（Lebanon）比布鲁斯（黎巴嫩） 2
Byron, Lord 拜伦，勋爵 115

Caen（France）卡昂（法国） 185
Cahiers d'Histoire Mondiale（UNESCO publication）《世界历史报告》（联合国教科文组织的出版物） 14
Caillois, Roger 凯卢瓦，罗歇 23
Cairo Conference（1937）开罗会议（1937年） 7—8,16—17,37
Cambodia 柬埔寨
加入联合国教科文组织 114
吴哥遗址 xvii,94,110—114,117,121,123,140,221—222
亚太经合组织 123
民主柬埔寨政府 111
《海牙公约》（1954年） 193
海牙国际法院在泰国问题上的判

决 118
红色高棉政权 xvii,111—112,114
国公省 121
和平协定(1989年) 111
叙利亚世界文化遗址 177
在柏威夏寺问题上与泰国发生的冲突 118—121,127,147,153—154,157,167,170,191,199
美国的投资收益 120
被越南占领(1979—1989) 111,275注释72
Campbell, Arnold 坎贝尔,阿诺德 xv
Canada 加拿大 71,192
Capart, Jean 卡帕特,让 7
Carcassonne(France) 卡尔卡松(法国) 69
Carr, E.H. 卡尔,E.H. 31
Casas Sur monument(Panama)卡斯苏尔历史遗迹(巴拿马) 105
Çatalhöyük(Turkey)恰塔霍裕克农耕遗址(土耳其)
恰塔霍裕克农耕遗址研究项目 137—138
社区宣传行动 138
管理计划 136—138
恐怖主义袭击的威胁 169
旅游 138
土耳其越来越伊斯兰化 139
《世界遗产名录》的筛选程序 134—138,142
The Causses and the Cévennes(France)喀斯和塞文文化景观(法国) 129—130
Central Intelligence Agency(CIA, United States)中央情报局(美国中情局) 197
Centre d'Étude et de Documentation sur l'Ancienne Égypte(CEDAE)古埃及研究与文献中心(CEDAE) 24,40,50
Centre for the Study of the Preservation and Restoration of Cultural Property 文化遗产保护和修复研究中心 19,40,72
Ceylon 锡兰,参见斯里兰卡
Chad 乍得 75
Champagne Hillsides, Houses, and Cellars and the Climats, Terroirs of Burgundy(France)香槟地区山坡、房屋和酒窖,以及勃艮第风土和气候(法国) 129
Champollion, Jean-Francois 商博良,让-弗朗索瓦 49
Charbonneux, Jean 夏博内,让 7
Charlemagne 查理曼 181
Charles(prince of England) 查尔斯(英国王子) 135
Chebab, Emir Maurice 切巴布,埃米尔·莫里斯 9
Chechi, Alessandro 切奇,亚历山德罗 221
Chersonesus(Ukraine)克森尼索古城(乌克兰) 158

Chevron 雪佛龙 120
Childe, V. Gordon 蔡尔德, V.戈登 2,12,14
China 中国,参见金砖国家
中国东海 155—156
印度洋地区 124
日本关于遗址的主张 83,151—152,155—156,287注释22
柏威夏寺(柬埔寨) 121
《罗马规约》 214
第二次世界大战的遗产 150
东南亚 121
世界遗产委员会 99,127,131,133,151,280注释36
《世界遗产名录》 127
China Railway Group 中国铁路集团 121
Christophe, Louis 克里斯托弗,路易斯 42—43,248—249注释60
Churchill, Winston 丘吉尔,温斯顿 91,161
Church of the Nativity (Bethlehem) 圣诞教堂(伯利恒) 194—195
Cinta Costera highway (Panama) 海滨大道(巴拿马) 103,106
Cleopatra (film)《埃及艳后》(电影) 55
Colby, Elbridge 科尔比,埃尔布里奇 174—175,185
Cold War 冷战
结束 160
努比亚文物保护运动 29,32,48,57,107,198
苏伊士运河危机 29,32
联合国教科文组织作为政治问题的主体 197,199
colonialism 殖民主义
受到殖民主义影响的考古学 9—10,14,20
法国 205—206,222
国际联盟 9,24—25,203
受到殖民主义影响的联合国教科文组织 14—15,22,25—26,29,32,168,203
英国 14,22,108,175,205,222
Columbia 哥伦比亚 134
comfort women 慰安妇 150,155,287注释20
Commission for the History of the Scientific and Cultural Development of Mankind 人类科学文化发展史委员会 12—13
Committee for Safeguarding the Monuments of Nubia 努比亚文物保护委员会 27
Conference of Allied Ministers of Education (1942) 同盟国教育部长会议(1942年) xvi
Congo 刚果 75
conservation 保护
学术考古学 4
殖民遗产带来的影响 15
原住民 xix
测量 140
背后的动机 185
联合国教科文组织的工作重心

19,66—67,69—70,87—88,93—94,115,141—142
《世界遗产公约》(1972年) 67,70,94—95,107,129,140,160
Convention Concerning the Protection of the World Cultural and Natural Heritage《保护世界文化和自然遗产公约》,参见《世界遗产公约》
Convention for the Protection of Cultural Property in the Event of Armed Conflict《关于武装冲突情况下保护文化财产的公约》,参见《海牙公约》
Convention for the Safeguarding of Intangible Cultural Heritage(2003)《保护非物质文化遗产公约》(2003年) 220
Convention on the Means of Prohibiting and Preventing the Illicit Import, Export and Transfer of Ownership of Cultural Property (1970)《关于禁止和阻止非法进出口文化财产及非法转移其所有权的方法的公约》(1970年) 159
Council for Near Eastern Archaeology proposal 近东考古理事会提案 10
Coventry Cathedral(United Kingdom) 考文垂大教堂(英国) 185
Coyne et Bellier engineering firm 科恩和贝利尔工程公司 33
Crac des Chevaliers(Syria)骑士堡(叙利亚) 175,177
Crawford,Joan 克劳馥,琼 54
Crimea conflict(2014)克里米亚冲突(2014年)
海牙国际刑事法院 214
对文化遗址的抢劫和掠夺 182
自主原则 158
联合国教科文组织未能提出严厉谴责 xviii
联合国大会对此的决议 158
《世界遗产名录》所列遗址受到的影响 157—159,169,193
Croatia 克罗地亚 166,193
Cromer,Lord 克罗默,勋爵 50
Cuba 古巴 167
Cuzco(Peru)库斯科(秘鲁) 18,238 注释63
Czech Republic 捷克共和国 48

Dales,George 戴尔斯,乔治 60
Damascus(Syria) 大马士革(叙利亚) 172—174,177—178
Daniel,Glyn 丹尼尔,格林 12
De Angelis d'Ossat, Guglielmo 德·安杰利斯·多萨特,伽利尔摩 163
Death in Venice(Mann)《死于威尼斯》(曼) 96
Debeira West(Sudan)德贝拉·韦斯特(苏丹) 41
Debod Temple(Egypt)德波神庙(埃及) 35,42,51
De Cesari, Chiara 德·塞萨里,基亚拉 194—195
Declaration on the Rights of

Indigenous Peoples《土著居民权利宣言》 219
de Gaulle, Charles 戴高乐，夏尔 50，91
Delphi（Greece）德尔菲（希腊） 94
Dendur Temple（Egypt）丹铎神庙（埃及） 51
Denmark 丹麦 68
Deschamps, Paul 德尚，保罗 175
Desroches-Noblecourt, Christiane 德霍许-诺勃库，克里斯蒂亚娜 40，50
Devonshire, Duke of 德文郡，公爵 51
Dezful（Iran）迪兹富勒（伊朗） 187
Dikaios, Porphyrios 迪开奥斯，波菲里奥司 10
Djingareyber Mosque（Timbuktu）津加里贝尔清真寺（廷巴克图） 204
Documentation and Study Centre for the History of the Art and Civilization of Ancient Egypt 古埃及艺术文化史文献与研究中心 19
Dome of the Rock（Jerusalem）圆顶清真寺（耶路撒冷） 73
Douglas, Mary 道格拉斯，玛丽 206—207
Dresden（Germany）德累斯顿（德国） 185
Drioton, Étienne 德里奥东，埃蒂安 7，49
Dubrovnik（Croatia）杜布罗夫尼克旧城（克罗地亚） 73，188
Duedahl, Poul 迪埃达尔，波尔 13

East African Groundnut Scheme（Tanzania）东非坚果种植计划（坦桑尼亚） 86
East China Sea 中国东海 155—156
Economic Community of West African States（ECOWAS）西非国家经济共同体 211
Ecuador 厄瓜多尔 21
Egypt 埃及
《英埃条约》（1936年） 7
阿斯旺大坝 xix，24，28—29，32—33，37，45，48，53，55，57，243注释2
耶路撒冷遗址 165
保护摩亨佐达罗行动 64
拿破仑的行动 25，175
纳赛尔倡导的阿拉伯民族主义 16，29
对古代文物拥有主权 16，20，43
新石器革命 12
努比亚文物保护运动 xix，29—59，64—65，72—73，75，185，198，200，222，244注释14
苏伊士运河危机 28—29
联合国教科文组织贝鲁特会议（1948年） 17
联合国教科文组织早期的交流活动 76，96
世界遗产委员会 133
Egyptian Antiquities Service 埃及文物服务部 40，42，49

Egyptian Exploration Society(EES)埃及勘探协会 51
Einstein, Albert 爱因斯坦, 阿尔伯特 6
Elizabeth(queen of Belgium) 伊丽莎白(比利时王后) 51
Ellesyia Temple(Egypt) 爱来西亚神庙(埃及) 51
Emery, Walter 埃默里, 瓦尔特 42, 45,51
Erdoğan, Recep Tayyip 埃尔多安, 雷杰普·塔伊普 136—137, 139, 144—145
Estonia 爱沙尼亚 131, 133—134, 142,177
Eternal Sites exhibit(Paris)"永远的古迹"展览会(巴黎) 184
Ethiopia 埃塞俄比亚 102
Europa Nostra nongovernmental organization 欧罗巴·诺斯特拉非政府组织 91
European Commissioner for Human Rights 欧洲人权专员 159
Evans, Arthur 埃文斯, 亚瑟 2,7
Evans, Luther 埃文斯, 路德 19, 52, 56

Falser, Michael 费瑟, 迈克尔 112
Faras(Sudan) 法拉斯(苏丹) 41—42,49
Faulkner, William 福克纳, 威廉 176
Federal Republic of Germany 德意志联邦共和国
阿斯旺大坝 32
卡拉巴夏神殿 35
保护摩亨佐达罗行动 64
努比亚文物保护运动 34—35, 37,48,52—53
《世界遗产公约》(1972年) 71
Fédération Internationale de Football Association(FIFA) 国际足球联合会 128
Finland 芬兰 48,131
First International Congress of Architects and Technicians of Historic Monuments(1931) 第一届国际古迹建筑师和工程师大会(1931年) 6
Firth, Cecil 弗斯, 塞西尔 45
Food and Agriculture Organization (FAO)世界粮农组织 14
Ford Motor Company 福特汽车公司 54
Foundoukidis, Euripide 丰杜基迪斯, 欧力彼得 18
Fowler, Peter 福勒, 彼得 195
France 法国
阿玛达神庙(埃及) 35
吴哥遗址保护行动(柬埔寨) 113
《英法协约》(1904年) 50
历史遗迹保护委员会 69
骑士堡(叙利亚) 175
对廷巴克图宗教遗址的毁坏 85
历史遗迹巡查员 69
阻止劫掠文物的国际行动 182

由法国倡议，对考古文物进行国际交流 20
两次大战之间的考古学 7
极端组织伊斯兰国 192
作为殖民统治区域的马里 205，222
对马里提供军事援助（21世纪10年代） 210
努比亚文物保护运动 29，33—35，48—50，52，57，239注释67
巴勒斯坦遗址 198
施韦青根遗址（德国） 132
苏伊士运河危机 28—29，48，234注释4
叙利亚托管（两次大战之间） 161，173—176，181—182，199，203，222
叙利亚叛乱（1925—1927） 161，172—176，182，199，225
叙利亚世界文化遗址 177
联合国教科文组织的管理 23—24，49—50，263—264注释80
保护威尼斯行动 90—91，96
世界遗产委员会 98—99，131，134，177，220
《世界遗产名录》中的遗址 69，95，129，140
Francioni，Francesco 弗朗西奥尼，弗朗西斯科 220
Franco，Francisco 弗朗哥，弗朗西斯科 37
Frankfort，Henri 富兰克弗特，亨利 2，13
Fredrika（queen of Greece）弗雷德里卡（希腊王后） 51
From an Antique Land（Julian Huxley）《来自一片古老的土地》（朱利安·赫胥黎） 1—3

Galapagos Islands（Ecuador）加拉帕戈斯群岛（厄瓜多尔） 71—72，94
Galis，Allan 加利斯，艾伦 157
Gandhi，Rajiv 甘地，拉吉夫 90，116
Garrod，Dorothy 加罗德，多萝西 13—14
Garstang，John 加斯唐，约翰 2
Gaza 加沙 194
Gazzola，Piero 加左拉，皮埃罗 33
Genbaku Dome（Hiroshima，Japan）原爆圆顶馆（广岛，日本） 185
Georgia 格鲁吉亚 147，193
Gergiev，Valery 捷杰耶夫，瓦莱里 176
Germany 德国，参见德意志联邦共和国
对廷巴克图宗教遗址的毁坏 85
两次大战之间的考古学 7
巴勒斯坦遗址 195—196，198
施韦青根遗址 131—132
叙利亚世界文化遗址 177
保护威尼斯行动 96
世界遗产委员会 131，134，150—151，177
《世界遗产名录》中的遗址 95，140
Getty Oil Company 盖蒂石油公司

54
Ghana 加纳 37
Gilissen, Jean-Louis 基里森，让-路易斯 202—203
Giza pyramids(Egypt) 吉萨金字塔(埃及) 2,72,94
Global Heritage Fund nongovernmental organization 世界遗产基金非政府组织 148
Glueck, Nelson 格卢克，纳尔逊 8
Goethe, Johann Wolfgang von, 歌德，约翰·沃尔夫冈·冯 193
Goodwin, John 古德温，约翰 13
Gorée Island(Senegal) 格雷岛(塞内加尔) 72,94,149
Gosden, Chris 戈斯登，克里斯 xix
Grace(princess of Monaco) 格蕾丝(摩纳哥公主) 51
Grands Travaux de Marseilles(French engineering company) GTM(法国工程公司) 34
Grant, Cary 格兰特，加利 54
Great Mosque of Samarra(Iraq) 萨马拉大清真寺(伊拉克) 191
Greece 希腊
雅典卫城 59
德尔菲遗址 94
经济衰退(21世纪10年代) 139
《历史遗迹保护法》 68
国家对历史文物拥有主权 16
Grenada 格林纳达 197
Guernica bombings(Spain, 1937) 对格尔尼卡的轰炸(西班牙，1937年) 175
Gulf of Thailand 泰国湾 120
Gustav Adolf VI(king of Sweden) 古斯塔夫·阿道夫六世(瑞典国王) 51
Guterres, Antonio 古特雷斯，安东尼奥 227
Gysin, Frederic 吉森，弗雷德里克 56

Haddon, Alfred 哈登，阿尔弗雷德 2
Hague Convention(1899)《海牙公约》(1899年) 178
Hague Convention(1954)《海牙公约》(1954年)
强调文物保护 70
克里米亚冲突(2014年) 159
《第一议定书》 193
两伊战争(20世纪80年代) 187
国际联盟的先例 22
《第二议定书》 178,193
叙利亚冲突(21世纪10年代) 178
也门 216
南斯拉夫战争(20世纪90年代) 189
Haiti 海地 16
Halin(Myanmar) 罕林(缅甸) 107
Hamilton Wright Organization Inc. 汉密尔顿·莱特组织公司 54
Hammarskjöld, Dag 哈马舍尔德，达格 xvi,29,51,172
Hampi(India) 亨比(印度) 100—

102,117,221—222
Han Thu 韩楚 110
Hashima (Japan) 端岛（日本） 150—151
Hassan, Zaki 哈桑，扎基 9—10
Hatra (Iraq) 哈特拉古城（伊拉克） 18,187,191—192,215
Hawkes, Jacquetta 霍克斯，珈克达 2,12—13,25
Hayes, William 海因斯，威廉 42—43
Hebron (West Bank) 希伯伦（西岸） 196
Herzfeld, Michael 赫兹菲尔德，迈克尔 78,101,170,201
Herzog, Chaim 赫尔佐克，哈伊姆 167
Hiroshima Peace Memorial (Japan) 原爆圆顶馆（日本） 149,185,286 注释16
History of Mankind (UNESCO publication)《人类历史》(联合国教科文组织出版物) 12—14,25,59
Hochtief construction company 豪赫蒂夫建筑公司 34
Hodge, Joseph 霍奇，约瑟夫 14—15
Hoggart, Richard 霍加特，理查德
  关于耶路撒冷及联合国教科文组织的"以色列决议" 163,168,293 注释74
  遭到谴责的联合国教科文组织过度盛行的官僚作风 81,86
  关于联合国教科文组织强调的技术援助 59,89
  受到批判的联合国教科文组织乌托邦主义 78
Holmberg, Karen 霍姆伯格，凯伦 184
The Holy See 梵蒂冈 52
"How to Fight Savage Tribes" (Colby)《如何打败野蛮部落》(科尔比) 174
Hruska, Roman 赫鲁斯卡，罗曼 53
Hüfner, Klaus 赫夫纳，克劳斯 75
Human, Helen 休曼，海伦 136
Humboldt, Alexander von 洪堡，亚历山大·冯 7
Hungary 匈牙利 48
Hun Sen 洪森 111—112
Hussein, Saddam 侯赛因，萨达姆 188
al-Husseini, Hussein 侯赛尼，侯赛因 161
Huxley, Aldous 赫胥黎，奥尔德斯 2,11—12
Huxley, Andrew 赫胥黎，安德鲁 2
Huxley, Julian 赫胥黎，朱利安
  学术考古学 3—4,14,16,23,25,76,225
  《来自一片古老的土地》以及在中东的游历 1—3
  传记信息 2
  努力通过文化建设实现政治和平 117
  殖民主义和欧洲中心主义带来的

影响 14—15
《人类历史》 12—13,25,59
国际自然保护联盟 72
努比亚文物保护运动 27,51
一个世界主义 13—15,24—25,225
关于佩特拉古城 23
旧金山会议(1945年) 241注释79
科学人文主义 12
田纳西河流域管理局 44,58
联合国教科文组织大会(1948年) 1,187
《联合国教科文组织:目标与哲学》 15
联合国教科文组织第一任总干事 xx,1—2,15—16,18,24—25,31—32,56,75—76,217
乌托邦主义 1,3,11—12,15,23,187,217—218
《人类的视觉历史》 14
Huxley,Leonard 赫胥黎,伦纳德 2
Huxley, Thomas Henry 赫胥黎,托马斯·亨利 2,11

Ibn Batuta, Muhammad 伊本·巴图塔,穆罕默德 204
Impreglio 因普雷里奥建筑公司
India 印度,参见金砖国家
恰塔霍裕克农耕遗址(土耳其) 138
亨比遗址 100—102,117,221—222
两次大战之间的考古学 6
关于访问遗址的法律 221
保护摩亨佐达罗行动 64
《世界遗产名录》中的缅甸遗址 108
努比亚文物保护运动 37,48
巴勒斯坦遗址 195
巴拿马保护行动 102,106
季风计划 123—124
《罗马规约》 214
叙利亚世界文化遗址 178
世界遗产委员会 99—100,102,106,126,131,133—134,178
《世界遗产名录》中的遗址 100,140
Indonesia 印度尼西亚
婆罗浮屠遗址 4,57,59,65—66,188
伊斯兰教徒对婆罗浮屠神庙的袭击(1985年) 188,224
耶路撒冷遗址 167
重点关注的文物保护行动 21
有关宗教问题的紧张局势 139,188
Institut d'Art et Archéologie Musulman 穆斯林艺术考古研究院 173
Instituto di Corrispondenza Archaeologica 罗马考古通讯研究所 6—7
Inter-American Treaty of 1928《1928年美洲条约》 79
International Centre for the Study of the Preservation and Restoration of Cultural Property(ICCROM)国际

文化遗产保护及修复研究中心 40,72,108,113
International Commission for a History of the Scientific and Cultural Development of Mankind 人类科学文化发展史国际委员会 14
International Committee of Experts on the Preservation of Historical Monuments and Sites 历史遗产及遗迹保护国际专家委员会 17
International Committee on Intellectual Cooperation（ICIC）国际知识合作委员会 xvii,4,7,10,16—17
International Coordination Committee for the Safeguarding of the Historic Site of Angkor 保护吴哥历史遗迹国际协作委员会 113
International Council of Museums（ICOM）国际博物馆协会 17,238注释57
International Council on Monuments and Sites（ICOMOS）国际古迹遗址理事会
阿尼遗址（土耳其） 145—146,148
巴蒂尔遗址（西岸） 196
伯利恒遗址（西岸） 194—195
恰塔霍裕克农耕遗址（土耳其） 135,137—138
批评 134,141
设立（1965年） 72
亨比保护行动（印度） 101
应对文物保护行动中的人权问题 117
《世界遗产名录》中的缅甸遗址 108
施韦青根遗址（德国） 131—132
日本明治工业革命遗址 150
《世界遗产名录》中的廷巴克图遗址 204—205
保护威尼斯行动 91
世界遗产委员会 100—101,134
《世界遗产名录》的评估 124,126
也门冲突（21世纪10年代） 217
International Court of Justice 海牙国际法院 118
International Criminal Court（ICC）海牙国际刑事法院
克里米亚冲突 214
马赫迪案件（2016年） 202—203,206—213,215,224,307注释18
主要大国的退避 169
《罗马规约》（1998年） 202,208,212,214,225
International Declaration Concerning the Laws and Customs of War（1874）《关于战争法律和习俗的国际宣言》（1874年） 69
International Indigenous Peoples Forum on World Heritage 世界遗产国际土著居民论坛 220
International Institute of Intellectual Cooperation（IIIC）国际知识合作学院 6,69
International Museums Office（League

of Nations) 国际博物馆研究所 (国际联盟) 7,22,69
International Union for Conservation of Nature (IUCN) 国际自然保护联盟 15,72,100,124
International Union of Anthropological and Ethnological Sciences 国际人类和人种科学联盟 56
INTERPOL (International Criminal Police) 国际刑警组织 199
Iran 伊朗 147,187—188
Iraq 伊拉克
亚述古城 192
遭到袭击的文化遗址 170,181,186,190—193,203,210,212,224,296注释22
萨马拉大清真寺 191
亨比保护行动 (印度) 102
遗址保护行动 200
非法获得古代文物 182,215
两伊战争 (20世纪80年代) 187—188
伊拉克战争 (2003—2012) 187,191
极端组织伊斯兰国 187,190—192,203,296注释22
遭到毁坏的伊斯兰历史遗迹 183,191
《世界濒危遗产名录》 192
保护摩亨佐达罗行动 64
国家博物馆 191
新石器革命 12
《罗马规约》 214
施韦青根遗址 (德国) 132
叙利亚世界文化遗址 177
世界遗产委员会 134,177
《世界遗产名录》中的遗址 191
Iriomote Island (Japan) 西表岛 155
Isakhan, Benjamin 伊萨卡汗, 本杰明 186,191
Isfahan (Iran) 伊斯法罕 (伊朗) 187
Ishtar Gate (Iraq) 伊斯塔尔门 (伊拉克) 191
ISIS (Islamic State) 极端组织伊斯兰国
遭到袭击的文化遗址 169,173,179,183,186—187,190—192,203,212—213,224,296注释22
处死叙利亚士兵 176
世界媒体行动 186
国际社会联合对抗 192
在伊拉克 187,190—192,203,296注释22
帕尔米拉遗址 169,173,176,179,183,187,212—213,224
拉卡市大本营 89
沙拉菲-瓦哈比主义 186—187,207
在叙利亚 169,173,176,179,190,212,215
在土耳其 139,143,169
Islamic Educational, Scientific, and Cultural Organization (ISESCO) 伊斯兰教育科学与文化组织 211
Israel 以色列, 参见巴勒斯坦
宣告独立 (1948年) 168—169

在耶路撒冷进行的发掘工作 73,162—168,197
耶路撒冷遗址 73,83
巴勒斯坦与联合国教科文组织的争议 195
巴勒斯坦世界遗产 196
巴勒斯坦境内的“隔离墙” 195—196
苏伊士运河危机 28—29
申请获得联合国教科文组织成员国资格 73,163—164,197
联合国安理会第298号决议 163
Italy 意大利
阻止劫掠古代文物的国际行动 182
两次大战之间的考古学 7
缅甸遗址的修复 108
努比亚文物保护运动 33—34,37—38,51
修复庞贝古城的行动 97—98
保护威尼斯行动 91—93,95—96
世界遗产委员会 98—99,131
因为对《世界遗产名录》中的遗址的管理工作而受到批评 95—97
《世界遗产名录》中的遗址 79,95

Jamaica 牙买加 124,196
Japan 日本
吴哥遗址保护行动(柬埔寨) 113
巴米扬大佛(阿富汗) 190
婆罗浮屠保护行动(印度尼西亚) 65
中国对遗产主权问题的回复 83,151—152,155—156,287注释22
中国东海 155—156
原爆圆顶馆 149,185,286注释16
两次大战之间的考古学 6
保护摩亨佐达罗行动 64
《世界遗产名录》中的缅甸遗址 108—109
对第二次世界大战历史遗址的保护 149—153,170
日本明治工业革命遗址 124,150—153,155,167,170
联合国教科文组织的管理 152,155,198
世界遗产委员会 131,133—134,151
Jebb,Gladwyn 杰布,格拉德温 2
jeernodharanam(Indian concept of heritage conservation)“革新”(印度关于遗产保护的理念) 68
Jerash(Jordan)杰拉什古城(约旦) 2
Jericho(West Bank)耶利哥(西岸) 2
Jerusalem(Israel and Palestine) 耶路撒冷(以色列和巴勒斯坦)
英国托管统治(1917—1948) 162
英国行动(1917年) 161

更为广泛的政治冲突　154,161—162,167—170,194,292注释64
基督教遗址　163
伊斯兰教遗址　73,163—166
以色列进行的考古发掘　73,162—168,197
耶路撒冷旧城　73,83,161,165—166
世界遗产委员会　83,162—163,165—168
《世界遗产名录》中的遗址　73,162—167
Jerusalem(Israel and West Bank)耶路撒冷(以色列和西岸)
以色列在占领区域的定居点　195
关于访问遗址的紧张局面　221
Jerusalem Southern Terraces Landscape 耶路撒冷南部梯田景观,参见巴蒂尔(西岸)
Jordan 约旦
极端组织伊斯兰国　192
耶路撒冷遗址　73,83,166
重点关注的文物保护行动　21
Journal of World History《世界历史杂志》　14
Joy,Charlotte 乔伊,夏洛特　192,213
Justice and Development Party(AKP, Turkey) 正义与发展党(土耳其)　139,147—148

Kaaba(Mecca, Saudi Arabia) 克尔白(麦加,沙特阿拉伯)　214
Kalabsha Temple(Egypt)卡拉巴夏神殿(埃及)　35
Kandy(Sri Lanka) 康提(斯里兰卡)　189
Kaplan,Thomas 卡普兰,托马斯　182
Kassongo, Mayombo 卡桑戈,马贡布　209—212
Kazakhstan 哈萨克斯坦　167,196
Keating,Rex 基廷,雷克斯　45—46
Kelly,Gene 凯利,吉恩　54
Kennedy, John F. 肯尼迪,约翰·F.　48,53,143
Kenyon,Kathleen 凯尼恩,凯瑟琳　2
Kerala(India) 喀拉拉邦(印度)　123—124
Kertassi Temple(Egypt) 珂尔塔斯神庙(埃及)　35
Khalidi,Lamya 卡丽迪,拉米亚　216
Kheruef sarcophagus(Egypt) 赫鲁埃夫石棺(埃及)　51
Khmer Empire 高棉帝国　110
Khmer Rouge(Cambodia) 红色高棉(柬埔寨)　xvii,111—112,114
Kirkbride,A.S. 柯克布赖德,A.S.　10
Kirwan,Lawrence 柯万,劳伦斯　45
Kishida,Fumio 岸田文雄　151—152
Knetch,Georg 内齐,格奥尔格　40
Knossos palace(Crete) 克诺索斯宫(克里特)　7
Kom Ombo Temple(Egypt)康翁波神庙(埃及)　45
Konya(Turkey) 科尼亚(土耳其)　136,138—139,169
Korea, Republic of 韩国　146,150—

153,156
Korosko rock shelter(Sudan)科罗斯科岩石住所(苏丹) 41
Kosovo 科索沃 154,166
Kumasi(Ghana)库马西(加纳) 205
Kurdistan Workers Party(PKK)库尔德工人党 143
Kuwait 科威特 95,167

La Alhóndiga monument(Panama)拉艾尔宏迪加(巴拿马) 105
Labadi, Sophia 拉巴迪,索菲亚 82,105
Lacau, Pierre 拉科,皮埃尔 49
Lal, B.B. 拉尔,B.B. 13,37
La Merced monument(Panama)拉默赛德(巴拿马) 105
Lassalle, Edmundo de 拉萨尔,埃德蒙多·德 53—54,254 注释 122
Latour, Bruno 拉图尔,布鲁诺 80,185
Lausanne Treaty(1923)《洛桑条约》(1923年) 145
Laves, Walter 拉维斯,沃尔特 197
Lawrence, T.E. 劳伦斯,T.E. 175
Layard, Austen Henry 莱亚德,奥斯丁·亨利 2
League of Nations 国际联盟
  考古学 xvii, xix, 4—6, 15, 20, 22, 25, 31—32, 225
  殖民主义 9,24—25,203
  终止 8,10,17
  欧洲中心主义 116
  国际知识合作委员会 xvii, 4, 7, 10, 16—17
  国际知识合作学院 6,69
  国际主义 6,11,17
  国际博物馆研究所 7,22,69
  托管体制 173
  《塞夫勒条约》 5
  叙利亚叛乱(1925—1927) 174,225
  乌托邦主义 198
  威尔逊号召建立一个"新的世界秩序" 159—160
Leakey, Louis 利基,路易斯 13
Lebanon 黎巴嫩
  法国托管统治(两次大战之间) 173
  耶路撒冷遗址 165,167
  古代文物的国家主权 9,20
  巴勒斯坦遗址 196
  联合国教科文组织的早期交流(20世纪50年代) 19,239 注释 18
Lemaire, Raymond 勒梅尔,雷蒙德 164—165
Lemkin, Raphael 莱姆金,拉斐尔 212
Leningrad siege(1942)纳粹包围列宁格勒(1942年) 177
Lerici Foundation 莱里基基金会 38,108—109
Leroi-Gourhan, André 勒儒瓦-高汉,安德烈 23
Lévi-Strauss, Claude 列维-斯特劳斯,克洛德 23

Liberation Tigers of Tamil Elam (LTTE)泰米尔·伊拉姆猛虎解放组织 189
Libya 利比亚 21,192—193,216
Lie,Trygve 赖伊,特里格韦 217
List of World Heritage in Danger《世界濒危遗产名录》
吴哥遗址(柬埔寨) 112
杜布罗夫尼克旧城(克罗地亚) 188
亨比遗址(印度) 100
在伊拉克 192
耶路撒冷遗址 73,165
在马里 191
巴勒斯坦遗址 194,196
被排除在外的巴拿马遗址 106
叙利亚遗址 177—179
廷巴克图文化遗迹 205
威尼斯 91
世界遗产委员会 80
Liuzza,Claudia 柳扎,克劳迪娅 131
Liverpool(United Kingdom) 利物浦(英国) 105
Lloyd,Seton 劳埃德,塞顿 2
Lloyd George,David 劳埃德·乔治,大卫 9,161
London(United Kingdom) 伦敦(英国) 95,185

Machu Picchu(Peru) 马丘比丘古城(秘鲁) 98
al-Mahdi,Ahmed Al Faqi 马赫迪,艾哈迈德·法基
表达痛悔之情 207—208,210—211
进行认罪答辩 210—211
海牙国际刑事法院的案件 202—203,206—213,215,224,307注释18
关于法律法规的讨论 208
遭到袭击的廷巴克图文化遗址 206—208,307注释18
Maheu,René 马厄,勒内
耶路撒冷 164
保护摩亨佐达罗行动 61,63—64
努比亚文物保护运动 33,42
保护威尼斯行动 91,96,116
《世界遗产公约》(1972年) 67
Malaysia 马来西亚 102,107,132,196
Mali 马里,参见廷巴克图(马里)
伊斯兰卫士恐怖组织 85,191,202—203,206,208,212,215
遭到袭击的文化遗址 xviii,85,170,175,178,180,184,191—192,202—203,206—212,224,307注释18
法国殖民统治 205—206,222
法国军事援助(21世纪10年代) 210
为保护文化遗产筹募资金 193
《海牙公约》(1954年) 193
遗址保护行动 199
海牙国际刑事法院关于破坏文化遗产的案件 202—203,206—213,215,224

《世界濒危遗产名录》 191
《罗马规约》 212,214
施韦青根遗址(德国) 132
叙利亚世界文化遗址 177—178
图阿雷格人 204—206,213,222
暴力冲突(21世纪10年代) 203—204
冲突中的战争犯罪 202—204
世界遗产委员会 177—178
《世界遗产名录》中的遗址 204—205,209,211—212
Malraux, André 马尔罗,安德烈 44—45,49—51,185
Mann, Thomas 曼,托马斯 96
Manuel on the Technique of Archaeology Excavations《考古发掘专门手册》 8,17
Margrete(princess of Denmark) 玛格丽特(丹麦公主) 51
Marib Dam(Yemen) 马里布大坝(也门) 185
Mariette, Auguste 马里耶特,奥古斯都 49
Marshall, James 马歇尔,詹姆斯 2
Marshall, Sir John 马歇尔,约翰爵士 59—60
Martinelli, Ricardo 马蒂内利,里卡多 103,272—273注释46
Marx, Karl 马克思,卡尔 26
Maspero, Gaston 马思佩罗,加斯顿 49
Mauritius 毛里求斯 75
Mayamatha《玛雅玛莎》 68
Mayor, Federico 马约尔,费德里科
吴哥遗址保护行动 110—113
反法西斯主义 10
关于摩亨佐达罗遗址 88
一个世界主义 261注释63
批评联合国教科文组织 78,84
关于联合国教科文组织所扮演的证据收集者的角色 81
世界遗产中心 73
Mazar, Benjamin 马扎尔,本杰明 164
Mazower, Mark 马佐尔,马克 22,112
M'Bow, Amadou 姆博,阿马杜 111,182,197
McCarthy, Joseph 麦卡锡,约瑟夫 197
Mecca(Saudi Arabia) 麦加(沙特阿拉伯) 214
Meidan district(Damascus) 美丹地区(大马士革) 172
Meidan Emam(Isfahan, Iran) 美丹·伊玛目(伊斯法罕,伊朗) 187
Memphis(Egypt) 孟斐斯(埃及) 2
Meroe Dam(Egypt) 梅洛大坝(埃及) 56
Metropolitan Museum of Art 大都会艺术博物馆 55,190
Metternich, Klemens von. 梅特涅,克莱门斯·冯 7
Mexico 墨西哥 85,177
Michałowski, Kazimierz 米哈洛夫斯

基,卡齐米日 49,60
Michell, Nicholas 米歇尔,尼古拉斯 171,181
Mills, A.J. 米尔斯, A.J. 41
Milošević, Slobodan 米洛舍维奇,斯洛博丹 212
Mindua, Antoine Kesia-Mbe 明杜瓦,安托万·凯西亚-姆贝 207,209,212
Mirgissa(Sudan)梅里萨(苏丹) 41
Mitrofanova, Eleonora 米特罗法诺娃,埃莉奥诺拉 106,158—159,178
Miura, Keiko 三浦庆子 113
Modi, Narendra 莫迪,纳伦德拉 124
Moenjodaro(Pakistan) 摩亨佐达罗(巴基斯坦)
考古学和考古发掘 4,57,60—61,65
殖民时期的发掘行动 60
文物保护行动中的困难 64—65,88
重点文物保护行动 62—63,65,94
项目的经济花费 63—64
工程成就 61,63
国际资金募集行动 59,61—62,64
物理呈现 61
作为世界上最早的城市之一 59
苏库尔拦河坝 61
联合国教科文组织重点关注的技术援助问题 57,59,65,88
旅游 63,65
《世界遗产名录》 73
Mongkut(Rama IV) 蒙固王(拉玛四世) 68
Monte Cassino(Italy) 蒙特卡西诺修道院(意大利) 185
Montenegro 黑山共和国 188
More, Thomas 莫尔,托马斯 1,11
Morgenthau, Henry 摩根索,亨利 148
Morocco 摩洛哥 165
Morris, William 莫里斯,威廉 69
Mosque of Sinan Pasha(Damascus, Syria) 锡南帕夏清真寺(大马士革,叙利亚) 173
Mostar(Bosnia) 莫斯塔尔(波斯尼亚) 189,214,299—300注释63,300注释65
Mosul(Iraq)摩苏尔(伊拉克) 192
Movius, Hallam 莫维斯,哈勒姆 13
Msimang, Dolana 姆西曼,多拉娜 105
Mughrabi Gate Ascent(Jerusalem) 穆格拉比门坡(耶路撒冷) 166
Munassar, Nabil 穆纳赛尔,纳比尔 217
Muravyov, Mikhail Nikolayevich 穆拉维约夫,米哈伊尔·尼古拉耶维奇 178
Murray, Gilbert 莫里,吉尔伯特 6,31—32,144,168,223
Murray, Margaret 莫里,玛格丽特 2
Musitelli, Jean 穆西泰利,让 74,79
Mussomeli, Joseph 穆索梅利,约瑟

夫 120,122
Myanmar 缅甸
加入联合国教科文组织 114
殖民主义对文化遗产的负面影响 108
保护行动中的国际合作伙伴 108—109,116
回归国民政府统治(2011年) 108
《世界遗产公约》 109
《世界遗产名录》中的遗址 107—110,224
Myrdal, Alva 米达尔,阿尔瓦 222—223

Nagasaki(Japan)长崎(日本) 150—151,185
Namibia 纳米比亚 75
Nanjing massacre(1937)南京大屠杀(1937年) 155
Napoleon Bonaparte 拿破仑·波拿巴 25,49,175
Nasser, Gamal Abel 纳赛尔,贾迈勒·阿卜杜勒
阿斯旺大坝 28—29,48,55
努比亚文物保护运动 37,49,53,58
苏联 28
苏伊士运河危机 28
National Institute of Culture(INAC, Brazil)国家文化研究院(巴西) 105
National Movement for the Liberation of Azawad(MNLA)民族解放阿扎瓦德运动 206
National Science Foundation(NSF)国家科学基金会 47,52
NEDECO engineering company 奈德科工程公司 60,63
Needham, Joseph 尼达姆,约瑟夫 12
The Netherlands 荷兰 51,53
Nibbeling-Wriessnig, Martina 尼伯林-弗里斯尼希,玛蒂娜 131—132
Nicholas II(tsar of Russia)尼古拉二世(俄国沙皇) 178
Niebuhr, Reinhold 尼布尔,莱茵霍尔德 18,76
Nietzsche, Friedrich 尼采,弗里德里希 184
Nigeria 尼日利亚 64,71,193
Nimrud(Iraq)尼姆鲁德古城(伊拉克) 187,191—192,200
Nineveh(Iraq)尼尼微古城(伊拉克) 191—192
Nixon, Richard 尼克松,理查德 54,67,125,279注释25
Nordström, Hans-Åke 诺德斯特罗,汉斯-阿克 40
Norway 挪威 109,217
Notre Dame Cathedral(Paris)巴黎圣母院 69
Nubian Monuments Campaign 努比亚文物保护运动
阿布辛拜勒神庙的修复工作 24,30—36,40—41,44—45,51—56,60,72,76,94,107,198

阿玛达神庙　31,35
考古学与考古发掘　4,9,37—50,55,57—58,62
阿沙卡古墓　41
阿斯旺大坝所起的作用　xix,24,32,37,45,57
官僚政治带来的问题　39—40
古埃及研究与文献中心　24
《埃及艳后》(好莱坞电影)　55
冷战　29,32,48,57,107,198
集体责任的原则　75
殖民遗产带来的影响　29,32
批评　34—35,37,39,41—43,52—54
对古代文物的毁坏　35
纪录片　36
早期基督教遗址　33,41,52
经济花费　33,269注释11
工程壮举　31,33—34,36—37,57
赫胥黎　27,51
跨学科性质　38
国际社会对古代文物的争夺　51—53,58
国际社会渴望复制努比亚行动的成功　59,65
国际社会募集资金的行动　35—36,49—51,54,64
卡拉巴夏神殿　35
文物修复行动中被忽略的原住民　222
马尔罗　44—45,49—50,185
"世界共享的考古学"　37—38
菲莱神庙　33,36,45,72
公共关系与媒体策略　36,41
苏伊士运河危机　30,32,37
乌托邦理想　30,32—33,38,49,56,58,198
《世界遗产公约》(1972年)　66—67,258注释25
《世界遗产名录》　56,72—73
Nuevo Amador project(Panama)努埃沃·阿马多项目(巴拿马)　103

Oberoi, Vinay Sheel 欧贝罗伊,维奈·谢尔　106,126,134
Odebrecht construction company 奥德布雷希特建筑公司　103,105—106
"Ode to Venice"(Byron)《威尼斯颂》(拜伦)　115
Okasha, Sarwat 欧卡夏,萨尔瓦特　44,253注释114
Okinawa Island(Japan) 冲绳岛(日本)　155
Old City of Jerusalem 耶路撒冷旧城,参见耶路撒冷(以色列和西岸)
Oman 阿曼　75,165
Omar, Mullah Mohammad 奥马尔,穆拉·穆罕默德　190
one-world archaeology 世界共享的考古学,参见考古学
Organization of the Islamic Conference (OIC)伊斯兰会议组织　190
Oriental Institute(Chicago)东方研究所(芝加哥)　53
Orwell, George 奥威尔,乔治　201

Ottoman Empire 奥斯曼帝国 148，161—162，203
Our Creative Diversity（UNESCO）《我们创造性的多样性》（联合国教科文组织） 23
Outstanding Universal Value，concept of 突出的普遍价值的理念 67

Pakistan 巴基斯坦
摩亨佐达罗遗址 4，57，59—66，73，86，88，94
重要的文物保护行动 21
努比亚文物保护运动 48
联合国教科文组织的早期交流 76，96
Palestine 巴勒斯坦，参见以色列；耶路撒冷
伯利恒遗迹 194—195，198，224
英国托管统治（两次大战之间） 161—162，168，171，173，203，222
文物修复行动中原住民的搬迁行动 222
难民 162，194
“隔离墙” 195—196
联合国教科文组织的成员资格 75，194—196
世界遗产委员会 195—196
《世界遗产名录》中的遗址 194—196，198，200
Palestine Liberation Organization（PLO）巴勒斯坦解放组织 194
Palewski，Gaston 帕莱夫斯基，加斯东 90—91，97
Palmyra（Syria）帕尔米拉（叙利亚）
学术考古学 4
博科娃谈国际社会 180
法国托管时期 181
赫胥黎的访问 2
极端组织伊斯兰国的袭击 169，173，179，183，187，212—213，224
极端组织伊斯兰国处决叙利亚士兵（2015年） 176
《世界濒危遗产名录》 177
米歇尔的诗《这大片的废墟》 171，181
附近的天然气田 179
在托斯卡纳制作的仿制品 184
俄罗斯管弦乐队的表演（2016年） 170，176—177，179
联合国教科文组织的早期调查（20世纪50年代） 19
Panama 巴拿马
海滨大道 103，106
巴拿马旧城区 102—104，106
努埃沃·阿马多项目 103
奥德布雷希特建筑公司的工作 103，105—106
老巴拿马城考古遗址 103—106
关于访问遗址的紧张局面 221
旅游的影响 115
五十周年大道 104
世界遗产委员会 99，103，105—106，272—273 注释 46
《世界遗产名录》中的遗址

102—106,117,224
Parent, Michel 帕朗,米歇尔 286注释16—17
Pavone, Vincenzo 帕沃内,文森佐 56
Payne, Humfry 佩恩,汉弗莱 6
Pederson, Susan 佩德森,苏珊 173
Péguy, Charles 佩吉,夏尔 118
Perrot, Paul 佩罗特,保罗 63
Persepolis(Iran) 波斯波利斯(伊朗) 187
Peru 秘鲁 18,21,76,196
Petra(Jordan)佩特拉(约旦) 2,23,222
Petrie, Flinders 皮特里,弗林德斯 2,7
Petrie, Hilda 皮特里,希尔达 10
Peycam, Philippe 佩卡姆,菲利普 113
Philae Temple(Egypt) 菲莱神庙(埃及) 33,36,45,72
The Philippines 菲律宾 108,156
Pilgrimage Route(Bethlehem)朝圣路线(伯利恒) 194
Plenderleith, Harold 普伦德莱斯,哈罗德 7,40,60
Poland 波兰 20,42,49,52,128,149—150
Pompeii(Italy)庞贝古城(意大利) 4,7,97—98
Pope-Hennessy, John 波普-汉尼斯,约翰 97
Preah Vihear Temple(Cambodia)柏威夏寺(柬埔寨)
柬埔寨与泰国的纷争 118—121,127,147,153—154,157,167,170,191,199,224
中国建造的铁路 121
军事冲突期间的破坏 154
美国的干预 118—121
维基解密中的电文信息 119—122
世界遗产委员会 127,153—154,156
《世界遗产名录》现状 118,120—122,140,191
Prehistory and the Beginnings of Civilization(UNESCO publication)《史前和文明的起源》(联合国教科文组织的出版物) 13
The Prehistory of Nubia(Wendorf)《努比亚的史前历史》(温道夫) 40—41
Prohaska, Anton 普罗哈斯卡,安东 111
Project Mausam(India)季风计划(印度) 123—124
Pukhov, Ruslan 普克霍弗,鲁斯兰 179
Putin, Vladimir 普京,弗拉基米尔 157—158,176,185,289注释48
Pyu Ancient Cities(Myanmar)骠国古城(缅甸) 107—110,224

Qal'at Saalah El-Din 喀拉特萨拉丁堡(叙利亚) 177

Qasr Ibrim(Sudan)伊布里姆城堡(苏丹) 51
Qatar 卡塔尔
亨比保护行动(印度) 102
耶路撒冷遗址 165
巴勒斯坦遗址 196
巴拿马保护行动 106
施韦青根遗址 132
叙利亚世界文化遗址 177
世界遗产委员会 102,106,134,177
世界遗产委员会会议(2014年) 84,108—109,123,195
《世界遗产公约》 166
Qibil Mosque(Jerusalem)基卜利清真寺(耶路撒冷) 166
Quito(Ecuador)基多(厄瓜多尔) 72,94

Rainey,Froelich 雷尼,弗罗利奇 54
Rameses II(ancient Egyptian pharaoh)拉美西斯二世(古埃及法老) 35,44
Ramesside temples(Egypt)拉美西斯神庙(埃及) 33
Rao,Kishore 劳,基舍尔 126
Raqqa(Syria)拉卡(叙利亚) 89
Ras Shamra(Syria)拉斯·沙姆拉(叙利亚) 2
Rationalist Association 理性主义者协会 2
Rawlinson,Henry 罗林森,亨利 2
Reagan,Ronald 里根,罗纳德 73,197
Recommendation on Archaeological Excavation(1956)《关于考古发掘的建议》(1956年) 66
Reed,Charles 瑞德,查尔斯 41
Reform for Innovation @ UNESCO program《联合国教科文组织的创新性改革》 88
Reid,Donald 雷德,唐纳德 50
Reisner,George 赖斯纳,乔治 7,45
Report on the International Principles Governing Archaeological Excavations(UNESCO,1955)《考古发掘之国际条约》(联合国教科文组织,1955年) 19—20
responsibility to protect doctrine(R2P)保护责任的原则 213,221,314注释80
Reyes,Victoria 雷耶斯,维多利亚 98—99
Rheims Cathedral(France)兰斯大教堂(法国) 174
Ricca,Simone 里卡,西蒙娜 164
Roerich Pact(1928)《罗里西条约》(1928年) 69
Rome Statute《罗马规约》,参见海牙国际刑事法院
Roosevelt,Franklin D. 罗斯福,富兰克林·D. xv,44
Ruins of Many Lands(Michell)《这大片的废墟》(米歇尔) 171
Russell,Bertrand 罗素,伯特兰 2
Russia 俄罗斯,参见金砖国家

克里米亚冲突 154,157—160,169,214,289注释48
对廷巴克图宗教遗址的破坏 85
亨比保护行动(印度) 98
管弦乐队在帕尔米拉的演出(2016年) 170,176—177,179
巴拿马保护行动 102,106
《罗马规约》 225
叙利亚冲突(21世纪10年代) 169,176—177,179,185,199,214
叙利亚海军基地 179
叙利亚世界文化遗址 177—179
世界遗产委员会 99,102,106,127,131,133—134,177—179
Rwanda 卢旺达 149,212

Saada(Yemen)萨达(也门) 185
Saccone, Donatella 萨科,唐娜提拉 131
Saint Mark's Square(Venice) 圣马可广场(威尼斯) 69,92
Saqqara(Egypt)塞加拉(埃及) 52
Samarra(Iraq) 萨马拉(伊拉克) 191—192
Sana'a(Yemen) 萨那(也门) 185,200,216
San Francisco Conference(United Nations, 1945)旧金山会议(联合国,1945年) xv
San Francisco monument(Panama) 圣弗朗西斯科历史遗迹(巴拿马) 105
Sankore University(Timbuktu)桑科雷大学(廷巴克图) 204
Sarajevo(Bosnia) 萨拉热窝(波斯尼亚) 175
Saudi Arabia 沙特阿拉伯
被毁坏的伊斯兰教遗址 214—215,224
保护摩亨佐达罗行动 64
《罗马规约》 214,225
《世界遗产公约》 75
也门冲突(21世纪10年代) 185,214—216
Säve-Söderbergh, Torgny 萨福-索德伯格,托尔格尼 38,42—43
Save the Temples on the Nile Campaign "抢救尼罗河上的神庙"行动 53
Schwetzingen(Germany)施韦青根遗址(德国) 131—132
scientific humanism 科学人文主义 12,56,217
Second Congress of Architects and Specialists of Historic Buildings(1964)第二届建筑师和历史建筑专家大会(1964年) 72
Second World War 第二次世界大战
两次大战之间的国际主义遭遇阻碍 10
对文化珍宝的劫掠和毁坏 xvi,10,22,25,193,217
纳粹主义 xvi,25
相关的历史遗址保护行动 149—152,185
Seligman, Charles 塞利格曼,查尔

斯 2
Senegal 塞内加尔 71,85,102,132,134,149,196
Sentab construction company 森塔布建筑公司 34
Serbia 塞尔维亚 188
Sèvres Treaty(1919)《塞夫勒条约》(1919年) 5,7,145
Shaba,Qudrat Ullah 沙巴,古德拉·乌拉 61
Shaghur district(Damascus)沙古尔地区(大马士革) 172
Shama-Hacohen, Carmel 沙马-哈科恩,卡梅尔 167
Shari'a law 伊斯兰教法 206,208—209
Sheikh Sidi El Mokhtar Ben Sidi Mouhammad Al Kabir Al Kounti Mausoleum(Mali)西迪·莫赫塔尔·本·西迪·穆罕默德·卡比尔·库恩特酋长陵墓(马里) 206
Sherry,George 雪利,乔治 162
Shinnie,Peter 欣尼,彼得 41
Shostakovich, Dmitri 肖斯塔科维奇,德米特里 177
Sidi El Mokhtar Cemetery(Mali) 西迪·莫赫塔尔陵墓(马里) 206
Sidi Yahia Mosque(Timbuktu) 西迪·雅希亚清真寺(廷巴克图) 202,204,207
Sihanouk(king of Cambodia)西哈努克(柬埔寨国王) 112
Silk Road 丝绸之路 107
Simpson,Harold 辛普森,哈罗德 54
Sinding-Larsen, Amund 希丁-拉森,阿穆德 218
Singer corporation 胜家公司 54
Sites of Japan's Meiji Industrial Revolution 日本明治工业革命遗址
关于第二次世界大战的争议 124,151,153,155,167,170
国际古迹遗址理事会 150
日本国内政治 150,152
技术转移 150
Sixth International Congress of Architects (1904)第六届国际建筑师大会(1904年) 69
Skånska construction company 斯堪斯卡建筑公司 34
Smuts,Jan 斯穆茨,扬 199
Society for the Protection of Ancient Buildings(United Kingdom)古代建筑保护协会(英国) 69
Socony-Mobil Oil Company 美孚石油公司 54
Solecki,Ralph 索列基,拉尔夫 53
Souq Hamadieh Bazaar(Damascus)哈马迪大巴扎(大马士革) 172
South Africa 南非,参见金砖国家
亨比保护行动(印度) 98
解放斗争 149
巴拿马保护行动 105—106
叙利亚世界文化遗址 178
世界遗产委员会 99,102,105—

106,133—134,178
Soviet Union 苏联
阿斯旺大坝 28,32—33,48,53
认可以色列独立 168—169
包围列宁格勒(1942年) 177
纳赛尔 28
努比亚文物保护运动 42,49,57
苏伊士运河危机 29
《世界遗产公约》(1972年) 71
Spain 西班牙 37,42,51,95,98—99,103
"Special Message to Congress Proposing the 1971 Environmental Program" (Nixon)"致国会:关于1971年环境计划的特别建议"(尼克松) 125,279注释25
Sri Ksetra(Myanmar)室利差旦罗(缅甸) 107
Sri Lanka 斯里兰卡 20,64,189—190
Sudan 苏丹
阿斯旺大坝工程中的原住民搬迁行动 55
耶路撒冷遗址 165
古代文物的国家主权 43
努比亚文物保护运动 xix,32—33,37—41,43,45,47—49,51—52,55,64,244注释14
《世界遗产公约》(1972年) 71
Suez crisis(1956)苏伊士运河危机(1956年) 28—30,32,37,48,50
Sukenik, Eleazar 苏克尼克,埃利埃泽 8
Sukkur barrage(Pakistan)苏库尔拦河坝(巴基斯坦) 61
Sukothai Kingdom(Thailand)素可泰王国(泰国) 59
Susa(Iran)苏萨古城(伊朗) 187
Sweden 瑞典 33—34,96
Switzerland 瑞士
亨比保护行动(印度) 102
阻止劫掠古代文物的国际行动 182
《世界遗产名录》上的缅甸遗址 109
努比亚文物保护运动 42
施韦青根遗址(德国) 132
保护威尼斯行动 96
世界遗产委员会 131,133—134,142
Sykes, Sir Mark 赛克斯,马克爵士 161,173,203
Syria 叙利亚
使用化学武器 172
内战(21世纪10年代) 175—180,185,199,209,214,217
骑士堡 175,177
受到袭击的文化遗址 xviii,169—170,172—173,175,179—183,190,192—193,203,212
遗址修复工程中的原住民搬迁行动 222
法国托管统治(两次大战之间) 161,173—176,181—182,199,203,222

《海牙公约》(1954年) 178
保护遗址行动 200
非法获取文物 182,215
极端组织伊斯兰国 169,173,176,179,190,212,215
被毁坏的伊斯兰教遗址 183
拿破仑的行动 25,175
《罗马规约》 214,310注释49
俄罗斯海军进驻 179
俄罗斯对叙利亚冲突(21世纪10年代)的介入 169,176—177,179,185,199,214
叙利亚叛乱(1925—1927) 161,172—176,182,199,225
泰巴盖坝对考古遗址的毁坏 xix,61,89
联合国教科文组织的早期交流 18—19,76,96,239注释18
联合国安理会 179,310—311注释49
幼发拉底河上游流域的考古遗迹 xix
《世界遗产名录》上的遗址 175,177

Tabet, Jad 塔波特,杰德 92,99,140—141,156
Tabqa Dam(Syria) 泰巴盖坝(叙利亚) xix,61,89
Taffeh Temple(Egypt) 塔法神庙(埃及) 35,51
Ta Krabei Temple(Cambodia) 塔克拉比寺(柬埔寨) 118
Taksim Square(Istanbul) 塔克西姆广场(伊斯坦布尔) 143,145
Taliban 塔利班 190,207,212
Ta Moan Temple(Cambodia) 大漠寺(柬埔寨) 118
Tanzania 坦桑尼亚 86,166—167
Tartus(Syria) 塔尔图斯(叙利亚) 179
Taylor, Elizabeth 泰勒,伊丽莎白 55
Taylor, John 泰勒,约翰 19
Tchogha Zanbil(Iran) 恰高·占比尔神塔和建筑群(伊朗) 187
Tehran(Iran) 德黑兰(伊朗) 187
Tel Halaf(Syria) 塔尔·哈拉(叙利亚) 2
Temple of the Tooth Relic of the Buddha(Sri Lanka) 佛牙寺(斯里兰卡) 189
Tennessee Valley Authority(TVA, United States) 田纳西河流域管理局(美国) 44—45,58
Thailand 泰国
大城府历史公园 221
缅暹铁路(“死亡铁路”) 149
与柬埔寨关于柏威夏寺的纷争 118—121,127,147,153—154,157,167,170,191,199,224
早期的文物保护行动 68
海牙国际法院在柬埔寨问题上的判决 118
素可泰王国遗址 59
美国军事基地 121
世界遗产委员会 133

al-Thani, Sheikha Al-Mayassa bint Hamad bin Khalifa 阿尔塔尼，谢耶卡·阿拉-马亚萨·比特·哈马德·宾·哈里发 196
Theban Necropolis (Egypt) 底比斯墓葬(埃及) 50
Thompson, Gertrude Caton 汤普森，格特鲁德·卡顿 13
Thompson, Charles 汤普森，查尔斯 197
Timbuktu (Mali) 廷巴克图(马里)
居住在此的人们信奉的万物有灵论 209
伊斯兰卫士 85, 191, 202—203, 206, 208, 212
受到袭击的文化遗址 85, 191, 200, 202—203, 206—214, 224, 307注释18
津加里贝尔清真寺 204
法国殖民统治 205—206
地理位置 204
基础设施和卫生问题 209
早期现代非洲知识和精神的都城 204
海牙国际刑事法院关于破坏文化遗产的案例 202
《世界濒危遗产名录》 205
文化遗址遭到袭击后原住民的反应 208—209
对文化遗址的保护 205, 209—210
安全问题 210
西迪·雅希亚清真寺 202, 204, 207
旅游 209
《世界遗产名录》现状 204—205, 209, 211—212
Tokunoshima Island (Japan) 德之岛(日本) 155
Torres Bodet, Jaime 托里斯·博德特，杰米 18—19, 21, 56, 75
Train, Russell 特雷恩，拉赛尔 67
Tripoli (Lebanon) 的黎波里(黎巴嫩) 19
Truman, Harry S. 杜鲁门，哈里·S. xv
Trump, Donald 特朗普，唐纳德 199
Tuareg population (Mali) 图阿雷格人(马里) 204—206, 213, 222
Tunisia 突尼斯 71, 95—96, 167, 192, 216
Turkey 土耳其
阿尼古迹 145—148, 167, 170, 224
亚美尼亚大屠杀以及与亚美尼亚的持续不断的纷争 145—146, 148, 154
恰塔霍裕克农耕遗址 134—139, 169
文物保护法规 136—137
失败的政变(2016年) 139, 143—145
极端组织伊斯兰国 139, 143, 169
伊斯兰化 139
正义与发展党 139, 147—148
关于访问遗址的法律法规 221

巴勒斯坦遗址　196
恐怖主义袭击(2016年)　143
世界遗产委员会　131,196
世界遗产委员会会议(2016年)　95—96,132,143—146,169,193,210
Turtinen,Jan 图尔蒂宁,扬　87,160
Tutankhamun antiquities 图坦卡蒙法老墓穴中的文物　16,54—55
The Twenty Years Crisis(Carr)《二十年危机》(卡尔)　31
Tyre(Lebanon)提尔城(黎巴嫩)　59

Ukraine 乌克兰　154,157—159
Ülker,Lale 尤勒克,拉莱　144
Umayyad Mosque(Aleppo)倭马亚清真寺(阿勒颇)　181
UNESCO(United Nations Educational, Scientific, and Cultural Organization) 联合国教科文组织,参见世界遗产委员会;《世界遗产公约》(1972年);《世界遗产名录》;特别项目
获得成员国资格的标准　114
顾问团　xxi,66,72,77,80,83—84,87,91,99,102,124—127,129,132—133,141—142
考古学　xix—xxi,4—5,15—16,18—23,25—26,29—31,41—42,46—47,60,76,225
贝鲁特会议(1948年)　1,17,187
官僚问题及过于庞大的机构　39—40,54,65,73,77—78,81—82,86—87,159
具有启示意义的开罗会议　16
二级中心　82,84
殖民遗产带来的影响　14—15,22,25—26,29,32,168,203
重点关注的保护行动　19,66—67,69—70,87—88,93—94,115,141—142
批评　xix—xx,5,24,77—78,81—82,94—96,100—101,115—117,159,182—183,186,201,219—227,249—250注释70
"永远的古迹"的展品(巴黎)　184
欧洲中心主义　31,201
资金短缺　75,77,82,88
基本愿望　xvi,xix,1,10—12,25,213,217
作为模本的国际知识合作委员会　10
国际咨询专家委员会　40
打击文物的掠夺和非法贩运　215
海牙国际刑事法院对马赫迪案的判决　208,211—213
《2014—2021中期战略》　155
成员国的权力　xix,20—22,24,26,41,71,79,86,98,117,223—224,226
重点关注的文物保护行动　4—5,21,24—26,117,234注释14,257—258注释22
官方象征　31
"一个世界主义"与国际主义

11,13,15—16,20,24—25,27—30,32,50,68,110—111,223
承认巴勒斯坦的成员资格 75,194—196
巴黎会议(1946年) 16
“人民保护遗迹”运动 183
成员国之间的政治纷争 160—161,167—170
《关于在国家层面保护文化和自然遗产的建议》(1972年) 70
《关于保护名胜古迹美景特色的建议》(1962年) 70
《关于适用于考古发掘的国际原则的建议》(1956年) 21,43,70
各地办公室 82
“常规化管理” 76—77,86,88
文物保护运动 66—67,86,90,93—94,223
旧金山会议(1945年) xv
秘书处 xxi—xxiii,66,72,77—78,80,84,87,91,105,125,127,142,145,149,160,179,183,187,196,200,215
优先考虑的技术援助 4,18—19,21—22,24—26,29,31—32,35,47,57,59—60,63,65—66,72,77,87—88,94,200
出版物《信使》 19,33,36,40,185
“为遗产联合起来”的全球行动 186
联合国开发计划署 43
乌托邦主义 11—12,15,27,29,33,38,56,58,66,68,78,187,198,213,217—218,223,227
UNESCO: Its Purpose and Its Philosophy(Huxley)《联合国教科文组织:目标和哲学》(赫胥黎) 15,237注释52
UNIDROIT Convention on Stolen or Illegally Exported Cultural Objects (1995)《关于被盗或非法出口文物的公约》(1995年) 159
#Unite4Heritage campaign “为遗产联合起来”的全球行动 186
United Arab Emirates 阿拉伯联合酋长国 102,132,192
United Kingdom 英国
《英埃条约》(1936年) 7
《英法协约》(1904年) 50
帝国主义 14,22,108,175,205,222
提倡考古文物的国际交流 20
两次大战之间的考古学 7
第一次世界大战期间的耶路撒冷行动(1917年) 161
国际联盟 9
保护摩亨佐达罗行动 64
努比亚文物保护运动 33,45,50—51
巴勒斯坦托管统治(两次大战之间) 161—162,168,171,173,203,222
古代建筑保护协会 69
苏伊士运河危机 28—29,48,50,

243注释4
联合国教科文组织的管理 14,22
保护威尼斯行动 90,96
世界遗产委员会 133
《世界遗产公约》(1972年) 71
《世界遗产名录》中的遗址 95,105
也门冲突(21世纪10年代) 214—215
United Nations Development Decade 联合国发展的十年 32
United Nations Development Programme(UNDP)联合国开发计划署 43
United Nations Emergency Force (UNEF)联合国紧急维和部队 29
United Nations Office of the High Commissioner for Human Rights 联合国人权高级专员办公室 159
United Nations Relief and Works Agency for Palestine Refugees in the Near East(UNRWA)联合国近东巴勒斯坦难民救济和工程处 194
United Nations Security Council Resolution 298 联合国安理会第298号决议 163
United States 美国
亚太经合组织 123
阿斯旺大坝 28
柬埔寨和泰国之间关于柏威夏寺的纷争 118—121,278注释9
弗兰克·劳埃德·赖特建筑遗址 132
两次大战之间的考古学 6
伊拉克战争(2003—2012) 191
极端组织伊斯兰国 192
认可以色列独立 168
保护摩亨佐达罗行动 64,256注释12
努比亚文物保护运动 33,36,38,41—42,44—45,48—49,51—54,57—58,253注释115,253—254注释117
巴勒斯坦加入联合国教科文组织 75,195—196
《罗马规约》 235
苏伊士运河危机 29,48,243注释4
田纳西河流域管理局 44
泰国军事基地 121
特朗普总统申明美国将退出联合国教科文组织 199
联合国教科文组织的管理 2,4,18—22,24,52,57,73,75,78,82,152,155,195—199,226,263注释74,264注释83,304注释108
保护威尼斯行动 90,96
世界遗产委员会 83,119,220
《世界遗产公约》(1972年) 67,71,73,75
也门冲突(21世纪10年代) 185,214—215
Ur(Iraq)乌尔城(伊拉克) 2
Utapao(Thailand)乌塔保基地(泰国) 121

Utopia(More)《乌托邦》(莫尔)　1,11

Vattenbyggnadsbyrån(Swedish engineering company) VBB(瑞典工程公司)　34
Vaux,Roland de 沃克斯,罗兰·德　8
Venice(Italy)威尼斯(意大利)
拜伦　115
文物保护行动的经济花费　92
欧罗巴·诺斯特拉非政府组织　91
洪水(1966年)　90,93
筹募资金的国际行动　91
《世界濒危遗产名录》　91
曼的描述　96
保护行动　61,91—98,116
圣马可广场　69,92
关于访问遗址的紧张局面　221
旅游业带来的影响　74,91—93,97,115
联合国教科文组织办公室　82,92
《世界遗产公约》(1972年)　67
Venice Charter(1964)《威尼斯章程》(1964年)　116
Vercoutter,Jean 韦库特,吉恩　55
Veronese, Vittorio 维罗内塞, 维托里奥　32,222
Vietnam 越南　108,156,174,215
Vijayanagara kingdom(India) 毗伽耶纳伽罗王朝(印度)　100
Viollet-le-Duc, Eugène 维奥莱-勒-杜克,尤金　69
Virupaksha Temple(Hampi, India) 维鲁巴克沙神庙(亨比, 印度)　100—102
Visual History of Mankind(UNESCO)《人类的视觉历史》(联合国教科文组织)　14
Vrdoljak, Ana 维多尔雅克, 安娜　126,219

Wace,Alan 韦斯,艾伦　7
Wahhabism 瓦哈比主义　186,207,308注释26
Warby,William 沃比,威廉　50—51
war crimes 战争罪行
殖民占领　222
破坏文化财产　xviii,175,180,202—204,212,224
大屠杀　212,309注释40
海牙国际刑事法院的起诉　202—204,224
叙利亚冲突　175
Warsaw(Poland) 华沙(波兰)　150,185
Watenpaugh, Heghnar 瓦滕堡, 哈格纳　148
Wells, H.G. 威尔斯, H.G.　xv, xxiii,2,11—12
Wendorf, Fred 温道夫,弗雷德　40—41,45
West Bank 西岸,参见巴勒斯坦
West Germany 西德,参见德意志联邦共和国
Westinghouse corporation 西屋电器公

司 54
Wheeler, Sir Mortimer 惠勒，莫蒂默爵士
阿布辛拜勒神庙的修复工作 30, 61
赫胥黎 2
摩亨佐达罗遗址 60,255注释1
努比亚文物保护运动 51
批评联合国教科文组织的官僚作风 86
联合国教科文组织的考古使命 22
威尼斯 115
Whitlam, Gough 惠特拉姆，高夫 73
Wijesuriya, Gamini 维杰苏里亚，加米尼 189
WikiLeaks 维基解密 119—120,122, 140
Wilkinson, Ellen 威尔金森，埃伦 xv,226
Wilson, John A. 威尔森，约翰·A. 37—38,246注释37,248注释58—59
Wilson, Woodrow 威尔逊，伍德罗 159—160
Woolf, Leonard 沃尔夫，伦纳德 11
Woolley, Sir Leonard 伍莱，伦纳德爵士 2,12—13,59
World Bank 世界银行 28,126,141
World Health Organization（WHO）世界卫生组织 14
World Heritage Committee 世界遗产中心
官僚机构过于庞大 82,84—85
数字技术 194
对杜布罗夫尼克旧城的轰炸 73
设立（1992年） 73,87
亨比遗址（印度） 102
保护文化遗产行动中的人权问题 117
耶路撒冷 163
成员国的计划 84,98,218
保护摩亨佐达罗行动（巴基斯坦） 64—65
巴拿马保护行动 106
成员国之间的政治冲突 157
柏威夏寺（柬埔寨） 118
履行《世界遗产公约》 79
《世界遗产名录》的管理 125, 142
World Heritage Committee 世界遗产委员会
伊斯兰卫士对廷巴克图宗教遗址的破坏 85
伯利恒遗址 195
波恩会议（2015年） 150—152, 181,183,215—217
巴西利亚会议（2010年） 127
金砖国家 99—100,102,105—106,116,178—179
官僚机构过于庞大 83,87
达成共识 133
批评 79—80,87,141—142,219
编号为40 COM 7A.13的决议 165—166
多哈会议（2014年） 84,108—109, 123,195

由本地专家组成的商谈小组 220
伊斯坦布尔会议(2016年) 95—96,132,143—146,169,193,210
耶路撒冷遗址 83,162—163,165—168
克拉科夫会议(2017年) 220
缺少多样性以及欧洲中心主义偏见 78—79,98—99,116,130—131
《世界濒危遗产名录》 80
成员国的权力和计划 79—80,83—84,87,98—100,126—127,130—135,140—141,145,150—152
提名《世界遗产名录》中的缅甸遗址 107—109
巴黎会议(2011年) xxii,154
金边会议(2013年) 105,127,133—134,177—178
成员国之间的政治冲突 153—157,160,166—167
庞贝遗址 98
柏威夏寺 119
季风计划 123
魁北克会议(2008年) 118,153
圣彼得堡会议(2012年) 85,103,128,137,191,195
提名施韦青根遗址(德国) 131—132
读出打印稿 83—84,130
叙利亚冲突(21世纪10年代) 217
叙利亚世界文化遗址 178—179
保护威尼斯行动 91—92
履行《世界遗产公约》 79,82
《世界遗产名录》的管理 79—80,83,87,124—126,128
也门冲突 216—217
World Heritage Convention(1972)《世界遗产公约》(1972年)
第11条第3款 156—157
品牌意义 107,129
官僚机构的支持 72
文物保护作为一项重点关注的工作 67,70,94—95,107,129,140,160
克里米亚冲突(2014年) 159
批评 81,219—220
辩论与认可 67—68,71,75,87
资金短缺 75
《人类历史》 13
最初的草案 70—71
成员国的权力与计划 76—77,79,94,105,116,122,137
《行动指南》 72,82—84,126,156—157,219—220
成员国之间的政治冲突 157,160,162
优先考虑的技术援助 72,77,87
美国 67,71,73,75
乌托邦主义 12,15
保护威尼斯行动 92
世界遗产中心在公约执行过程中所起的作用 79
世界遗产基金会 71,73,75

World Heritage List《世界遗产名录》，参见联合国教科文组织
学术考古学 xxi—xxiii,5
品牌意义 125,130,141
官僚机构的支持 82
与文物维护相关的官僚问题 66—67,72,78
冲突区域 187—193
批评 xviii—xx,5,74,81,87,94—96,137,180,205,209
法国 69,95,129,140
德国 95,140
印度 100,140
伊拉克 191
耶路撒冷 73,162—167
成员国在文物维护方面所起的作用 74,94,126
民族国家的自治问题 xviii
努比亚文物保护运动 56,72—73
巴勒斯坦 194—196,198,200
巴拿马 102—106,117,224
“常规化管理” 67,76,88
遗址的安全问题 169—170,192,224
筛选过程 125—126,130—140,142,145—153,200,224
当事国在文物维护方面所起的作用 68,93
叙利亚 175,177
旅游 74,87,129,138,141
与其他外交优先考虑事项相关的交易驱动 123—124,127,129—130,141,148—150,152,179
乌托邦主义 68
世界遗产委员会在管理方面所起的作用 79—80,83,87,124—126,128
World Wildlife Fund (WWF) 世界野生动物基金会 15,140
Wright, Frank Lloyd 赖特，弗兰克·劳埃德 132
Wright, Quincy 赖特，昆西 173—174

Yellowstone National Park 黄石国家公园 72
Yemen 也门 xviii,185,193,200,214—217
Yugoslavia wars (1990s) 南斯拉夫战争（20世纪90年代） 188—189,212

Zarandona, José Antonio González 扎兰多纳，何塞·安东尼奥·冈萨雷斯 186
Zimbabwe 津巴布韦 83
Zimmern, Alfred 齐默恩，阿尔弗雷德 31—32
Zoser's pyramid (Egypt) 左赛尔金字塔（埃及） 51

译后记

联合国教育、科学及文化组织是联合国旗下专门机构之一，其宗旨是促进教育、科学及文化方面的国际合作，增进各国人民之间的相互了解，更好地维护世界和平。联合国教科文组织有许多备受瞩目的工作计划，其中世界遗产这个项目尤为引人关注。该项目的工作目标主要是在全世界范围内鉴定、保护和保存那些杰出的文化遗产和自然遗产。然而，在今天的世界，工业化进程不断加速，各种破坏逐步升级，因此，全世界行动起来，保护其文化遗产和自然遗产，这已然成为全人类的当务之急。联合国教科文组织的世界遗产项目因而责任重大、意义深远。该组织呼吁世界各国都能友好协商，共同担当，努力建设废墟上的未来；然而各国如何响应和落实这个号召却是极为复杂和棘手的问题。《废墟上的未来》通过翔实的史料分析和长期的人类学探索，从政治学、经济学、考古学、建筑学、历史、宗教等不同角度，介绍联合国教科文组织世界遗产项目的运作模式及相关情况，其中主要聚焦考古学和文化遗产的问题。

本书作者在前言中说道："要写一本关于世界遗产的书，必然需要周游世界。在过去的十年中，我很幸运地做到了。"在翻译过程中，我们也跟着作者游历了很多地方，心中钦佩作者在详细走访和深入调研方面付出的艰辛和努力，同时学到了非常多的、关于世界遗产的各种知识。书中论及许多著名的世界文化遗产，如埃及的阿布辛拜勒神庙、努比亚的尼罗河古迹营地、巴基斯坦的摩亨佐达罗古迹遗址、土耳其的恰塔霍裕克考古遗址、耶路撒冷旧城、意大利的庞贝古城遗址、柬埔寨的吴哥古迹公园、叙利亚的阿勒颇古城等，它们曾经是那么璀璨夺目、光耀历史，然而来自人类和自然界的破坏和损毁却令其饱受摧残，致使人们无法完全领略它们最突出的普遍价值，这不能不说是人类的损失和遗憾。

从翻译的角度看，书中有太多的内容需要查考、溯源，各种人名、地名、组织名称的中文译名需要校核，还有很多引文需要了解具体语境及其来龙去脉，政治、经济、历史、宗教、建筑等内容交错融合。此书的翻译工作不可谓不繁杂，但是译者始终感觉这趟世界文化遗产之旅收获颇丰。人类曾经创造出这么多伟大的历史遗产，它们如此令人惊叹，即便留存的仅是废墟，也已经足够让后来人为之叹服。

了解世界文化遗产的留存状况，尽力保存、修复和保护这些人类奇迹，这是每一代人义不容辞的责任。作者在文中说得非常清楚："从头到尾，我就想弄明白，过去是如何演变成今天的样子，并且为什么会这样；谁该对那些政治议程负责，最终又是谁赢谁输。在进行像世界遗产研究这样与文化生产相关联的工作时，我们应该了解一些政治学；我们还要明白，我们永远都不可能逃离过去——事实上，人们太过经常地重复过去。弄懂这些道理很重要。正像那位伟大的乌托邦主义者H.G.威尔斯所写的那样，过去'对我们的影响是毋庸置疑的'。"的确，对于关心世界文化遗产问题的读者朋友来说，这本书无疑是值得一读的，书中翔实的史料、在各个层面上进行的深入分析与探究、对未来的希冀和祈愿，无一不带给我们启迪和思考，同时也让我们对人类文化遗产生发出最真诚的祝愿：愿这些废墟远离战火、灾难、威胁，愿它们真的拥有各自可以期待的未来！

一直以来，译者视翻译为畏途，认为做好译事何其艰难，因而并不太敢尝试译书之事，担心翻译不好，辜负了作者的努力与付出。但是这次，过程虽然如履薄冰，困难重重，幸好译者多方查阅资料，求教于专家学者，字斟句酌，反复修改校对，耗费两年多的时间，总算是完成了任务。这期间，一些同事、朋友的关心、鼓励、支持和帮助令译者感动不已，在此一并感谢如下：

感谢南师大校友、国家可信软件工程中心郭峥嵘博士，在译者犹疑不定、欲行又止之时，正是他的建议和鼓励使得译者鼓起勇气接下翻译此书的任务，他始终如一的支持坚定了译者的信心，成为译者不懈前行的动力。感谢上海外国语大学金融贸易学院章艳教授，作为译者的博士同门，她热情地与译者分享译事经验，交流译技译法，并在阅读部分译稿之后给译者提出了宝贵的修改意见和建议，对此，译者深表感激。感谢南师大外国语学院秦文华教授于百忙之中仔细阅读了本书的部分译稿，令译者非常感动的是她在译稿上详细注明疑惑之处或是有待商榷之处，并认真写明自己的想法。她的有些观点令译者豁然开朗，非常受益。感谢南师大外国语学院李曙光教授，译者就书中一些表达方式与复杂句型向他咨询时，他总是不厌其烦，引经据典，与译者反复商讨，直到得出明晰的结论，他渊博的专业学识与严谨的治学精神令译者十分钦佩。

译者需要特别感谢河海大学力学与材料学院工程力学专业的 Nizar Faisal Alkayem 博士。感谢河海大学国际教育学院张海军院长和河海大学国际教育学院留学生服务中心主任应海华老师的引荐，译者得以结识来自叙利亚的 Alkayem 博士，他的博学、耐心和细致给译者的翻译工作带来了极大的帮助。关于中东、历史、宗教、遗址等各种咨询和求证，Alkayem 博士都会迅速回复，从未耽搁，并且知无不言，言无不尽。有时针对某些比较艰深的问题，Alkayem 博士不仅在发来的信息中仔细写清楚，而且还会在电话中进一步解释和说明，直到译者完全弄明白为止。可以说,在将近两年的时间里,他完美解答了译者向他求教的所有问题。对于Alkayem博士长时间不厌其烦的答疑解惑,译者极为感动,在此谨表谢忱。

最后,非常感谢译林出版社的刘静编辑。在翻译本书的过程中,刘静编辑总是于百忙之中抽出时间,与译者积极地沟通、商榷,耐心回答译者的问题,尽最大可能帮助译者在保证质量的基础上完成翻译任务。令我感动并难忘的是,刘静编辑始终非常热心、认真,不论是系列丛书的整体风格,还是译文语言的细节处理,她都给予足够的关注与重视。感谢刘静编辑在译稿成书的整个过程中为译者提供的无私帮助与支持。

译者才疏学浅,虽已尽了最大努力,疏漏在所难免,还请专家学者和读者朋友批评指正。

译者

2021年6月

于南京

人文与社会译丛

第一批书目

1.《政治自由主义》(增订版),[美]J. 罗尔斯著,万俊人译 118.00 元
2.《文化的解释》,[美]C. 格尔茨著,韩莉译 89.00 元
3.《技术与时间:1. 爱比米修斯的过失》,[法]B. 斯蒂格勒著,裴程译 62.00 元
4.《依附性积累与不发达》,[德]A. G. 弗兰克著,高铦等译 13.60 元
5.《身处欧美的波兰农民》,[美]F. 兹纳涅茨基、W. I. 托马斯著,张友云译 9.20 元
6.《现代性的后果》,[英]A. 吉登斯著,田禾译 45.00 元
7.《消费文化与后现代主义》,[英]M. 费瑟斯通著,刘精明译 14.20 元
8.《英国工人阶级的形成》(上、下册),[英]E. P. 汤普森著,钱乘旦等译 168.00 元
9.《知识人的社会角色》,[美]F. 兹纳涅茨基著,郏斌祥译 26.00 元

第二批书目

10.《文化生产:媒体与都市艺术》,[美]D. 克兰著,赵国新译 49.00 元
11.《现代社会中的法律》,[美]R. M. 昂格尔著,吴玉章等译 39.00 元
12.《后形而上学思想》,[德]J. 哈贝马斯著,曹卫东等译 58.00 元
13.《自由主义与正义的局限》,[美]M. 桑德尔著,万俊人等译 30.00 元

14.《临床医学的诞生》,[法]M. 福柯著,刘北成译　55.00 元

15.《农民的道义经济学》,[美]J. C. 斯科特著,程立显等译　42.00 元

16.《俄国思想家》,[英]I. 伯林著,彭淮栋译　35.00 元

17.《自我的根源:现代认同的形成》,[加]C. 泰勒著,韩震等译　128.00 元

18.《霍布斯的政治哲学》,[美]L. 施特劳斯著,申彤译　49.00 元

19.《现代性与大屠杀》,[英]Z. 鲍曼著,杨渝东等译　59.00 元

第三批书目

20.《新功能主义及其后》,[美]J. C. 亚历山大著,彭牧等译　15.80 元

21.《自由史论》,[英]J. 阿克顿著,胡传胜等译　89.00 元

22.《伯林谈话录》,[伊朗]R. 贾汉贝格鲁等著,杨祯钦译　23.00 元

23.《阶级斗争》,[法]R. 阿隆著,周以光译　13.50 元

24.《正义诸领域:为多元主义与平等一辩》,[美]M. 沃尔泽著,褚松燕等译　24.80 元

25.《大萧条的孩子们》,[美]G. H. 埃尔德著,田禾等译　27.30 元

26.《黑格尔》,[加]C. 泰勒著,张国清等译　135.00 元

27.《反潮流》,[英]I. 伯林著,冯克利译　48.00 元

28.《统治阶级》,[意]G. 莫斯卡著,贾鹤鹏译　98.00 元

29.《现代性的哲学话语》,[德]J. 哈贝马斯著,曹卫东等译　78.00 元

第四批书目

30.《自由论》(修订版),[英]I. 伯林著,胡传胜译　69.00 元

31.《保守主义》,[德]K. 曼海姆著,李朝晖、牟建君译　16.00 元

32.《科学的反革命》(修订版),[英]F. 哈耶克著,冯克利译　58.00 元

33.《实践感》,[法]P. 布迪厄著,蒋梓骅译 75.00 元
34.《风险社会》,[德]U. 贝克著,何博闻译 17.70 元
35.《社会行动的结构》,[美]T. 帕森斯著,彭刚等译 80.00 元
36.《个体的社会》,[德]N. 埃利亚斯著,翟三江、陆兴华译 15.30 元
37.《传统的发明》,[英]E. 霍布斯鲍姆等著,顾杭、庞冠群译 21.20 元
38.《关于马基雅维里的思考》,[美]L. 施特劳斯著,申彤译 78.00 元
39.《追寻美德》,[美]A. 麦金太尔著,宋继杰译 68.00 元

第五批书目

40.《现实感》,[英]I. 伯林著,潘荣荣、林茂译 30.00 元
41.《启蒙的时代》,[英]I. 伯林著,孙尚扬、杨深译 35.00 元
42.《元史学》,[美]H. 怀特著,陈新译 89.00 元
43.《意识形态与现代文化》,[英]J. B. 汤普森著,高铦等译 68.00 元
44.《美国大城市的死与生》,[加]J. 雅各布斯著,金衡山译 29.50 元
45.《社会理论和社会结构》,[美]R. K. 默顿著,唐少杰等译 128.00 元
46.《黑皮肤,白面具》,[法]F. 法农著,万冰译 14.00 元
47.《德国的历史观》,[美]G. 伊格尔斯著,彭刚、顾杭译 58.00 元
48.《全世界受苦的人》,[法]F. 法农著,万冰译 17.80 元
49.《知识分子的鸦片》,[法]R. 阿隆著,吕一民、顾杭译 45.00 元

第六批书目

50.《驯化君主》,[美]H. C. 曼斯菲尔德著,冯克利译 68.00 元
51.《黑格尔导读》,[法]A. 科耶夫著,姜志辉译 98.00 元
52.《象征交换与死亡》,[法]J. 波德里亚著,车槿山译 68.00 元
53.《自由及其背叛》,[英]I. 伯林著,赵国新译 48.00 元

54.《启蒙的三个批评者》,[英]I. 伯林著,马寅卯、郑想译 48.00 元
55.《运动中的力量》,[美]S. 塔罗著,吴庆宏译 23.50 元
56.《斗争的动力》,[美]D. 麦克亚当、S. 塔罗、C. 蒂利著,
李义中等译 31.50 元
57.《善的脆弱性》,[美]M. 纳斯鲍姆著,徐向东、陆萌译 55.00 元
58.《弱者的武器》,[美]J. C. 斯科特著,郑广怀等译 82.00 元
59.《图绘》,[美]S. 弗里德曼著,陈丽译 49.00 元

第七批书目

60.《现代悲剧》,[英]R. 威廉斯著,丁尔苏译 45.00 元
61.《论革命》,[美]H. 阿伦特著,陈周旺译 59.00 元
62.《美国精神的封闭》,[美]A. 布卢姆著,战旭英译,冯克利校 68.00 元
63.《浪漫主义的根源》,[英]I. 伯林著,吕梁等译 28.00 元
64.《扭曲的人性之材》,[英]I. 伯林著,岳秀坤译 22.00 元
65.《民族主义思想与殖民地世界》,[美]P. 查特吉著,
范慕尤、杨曦译 18.00 元
66.《现代性社会学》,[法]D. 马尔图切利著,姜志辉译 32.00 元
67.《社会政治理论的重构》,[美]R. J. 伯恩斯坦著,黄瑞祺译 72.00 元
68.《以色列与启示》,[美]E. 沃格林著,霍伟岸、叶颖译 128.00 元
69.《城邦的世界》,[美]E. 沃格林著,陈周旺译 85.00 元
70.《历史主义的兴起》,[德]F. 梅尼克著,陆月宏译 48.00 元

第八批书目

71.《环境与历史》,[英]W. 贝纳特、P. 科茨著,包茂红译 25.00 元
72.《人类与自然世界》,[英]K. 托马斯著,宋丽丽译 35.00 元

73.《卢梭问题》,[德]E. 卡西勒著,王春华译 15.00 元
74.《男性气概》,[美]H. C. 曼斯菲尔德著,刘玮译 28.00 元
75.《战争与和平的权利》,[美]R. 塔克著,罗炯等译 25.00 元
76.《谁统治美国》,[美]W. 多姆霍夫著,吕鹏、闻翔译 35.00 元
77.《健康与社会》,[法]M. 德吕勒著,王鲲译 35.00 元
78.《读柏拉图》,[德]T. A. 斯勒扎克著,程炜译 68.00 元
79.《苏联的心灵》,[英]I. 伯林著,潘永强、刘北成译 59.00 元
80.《个人印象》,[英]I. 伯林著,林振义、王洁译 35.00 元

第九批书目

81.《技术与时间:2. 迷失方向》,[法]B. 斯蒂格勒著,赵和平、印螺译 59.00 元
82.《抗争政治》,[美]C. 蒂利、S. 塔罗著,李义中译 28.00 元
83.《亚当·斯密的政治学》,[英]D. 温奇著,褚平译 21.00 元
84.《怀旧的未来》,[美]S. 博伊姆著,杨德友译 85.00 元
85.《妇女在经济发展中的角色》,[丹]E. 博斯拉普著,陈慧平译 30.00 元
86.《风景与认同》,[美]W. J. 达比著,张箭飞、赵红英译 68.00 元
87.《过去与未来之间》,[美]H. 阿伦特著,王寅丽、张立立译 58.00 元
88.《大西洋的跨越》,[美]D. T. 罗杰斯著,吴万伟译 108.00 元
89.《资本主义的新精神》,[法]L. 博尔坦斯基、E. 希亚佩洛著,高铦译 58.00 元
90.《比较的幽灵》,[美]B. 安德森著,甘会斌译 79.00 元

第十批书目

91.《灾异手记》,[美]E. 科尔伯特著,何恬译 25.00 元

92.《技术与时间:3. 电影的时间与存在之痛的问题》,
[法]B. 斯蒂格勒著,方尔平译 65.00 元
93.《马克思主义与历史学》,[英]S. H. 里格比著,吴英译 78.00 元
94.《学做工》,[英]P. 威利斯著,秘舒、凌旻华译 68.00 元
95.《哲学与治术:1572—1651》,[美]R. 塔克著,韩潮译 45.00 元
96.《认同伦理学》,[美]K. A. 阿皮亚著,张容南译 45.00 元
97.《风景与记忆》,[英]S. 沙玛著,胡淑陈、冯樨译 78.00 元
98.《马基雅维里时刻》,[英]J. G. A. 波考克著,冯克利、傅乾译 108.00 元
99.《未完的对话》,[英]I. 伯林、[波]B. P. -塞古尔斯卡著,
杨德友译 65.00 元
100.《后殖民理性批判》,[印]G. C. 斯皮瓦克著,严蓓雯译 79.00 元

第十一批书目

101.《现代社会想象》,[加]C. 泰勒著,林曼红译 45.00 元
102.《柏拉图与亚里士多德》,[美]E. 沃格林著,刘曙辉译 78.00 元
103.《论个体主义》,[法]L. 迪蒙著,桂裕芳译 30.00 元
104.《根本恶》,[美]R. J. 伯恩斯坦著,王钦、朱康译 78.00 元
105.《这受难的国度》,[美]D. G. 福斯特著,孙宏哲、张聚国译 39.00 元
106.《公民的激情》,[美]S. 克劳斯著,谭安奎译 49.00 元
107.《美国生活中的同化》,[美]M. M. 戈登著,马戎译 58.00 元
108.《风景与权力》,[美]W. J. T. 米切尔著,杨丽、万信琼译 78.00 元
109.《第二人称观点》,[美]S. 达沃尔著,章晟译 69.00 元
110.《性的起源》,[英] F. 达伯霍瓦拉著,杨朗译 85.00 元

第十二批书目

111.《希腊民主的问题》,[法]J. 罗米伊著,高煜译　48.00 元
112.《论人权》,[英]J. 格里芬著,徐向东、刘明译　75.00 元
113.《柏拉图的伦理学》,[英]T. 埃尔文著,陈玮、刘玮译　118.00 元
114.《自由主义与荣誉》,[美]S. 克劳斯著,林垚译　62.00 元
115.《法国大革命的文化起源》,[法]R. 夏蒂埃著,洪庆明译　38.00 元
116.《对知识的恐惧》,[美]P. 博格西昂著,刘鹏博译　38.00 元
117.《修辞术的诞生》,[英]R. 沃迪著,何博超译　48.00 元
118.《历史表现中的真理、意义和指称》,[荷]F. 安克斯密特著,周建漳译　58.00 元
119.《天下时代》,[美]E. 沃格林著,叶颖译　78.00 元
120.《求索秩序》,[美]E. 沃格林著,徐志跃译　48.00 元

第十三批书目

121.《美德伦理学》,[新西兰]R. 赫斯特豪斯著,李义天译　55.00 元
122.《同情的启蒙》,[美]M. 弗雷泽著,胡靖译　48.00 元
123.《图绘暹罗》,[美]T. 威尼差恭著,袁剑译　58.00 元
124.《道德的演化》,[新西兰]R. 乔伊斯著,刘鹏博、黄素珍译　65.00 元
125.《大屠杀与集体记忆》,[美]P. 诺维克著,王志华译　78.00 元
126.《帝国之眼》,[美]M. L. 普拉特著,方杰、方宸译　68.00 元
127.《帝国之河》,[美]D. 沃斯特著,侯深译　76.00 元
128.《从道德到美德》,[美]M. 斯洛特著,周亮译　58.00 元
129.《源自动机的道德》,[美]M. 斯洛特著,韩辰锴译　58.00 元
130.《种族与文化少数群体》,[美]G. E. 辛普森、[美]J. M. 英格尔著,马戎、王凡妹译(即出)

第十四批书目

131.《城邦与灵魂:费拉里〈理想国〉论集》,[美]G. R. F. 费拉里著,刘玮编译 58.00 元
132.《人民主权与德国宪法危机》,[美]P. C. 考威尔著,曹晗蓉、虞维华译 58.00 元
133.《16 和 17 世纪英格兰大众信仰研究》,[英]K. 托马斯著,芮传明、梅剑华译 168.00 元
134.《民族认同》,[英]A. D. 史密斯著,王娟译 55.00 元
135.《世俗主义之乐:我们当下如何生活》,[英]G. 莱文编,赵元译 58.00 元
136.《国王或人民》,[美]R. 本迪克斯著,褚平译(即出)
137.《哲学解释》,[美]R. 诺齐克著,林南、乐小军译(即出)
138.《自由与多元论:以赛亚·伯林思想研究》,[英]G. 克劳德著,应奇等译 58.00 元
139.《暴力:思无所限》,[美]R. J. 伯恩斯坦著,李元来译 59.00 元
140.《中心与边缘:宏观社会学论集》,[美]E. 希尔斯著,甘会斌、余昕译 88.00 元

第十五批书目

141.《自足的世俗社会》,[美]P. 朱克曼著,杨靖译 58.00 元
142.《历史与记忆》,[英]G. 丘比特著,王晨凤译 59.00 元
143.《媒体、国家与民族》,[英]P. 施莱辛格著,林玮译 68.00 元
144.《道德错误理论:历史、批判、辩护》,[瑞典]J. 奥尔松著,周奕李译(即出)

145.《废墟上的未来:联合国教科文组织、世界遗产与和平之梦》,
[澳]L. 梅斯克尔著,王丹阳、胡牧译 88.00 元
146.《为历史而战》,[法]L. 费弗尔著,高煜译(即出)
147.《语言动物》,[加]C. 泰勒著,赵清丽译(即出)
148.《我们中的我:承认理论研究》,[德]A. 霍耐特著,
张曦、孙逸凡译 62.00 元
149.《人文学科与公共生活》,[美]P. 布鲁克斯编,
余婉卉译(即出)
150.《美国生活中的反智主义》,[美]R. 霍夫施塔特著,
何博超译 68.00 元